Inhalt

Vorwort

»Ich bin. Aber ich habe mich nicht. Darum werden wir erst.«

»Man wird«, so Hans Mayer, »diese kurzen Sätze gleichsam als Vorwort zur Gesamtausgabe lesen müssen.« 1997 jährt sich der Todestag Ernst Blochs zum zwanzigsten Mal. Dieses Datum haben die Autoren des Bandes zum Anlaß genommen, diesen im Werk Ernst Blochs mehrfach wiederkehrenden, einkehrenden Dreiklang zu reflektieren und im Rück- und Vorblick seine Bedeutungen zu bestimmen.

Die Sinngebungen der versammelten Beiträge sind so heterogen wie die unterschiedlichen Zugänge zum Thema, seien sie hermeneutischer, narrativer, analytischer, künstlerischer, kritischer, assoziativer, konfrontativer, umlaufender oder einkreisender Art. Die Autoren legen die drei kurzen Sätze auf ihre Weise aus, und ihre Exegesen sind Begegnungen, die die Fruchtbarkeit des Blochschen Denkens in utopiearmen Zeiten offenbaren. Die Themen der jeweiligen Begegnungen berühren Gebiete wie Philosophie, Kunst, Politik, Religion, Naturphilosophie, Soziologie, Anthropologie, Dichtung, Logik, Pädagogik oder Literatur.

Im Auftreffen auf das dreisätzige Dialektikum gibt es ein Aufmerken der Autoren und ein Merke, das exegetisch die je eigenen Wege verfolgt. Bloch setzte mit kurzen Sätzen ein, gewissermaßen als Einsatz zu einer Leitmelodie, die am Beginn der Werkreihe steht, in den Hauptwerken durchgeht auf dem Weg zum Advent: mit den Stationen des Noch-Nicht und durch sie hindurch. Der Einsatz der Autoren dieses Bandes beginnt gedanklich ebenso: kurz, behauptend, fragend, ausführend. Sie treffen auf Sperrgut, weil das Diktum sich nur vermittelnd enthüllt, es in sich selber das Geheimnis des Zukünftigen trägt. Ein produktives Geheimnis zudem und ein zentrales: die Autoren werden mitten hineinversetzt, jäh in die existentielle, kommunale, utopische Sache gestellt. Ohne Übergang, ohne Einführung. Es gibt hier also keine logische Propädeutik, sondern eine ins Jetzt gestellte Konfrontation, die ein Verhalten zum Diktum provoziert.

Die Spannung, die den Sätzen innewohnt, treibt zum eigentümlichen »Fanget an!«, wie es bei Wagner in den *Meistersingern* heißt und bei Bloch in den beiden Fassungen des *Geist der Utopie* unter der Eröffnung »Absicht«: »Nun haben wir zu beginnen« lautet. Und so durchwandert das Buch unterschiedliche Regionen, auf Spurensuche, ausgreifend und eingreifend im jeweiligen Zuhause. Die Unterscheidung von Sein und Haben im Diktum hat jene Einfachheit und Kürze Blochs, die auf den ersten Blick täuscht und erst auf den zweiten den prozessualen Kern seiner Philosophie enthüllt. Prozessual, da das Diktum ein dialektisch gärendes ist, dreigliedrig aus These, Antithese und Synthese aufgebaut. Ein für Bloch charakteristisches Eingangstor, dessen Durchschreiten die Fülle offenbart: jenseits des Beginns und doch in ihm enthalten. Das Tor ist wie aus Tausendundeiner Nacht, bogenförmig, sandsteinig und erhaben, ein warmer Wüstenwind weht. Wer das Tor durchschreitet, trifft auf einen Bazar der Möglichkeiten.

Der Band *Ich bin. Aber ich habe mich nicht. Darum werden wir erst* erörtert in bewußter Aktualität die Perspektiven einer Philosophie, die das Beste nicht vergessen hat: die Hoffnung.

Jan Robert Bloch

Hans-Dieter Bahr

Sosias

»Ich bin. Aber ich habe mich nicht. Darum werden wir erst.« Diese anfängliche Aussage Ernst Blochs in seiner *Tübinger Einleitung in die Philosophie* (1970,13) läßt sich abgewandelt in den Einleitungen der meisten seiner Werke wiederfinden. Man könnte daher seine Bücher (und die Texte ihrer Interpreten) wohl zu einem guten Teil als Auslegungen, Entfaltungen, Erklärungen dieser Aussage auffassen, so als markierten diese Sätze in ihrer Dichte und Fältelung einen dunkel-entelechischen, je erst zu lichtenden Wesenskern. Aber, auch wenn wir seit Fichte, seit Descartes gewohnt sind, von Philosophen ähnliche Sätze zu lesen, könnte man der Ansicht sein, sie seien ziemlich nichtssagend, wenn nicht gar sinnlos; denn wer rede schon ernsthaft auf solche Weise! Zumindest aber seien diese Sätze grammatisch unvollständig und wer durch sie etwas begreifen wolle, müsse sie allererst ergänzen. Ich sehe schließlich noch eine dritte Möglichkeit, sich zu diesen Sätzen zu verhalten: könnte man sie nicht vielleicht wie Zitate lesen, die aus einem unbekannten Kontext stammen? Ich meine: verrückte, poetische Sätze, wie sie vielleicht in surrealen oder komischen Theaterstücken vorkommen und wiederum einen ›Hermes‹ herausfordern? – Ich möchte diesen drei Möglichkeiten je ein Stück weit nachgehen.

Bereits in seinem ersten Buch, *Geist der Utopie* (1964,11) scheint Bloch – als kehrte er mit Hegel zu Fichte zurück – das anfänglich unbestimmte Sein, das er vom eigenen Subjekt aussagt, als ein bestimmtes Nichts zu bestimmen. In dieser Bestimmung als abstrakte, ›süchtige‹ Leere, als hin- und hertreibender Mangel liegt nämlich bereits der Entschluß eines Willens, sich selbst Ziel und Richtung vorzugeben: »Ich bin. Wir sind. – Das ist genug. Nun haben wir zu beginnen. In unsere Hände ist das Leben gegeben. Für sich selber ist es längst schon leer geworden.« Über das bloß ›einfache Leben‹, welches allerdings keinen unmittelbaren Anfang ausmacht, hatte bereits Hegel in seiner *Anthropologie* (§ 390) bemerkt: »Es selbst als solches *ist* nur, hat noch kein Dasein, kein bestimmtes Sein, keine Besonderung, keine Wirklichkeit.« ›Es ist halt noch nichts, aber es wird schon etwas‹, würde man wohl alltagssprachlich sagen. Im Sinne des aristotelischen Entelechie-Gedankens heißt es dann in Blochs Hegel-Buch, *Subjekt – Objekt. Erläuterungen zu Hegel* (1962,17): »Auch aus nichts wird etwas. Aber es muß in ihm zugleich angelegt sein.« Bloch spricht hier also nirgends von einem ›nichtigen Nichts‹ (nihil negativum), sondern nur von einem ›Sein des Mangels‹ (nihil privativum), in dem er zugleich – des ›Werdens‹ wegen – seine Kategorien einer metaphysischen Ontologie der Zeitlichkeit unterwirft: ›Ich bin *schon*, aber *noch* nichts bestimmtes‹. Von diesem ›leeren Anfangen‹ heißt es in seinem Hauptwerk, *Das Prinzip Hoffnung* (1959,21): »Ich rege mich. Von früh auf sucht man. Ist ganz und gar begehrlich, schreit. Hat nicht, was man will.« Einleitend heißt es in seinen *Literarischen Aufsätzen* (1965,11): »Man ist. Das ist zu wenig, ja das wenigste.« Oder in *Das Materialismusproblem, seine Geschichte und Substanz* (1972,21): »Mit fast nichts fangen wir an. Das treibt uns, will mehr spüren.« Und ebenso in seinem letzten Werk, *Experimentum Mundi* (1975,11): »Ich bin. Aber ich habe mich noch nicht. Wir wissen mithin noch nirgends, was wir sind, zu viel ist voll von Etwas, das fehlt... Was werden will, ist nicht nur jenes Bin des Ich, sondern das Bin als Etwas, das sich nicht hat, das aussteht. Ein Nichthaben also ist darin, das es deshalb nicht bei sich aushält, aus sich heraus will.« Man könnte meinen, Bloch knüpfe an die Ergebnisse ethymologischer Nachforschungen an, denen zufolge das ›Bin‹ der früheren Bedeutung von ›werden, wachsen‹ entstamme, also einen Werdenskern meine, der sein Ziel in sich selbst habe und es wachsend entfalte: als noch-nicht verwirklichtes und schon-sich-verwirklichendes. Vielleicht wie das Kind, wie die besamte Eizelle, vielleicht phylogenetisch wie der Anthropus oder das Protozoon? Doch Bloch hegte schon früh, in *Erbschaft dieser Zeit* (1962,25), Zweifel an Vorstellungen eines linearen Fortschreitens: »Wir sind noch. Aber es gelingt nur halb.« Viel auffälliger jedoch als der Gedanke, Fortschritte seien durch

Rückschritte vereitelt, gehemmt, verzögert, zu Umwegen gezwungen, ist der Wiederholungscharakter. Scheint doch mit jedem ›Ich bin‹ dieser treibende Mangel wiederzukehren. Bloch wiederholt zwar inständig die These, das Sein des Ich offenbare sich im hinaustreibenden Mangel. Aber als ob er Angst hätte, das Problem Nietzsches zu berühren, vermeidet er durchgängig, die Wiederholung selbst zu thematisieren.

Was wir ›Trieb‹ nennen, erfahren wir zunächst als unlustvolle Bedrängung, als Fülle und Überfülle an Unwohlsein und Schmerz, das heißt als eigenen leiblichen Zustand, den wir loswerden wollen. Erst insofern wir selbst darauf drängen, ihn loszuwerden, zeigt der Trieb sich vom Aspekt eines Mangels her, indem wir nun zu erlangen suchen, was uns fehlt: eine ausgleichende oder eine lustvoll erlebbare Erfüllung. Bloch geht nun davon aus, daß im innersten Kern dieses Triebes der ›Knoten des Daseinsrätsels‹ stecke. Nicht nur das Ferne und Fernste liege im Dunkel, sondern mehr noch das Nahe und Nächste. Das ›Bin‹ des Ich sei eingehüllt in das ›Dunkel des gelebten Augenblicks‹. In *Das Prinzip Hoffnung* (341) heißt es dazu: »Das Jetzt des Existere, das alles treibt und worin alles treibt, ist das Unerfahrenste, was es gibt; es treibt noch ständig unter der Welt. Es macht das Realisierende aus, das sich am wenigsten realisiert hat – ein tätiges Augenblicks-Dunkel seiner selbst. Woraus auch das Seltsame aufgeht, daß noch kein Mensch richtig da ist, lebt.« Bloch spricht es nicht aus, aber die traditionelle Konsequenz einer solchen ›Mystik‹ der Entelechie ist die Auflösung der Welt in ihre Repräsentation. Denn ›Klärung‹ gibt es nur in einem Abstand sowohl vom Fernen wie vom Nahen, die beide das Wahre in Dunkel hüllen. Irgendwo in der Spanne zwischen ihnen taucht das Reich der Schatten, der Spiegelungen, der noch gespensterhaften Erscheinungen, der unwirklichen, aber imaginär wirksamen Repräsentationen auf. Und eben das zeichnet ja die schon von den Eleaten durchgespielten Antinomien des Werdens aus, wonach das, was entsteht und vergeht weder sein noch nichtsein kann. Diesem Imaginären alles Werdenden setzt Bloch nun zum einen eine vollkommene Identität entgegen, zum andern ein vollkommenes Nichts – beide ins Dunkel des Fernsten und Nächsten gehüllt. Er versucht nun, das Nichts, den Tod als etwas aufzufassen, was sich zum verborgenen Kern des Ich-Seins schlechthin ›exterritorial‹ verhalte. Das ist nur möglich, indem beide – der Tod und die Identität – von jedem Werden als etwas Nicht-Entstehendes und Nicht-Vergehendes abgeschnitten werden und doch über ein zeitliches ›Noch‹ mit dem Werden verbunden bleiben: »Weil aber der zentrale Augenblick unseres Existierens sich überhaupt noch nicht in den Prozeß seiner Objektivierung und schließlich Realisierung begeben hat, deshalb kann er selber freilich nicht der Vergänglichkeit unterliegen. Und würde sich der noch verschlossene Kern unserer Existenz aus seiner Unmittelbarkeit öffnen, würde er gleichsam in den Prozeß oder die Evolutio eintreten, so würde er eben in keinen – Prozeß mehr eintreten, einzutreten haben. Denn die Sache selbst wäre dann heraus.« (1959,1387). ›Die Sache selbst‹ – was könnte sie anderes sein als die restlos vollkommene Selbstverwirklichung, Selbsterfüllung? Aber verschwände damit nicht der Trieb und überhaupt das Leben? Wäre die restlose Erfüllung, wenn sie mit dem Mangel und dem Fehlen die Offenheit vernichtete, nicht dasselbe wie der Tod? Vor solchen Aussichten versucht Bloch seinen Traum zu retten, indem er das Nichts als selbst noch unverwirklicht, als eine Art negatives Ideal darstellt. In der *Tübinger Einleitung in die Philosophie* (1970,249) heißt es: »Und selbst das Nichts am drohenden Ende von etwas ist immer noch mehr Noch-Nicht als Nichts, eben deshalb, weil es als erst drohend noch möglich ist.« Die alte Komplizenschaft von Ideal und Nichtigkeit, die hier wieder durchscheint, läßt an bestimmte Mythen denken, an die Mythen von einer vollkommenen Glückseligkeit angesichts der restlosen Epiphanie der Gottheit, welche den Sterblichen doch unmittelbar den Tod bringt – Mythen also, die von der erotisch-thanatischen Janushaftigkeit der Triebstrukturen sprechen... Wie aber, wenn zur ›Selbsterfüllung‹ anstatt Identität vielmehr die Erschließung einer Offenheit gehörte, welche Mich-Selbst vorübergehend vor dem Verschwinden in die Lückenlosigkeit des Seienden bewahrte, in welcher Ich gleichwohl den Tod werde gefunden haben?

Bloch versucht einerseits im Ich-bin einen schlechthin nicht-werdenden Wesenskern auszumachen, der insofern keinem Entstehen und Vergehen ausgesetzt wäre. Dennoch soll dieser Kern aus seinem Dunkel ans Licht der Wahrheit hervorkommen können, ohne ein anderer zu werden.

Der Gedanke einer begehrten Selbstaneignung – etwa in der alten Formel ›Werde, der du bist‹ – zielt ja nicht nur auf zu erwerbende Eigenschaften einer leiblich-psychischen Person, die mit sich ins Reine kommen will; er unterstellt vielmehr, daß dem Ich selber irgend etwas fehle.

Ohne Kants Descartes-Kritik zu bedenken, nimmt Bloch im Ich-bin eine verborgene, einfache, unzerstörbare Substanz an, der es dennoch als Trieb um sich selbst gehe, als trage sie Sorge, nicht zu verkümmern, als begehre sie vollkommen zu werden. Soll aber das innerste Wesen ›exterritorial‹ sein zu jeder Veränderung und zum Tod, kann es nicht anders werden, indem es sich enthüllt. Das unveränderliche Wesen müßte von vornherein ›anders als das Andere‹ sein. Alles Werden wäre bloßer Schein, denn diese vermeintliche Andersheit gegenüber dem Anderen ist stets schon die eigene Identität, die durch kein Werden vermittelt werden kann. Weder hat das Wesen Eigenschaften noch sucht es sich fehlende anzueignen; es bezieht sich nur auf unwesentliche, zufällig wechselnde Akzidenzien. Wo es um Identität geht, da dreht es sich nicht um ein Haben-Wollen, da wird nicht Anderes zur Eigenschaft, noch wird Eigenes aggressiv und tautologisch – ›Ich bin Ich und nichts anderes‹ – vor Veränderung bewahrt. So wenig wie Feuerbach, Marx und andere, die Hegels Dialektik auf die Beine stellen wollten, hatte Bloch gesehen, daß paradoxerweise gerade eine Geschichte wirklicher ›Aneignungen‹ jeden Essentialismus ausschließen müßte. Freilich: woran sollte dann bemessen werden, was eigen und was fremd ist?

Bisher tat ich einfach so, als ob die drei Sätze überhaupt mögliche Aussagen darstellen. Aber können wir überhaupt verstehen, wie diese Sätze sich aufeinander beziehen? Inwiefern sollte der zweite Satz überhaupt einen Einspruch gegen den ersten formulieren können? Wie könnte der dritte Satz je aus einer bejahenden und einer verneinenden singulären Existenzaussage eine Schlußfolgerung ziehen? Und mehr: ist es nicht höchst fraglich, ob die einzelnen ›Sätze‹ überhaupt Aussagen sein können, da sie bereits grammatisch unsinnig sind. Wer könnte glaubhaft Situationen angeben, in welchen ›Sätze‹ wie ›Ich bin‹, ›Ich habe mich nicht‹, ›Wir werden erst‹ einen Sinn ergeben? Soll man sich damit begnügen, Bloch habe halt etwas damit gemeint, was erst zu entwickeln sei?

Gut, nehmen wir an, es handle sich um grammatisch unvollständige Sätze, die im Sinne eines Meinens vom Hörer oder Leser zu ergänzen seien. Vielleicht hat jemand nach mir gerufen und ich antworte ›Ich bin – hier‹. Vielleicht fragte mich jemand, woher ich käme, und ich erläuterte ›Ich bin – aus Berlin‹. Vielleicht sinkt bei einer Erfolglosigkeit mein Selbstwertgefühl derart, daß ich zu mir sage ›Ich bin – nichts‹. Vielleicht erkläre ich meiner Geliebten ›Ich bin – dein‹. Vielleicht sage ich einem, der mich nicht gleich wiedererkannte, weil er mich hatte für tot halten können: ›Ich bin – es. Es gibt mich noch. Ich lebe‹. Wir dürfen wohl annehmen, daß Bloch weder das örtlich noch das zeitlich bestimmte ›Ich bin‹ im Sinn hatte, wie es scheint, aber auch nicht das einem Du zugehörige, ihm gar übereignete ›Ich bin – dein‹. Oder doch? Könnte er vom zweiten Satz her – ›Ich habe mich nicht‹ – nicht die Meinung nahelegen wollen: ›Ich bin, aber ich bin nicht mein eigen, nämlich keine unabhängige Person. Vielleicht zwar bin ich wer: Sieger, Mächtiger, Angesehener; vielleicht aber bin ich nichts: Unterworfener, Sklave, Verachteter. In beiden Fällen hinge ich, meine Person, von anderem ab, auch dann, wenn ich mir gegenüber die Rolle des Anderen (etwa als mich beobachtende, kritische oder moralische Instanz) ausübte. Aber wer oder was oder wie auch immer ich bin: will Bloch mit dem ›Ich-bin‹ des ersten Satzes nicht einfach sagen, daß ich bestehe, daß es mich gibt? Allerdings kann das Existieren, von dem er spricht, weder eine Eigenschaft sein, die ich haben oder die mir fehlen könnte, noch kann es selbst Träger oder Substanz von Eigenschaften sein, die es besitzen kann oder nicht. Wenn wir aber das, was es gibt, nur räumlich oder zeitlich auffassen können: was soll dann überhaupt ›Ich bin‹ heißen? Damit kann wohl meine Existenz als leiblich-psychische Person gemeint sein, aber nicht Ich, der ich mich als diese auffasse. Es scheint aber, als begehre Bloch, dieses Ich, das ihm als nicht-sinnliches entgleitet, ›haben‹ zu wollen, nämlich auffassen und ergreifen zu können. Was meint er mit ›Ich habe mich nicht‹?

Wir können wohl ziemlich sicher annehmen, daß dieser seltsame Satz nicht als eine Erwiderung gemeint ist, durch welche die Aufforderung ›Hab dich nicht‹ (im Sinne: Stell dich nicht so an!) zurückgewiesen wird. Es ist auch nicht sehr wahrscheinlich, daß damit die Ansicht vertreten werden soll, ich sei ein vollkommener Habenichts, der nicht nur anderes, sondern zudem sich selbst nicht habe. Die Schwierigkeiten wären zu groß, das zu verstehen. Denn wenn ich mich nicht hätte... ich meine: keinen eigenen Leib, keine Erlebnisse, kein Bewußtsein von mir, wie sollte ich mich da auf meine Gegebenheit verlassen können? Offensichtlich steht das ›Mich‹ in dem Satz ›Ich habe mich nicht‹ für eine Reihe bestimmter Eigenschaften und Fähigkeiten, und deren können natürlich endlos viele fehlen, sollten ich oder andere sie an mir vermissen: ich habe kein weibliches Geschlecht, kann weder Geige spielen noch Fermatsche Gleichungen lösen, und magische Fähigkeiten fehlen mir überhaupt. Aber wer würde schon diese Mängel in dem Satz zusammenfassen ›Ich habe mich nicht‹? – Mir scheint vielmehr, daß diesem Satz etwas fehlt und er ergänzt werden müßte, um zu einer verstehbaren Aussage zu kommen: ›Ich habe mich nicht – im Griff, unter Kontrolle, in meiner Gewalt.‹ Vielleicht weil ich zu müde bin oder betrunken, starke Schmerzen oder Lüste mich einnehmen, heftige Gefühlswallungen wie Angst oder Freude, wilde Leidenschaften wie Haß oder Liebe mich erregen. Ich habe meine Fassung verloren, verfüge nicht über mich, ich vermag mein Verhalten nicht vernünftig zu steuern. Ich oder andere können nun zwar wünschen, daß ich meine Selbstbeherrschung wiederfinde. Aber es gibt wenig Sinn, in deren Mangel den Grund eines gezielten ›Werdens‹ zu sehen.

Wer etwas nicht hat, was er haben will, der kann sich, wenn sich die Möglichkeiten ergeben, aufmachen, um es zu suchen, und vielleicht wird er es gewinnen. Daß ich und andere manche Eigenschaften oder Fähigkeiten nicht haben, daß wir viele wünschenswerte Zustände, Umstände, Vorgänge vermissen, die uns zufrieden oder glücklich machen könnten, das kann uns unter bestimmten Bedingungen in Bewegung versetzen, kann uns und die Verhältnisse entsprechend verändern. Aber nicht nur entzieht sich das meiste unseren Möglichkeiten; oft wissen wir nicht, was wir ›eigentlich‹ wollen. Es gibt daher Redewendungen, die nur von den Möglichkeiten sprechen: ›Was nicht ist (besteht), kann noch werden (entstehen)? Das kann sich auch auf die offene Frage beziehen, was aus uns werden wird, ja, das kann sich ebenso auf das zukünftige Ich-bin eines noch nicht gezeugten Individuums beziehen. Aber wer würde schon – was? – sagen wollen mit einem Satz der Art: ›Wer sich nicht hat, der wird sich.‹?

Ich möchte nicht gerade behaupten, die drei Sätze Blochs könnten einem absurden Theater entstammen. Dennoch scheint mir hinter ihnen eine alte Komödie zu stehen, auf deren Thema man immer wieder zurückgriff. Und ich nehme an, daß als erster Descartes den Satz ›Ich bin‹ – wissentlich oder nicht – aus einem komödiantischen Kontext herauslöste, um ihn zum Fundament eines philosophischen Diskurses zu erheben. Später warf man Descartes vor, er habe das Problem des transzendentalen Ich mit dem des empirischen Ich vermengt. Ich weiß nicht, ob die Versuche zwischen Fichte und Husserl, beide reinlich zu scheiden, das Verständnis des Subjekts wirklich erweiterten. Richtig ist, daß Descartes den Satz ›Ich bin‹ nicht nur als einen formalen Grundsatz nimmt, ohne ihn deshalb nur inhaltlich zu verstehen. Denn daß ich alles bezweifeln oder von einem allmächtigen Betrüger getäuscht werden kann, schließt durchaus ein, daß ich im Zweifel oder in einer Täuschung darüber sein kann, wer, was oder wie ich bin. Doch knüpft Descartes die Aussage ›Ich bin‹ an eine zeitliche Bedingung, wenn er in seinen *Meditationen* (1960,21) bemerkt, es sei unmöglich, ›daß ich nichts bin, *solange* ich denke, daß ich etwas sei‹. »Und so komme ich... schließlich zu der Feststellung, daß dieser Satz: ›Ich bin, ich existiere‹, so oft ich ihn ausspreche oder in Gedanken fasse, notwendig wahr ist.« (21) Die Notwendigkeit, als Modalität des Grundsatzes ›Ich bin‹, wird paradoxerweise vom Zufall abhängig gemacht, wann, wie lange, wie oft und ob ich überhaupt denke: »Ich bin, ich existiere, das ist gewiß. Wie lange aber? Nun, solange ich denke. Denn vielleicht könnte es sogar geschehen, daß ich, wenn ich ganz aufhörte zu denken, alsbald auch aufhörte zu sein.« (21) – Der Satz könnte so verstanden werden, daß dort, wo nur ›es‹ denkt – vielleicht im Schlaf ohne manifeste Träume –, eben ich nicht bin. Aber Descartes würde, selbst wenn er neurogene, zelebrale Informationsverarbeitungen annähme, die nicht bewußt würden, diese kaum ›Denken‹ nennen. Eher könnte der Satz bedeuten, daß mit dem Akt des Denkens auch dessen Akteur aufhörte, seiner Existenz gewiß zu sein. Wahrscheinlicher jedoch dachte Descartes an den Tod – nicht nur an einen leiblichen, auch an den möglichen Tod einer individuellen Seele. Er glaubte zwar, aus dem Urteil ›Ich bin‹ folgern zu können, ich sei ein wahrhaft existierendes, denkendes Ding – aber es ist gleichwohl ein Ding, das es nur zu geben scheint, wenn und solange ich es denke. Ich kann mich nur jetzt erinnern, Ich gewesen zu sein, nur jetzt erwarten, Ich sein zu werden. Aber es kann kein vergangenes oder künftiges Ich geben. Diese Bindung des Ich-bin an eine Gegenwart in actu bringt Descartes dazu einzuräumen, ›daß daraus, daß ich kurz vorher existiert habe, keineswegs folgt, daß ich jetzt existieren muß, es sei denn, irgendeine Ursache schaffe mich für diesen Augenblick gewissermaßen von neuem, d.h. erhalte mein Dasein‹ (44). Das also, was zeitlich gesehen nur kontingent sein kann, läßt sich nur ontotheologisch einem notwendigen Schicksal unterwerfen. Ohne die Bewahrungsmaßnahmen eines Gottes existierte ich keinen Augenblick lang und ich hätte nicht einmal so viel Zeit zu denken, ich existierte, weil ich es denke. Den Satz, dessen Aussage ich für unbezweifelbar gewiß halten muß, drückt gleichsam eine von Gott geschickte, verliehene und von ihm zurücknehmbare Nötigung aus, ich sein zu müssen, solange er es will. Für diesen Gott bin ich das flüchtige denkende Ding – selbst wenn er meinem Ich Unsterblichkeit verliehe. Und diesen Gedanken wiederum könnte ich nicht begreifen, ›wenn gar keine Vorstellung von einem vollkommeneren Wesen in mir wäre, womit ich mich vergleiche und so meine Mängel erkenne‹ (41). – Liegt nicht in solchen Überlegungen auch das unausgesprochene Verständnis Blochs: »Ich bin. Das ist der Zufall, ist das Ereignis, dem nichts vorhergeht, ein Riß in der Lückenlosigkeit des Seienden. Das Begehren nach Vollkommenheit erst sagt mir, daß ich das Ich nicht habe, es weder erfassen noch über es verfügen kann, so als ob Anderes mich nötige, Ich zu sein.«

Die Vorstellung, es sei ein Gott, der mich nötige, Ich zu sein, verweist aber vielleicht nur auf die Verkehrung eines komischen Sachverhalts in einen tragischen. Wie, wenn es zuvor um die Vorstellung gegangen wäre, ein Gott nötige mich, *nicht* Ich zu sein? – Ich spreche von Hermes und seiner Hermeneutik des Subjektproblems. Nein, ich spreche natürlich von Sosias!

Ich vermutete zu Beginn, man könnte vielleicht die Blochschen Sätze wie Zitate aus einem unbekannten Kontext verstehen. Jetzt möchte ich die Behauptung wagen, das folgenreiche cartesische ›cogito sum‹ sei – wissentlich oder nicht – das Zitat aus einem durchaus bekannten komischen Kontext, nämlich aus dem *Amphitruo* des Titus Marcius Plautus (1979,45), wo der göttlich geschlagene Sklave Sosias gegen den ›hermetischen‹ Raub nicht nur seines Namens und der Eigenschaften und Fähigkeiten seiner Person, sondern seiner sich gewiß erlebenden Ich-Existenz einzuwenden versuchte: »Aber da ich denke, bin ich... (sed quam cogito, equidem certo idem sum).« Ehe Sosias dann nach weiteren ›eindringlichen Beweisen‹ seitens des gewalttätigen und allwissenden Anderen, daß dieser er sei, auch noch an der eigenen Selbstgewißheit zu zweifeln beginnt, schon bereit, sich schließlich von sich selbst mit der Frage zu verabschieden: »Oder ließ ich dort mich stehen, indem ich mich schlichtweg – vergaß?« (47) – Descartes, der übrigens seine *Meditationen* kaum mehr als zwei Jahrzehnte vor dem Erscheinen von Molières *Amphitryon* geschrieben hat, würde natürlich einwenden, es sei unmöglich zu denken, man habe sich selbst vergessen.

Nach Plautus, nach Molière und Kleist gelingt es anscheinend dem Jupiter, sich als Amphitryon in dessen Abwesenheit auszugeben und Alkmene zu täuschen. In Molières *Amphitryon* (1878,80 u.1982,6) bemerkt Hermes/Merkur über Jupiter zwar: »Und um in alles, was ihn anlockt, einzudringen, schlüpft er aus seinem eigenen Ich heraus... (Et pour entrer dans tout ce qu'il lui plait, il sort tout à fait de lui même).« Aber dieses göttliche ›moi-même‹, das er vorübergehend preisgibt im Begehren und Genießen, ist nicht das cartesische ›je‹, in welches – wie Jean Giraudoux in seinem *Amphitryon 38* bemerkt – der Gott eigentlich hineinschlüpfen muß, will er sich wie ein Mensch fühlen können. Auf Merkurs Frage: »Haben Sie das Gefühl, daß nur Sie allein wirklich sind, daß auf der Welt nichts feststeht als ihr eigenes Dasein?« antwortet Jupiter: »Ja, und es ist sogar höchst eigenartig, dieses Gefühl, so in sich selbst gefangen zu sein.« (1961,111) Doch gelänge es ihm nicht, sich vorzustellen, sterben zu müssen. Grund genug, warum Alkmene – nach Giroudoux – sich von einem ›unverschlissenen‹ Gott nicht täuschen läßt. Sie durchschaut den Mythos, an welchen der Gott glaubt, nämlich daß er Mensch werden könne, als unerfüllbares, eitles göttliches Wunschdenken. Als Amphitryon, der wirklich geliebte, ermattet vom Krieg mit den Worten zurückkehrt: »Ich bin es.«, erwidert Alkmene nur: »Und kein anderer, ich weiß.« (152)

Ich glaube, daß letztlich keiner der Dichter seit Plautus sonderlich davon überzeugt war, Jupiter oder Merkur sei es gelungen, das Ich des Amphitryon oder des Sosias sein zu können. Doch während auf diese Weise Amphitryon – zumindest dem göttlichen Wunschdenken nach – ohne dessen Wissen betrogen werden sollte, will Merkur den Sosias nicht etwa nur irre machen, sondern diesem die cartesische Selbstgewißheit ausprügeln – komisch, wenn wir diesen Versuch außerdem an Hegels Argument messen, wonach es nicht nur der Herr, der sich zu unterwerfen versteht, sondern der Knecht, der sich beherrschen kann, ist, welche zu wahrem Selbstbewußtsein kommen.

Wie gelangte nun Sosias zu seinem cartesischen ego? Plautus inszeniert uns gleich zu Beginn eine paradoxe Verkehrung. Von Merkur gefragt, wie er heiße, erwidert Sosias auf bescheiden knechtische Art, »Sosias nennt man mich in Theben« (37). Merkur aber verprügelt ihn unter dem Vorwand, als sei Sosias unverschämt und anmaßend: »Wagst du etwa, dich zu nennen Sosias? Ich bin das.« (37) Worauf dieser schlagfertig erwidert: »Wollte Gott, du wärst es wirklich und, wer Prügel austeilt, ich.« Aber er fügt hinzu, um weiteren Schlägen zu entgehen: »Ich heiße ganz nach deinem Wunsch.« (39) Aber noch zögert er, sich gänzlich von seinem Namen zu trennen und sich zum Fremden machen zu lassen (41). Merkur wechselt daher die Taktik und ›beweist‹ damit, er sei Sosias, daß er diesem von Dingen und Geschehnissen erzählt, die nur er allein hätte wissen können. (Und gewöhnlich gelten Götter ja nicht als indiskret). Zu sich selbst bemerkt Sosias, wenn er den so berichten höre mit seinen frappanten Beweisen, glaube er sich selbst nicht mehr. »Einen anderen Namen suche ich mir.« (43) – Was ist hier abgelaufen? ›Sosias‹ schien zunächst nur ein Wort, durch welches eine einzelne Person bezeichnet und von anderen unterschieden wird. Und in dieser Funktion gelten Namen nicht als Begriffe. Strittig kann die Sache werden, wenn die Person sich selbst ›Sosias‹ nennt, um den Namen schließlich als ›Eigennamen‹ zu beanspruchen, zumal wenn auch andere für sich den gleichen Namen verwenden. Der Eigenname wird magisch zum metonymischen Teil der Person, das Absprechen des Namens zur wirklichen Verletzung derselben. Aber der Sklave mußte lernen, mit solchen ›Enteignungen‹ umzugehen, und so gewinnt gerade er die Freiheit, sich einen anderen Namen geben zu können oder geben zu lassen, ohne daß mit dem Namen die Person eine andere würde. Paradoxerweise ist es gerade der Gott, der insistiert, daß es nur einen einzigen Sosias geben kann, und da er sich als überlegen und allwissend erwies, wagt der Sklave nicht einmal die Frage, ob er nicht vielleicht seinem Spiegelbild oder Doppelgänger gegenüberstehe. Da der Andere bestreitet, daß Ich es bin, weil er Ich sei, ohne daß Sosias, diese Person, aufhörte, Ich zu sein – da also der Gott das gleitende Personalpronomen auf eine einzige, nämlich die eigene Person fixieren will, zielt er darauf, dem Sklaven die Sprache zu rauben. Tatsächlich verstummt dadurch nur der Gott selbst, der nichts mehr zu antworten weiß auf die Frage: »Wer bin ich denn wohl, wenn ich nicht Sosias bin?« (45) Angesichts dieser göttlichen Stummheit kommt Sosias – wie später Descartes – meditierend zu der Überlegung: »Aber da ich denke, bin ich – doch der selbe, der ich immer war. (Sed quam cogito, equidem certo idem sum qui semper fui).« (45) Und wie bei Descartes bewirkt die Zeitlichkeit der Identität, daß trotz logischer Unmöglichkeit der Zweifel nicht ganz schwindet, ob ich noch derselbe bin oder nicht vielmehr ein anderes Ich wurde, indem das vorhergehende Ich sich vergaß.

Bei Molière zeigt sich der Zusammenhang zwischen der sich auflösenden Magie des ›Eigennamens‹ und der auftauchenden Ich-Identität nur noch sehr verkürzt. Sosias bemerkt zunächst zu sich: »Der Schuft, der meinen Namen mir entwendet, verlangt jetzt noch, daß ich mein eigen Selbst verleugne!« (15) ›Verleugnen‹ in dem Sinne, daß er zur Anerkennung gezwungen werden soll, das ausschließlich von ihm Erlebte habe ein Anderer erlebt. Dann wendet er sich mit der Cartesischen Frage an den Anderen, an den verstummenden Gott: »Bist du imstand, mein Wesen durch deines willens Kraft allein in Dunst und Nebel aufzulösen? Kann ich aufhören, ich zu sein? (et puis-je cesser d'être moi?). Wo ist dergleichen jemals vorgekommen? Wer widerlegt mir, was dagegen spricht? Narrt mich vielleicht ein tolles Traumgesicht? (Rêve-je? Est-ce que je sommeille? Ai-je l'esprit troublé par des transports puissants?).« (15;93) Sicher, in jeder Antwort bin ich gewiß Ich, auch wenn ich träume oder ich einen verwirrten Geist habe. Aber in der Frage geht die Fraglichkeit über die mögliche Aussage hinaus; sie hört nicht auf, keine Antwort zu finden.

Kleist greift schließlich bereits durch Fichte hindurch auf Molière und Plautus zurück (1964). Auf Merkurs Frage, wer dort gehe, nennt Sosias nicht mehr – wie das kleine Kind – den eigenen Namen; er erwidert sofort: ›Ich‹ – »Was für ein Ich? – Meins mit Verlaub.« (95) Den Namen ›Sosias‹ aber habe nicht er sich genommen, er sei ihm gegeben worden. Aber ebensowenig ist das Ich die selbsttätige Autonomie eines sich bestimmenden, absoluten Ich. Vielmehr: Ich bin Sosias. »Und das aus dem gerechten Grund, weil es die großen Götter wollen; weil es nicht in meiner Macht steht, gegen sie zu kämpfen, ein anderer sein zu wollen als ich bin.« (95) Ich ›müsse‹ Ich sein. Und nachdem Sosias vom Gott geprügelt worden war, kann er auch nicht anders, als der fühlbar zwingenden Nötigung die logische Nötigung entgegensetzen: »Dein Stock kann machen, daß ich nicht mehr bin; doch nicht, daß ich nicht Ich bin, weil ich bin.« (98) Als Merkur ihm androht, ihn kalt zu machen, schlägt ihm Sosias listig einen Schein-Kompromiß vor: »Ich bin jetzt, was du willst. Befiehl, was ich sein soll.« (98) Denn als guter Cartesia-ner weiß Sosias, daß sich das Ich-bin immer schon der Möglich-keit einschrieb, dieser oder jener, so oder anders zu sein, ohne davon berührt zu werden. Er kann auch ruhig behaupten: »So muß ich auf Mich selbst Verzicht jetzt leisten.«(98) Bleibt ihm doch unverzichtbar jenes Ich, welches auf das Eigene oder An-dere verzichtet. Dennoch, so beginnt Kleists Sosias zu ahnen, könnte da nicht Anderes an mir zweifeln? Kann da nicht inmit-ten der Gewißheit, daß ich zweifle, die ungewisse, verzweifelte Frage auftauchen: »Bin ich mir meiner völlig nicht bewußt?« (99)

In der Komödie bleibt Sosias, auch wenn er das eigene Feld vorübergehend räumen muß – um den Wunschtraum eines Got-tes, um dessen Selbstbetrug, geliebt zu werden, nicht zu stören – letztlich ein unversehrter Cartesianer. Hermes konnte zwar als Gott *wissen*, was Sosias im verborgensten Innern erlebt hatte; aber er konnte es *nicht selbst erlebt* haben. Und wie alle Ohn-mächtigen greift auch der Gott bloß zur Gewalt. Dennoch berührte Sosias die Frage nach dem Unbewußten, die Frage nach dem Ort einer möglichen Selbstvergessenheit, wo es mich hat, aber ich nicht bin...

Literatur

Gesamtausgabe der Werke Ernst Blochs. Frankfurt am Main: Suhrkamp, 1959-1978.
–, Bd. 3: *Geist der Utopie*, 1964.
–, Bd. 4: *Erbschaft dieser Zeit*, 1962.
–, Bd. 5: *Das Prinzip Hoffnung*, 1959.
–, Bd. 7: *Das Materialismusproblem, seine Geschichte und Substanz*, 1972.
–, Bd. 8: *Subjekt-Objekt. Erläuterungen zu Hegel*, 1962.
–, Bd. 9: *Literarische Aufsätze*, 1965.
–, Bd. 13: *Tübinger Einleitung in die Philosophie*, 1970.
–, Bd. 15: *Experimentum Mundi. Frage, Kategorien des Herausbringens*, Praxis, 1975.
René Descartes, *Meditationen über die Grundlagen der Philosophie* (1641), Hamburg 1960.
Jean Giraudoux, *Amphitryon 38*, in: *Dramen*, Frankfurt am Main 1961.

G. W. F. Hegel, *Anthropologie*, in: *Werke*, Bd. 10, Frankfurt am Main
   1970
Heinrich v. Kleist, *Amphitryon*, in: *Gesamtausgabe*, Bd. 2, München 1964.
Jean Baptiste Molière, *Amphitryon*, in: *Œuvres Complètes*, Bd. 2, Paris
   1878; deutsch: Stuttgart 1982.
Titus Marcius Plautus, *Amphitruo* (lateinisch-deutsch), Stuttgart 1979.

Jan Robert Bloch

»Ich bin. Aber ich habe mich nicht.
Darum werden wir erst.«

Ernst Bloch leitet mit diesen kurzen Sätzen sein Werkthema ein, in den *Spuren* etwa oder in der *Tübinger Einleitung in die Philosophie*[1], als thema con variationi wiederholt eingestreut im *Experimentum Mundi,* um sodann das Thema in großen Werkbögen auszuführen. Dem Dreisatz vorangestellt ist in den *Spuren* die Frage ›Wie nun?‹, überschrieben mit ›Zuvor‹. In der *Tübinger Einleitung* lautet die Überschrift ›Zugang‹, sodann gefolgt von: ›Aus sich heraus‹. Das Dialektikum ist gleichsam ein Urstrom seines Denkens, des denkenden Wollens, es unterströmt seine Frage an die Welt, ja auch die Fragen der Welt an uns: mit der immerwährenden Sehnsucht nach dem Gelingen, der offen prozessierenden Gelungenheit. Blochs ›Vom Sein zum Werden‹ (Ilya Prigogine) beginnt mit dem Hohlraum der Existenz, spürt die Uneigentlichkeit, gar in Gestalt des ›unerträglichen Augenblicks‹, und findet die Auflösung beim *Darum des Werdens*: gleichsam als behauptendes, rettendes C-dur (im Sinne Hölderlins: »Wo aber Gefahr ist, wächst das Rettende auch«[2]). Bloch, dessen Denken musikalisch begleitet war, erinnert an das C-dur, das im zweiten Akt von Wagners ›Meistersingern‹ die Ankunft des Heils, der guten zuversichtlichen Ruhe verkündet: in der Szene, die vom Fliederbaum allegorisch überhängt wird und der ›den Schaden angericht hat‹, wie Hans Sachs resümiert: »›der Flieder wars: Johannisnacht, nun aber‹ – und welch ein Vorhalt, welch ein C-Dur – ›kam Johannistag‹«.[3] Genau hier die befreiend eröffnende Tonart, ohne Banalität des Sieges: hell und schön nimmt sie dem Schuster Sachs Schwere und Last der Resignation von der Seele. Wir haben uns.

1 *Spuren,* Paul Cassirer, Berlin 1930, S. 13; *Tübinger Einleitung in die Philosophie.* Suhrkamp, Frankfurt 1970, S. 13.

2 Friedrich Hölderlin, *Patmos,* 3-4. *Sämtliche Werke und Briefe,* Wissenschaftliche Buchgesellschaft, Darmstadt 1989, I, S. 379.

3 Ernst Bloch, *Literarische Aufsätze,* Suhrkamp, Frankfurt 1965, S. 218.

›Ich bin. Aber ich habe mich nicht. Darum werden wir erst.‹ Dieser im Werk stets wiederkehrende Auftakt des Philosophierens hat auch seine biographische Seite. Das ins kleinbürgerlich enge Elternhaus geworfene Kind, ein fremdes Haus ohne die weiten Räume des Denkens, die dem gewordenen Ernst Bloch so zu eigen wurden, wähnte sich anderer Herkunft: ein entführter Prinz aus dem Morgenland etwa, ein auf geheimnisvollen Wegen geraubtes Kind. »Das böse Weib kam hundertfach vor, auch in Märchen, sie kochte Brei und raubte.«[4] In der Phantasie leuchtete die Märchenwelt aus *Tausendundeiner Nacht* auf, rief die Themse mit ihren gewaltigen Dreimastern den Jungen herbei. Aber eben: in der Phantasie.

Das ›Ich bin‹ als Hohlraum der Existenz, als Noch-Nicht-Sein der eigenen Bemächtigung seiner selbst, der Eigentlichkeit des Ich, bedeutete Mangel. Das unmittelbare Jetzt des ›Ich bin‹ war geladen mit dem Noch-Nicht des Werdenwollens – mit dem Gang ins Innere des »Sich-Habens« (»Die Sehnsucht«, schreibt Bloch zu den Passionen Bachs, »war bei Bach kein hinausbrennendes Feuer, sondern in sich bleibende seelische Tiefe.«[5]) und zugleich mit dem Ausgriff nach der Weite, ins Andere. So brannte die Sehnsucht des jungen Bloch hinaus, hinaus aus allem, hinweg von allem, was das fremde Haus bot, und hin zu dem, was es eben nicht bot. Im Haus gab es kein ›rotes Fenster‹, das dem Knaben vorleuchtete, das er anderswo fand und von dem der rückblickende Mann schreibt, indem er sich an eine Nährollenschachtel in einer Auslage am Schulweg erinnert: »Doch auf der Schachtel war etwas abgebildet, mit vielen Farbpünktchen oder Fleckchen auf dem glatten Papier, als ob das Bild geronnen wäre. Eine Hütte war zu sehen, viel Schnee, der Mond stand hoch und gelb am blauen Winterhimmel, in den Fenstern der Hütte brannte ein rotes Licht. Unter dem Bildchen stand ›Mondlandschaft‹, und ich glaubte zuerst, das sei eine Landschaft auf dem Mond; ... aber ich hatte eine durchdringende Erschütterung dabei, die ganz unaussprechlich war, und habe das rote Fenster nie vergessen. ... Der Fall hängt nur sehr

4 Ernst Bloch, *Spuren*, Suhrkamp, Frankfurt 1969, S. 62.
5 Ernst Bloch, *Geist der Utopie*. Zweite Fassung, Suhrkamp, Frankfurt 1964, S. 70.

indirekt mit dem *Icherlebnis* dieser Jahre zusammen; es kam im gleichen Jahr auf einer Bank im Wald, und ich spürte ›mich‹ als den, der sich spürte, der heraussah, von dem man nie mehr loskommt, so schrecklich wie wunderbar, der ewig in der eigenen Bude mit Globus sitzt. Den man immer vorrätig hat, selbst wenn er sich unter Kameraden aufhebt, und der zuletzt einsam stirbt, aber freilich das rote Fenster hat, ewig dahinter ist. ... In ›gebildeten‹ Bildern oder Büchern ist das Fenster niemals; doch freilich, ich vergesse: das Zimmer in der Bakerstreet, wo Sherlock Holmes wohnt, liegt noch heute manchmal dahinter: wenn der Regen an die Scheiben schlägt, Sherlock Holmes sitzt mit Dr. Watson am Kamin, und es schellt. Mit dem Fenster wie mit einer Maske angetan trat man heraus und endlich nach außen, *ins Freie.*«[6]

›Ich bin. Aber ich habe mich nicht. Darum werden wir erst.‹ Ein revolutionäres Dialektikum, dreiteilig wegsetzend, das dem ersten Band der Gesamtausgabe, den *Spuren*, vorangestellt wird. »Man wird«, so Hans Mayer, »diese kurzen Sätze gleichsam als Vorwort zur Gesamtausgabe lesen müssen.«[7]

Das in die Welt geworfene Ich: Das ›bin‹ ist sein Hohlraum, ein inneres Gewölbe, das dunkel ist. Das Dunkel der Nähe, der unmittelbaren, also noch unvermittelten. Es ist ein Sein, das sich nicht hat und seinen Weg sucht – wie bei Brahms im *Deutschen Requiem*: ›Denn wir haben hie keine bleibende Statt, sondern die zukünftige suchen wir.‹ Ein Suchen, das gefolgt wird von der Stimme des Propheten, der ein Geheimnis verkünden will.

Existenz als Entwurf: Jean-Paul Sartre unterscheidet, wie Traugott König erläutert[8], in *Das Sein und das Nichts* das nicht-menschliche Sein vom menschlichen, indem das erste im Modus des An-Sich-Seins, das zweite im Modus des Für-Sich-Seins existiert – weil das menschliche Sein durch die Tatsache seines Bewußtseins nicht mit sich selber identisch ist, sondern ›das ist,

6 Ernst Bloch, *Spuren*, a.a.O., S. 63 ff.
7 Hans Mayer, »Nachwort«. In: Ernst Bloch, *Spuren,* Kiepenheuer, Leipzig und Weimar 1990, S. 233.
8 Traugott König, »Jean-Paul Sartre«. In: *Metzler Philosophen Lexikon*, Metzler und Poeschel, Stuttgart 1989, S. 683-690.

was es nicht ist, und nicht das, was es ist‹. Hierbei hat das Bewußtsein nicht sein ›sich‹ zum Gegenstand, sondern es sind Bewußtsein und ›sich‹ identisch. Nicht identisch ist indes dieses Sich-Bewußtsein mit seinem Sein, »weil es ja durch sein Für-Sich-Sein für sich selbst in Frage steht, weil ihm mit seiner bloßen Existenz nicht das mit sich selbst identische Wesen des An-sich-Seins der nichtmenschlichen Dinge und Lebewesen gegeben ist. Genau das will die gängige existentialistische Formel sagen: ›Die Existenz geht dem Wesen voraus.‹ Das nicht mit sich identische Für-sich-Sein schafft also eine Lücke im sonst lückenlosen mit sich identischen Sein des An-sich. Durch diese Lücke im Sein kommt Nichts oder, anders übersetzt, Nicht-sein (›néant‹) ins Sein, und das faßt der Titel *Das Sein und das Nichts* zusammen, den man auch mit ›Das An-sich und das Für-sich‹ wiedergeben könnte. Diese Lücke im Sein oder dieses Nicht-Sein des Für-sich ist jedoch ein ›Ruf nach Sein‹, d. h. sie will sich mit Sein ausfüllen. ... Da der Mensch als einziges Sein sich seiner Existenz bewußt ist und diese für ihn daher in Frage steht, ist er gezwungen, sich das Wesen, das er dieser Existenz verleihen will, durch sein Leben je erst zu schaffen.«[9]

Die Erschaffung des eigenen Wesens durch das eigene Leben geschieht in der Entäußerung, durch das Heraustreten aus der Höhle der Existenz, um sich überhaupt erst zu sehen: als ein ›Ich‹ unter den anderen. Ins Freie, wie bei der Erinnerung an das rote Fenster: »Mit dem Fenster wie mit einer Maske angetan trat man heraus und endlich nach außen, *ins Freie*.«[10] Das ›Ich bin‹ tritt auf als *causa efficiens*, als Wirkursache des Werdens, als Prinzip einer Bewegung, die im ›Darum werden wir erst‹ kulminiert. Der Treibfaktor der Bewegung ist der Mangel des ›Ich bin‹, sich nicht zu haben, der in der reflektorischen Rückwendung auf sich (wenn das Ich sich verdoppelt, um zu sich selbst Distanz herzustellen, die immer Voraussetzung von Reflexion ist) erkannt wird. Dieser Mangel an Sein korreliert mit Blochs Jugendgedanken ›Subjekt ist noch nicht Prädikat‹, der fortan durchwirkte und um den er sein philosophisches Haus baute.

9 Ebenda, S. 684.
10 Siehe Fußnote 6.

Das Heraustreten aus der Höhle des ›Ich bin‹ schafft die Möglichkeit des gelichteten Selbstblicks. Am Fuß des Leuchtturms ist es dunkel, und es lichtet sich das Ich im Außen, so wir uns vom ihm entfernen: »Und draußen geht dem Ansich des Um-uns auf, worin Menschen stehen und unter, neben oder über ihnen Dinge.«[11] Das Dunkel der unmittelbaren Nähe bezeichnet einen Ort der latenten, tendenziellen, möglichen Bewegungen zum ›Haben des sich‹ und korrespondiert mit dem ›Dunkel des gelebten Augenblicks‹ als unbegriffenes, unerfaßtes Jetzt, das seiner Erhellung harrt.

Das Dunkel der unmittelbaren Nähe hat zugleich seinen politischen, seinen ökonomischen Bezug: zum Gleichnis des Leuchtturmfußes gesellte Bloch sprichwörtlich: ›Was er webt, weiß kein Weber‹ und schlug damit den Bogen zu Marx, zu seiner Kritik der bürgerlichen politischen Ökonomie, in der der Produzent seinem Produkt – da von ihm abgetrennt – entfremdet ist, in der die Maschinerie des Arbeiters diesem wie eine fremde Macht gegenübertritt. Der Bogen geht weiter, naturphilosophisch zu Schelling und seiner mahnenden Forderung, über dem Produkt (natura naturata) das Produzierende (natura naturans) nicht zu vergessen.

Mit dem Heraustreten erfährt das Ich die Differenz zu sich und zu den anderen. Es ist das Fremde, das nicht so ist wie das Ich, weil es nicht Ich ist. Das Ich ergreift sich in der lernenden Erfahrung des Anderen: »Dies Lernen bewegt sich völlig im Außen, ist darin fahrend und so erst erfahrend und so erst auch, mittels des Draußen, das eigene Innen selber erfahrend. ... So merkt sich alles Innen erst über das Außen.«[12]

›Ich habe mich nicht.‹ Im Ich lagern die noch nicht ergriffenen Möglichkeiten des Seins, derer sich das Ich bemächtigen kann, nach denen ihm hungert und die es im Entwurf zu ergreifen trachtet. Käme das Subjekt zu seinem Prädikat, so würden die latenten Möglichkeiten manifest: das Was des Ich wäre herausgekommen, das Ich hätte sich. Das mit sich identisch gewor-

11 Ernst Bloch, *Tübinger Einleitung in die Philosophie,* a.a.O., S. 13.
12 Ebenda.

dene Ich kann von sich sagen: Ich habe mich.[13] Indes wäre eine solche vollendete Identität statisch, sie verließe den Prozeßgedanken des Werdens, dessen Seinsgeschichte gerade in experimentellen, experimentierenden Identifizierungsversuchen besteht, im probierenden Werden des Neuen.[14] Gegen solch seinshafte Vollendung stand Blochs Formel ›incipit vita nova‹, das neue Leben möge beginnen: mit all den Hoffnungen und Horizonten darin, den möglichen Enttäuschungen – mit allem, was zu seiner Lehre der ›docta spes‹ führte, zu der klug werdenden, klug gewordenen, belehrten, geprüften, gelehrten Hoffnung.

›Darum werden wir erst‹. Das entscheidende ›Wir‹ antizipiert das Kommen und Werden der kommunistischen Gemeinde in einer Welt ohne Entfremdung, durch die erst sich das existentielle ›Ich‹ des ›Ich bin‹ zum einkehrenden prozessualen ›Ich habe mich‹ ergreifen kann, wobei das in Eigentlichkeit werdende ›Ich‹ wiederum aus der Fülle seines gewonnenen Seins heimkehrender Teil der Gemeinde wird – ohne ganz, und das ist der kostbare Rest, in ihm aufzugehen. Diese erhoffte Gemeinde hat ihre Vorgeschichte und Herkunft: Bloch schlug den Weg zu seinem ›incipit vita nova‹ angesichts der verwüsteten Leere inmitten der zertrümmerten Erbschaft des 1. Weltkriegs ein: »Wir bringen der Gemeinde nicht mit, weswegen sie sein soll, und deshalb können wir sie nicht bilden. Wir haben Sehnsucht und kurzes Wissen, aber wenig Tat und was deren Fehlen mit erklärt, keine Weite, keine Aussicht, keine Enden, keine innere Schwelle, geahnt überschritten, keinen utopisch prinzipiellen Begriff.«[15]

---

13 Daß das Ich nach Freud nicht Herr im eigenen Hause ist, steht auf einem anderen Blatt – hier geht es um den philosophischen Zugang zum Noch-Nicht-Sein.

14 Die Bedeutungen des ›Nichts‹ im dialektischen Prozeß des Werdens, gegen ›das Festwerden der endlichen Bestimmtheiten‹, erläutert Ernst Bloch im Hegelbuch *Subjekt-Objekt* (Suhrkamp, Frankfurt 1962, S. 152 ff.): »Auf diese Weise wird das Nichts ein objektiver Mephisto, der in der Welt reizt und schafft« (a.a.O., S. 153).

15 Ernst Bloch, *Geist der Utopie*. Erste Fassung, Suhrkamp, Frankfurt 1971, S. 9.

Das ›Werden des Wir‹ ist die kommunistische Losung zur Identität des Ich mit sich selber. Die innere Einkehr erfolgt auf dem Umweg des werdenden Wir als Ankunft in jenes Gebiet, das Bloch am Ende des *Prinzips Hoffnung* antizipierte: »... worin noch niemand war: Heimat.«[16] Rückgreifend erkennen wir, daß dieser Heimat die gesellschaftliche Selbsterfassung des Ich vorausgeht: »*Die wirkliche Genesis ist nicht am Anfang, sondern am Ende*, und sie beginnt erst anzufangen, wenn Gesellschaft und Dasein radikal werden, das heißt sich an der Wurzel fassen. Die Wurzel der Geschichte aber ist der arbeitende, schaffende, die Gegebenheiten umbildende und überholende Mensch. Hat er sich erfaßt und das Seine ohne Entäußerung und Entfremdung in realer Demokratie begründet, so entsteht etwas, was allen in die Kindheit scheint und worin noch niemand war: Heimat.«[17]

Dieser Sprung ins Reich der Freiheit, das Mit-sich mit der Mündung ins Mit-uns ist Alpha und Omega des dialektischen Dreiklangs. Kategorisch gefaßt hat Bloch das kulminierende Werden des Wir als Weltproblem im *Experimentum Mundi*: »Der arbeitende Mensch als bewußter Träger der Geschichte beginnt in einer bevorstehenden neuen Organisationsform des Weltstoffs, in einer Kommune und dem Grenzproblem einer humanisierbaren Natur die bisher höchste Realisierung des Stoff- und Weltkerns. *Item, der Nullpunkt im Daß sucht, versucht durchs Experiment der Welt sein, das ist ihr Omega, vorscheinend eben im Subjekt als Glück, in der Gesellschaft als Solidarität menschlicher Würde, im Draußen der Weltlandschaft, mit nicht mehr ausgelassenem Insichsein, als Heimat.* Im Anfang alles Objektivierens als Drehung (Hebung) stand die Frage, wo und worin fängt die Landschaft als unsere Landschaft an. Die Lösung dieser Frage, die Sättigung des in ihr versammelten Hungers vermag nur in einem Auswendigen zu geschehen, das in toto wie das Inwendige werden könnte. Das im Prozeß hinzukommende Plus ist hierbei die Herausdrehung

16 Ernst Bloch, *Das Prinzip Hoffnung*. Suhrkamp, Frankfurt 1959, S. 1628.
17 Ebenda.

des Inwendigen, der Aufgabengehalt des Herausdrehens aber ist der Inhalt des sich im gelingenden Äußeren Innewerdens selber.«[18]

Diese Weltwendung des Hungers, des treibenden Mangels des ›Ich bin‹, hat Bloch dem Vorwurf einer gleichsam materialistischen Seinsmystik ausgesetzt, indem er dem Sein utopische Möglichkeiten zuordnet, die Hoffnung also ontologisiert. Gleichwohl zeigt das fein gesetzte und nuancierte ›wie‹, das in obigem Zitat zwischen dem ›Auswendigen‹ und dem ›Inwendigen‹ steht, daß dieses Werden keiner Subjekt-Objekt-Identität gilt, sondern der unentfremdeten Korrespondenz zwischen dem Innen und dem Außen im antizipierten Reich der Freiheit.

Experimentum Mundi. Auch dieses kategoriale Weltbuch hebt mit dem Mangel, der Sehnsucht, dem Hunger, dem Treibenden in der bloßen Existenz des ›Ich‹ an: »Ich bin also an mir. Doch eben, das Bin hat sich nicht, wir leben es nur dahin.«[19] Wir sind zu nahe daran, das Ich sieht sich selber nicht (gleichsam wie beim blinden Fleck, bei der Stelle also, wo der Sehnerv in die Netzhaut eintritt und das geringste Sehen statthat). Daher lautet die Überschrift des Kapitels: ›Einleitung: Drehung übers Unmittelbare hinaus‹. Dieses Dunkle der Nähe faszinierte Bloch angesichts einer Zeichnung Ernst Machs, der – auf der Chaiselongue liegend – nur das von sich skizzierte, was er wirklich sah: das Bild beginnt mit präzis gezeichneten Schuhen und endet mit den Umrissen eines Nasenlochs, umgeben von den gewaltigen, dennoch diffusen Wölbungen eines Schnurrbarts.

Dieser Auftakt ›Drehung über das Unmittelbare hinaus‹ leitet über zum Heraus aus der dunklen Nähe: »Desto wichtiger, aus dem Dunkel wie Nebel des ums Jetzt und Hier immer wieder herauszustreben, dem klareren, vorab besseren Noch-Nicht auf den Fersen zu bleiben, wo es sich zeigt.«[20] Diese Drehung aus dem Unmittelbaren hinaus unterscheidet sich vom kontempla-

18 Ernst Bloch, *Experimentum Mundi*, Suhrkamp, Frankfurt 1975, S. 261 f.
19 Ebenda, S. 13.   20 Ebenda, S. 15.

tiven Rückblick dadurch, daß in ihr *Zukunft wirkt* mit Anwesenheit im Prozeß, der auf das Werden, auf das noch nicht Gewordene gerichtet ist. ›Darum werden wir erst‹. Die raumzeitliche Trübung beider Nähen bedarf nicht nur der Klärung durch den Abstand, sondern des treibenden Wozu und Wohin, des Anstoßes dazu. Unentwegt kehrt Bloch zu dem Bin-Anfang zurück, der sich nicht hat und werden will: »Das Bin, das in uns Menschen als ein Ich-bin treibt, ist kein Haben, sondern noch einzig jenes Nicht an Haben, das es nicht bei sich aushält.«[21] Oder: »Wir sind, das ist gewiß. Dieses bin ist durchaus, ist aber nicht da. Ist noch nicht dazu hin über sich gedreht. Hat sich selber am wenigsten herausgemacht, herausgebracht. Derart ist das reine Bin zugleich als ganz nah ebenso am meisten dunkel.«[22]

Der Anstoß im Was des ›Ich bin‹ wird von Bloch mit ›Sehnsucht‹ umkreist, die je nach Bezugsebene synonym steht für das Meinen, das Suchen, den Trieb, den Hunger, das Bedürfnis. In allem ist ein ›Daß‹ am Wirken: als unruhiges *Daß des Seins*, das sich nicht hat und auf ein Etwas tendiert. Daher auch für Bloch die immerwährende Bedeutung des ›Aber etwas fehlt‹ in Brecht/Weills *Aufstieg und Fall der Stadt Mahagonny*. Das Sein des ›Ich bin‹ ist seines Inhalts nicht gewiß, und sein ›Aber etwas fehlt‹ entspringt dem Nicht-Haben des Seins und fragt nach dem Etwas, sucht es – umgeben vom Daß des Was, vom Prädikat des Subjekts: »Es ist das Pochen jedes Augenblicks, der sich aber noch nicht erblickt.«[23]

Die noch nicht herausgebrachte, noch nicht erschienene Essenz der menschlichen Existenz hat bei Bloch ihr Korrelat in der objekthaften Welt, in ihrem Noch-Nicht-Gewordenen – gipfelnd in seinem Satz: Die Welt weiß nicht, wo ihr der Kopf steht. Insofern meint Blochs Gemeinde mehr als das Wir der Menschennatur: es ist die herauszuarbeitende Weltnatur, die der Hebung bedarf, es ist die außermenschliche Natur, die in solidarischer Gemeinschaft mit dem Menschen ihr ›Darum wer-

21 Ebenda, S. 49.
22 Ebenda, S. 69.
23 Ebenda, S. 74.

den wir erst‹ findet. Und insofern mündet das Schlußwort ›Heimat‹ aus dem *Prinzip Hoffnung* letztlich in: Weltheimat. Auf diesem Heimweg liegen Brüche, Unterbrechungen, Widerstände, Vermissungen, Entsagungen, Niederlagen: Widersacherisches überhaupt, einbrechende Hohlräume. Diese Hohlräume aber liegen im Strom der gelingenden Möglichkeit, der möglichen Gelungenheit, der Tendenz zum *summum bonum*, der Latenz der Erfüllung. Der Hohlraum vor der Erfüllung hat seinen Ort in der Pause, die in Beethovens *Fidelio* dem befreienden Trompetensignal vorausgeht. Das Laden, Aufladende in der Musik treibt dahin: zum Advent der Eigentlichkeit, des endlich Gewordenseins: ›Gott, welch ein Augenblick.‹

Der Zugang zum Welthaften des ›Wir‹ ist ein dialektisch-materieller, nämlich in Kategorien gefaßter, die nach Georg Lukács als Existenzbestimmungen bewegende Formen der Materie selbst sind — womit im ›Wir‹ die Natur eingebunden wird (wenngleich Lukács' Naturbegriff sich von dem Blochs unterscheidet), womit das Subjekt in der objektiv-realen Sphäre der Welt überhaupt verankert wird. Das werdende Wir wird begleitet von einer werdenden Natur, deren Werden dem Menschen zugewandt ist, insofern das gesellschaftliche Subjekt die Bedingungen zum Mensch-Natur-Wir schafft. Bloch bezeichnet dies Eingreifen des Subjekts als *Potenz*, das helfend Entgegenkommende ist die objektiv-reale Möglichkeit der antizipierten Naturallianz, die *Potentialität* der Materie. Somit ist das Drängende des ›Aber ich habe mich nicht‹ verbrüdert mit einem Außen, das sich nach Sartre im Modus des An-Sich-Seins zwar hat, indes kapitalistisch ausgesiedelt ist: als ausbeutbare Gratis-Natur, Gratis-Welt.

Das ›Aber‹ im ›Aber ich habe mich nicht‹ ist der Einwand, der Einspruch, der Stachel: das Ich ist sich selber nicht genug, weil es sich nicht hat. Das Sich-nicht-Haben treibt zur Auflösung, zur Lösung, zur prozeßhaften Synthese des seienden Ich zum schließlich werdenden Wir. Indes ist es mehr als das Treiben der singulären Existenz zur Selbst-Erfassung, zum Wir-Werden: »Der einsamen *Intention* kommt ein Drängen des gesellschaftlichen Außen, ja sogar der äußeren Natur entgegen, worin eine objektive *Tendenz* gesellschaftlicher und nicht zuletzt außermenschlich-physischer Art angelegt sein kann. Daß die subjektive Intention nicht allein bleibt, daß ein Arbeitenkönnen an der gesellschaftlichen Welt und durch sie hindurch an der physischen Natur konkret vorsichgehen kann, hängt eben von dieser objektiven Tendenz ab, als einem Streben, das der Intention entgegenzukommen nicht unfähig ist.«[24]

Die Existenzfrage geht auf das dunkle Bin- und Ist-Sein, auf sein ungelöstes In-der-Welt-Sein. Sie geht auf das Was im Bin-Sein, das zum Daß treibt, zum Prädikat des Subjekts, das sich noch nicht hat. ›Ich lasse Dich nicht, Du segnest mich denn‹, wie es biblisch heißt. Der Segen liegt im sich manifestierenden Wir durch den konkreten (also nicht warengesellschaftlich abstrakten) Bezug der Menschen zu den Menschen und zur Natur. So mündet Blochs werdendes Wir in die Realisierung des Einklangs der unentfremdeten Menschengemeinschaft mit der Natur, die dazu als ›hypothetisches Natursubjekt‹, als subjekthaftes Mit-Wesen gedacht wird.

Mit den *Spuren* hebt der Dreiklang an, ein halbes Jahrhundert später werden die Grade des Seins im letzten Werk erneut intoniert: »Wir fangen immer wieder mit dem Bin an, das sich so dunkel ist. Das Bin, das sich nicht hat, ist eben deshalb das aus sich herauswollende Nicht. Das in sich gärt, das sich unsichtig ist vor lauter Nähe und aus dem pur Unmittelbaren seiner herauswill.«[25]

So durchzieht diese Frage des Unbedingten das gesamte Lebenswerk, hinarbeitend auf die Realisierung der guten Möglichkeit des gelingenden Werdens, auf die chiastische Marxperspektive der Naturalisierung des Menschen, der Humanisierung der Natur: »Naturalisierung des Menschen, das würde seine Eingemeindung, sein endlich herausgebrachtes Diesseits und Beisichsein bedeuten, damit wir ohne Entfremdung sein könnten, mit Seinsmächtigkeit unseres Hic et Nunc, Humanisierung der Natur, das würde das Aufschlagen des sich selber noch verschlossenen Kosmos zu der Heimat bedeuten, die mythologisch einmal als Neue Erde, Neuer Himmel phantasmagoriert worden war, die auch in jeder Naturschönheit, Naturqua-

24 Ebenda, S. 145.   25 Ebenda, S. 239.

lität (vermittelt durch Naturmalerei und Naturdichtung) anklingt, selber mit Sprung aus dem Reich der Notwendigkeit an den Menschen heranrückend.«[26]

Das ›Wir‹ meint Mensch-Mensch-Solidarität, meint Mensch-Natur-Allianz, meint letztlich die endlich fällige Ankunft des Menschen und seine Einkehr in ein gut gerichtetes Welthaus.

26 Ernst Bloch, *Atheismus im Christentum,* Suhrkamp, Frankfurt 1968, S. 352.

NORBERT BOLZ

Das Gottesexperiment

Offenbar haben wir heute die Zeiten hinter uns, die glauben
konnten, die Religion hinter sich gelassen zu haben. Daß Religion nur durch Religion ersetzt werden kann, scheint heute
unstrittig. Mag auch der einzelne ohne ihren Trost auskommen
– die Gesellschaft kann nicht auf die Funktion der Religion
verzichten. Und ich werde gleich zeigen, warum. Die Religion
ist aber unglücklich über ihre Systemautonomie. Sie ist ja zuständig für »das Ganze«. Und da fällt es natürlich schwer, zu
akzeptieren, daß sie ihre Sinnfiguren in den Grenzen eines Teilsystems der Gesellschaft anbieten muß. Deshalb erliegen die
Kirchen leicht der Versuchung, auf Politik und Wirtschaft
»überzugreifen« – etwa unter dem Titel »Ethik«.
Die Religion bedient aber nicht nur die Sehnsucht nach dem
»Ganzen«, sondern ist auch zuständig für das »Wir«. Die Grenzen des Menschseins sind ja nicht identisch mit den Grenzen der
Gesellschaft; und mit dieser Differenz operiert die Religion – *in*
der Gesellschaft. Man könnte sagen: Das Religiöse ist das Gefühl der Kollektivität. Darin kann man in Deckung gehen,
zumal vor dem eigenen Denken. In der Religion schützt sich der
Mensch gegen das Störfeuer seiner eigenen Intelligenz. Es gibt ja
kein Ende des wissenschaftlichen Fragens, und umgekehrt bleiben die großen Fragen nach dem Sinn wissenschaftlich unbeantwortet. Vor diesem Hintergrund ist leicht zu erkennen,
welch außerordentliche Entlastung der Mensch durch die Dogmen seiner Religion erfährt. Dogmen schützen vor dem endlo-
sen Kreisen in unbeantwortbaren Fragen.
Nun muß man kein Theoretiker der Säkularisierung sein –
ein Blick in die leeren Kirchen zeigt, daß die Stabilität der Funktion der Religion in der Gesellschaft keine Bestandsgarantie für
die traditionellen Kirchen ist. Heute flackert sogar ein neues
religiöses Bedürfnis auf, und die christlichen Kirchen müssen
beobachten, daß es nach anderen Heilsversprechen Ausschau
hält. Wie auch immer man die »religiöse Lage« der Gegenwart

einschätzen mag – sie ist gekennzeichnet durch eine Auflösung und Rekombination der religiösen Tradition. Daß sich die Glaubensdinge so entwickeln würden, hat man aber schon im 19. Jahrhundert gesehen. So charakterisiert Jacob Burckhardt die neue Religion als »Verehrung und unermüdliche Kombination der Reste der Überlieferung«. Und in einer solchen posthistorischen Kombinatorik der Symbole gibt es dann natürlich keine Grenzen des Rückgriffs auf Vergangenheit. So betreibt heute Wolfgang Teichert, der Leiter der Evangelischen Akademie Nordelbien, selbstbewußt eine »Re-Inszenierung der alten christlich-kirchlichen Traditionen des Mittelalters«. Daraus können wir für unser Thema vor allem eines lernen: Man kann die Theologie sehr gut als romantisches Alibi benutzen.

Mir scheint diese Überlegung zur Unverzichtbarkeit der Religion in der modernen Gesellschaft wichtig zu sein, um zu begreifen, warum Ernst Bloch mit seinen Zauberformeln in der entzauberten Welt der Nachkriegszeit einen so phänomenalen Erfolg haben konnte. Max Weber hatte ja gezeigt, daß es für unsere Kultur eigentlich nur drei Formen der Menschwerdung gibt: Erstens die Abrichtung des Fachmenschen, zweitens die Erziehung des Kulturmenschen und drittens die Weckung des Charismas. Nun schien – zumindest für die kritischen Bewußtseine – nach dem Zweiten Weltkrieg klar zu sein, daß uns die Abrichtung des Fachmenschen in den Faschismus gesteuert hat. Und noch heute genügt es ja in gewissen linken Kreisen, von »Sekundärtugenden« zu sprechen, um diesen Zusammenhang zu beschwören. Ein weiteres kam hinzu: Die Erziehung zum Kulturmenschen erschien als Farce angesichts eines Betriebs, den man dann Kulturindustrie genannt hat – das war bekanntlich die kritische Domäne der Frankfurter Schule. Blieb also nur die Kulturmöglichkeit einer Wiedergeburt der Seele. Und da man Charismatiker braucht, um Charisma zu wecken, schlug Blochs große Stunde.

Bloch hat das Pathos seines Frühwerks über den Geist der Utopie mit bewunderungswürdiger Konsequenz bis in die letzten Lebensjahre hinein durchgehalten – kaum eine andere Philosophie hat einen so leicht wiedererkennbaren Sound. Das eherne Gehäuse, aus dem der Geist des Kapitalismus gewichen ist, mit dem Geist der Utopie zu sprengen; die Entropie des Posthistoire mit der Negentropie des Prinzips Hoffnung zu besiegen; die Menschen aus der Entfremdung dieser Welt in eine Heimat zu führen, in der noch niemand war – das sind die Heilsversprechen des Blochschen Werkes. Dieses Werk ist die rhetorische Entfaltung der Geste des Propheten, den Max Weber am Ende der Weltnacht erwartet hat. Bloch hat nicht auf die Dialektik der Negativität, sondern auf die Rhetorik des Pathos gesetzt und ist damit populär geworden. Gerade unter Nicht-philosophen kursierten die Zauberformeln: Heimat, in der noch niemand war; das Prinzip Hoffnung; Selbstbegegnung, Geist der Utopie. Und selbst im Rückblick muß man sagen: Auch wenn man nicht genau weiß, was damit gemeint ist – es klingt unwiderstehlich gut.

Blochs Geste ist also die des Propheten. Doch seine Prophetie ist eine von der Erfahrung des prophetischen Fehlschlags gebrochene. Prophetie ist nämlich nicht immer möglich, und wir müssen uns für eine Bestimmung von Blochs Aktualität vor allem fragen: Welche theologische Gestalt ist heute angesagt? Von den Beobachtern der politischen Theologie kann man über die Geschichte lernen: Der Fehlschlag der Prophetie provoziert die Apokalypse. Und der Fehlschlag der Apokalypse provoziert die Gnosis. Für diese grobe These liefert uns die jüngere Geschichte reichlich Evidenz. Zunächst hatten wir es mit der kommunistischen Prophetie eines Reichs der Freiheit zu tun. Und exakt 200 Jahre nach der großen gnostischen Selbsterlösungsveranstaltung der Französischen Revolution wurde auch dem letzten klar: diese Prophetie ist fehlgeschlagen.

Doch das Scheitern des linken Heilsversprechens hat schon viel früher apokalyptische Visionen provoziert – nämlich solche vom Untergang der Umwelt. Das grüne Bewußtsein war auf dem Markt der öffentlichen Meinung eben deshalb so erfolgreich, weil es die Apokalypse als Unique Selling Proposition offerierte. Und Apokalypse heißt stets: Was hier auf dem Markt der Gefühle angeboten wird, war noch niemals da; die Wende der Welt steht mir selbst bevor – als absolutes Erlebnis. Gegenwärtig aber können wir beobachten, daß auch die grüne Apokalypse fehlgeschlagen ist: Die Grünen sitzen staatserhaltend im Parlament; das grüne Bewußtsein hat in die Parteistatuten aller Parteien Einzug gehalten; die Umwelt erscheint neuerdings im Lichte eines Öko-Optimismus. Daraus läßt sich aber kein Lebenssinn mehr destillieren. Deshalb können wir vermuten – und Soziologen bestätigen das –, daß unsere Gesellschaft unterwegs zu einer neuen Gnosis ist. Stichwort: Selbsterlösung. Man könnte von einer Wiederkehr des alten Adam nach dem Scheitern der Erlösung durch Gesellschaft sprechen und darf vermuten: jetzt wird man am Ich ansetzen. Und das ist Blochs großes Thema: das Ich zu bessern.

Man könnte deshalb auf eine Ernst-Bloch-Renaissance tippen: Bloch nun nicht mehr als Stichwortgeber gegen den absoluten Geist, sondern etwa gegen die Systemtheorie als jüngster Selbstbeschreibung unserer Gesellschaft. Doch wir wollen darüber nicht weiter spekulieren, sondern einfach nur diejenigen Elemente seines Denkens herauspräparieren, die seine Gnosis zur revolutionären Verheißung machten – in der Vermutung, daß hierin seine »Aktualität« liegt. Gegen Hegels Phänomenologie des Geistes *dieser Welt* setzte Bloch seine Phänomenologie des *gnostischen Menschen*geistes. Und gegen Hegels Mahnung, Philosophie solle sich hüten, erbaulich zu sein, produzierte Bloch ausdrücklich: erbauliche Philosophie, Erkennen als »existentielles Pathos« (16/368). Das ist heute wieder beliebt; wer denkt, soll sich auch bekennen.

Doch Bloch macht seinen Liebhabern Schwierigkeiten. Es ist ein revolutionäres Stereotyp und vielleicht auch das »grüne« Grundformular, gegen die zweite Natur zu kämpfen im Namen der ersten. Gegen Autos im Namen des Waldes; gegen die Ehe im Namen der freien Liebe; gegen die Universität im Namen der Kreativität; gegen die Kirche im Namen des Glaubens. Doch dafür kann man Bloch gerade nicht reklamieren. Denn bei ihm ist Gnosis konsequent die Revolte gegen erste *und* zweite Natur. So spricht er einmal von der Natur als »Schutthaufen des Irrtums« (3/342) – das ist Klartext. Hier könnte vielleicht verwirren, daß Bloch immer wieder das Materialismusproblem gewälzt hat. Doch die Natur, für die es dann einen Blochschen Materialismus gibt, ist immer schon das Noch-nicht des Geistes.

Und damit sind wir bei einer der Blochschen Zauberformeln: Noch nicht. Die Kluft zwischen Wirklichkeit und Utopie, zwischen Faktizität und Geltung wird überbrückt, indem die Geltung verzeitlicht wird. In der Moral und in der Ästhetik befinden wir uns zwar immer in dem leicht suspendierten Zustand des *Als ob*. Doch dieses Als ob von Moral und Ästhetik erscheint bei Bloch stets umgedeutet als »theologisches Noch Nicht« (3/224). Ähnliches gilt für den Umgang mit dem, was ist. Man könnte sagen: Bloch stülpt die Aufklärungsgebärde um. Das entzaubernde Nichts-als wird als prophetisches Nochnicht umgedeutet. Die Utopie ist dann kein Unort und das Faktische kein Einwand, sondern Anweisung auf eine konkrete Zukunft. Wer aber für diese Zauberei, die jedes »Als ob« und »Nichts als« in ein großes »Noch nicht« verwandelt, unsensibel ist, muß in Ernst Bloch einen Don Quixote sehen, einen lächerlichen Ritter des Seinsollenden, für den die Welt, wie sie ist, nur ein Irrtum sein kann.

Doch kaum jemand hat gelacht. Und wir müssen uns rückblickend fragen: Wie konnte dieses Sinnzwangsangebot überzeugen? Ich meine, Blochs Gnosis konnte nur deshalb überzeugen, weil sie als pathetischer Marxismus auftrat. Der Autor dieser Zeilen war Anhänger Adornos und damit gegen Bloch immun. Bei Bloch war nämlich deutlich sichtbar, was die Frankfurter so elegant in Ästhetik und »Gesellschaftstheorie« versteckten: die alles durchdringende Theologie. Blochs Werk hatte den Vorzug der Deutlichkeit. Man hätte sich viele linke Illusionen sparen können, wenn man Bloch wirklich gelesen und nicht in Popularität ertränkt hätte.

Auf dem Markt der Heilsversprechen hat Bloch ein interessantes Angebot zu machen, das sein Denken – das sich in Differenziertheit und dialektischer Raffinesse mit Adorno und Benjamin gewiß nicht messen läßt – heute aktueller erscheinen läßt als die Esoterik der Frankfurter Schule. Blochs Denken biegt gnostisch die Erlösung durch Gesellschaft und die Selbsterlösung zusammen. Dem entspricht ein radikal nicht-nationalökonomisches Verständnis von Sozialismus als Theologie (Wüste 35). Hier gibt der Wille zum Paradies den Ton an. Die Entwicklung des Sozialismus von der Utopie zur Wissenschaft wird von Bloch also umgekehrt – das ist der polemische Sinn des berühmten Titels »Geist der Utopie«. Und auch das ist aktuell: Bloch antwortet schon auf eine gewisse Theoriemüdigkeit. Theorie zeigt keinen Ausweg aus dem Labyrinth der Welt. Und deshalb wird die Wissenschaft zur Gnosis – genauso wie sich der Sozialismus in »politische Mystik« (3/306) rückverwandelt. Dieser Sozialismus als Theologie läßt sich natürlich vom nationalökonomischen Zusammenbruch eines real existierenden Sozialismus nicht erschüttern – um so schlimmer für die Tatsachen.

Man könnte vielleicht sagen: Der Marxismus war die politische Pathosformel der Blochschen Theologie. Er hat den Marxismus als Fassade seiner Gnosis benutzt – und die können wir heute beiseite schieben. Was bleibt, sind seine Heilsversprechen und Sinnfiguren. Und heute gilt mehr denn je: Je wissenschaftlicher und technischer unsere Welt wird, desto unmöglicher ist es, sie als »sinnvoll« zu erfahren. Sinnlosigkeit entsteht also durch die wissenschaftliche und technische Entzauberung der Welt. Wer nun nach dem Sinn sucht, bittet um Erlösung vom Intellektualismus der Wissenschaft. Diesen Wunsch erfüllen die Kathederpropheten, die Gurus. So hat es schon Max Weber vor 80 Jahren gesehen.

Blochs Gnosis ist das lehrbuchhafte Paradigma einer Erlösung von der Wissenschaft *in* der Wissenschaft – man könnte das innerwissenschaftliche Wissenschaftsablehnung nennen. Die Studentenrevolte hat es hier in den frühen 70er Jahren zu einer gewissen Meisterschaft gebracht – man erinnere sich nur an den virtuos gehandhabten Positivismusvorwurf und an das Faschismusverdikt. Heute ist die Erlösung von Wissenschaft mit Hilfe von Versatzstücken der Wissenschaft der Markt der Futurologen, Visionäre, Trendforscher und Unternehmensberater. Ihr Produkt ist paradox: Wissenschaft als Zauberspruch.

Doch wie konnte sich diese metaphysische Marktlücke bilden? Sinnlosigkeit entsteht durch das Postulat eines Sinns – man sucht und findet eben nicht. Aber die Suche nach dem Sinn immunisiert sich gegen die Enttäuschung. Und die Enttäuschung ist eben diese Welt. Unsere moderne Welt hat nämlich nur einen Funktionssinn zu bieten. Ernst Bloch würde sagen:

Hier herrscht der »Teufel der Kälte« (3/216). Es läuft – ohne »Wozu« und ohne Ziel. Und man kann vermuten: Unsere Gesellschaft funktioniert gerade deshalb so unwiderstehlich, weil sie sich die Frage nach einem höheren Sinn nicht stellt. Daraus folgt aber: Die Sinnfrage ist eine Fluchtbewegung. Wer »Sinnlosigkeit« empfindet, leidet daran, daß alles auch anders möglich wäre. Also letztlich: an der eigenen Freiheit. Mit anderen Worten, nach dem Sinn fragen heißt: die moderne Gesellschaft nicht wollen. Deshalb zeigt unsere scheinbar so atheistische, hedonistische Konsumgesellschaft heute deutliche Züge einer neuen Religiosität, die eigentlich eine Flucht aus der Komplexität ist.

Religion verwaltet ja von alters her den »eigentlich anderen Sinn« des Lebens gegen den schlichten Funktionssinn der Gesellschaft. Daß es läuft und daß dies genügt, ist das eigentliche Ärgernis der neuen Religiosität. Das, was der Fall ist, steckt also gerade nicht in der Krise und ist gerade keine Katastrophe. Deshalb treten heute die Retter ohne Not auf und unterbreiten ihre Sinnzwangsangebote. Daß sich viele von ihnen bezwingen lassen, liegt daran, daß der Funktionssinn der Gesellschaft unauffällig bleibt und unseren Prägnanzbedarf unbefriedigt läßt. Hier hakt nun die Religion ein. Ihr versprochener Sinn ist ein Prägnanzerlebnis, vor dem alle Fakten verblassen. Von der Sinnsuche zum Fanatismus ist deshalb nur ein Schritt. Man könnte definieren: Im Fanatismus wird die Mobilmachung des Sinns gegen Wirklichkeit militant. Das provoziert den Zynismus; er mobilisiert dann die Wirklichkeit als Beweis gegen den unterstellten Sinn.

Das mag als prinzipielle Rahmenreflexion über die religiöse Funktion des Sinns und den Funktionssinn der Gesellschaft genügen. Sehen wir nun näher zu, wie Ernst Bloch seine Sinnfiguren formt. Der entscheidende Argumentationstrick besteht m. E. darin, daß Bloch den scheinbaren Widersacher des Glaubens als dessen eigentlichen Herold einführt: der Atheist ist der wahre Christ. Das Räumkommando Atheismus liquidiert den Aberglauben an Gott – und ermöglicht eine Fülle faszinierender Bloch-spezifischer Paradoxien. Zentral steht in Blochs Werk die Paradoxie einer mystischen Theokratie, also einer Gottesherrschaft ohne Gott und Herrschaft. Der Atheismus hat hier eine

Doppelfunktion: einmal als Befreiung der Menschen von der Gotteshypostase; zum andern als »Entlastung (...) Gottes von dieser Welt«. Wenn es Gott nicht (noch nicht!) gibt, kann er auch nicht schuld sein an dieser Welt. Das ist die Grundformel jeder Gnosis. »Er ist nicht, Gott gilt erst.« (16/230) Und wir haben ja schon gesehen, wie Bloch mit der Differenz von Faktizität (Gott ist nicht) und Geltung umgeht – er verzeitlicht sie zum Noch-nicht.

Genau analog zu diesem Nichtsein aber Gelten Gottes ist dann auch das große Bloch-Formular gebildet: Ich habe mich nicht – deshalb werden wir erst. Die Analogie ist so gebildet, daß dem Nichtsein Gottes das Sichnichthaben des Menschen entspricht. Doch dem Werden des Wir entspricht nun nicht einfach der werdende Gott der Romantik. Bloch ist hier viel radikaler. Die Paradoxie, »daß es einen Gott gibt, obwohl es keinen gibt, noch keinen gibt« (11/82), läßt nur eine radikal gnostische Entfaltung zu, die den Menschen nicht unter eine neue Gotteshypostase zwingt: Der gute Gott wird ernannt – Philosophie versteht sich als Gottesbeschwörung. Blochs Gott hat nicht mehr die Kraft zu kommen. Deshalb muß man ihm auf die Sprünge helfen. Der von S. Kracauer kolportierte Scheler-Satz über Blochs Philosophie trifft also ins Schwarze: Es ist ein Amoklauf zu Gott.

Doch wozu die Gottes-Paradoxien? Warum proklamiert Bloch nicht einfach die Selbsterlösung? Warum ernennt sich der Mensch nicht selbst? Offenbar funktioniert die Gottesbeschwörung auch als Abwehrzauber. Denn Bloch konzipiert die Selbstbegegnung des Menschen polemisch gegen seine neuzeitliche Selbstbehauptung. Die Gottesbeschwörung soll das Medium sein, in dem sich der Übergang vom Sein des Ich zum Werden des Wir organisiert. Man könnte auch sagen: Man braucht einen Gott, um nicht in die Falle des Narzißmus zu tapsen. Aus der Perspektive des Sich-selbst-Habens ist das Individuum ein Kurzschluß. Mit wiederum anderen Worten: Man muß das Ich von sich selbst ablenken, damit es zu sich kommen kann – und dazu braucht man einen Gott. Jede andere Ablenkung würde in die Dingwelt verstricken. Deshalb hat sich Bloch für die fanatischen Sekten interessiert; sie machen ein »luziferisch-parakletisches Experiment mit Gott«. Und darin sieht Bloch das große Heilmittel gegen den »entarteten Individualismus der Neuzeit« (Wüste 109).

Im Kampf gegen den neuzeitlichen Individualismus bedient sich Bloch aber noch eines weiteren verblüffenden Theorierequisits. Seine gnostische Suche nach dem wahren Ich erspart sich den anti-römischen Affekt des modernen Revolutionärs. Raffiniert synthetisiert Bloch Gnosis und Katholizismus. Und die dialektischen Effekte dieses Unternehmens frappieren auch heute noch. So mag es manchen Bloch-Fan erstaunen, daß das Ziel dieses Kommunisten keine linke Idylle, sondern »das neue, gereinigte Rechts« (16/410) war. Bloch will das wahre Selbst in die Allgemeinheit des Katholischen einbauen. Und gerade kritische Bewußtseine, die »orthodox« als Schimpfwort gebrauchen, werden von Blochs Rechtsgläubigkeit verblüfft. Orthodoxie ist für ihn kein Betriebsunfall verknöcherter Regime, sondern die unverzichtbare Prägekraft, die »das große römische Reich aus Inwendigkeit« (3/88) gestaltet. Blochs Lob der Orthodoxie zielt auf die neue Kirche der gebauten Innerlichkeit zur »Verwaltung des Sinns« (6/10). So kurios das heute klingen mag: Bloch hat gesehen, daß es nicht ohne religiösen Sinn und Orientierung geht. Und die Antwort durfte für einen Kommunisten ja gerade nicht lauten: neuzeitliche Selbstbehauptung des Individuums im Ordnungsschwund!

Blochs Gnosis steht also genau antithetisch zur Selbstbehauptung des bürgerlichen Individuums in einer sich selbst legitimierenden Neuzeit. Moderner Individualismus ist für Bloch der Fehlschlag der Selbstbegegnung. Das Individuum entsteht ja in der Suche nach dem eigenen Heil – aber es nimmt nicht den Umweg über das Gottesexperiment des sektiererischen Kollektivs. Das sich selbstbehauptende Ich der Neuzeit berauscht sich nicht am Ritual der Gottesbeschwörung, sondern nimmt sich selbst als Droge. Und die Rauschwirkung dieser Droge besteht darin, daß das Ich in sich eine Tiefe »entdeckt«, die ihm bloße Selbstbehauptung als ungenügend erscheinen läßt. Seither geht es auf dem Schauplatz der großen Werte und Gefühle um mehr: Die Rede vom Sinnverlust erzeugt die metaphysische Marktlücke für »Selbstverwirklichung«.

44

Bloch ist ein starkes Kontrastmittel zur Präparierung des Problems der modernen Individualität. Individualität ist ja ein autologischer Begriff, d. h. man kann, ja muß ihn auf sich selbst anwenden. Und das heißt dann im Klartext: Was Individualität heißt, ist allein Sache des jeweiligen Individuums. Es begründet sich in dem Anspruch, es zu sein. Gerade deshalb aber ist das Individuum die Statue der Selbstverkennung. Und die Psychoanalyse könnte leicht zeigen, daß Selbstverwirklichung nur ein anderer Name für Selbstverkennung ist. Heute entfaltet der Konsum die Paradoxie eines »persönlichen« Ritus; man kann sich eine Eigenformel kaufen. Diese Wahl der Eigenformel hätte man früher Aberglaube genannt.

Doch das ist nicht Blochscher Geist, sondern waschechte Romantik: Jeder will, so Carl Schmitts genaues Wort, »sein eigener Priester sein«. Das Individuum »entartet« (Bloch!) hier zur Rolle, in der man einer Religion der Einmaligkeit huldigt. Auch das ist eine Paradoxie-Entfaltung: das individuelle Allgemeine von Schleiermacher bis Manfred Frank. Das Ziel der Individualität ist das allerallgemeinste, nämlich anders zu sein als alle anderen. Das gilt von der Romantik bis zur Postmoderne. Und genau dagegen feit Bloch sein Ich durch die raffinierte Wendung, daß erst Wir werden müssen, auf daß Ich mich habe. Man darf also Blochs Theurgie des Menschen nicht mit dem Individualmythos der Postmoderne verwechseln.

Selbstverwirklichung ist ein im Kern ästhetisches Konzept. Selbstbegegnung ist ein im Kern theologisches Konzept. Und die Aktualität Blochs könnte heute gerade darin liegen, eine gnostische Alternative zur Theatralik der Postmoderne zu bieten. Längst ist das Selbst zum Präparat einer Ästhetik der Existenz geworden; man spricht ausdrücklich von self-fashioning. Die postmoderne Freiheit folgt einem paradoxen Individualisierungszwang. Das Leben inszeniert sich selbst, erfindet seine Identität. Selbstinszenierung ist die Entfaltung einer Paradoxie. Mit den Worten Hans Blumenbergs: »Nur ästhetisch läßt sich der Wunsch erfüllen, nicht so zu sein, wie man ist.«

Ich bin, aber ich habe mich nicht – deshalb werden wir erst. Das ist das gnostische Programm. Es gibt aber eben heute auch eine ästhetische Umprogrammierung des Ich: Ich bin, aber ich will nicht so sein – deshalb erfinde ich mich. Mit anderen, noch näher auf Blochs Formular hin modifizierten Worten: Ich bin, aber ich will mich loswerden – deshalb inszeniere ich mich anders. Vor dem Hintergrund neuzeitlicher Subjektivität heißt das aber: Selbstinszenierung (ästhetisch) und Selbstbegegnung (gnostisch) sind die beiden Formen des Ungenügens an der Selbstbehauptung des modernen Menschen.

Doch auch die Blochsche Selbstbegegnung setzt voraus, was die ästhetische Selbstinszenierung dann explizit macht: daß ich mich selbst, den alten Adam in mir, loswerden muß und will. Allerdings genügt dem Gnostiker kein bloßer Rollenwechsel. Das Sich-haben-Wollen ist ein Sein zum Tode. Dieses Sein zum Tode ist gewissermaßen der Garant dafür, daß ich mich nicht wieder in den Sackgassen des neuzeitlichen Individualismus verrenne. Das Ich, das sich hat, ist kein Individuum. Bloch konstruiert also das moderne Individuum als Gefängnis des wahren Ich. Und deshalb hat der Tod nichts Schreckliches, denn er wird als Auszug des Ich aus der Knechtschaft der Egoität gedeutet. Das gnostische Ich rebelliert also nicht nur gegen die Gefangenschaft in einer Welt des Irrtums, sondern auch gegen den Panzer des falschen Ich. Der Tod schafft – metaphorisch? – den Übergang vom Sein des einzelnen zum Werden des Kollektivs: »Exitus-Exodus im Wir selbst« (3/316f) – ein typischer Bloch-Kurzschluß in einer Zauberformel.

Das Ich, das seinen Ego-Panzer sprengt; das Sich-selbst-Überbieten des Menschen im Selbst eines Wir – das ist offenbar ein Konkurrenzentwurf zu Nietzsches Übermensch. Nietzsches Logik war ja noch die, daß die Unerträglichkeit, angesichts eines Gottes selbst kein Gott zu sein, als »Beweis« dafür genügt, daß es keinen Gott gibt. Einen ähnlichen Entlastungseffekt kann derjenige, der am Göttlichen festhält, nur erreichen, indem er sich selbst vergottet. Entweder man ermordet Gott, oder man zwingt ihn zu erscheinen. Blochs Wort von der »herrlichen Hybris« (5/784) könnte auch von Nietzsche stammen: Frevel und Übermut sind eine Art Negativgarantie für das Göttlich-Übermenschliche. Die typisch gnostische Wendung bei Bloch besteht nun darin, den sich selbst steigernden Menschen von Welt völlig freizuhalten. Gnostiker machen sich die Finger nicht schmutzig; Max Webers »Forderungen des Tages« haben für sie keine Geltung. Ernst Bloch beschreibt die Selbstvergottung des Menschen als Eintritt in »die religiöse Gegenständlichkeit seiner selbst« (5/1409). Das ist entweder objektlose Innerlichkeit, Mystik eines Kollektivleibs – oder unverständlich. Ernst Blochs Gnosis ohne Fremdgott macht das Ich zum Schauplatz der Theurgie. Und ihr Gebet lautet: Mein Reich komme – nämlich das »Selbstreich« (16/381).

In der Polarnacht des Posthistoire leuchtet also doch ein Licht. Ernst Bloch hat Ernst gemacht mit der Weber-Diagnose unseres Schicksals, in einer »prophetenlosen Zeit« zu leben. Wem es da nicht genügt, mit resignierter Männlichkeit den Forderungen des Tages zu genügen, der muß eben selbst zum Propheten werden. Die Weltfinsternis wird nun mit dem Licht des Subjekts beleuchtet. Und dabei erweist sich diese Welt als so nichtig, daß sie noch nicht einmal wert erscheint, zugrundegerichtet zu werden. Die Utopie des Propheten erzeugt Weltindifferenz. Das »Bestimmen im Wertbegriff«, um das es Blochs Philosophie geht, ist »gültig auch ohne Welt« (3/257). Hier sieht man sehr schön, wie Heilsversprechen funktionieren: Sie produzieren zugleich Hysterie und Hoffnung. Mit dem Wertbegriff Hoffnung entwerten sie die Welt. Und die Hysterie macht für die Prophetie des Strafgerichts empfänglich.

Und so sehr Bloch versucht, seine Gnosis als Atheismus im Christentum zu deduzieren: Dieser Bildersturm, der die ganze Weltgegenständlichkeit auf den Schutthaufen des Irrtums wirft, macht auch vor dem Kernbestand des Christentums nicht halt. Man könnte sagen: Bloch wendet das Bilderverbot auf die Trinität an. Damit ich sein werde, der ich sein werde, d. h. der sein kann, der sich hat, müssen alle Bilder des Göttlichen aus dem Weg geräumt werden. Blochs »Subjektmagie« ist radikaler Ikonoklasmus: Vater, Sohn und Heiliger Geist sind die letzten Götzen, die zerbrochen werden müssen – dann erscheint das wahre Ebenbild Gottes: die »Wiroffenbarung« als »Selbstbetretung« (2/203). Der Mensch als das Ebenbild Gottes wendet das Bilderverbot auf Gott an und zwingt ihn damit, Unterschlupf zu suchen im Subjekt. Ausdrücklich spricht Bloch davon, daß Gott »Asyl in der Subjektivität« (8/318) gewährt wird.

Ich bin – aber noch nicht Mensch, denn: Ich habe mich nicht – deshalb werden wir erst!

Das Humanum ist noch inkognito. Das ist die Startformel einer Theologie des *homo absconditus* und ihres Prinzips Hoffnung. Der Mensch ist sich selbst verborgen und muß aus der Geschichte herauspräpariert werden – und das geschieht durch die Form der »Legende« (2/14f). Hier wird der Philosoph zum Dichter. Geschichte und Geschichten werden daraufhin durchgesehen, inwieweit sie Materialien für das Gottesexperiment des Menschen mit sich selbst hergeben. Die Geschichte des Menschen stellt sich dann als Eskalation der Gottesidee dar. Und der Dichterphilosoph, der die Geschichte derart gegen den Strich bürstet, tritt als Messias des Vergangenen auf. Vergessene Revolten werden in eine Epopoe der Neuen Welt hineingerettet, das Schicksal korrigiert – »alles wartet auf uns, die Dinge suchen ihren Dichter und wollen auf uns bezogen sein« (16/335). Man könnte sagen: Die Legende ist die Selbstbegegnung der Geschichte.

Selbstbegegnung ist ein gewollt paradoxer Begriff. Er soll die Kluft zwischen empirischem und intelligiblem Ich, zwischen meinem bloßen Sein und dem Wissen um mich überbrücken. Ohne Selbstbegegnung bleiben wir Ratten im Labyrinth. Die gnostische Pointe liegt nun darin, daß die Frage nach dem Sich-Haben durch ein Sich-Wissen beantwortet wird. Und das wiederum bedeutet, daß Bloch die Weltfinsternis als Schattenwurf des dummen Ichs verstehen kann. Das, was ist, ist verhext durch unsere Selbstverkennung. Uns fehlt es also nicht an Weltwissen. »Das Nichtwissen um uns ist der letzte Grund für die Erscheinung dieser Welt.« (3/287) Das ist Blochs Gnosis ohne Fremdgott. Der Finsternis des Weltlabyrinths entspricht präzise das »selbstische Ichdunkel« (16/381), also der neuzeitliche Individualismus.

Man muß also das moderne Individuum töten, um dem Weltlabyrinth zu entkommen – das ist wohl mit dem Zauberwort »Exitus-Exodus« gemeint: die Flucht aus dem Labyrinth der Welt ins Ornament des Ich. Und wer nach einem irdischen

»Modell« für die Erfahrung der Selbstbegegnung, die ja für Bloch ein Äquivalent der Apokalypse ist, sucht, sieht sich auf den Tod verwiesen. Der Exodus hat seinen Preis: Exitus. Natürlich mit dem christlichen Happy-End der Auferstehung – aber im »Selbstreich« des Kollektivs. Blochs Heilsversprechen ist gewissermaßen chiastisch angelegt: Tod des Individuums und seine Wiedergeburt im Wir.

Doch wohlgemerkt: Dieser Geist bleibt einer der Utopie. In dieser Welt findet er keinen Ort – es kommt deshalb auch nicht darauf an, sie zu verändern. Der Titel »Geist der Utopie« ist als *genitivus obiectivus* zu lesen. Gemeint ist der Geist eines irdischen Nicht-Orts, in dem wir eben nur als Geister heimisch werden können. Die Selbstbegegnung des Kollektivs bleibt eine »irdisch nicht realisierbare Utopie« (3/201). Irdisch nicht realisierbar heißt aber nicht: unrealisierbar. Bloch denkt an eine Wirbegegnung in spiritualer Gemeinschaft – als Gegensatz zum irdischen Staat. Sein Kommunismus als »zur Gesellschaft gewordene Christförmigkeit« (5/598) zielt also – wiederum: in gewollter Paradoxie – auf einen Gottesstaat ohne Staat und Gott. Die Menschwerdung des Menschen in einer Eskalation der Gottesidee endet dann mit der Selbstauflösung Gottes in seinem (?) Reich. Mit anderen Worten: Gott erkennt sich als God-Term und kann dann als Asylant ins Selbstreich aufgenommen werden.

Die Zauberformel »Exitus-Exodus« markiert eine Schnittstelle zwischen dieser Welt und dem Selbstreich. Überspitzt könnte man sagen: Der Tod ist für den Gnostiker die einzig erhebliche Welterfahrung. Doch wie verhält er sich zuvor, also im »Sein zum Tode«? Ganz unmöglich ist ihm ja die Haltung der Sachlichkeit, den Forderungen des Tages zu genügen und sich der Sache hinzugeben – das kann für Blochsche Iche nie mehr sein als die »pathoslose Praxis« (3/25) und Verwaltung des Unwesentlichen. Wenn ein Gnostiker sich auf die Welt einläßt, muß er kämpfen. Kampf ist für ihn die einzige Form des Kompromisses mit der Faktizität. Und wenn man die Überlegungen bis zu diesem Punkt zugespitzt hat, eröffnet sich die grandiose rhetorische Möglichkeit: die Revolution als innerweltliche Askese zu verklären – in exakter Gegenführung zu

Webers puritanischem Kapitalisten. Ausdrücklich charakterisiert Bloch den Gotteskämpfer durch »revolutionäre innerweltliche Askese« (2/175).

Das ist deshalb ganz konsequent gedacht, weil Blochs Gotteskämpfer ja keine Theokratie auf Erden erstrebt, sondern – auf Welt verzichtend – im Labor der Subjektivität ein Gottesexperiment mit sich selbst anstellt. Kämpfen »draußen« heißt dann nichts anderes als: der Weltablehnung *in* der Welt Nachdruck zu verleihen. Und hier spätestens wird die »herrliche Hybris« militant: »als kategorischer Imperativ mit dem Revolver in der Hand«. Und das ist aktueller, als uns lieb sein kann. Wir erinnern uns an die RAF, denken aber auch an den fundamentalistischen Terror und die selbsternannten Retter von Flora und Fauna. Ihnen allen, die mit dem Gesetz des Herzens den Wahnsinn des Eigendünkels entfesseln, hat Bloch das unüberbietbare Entschuldungsformular geschrieben: Sie kämpfen ihren Kampf mit »unchristlichen, aber von Christus [bzw. Allah] geführten« Waffen (16/405 f). Daß man dabei den Tod – zumeist der anderen – in Kauf nimmt, liegt in der Logik des »Exitus-Exodus«. Der Gnostiker als Revolutionär geht in den Kampf als Schauplatz der Gottesbeschwörung und Selbstbegegnung – und da ist das Ergebnis fast gleichgültig.

Wie gesagt: All das hat den Vorzug der Deutlichkeit. Ernst Bloch ist als neuer Prophet in der Weltnacht, die andere dann auch »Verblendungszusammenhang« nannten, aufgetreten und hat das Betriebsgeheimnis des »Neomarxismus« ausgeplaudert: Gnosis, zuweilen mit dem Revolver in der Hand. Diese Lektion haben wir mittlerweile gelernt. Bloch hat aber ineins damit auch das neue Faszinosum nach dem Scheitern der »Erlösung durch Gesellschaft« präsentiert: die Selbsterlösung. Sie hat heute Konjunktur. Vielleicht können wir diesmal noch rechtzeitig von ihm lernen: daß das nicht gutgehen kann.

Eberhard Braun

Hoffnung
auf ein unverhofftes Wiedersehen

Johann Peter Hebels *Kalendergeschichten* hat Ernst Bloch kommentiert, mit ungeheurer Intensität. Das *Nachwort* zum *Schatzkästlein des rheinischen Hausfreunds*[1] zählt zum besten, was er schrieb. Peter Zudeick, der verdienstvolle Biograf – er hat die Lebensgeschichte des Philosophen als erster auf eine wissenschaftliche Grundlage gestellt in zahllosen Interviews mit Karola Bloch –, gedenkt des Aufsatzes nur ganz kurz und bemerkt die Nähe der *Spuren* zu Hebel. An beiden fällt ihm die »Verbindung von Erzählung und Kommentar« auf, das »Merke«. Bloch selber nennt Hebel den »allergrößten Geschichtenerzähler«. Zudeick erwähnt den bewundernswert ausdrucksstarken Essay lediglich im Gesamtzusammenhang der bereits 1930 in erster Auflage erschienenen *Spuren*.[2] Bloch schrieb in seiner letzten Tübinger Zeit das *Nachwort* für die Sammlung Insel, die *Literarischen Aufsätze* der Gesamtausgabe im Blick. Der 9. Band erschien 1965, noch im selben Jahr wie das *Nachwort*.

Es überrascht der ganz außergewöhnlich begeistert-begeisternde, ja verführend mitreißende Ton. Leitmotive der utopischen Philosophie sind versammelt, rätselhaft, in dichter und dennoch merkwürdig leichter Form – offensichtlich Ausdruck einer Betroffenheit ganz außergewöhnlicher Art.

»... zu Hebel muß nicht zurückgegangen werden, er besucht uns selber.«[3]

---

1 Johann Peter Hebel, *Kalendergeschichten*, Auswahl und Nachwort von Ernst Bloch, sammlung insel 1965; »Nachwort zu Hebels Schatzkästlein«, in: Ernst Bloch, *Literarische Aufsätze*, Frankfurt/M. 1965, Gesamtausgabe (GA), Bd. 9, S. 172–183
2 Peter Zudeick, *Der Hintern des Teufels. Ernst Bloch – Leben und Werk*, Moos und Baden-Baden 1985, S. 119.
3 Ernst Bloch, »Nachwort«, a. a. O., si, S. 135; GA, Bd. 9, S. 172.

»Bei Hebel war es wieder, als säße der Schreibende mitten im Kreis von lauter Zuhörern, und er schrieb, als sähen sie nur ihn, nicht das Buch, und hingen an seinen Lippen.«[4]
In Hebels Kurzgeschichten klingt die Rede noch mit, das gesprochene und gehörte Wort im vertrauten heimischen Kreis, nicht die Sammlung in Buchform für eine unsichtbare Masse von Leserinnen und Lesern, die allenfalls indirekt an der Zahl verkaufter Exemplare, kurz, an der Höhe der Auflage sich ermitteln läßt.

Der Autor greift die Themen auf, die ihm wichtig sind. Der Aufsatz liest sich wie ein offenes System in ästhetisierter Miniaturform. Ohne Kenntnis der Hauptwerke könnte man den systematischen Gehalt wohl kaum verstehen. Primat hat das System. Der ästhetische Grundzug aber macht Essays nötig, die *Spuren* und Versuche, die in der Gesamtausgabe anderswo erschienen sind. Sie sind ein Nebenbei, das subsumierend ins System nicht einzuordnen ist. Der Autor reiht systematisch die Titel des *Nachworts* in lockerer Gestalt. *Nähe* eröffnet den Zugang zum Thema. *Atem* expliziert die soziale Situation des Erzählers. Sie klingt wie ein Märchen, wie Begebenheiten, die so wohl nie existiert haben. Die ersten Geschichten zitieren sich selber herbei. *Sprache*:

> »So seine Sprache, wobei ihr Mund nicht im mindesten schäumt. Sie ist aber auch nicht volkstümlich im späteren, gemachten Sinn, schon deshalb nicht, weil, wie Brecht sagt, das Volk alles sein kann, nur nicht volkstümlich.«[5]

Unter dem Titel *Komposition* erzählt und kommentiert Bloch neben anderen Geschichten, die ihm typisch für den Erzählstil Hebels erscheinen, *Unverhofftes Wiedersehen* – die einzige Geschichte, die er vom Anfang bis Ende rekapituliert und ausgiebig kommentiert. In *Gesinnung* charakterisiert er die freisinnige, weltoffene Einstellung des Erzählers Hebel, etwa seine teilnehmende Haltung zu jüdischen Mitbürgerinnen und Mitbürgern, die damals noch keine Bürgerrechte besaßen und oft allenfalls geduldet waren.

---

4 Johann Peter Hebel, *Kalendergeschichten*, Nachwort, S. 136; GA, Bd. 9, S. 173.
5 Ernst Bloch, »Nachwort«, si, a. a. O., S. 137; GA, Bd. 9, S. 173.

»Wobei Hebel seine jüdischen Freunde auf dem Dorf grüßen läßt, aber da steht auch, weit über nur gönnerische Toleranz hinaus, in einem ›*Sendschreiben: Die Juden*‹, der wohl betroffenste, verehrungsvollste Judensatz, der über die Lippen eines Prälaten gekommen ist: ›Was aber den Jesajas betrifft, so behaupte ich nur so viel, daß, wer ihn vom 40sten Kapitel an lesen kann und nie die Anwandlung des Wunsches fühlte, ein Jude zu sein, sei es auch mit der Einquartierung alles europäischen Ungeziefers, ein Betteljude, der versteht ihn nicht, und so lange der Mond an einen Israeliter scheint, der diese Kapitel liest, so lange stirbt auch der Glaube an den Messias nicht aus.‹«[6]

Entsprechendes gilt für die Sympathie des Erzählers gegenüber der Französischen Revolution, speziell für Napoleon.

In *Nochmals Aufklärung; Ebenes, Unebenes* zitiert der Autor – zum zweitenmal in der Gesamtausgabe – den alles entscheidenden »transzendierenden Satz der uralten Witwe: ›Was die Erde einmal wiedergegeben hat, wird sie zum zweiten Male auch nicht behalten‹.«[7] *Unter der Spiegelrahme* – Hebel selber erzählt die *Wahre Gespenstergeschichte*:

»... als der fremde Herr im Schloß, wo die Gespenster wüten sollen, nicht schlafen wollte, sondern abwarten, was geschieht, suchte er einen Zeitvertreib. ›Nahm den Rheinländischen Hausfreund, so in Goldpapier gebunden an einem roten Bändelein unter der Spiegelrahme hing, und beschaute die schönen Bilder.‹ Daran fällt doch nun, bei Eile mit Weile, etwas über die Maßen auf; so als wäre das Erzählte mit sich selber aus der Zeit gebrochen. Denn die Geschichte, in die der fremde Herr eben jetzt verwickelt wird, steht doch in dem Rheinländischen Hausfreund bereits selber, so als träte die geschriebene, mithin längst passierte erst jetzt heraus. Oder als spiegelte sie sich immer verkleinerter wider, da doch auch der Augenblick, wo der fremde Herr in den Hausfreund hineinschaute, darin hintereinander endlos vorkommt.«

Und der Kommentator vermerkt zweideutig in der *sammlung*

---

6 Ernst Bloch, »Nachwort«, a. a. O., si, S. 146 f.; GA, Bd. 9, S. 180 f.
7 Ernst Bloch, »Nachwort«, a. a. O., si, S. 149; GA, Bd. 9, S. 182 f.

insel: »Das ist ein Spiel«. Und die Gesamtausgabe korrigiert: »Das bleibt hier offen«, und ergänzt: »ja vielleicht war der Kalender, der da hing, nur eine einzelne Lieferung, in der die *Merkwürdige Gespenstergeschichte* nicht mehr oder noch gar nicht stand.« Bloch bekundet ein eigenes Philosophem, was er indirekt ausspricht:

> »Doch Hebel erwähnt nichts dergleichen, das Spiel ist also doch komplett, wobei man auch nicht weiß, ob es vor oder hinter dem Vorhang des längst gedruckten Büchleins unter dem Spiegel geschieht.«

Die Anspielung auf Ludwig Tiecks *Gestiefelten Kater*, ein Spiel endloser Spiegelungen, und auf den anderen Romantiker E. T. A. Hoffmann darf nicht fehlen. Und der Autor zieht das verborgene metaphysische Fazit: »Leicht unheimlich die Stelle, noch mehr als die sonstigen Zeitreprisen des Kalendermachers, mit dem Fall ins Jetzt.« Er zitiert sich selbst, den »Zeitreprisen« folgend[8], und schließt mit einem vielsagenden Lächeln, vergleichbar Leonardo da Vincis Bildnis der Mona Lisa, das Hanna Gekle zum Thema psychoanalytischer Betrachtung nahm[9]: »Halte man sich darum an den Hebel, der allen Kindern Genüge tut und die Erwachsenen unterhält, an die schlichte Tiefe seiner Freundlichkeit.« In der Gesamtausgabe setzt er hinzu: »Uneben aber letzthin, genau weil sie eben ist und die Welt nur verbauert, indem sie in deren Kleinem auch noch Welt liest.«[10] Er erweitert den immanent Hebelschen Schluß zur transzendendierenden philosophischen Deutung.

Über Johann Peter Hebels Geschichte »Unverhofftes Wiedersehen« lautet das hymnisch exaltiert feiernde Urteil: »die schönste Geschichte der Welt«.[11]

---

8 Ernst Bloch, »Fall ins Jetzt«, in: *Spuren*, neue, erweiterte Ausgabe, Frankfurt/M., GA, Bd. 1, S. 97.

9 Hanna Gekle, *Wunsch und Wirklichkeit. Blochs Philosophie des Noch-Nicht-Bewußten und Freuds Theorie des Unbewußten*, Frankfurt/Main 1986, Das Lächeln Leonardos – oder: das Neue in Sublimierung und abwesendem Signifikat, S. 303 ff.

10 Ernst Bloch, »Nachwort«, a.a.O., si, S. 149 f.; GA, Bd. 9, S. 182 f.

11 Ernst Bloch, »Nachwort zu Hebels Schatzkästlein«, a. a. O., GA, Bd. 9, S. 175.

»Es fällt schwer, die so einfachen und so geladenen Sätze nicht weiter herzusetzen, mit denen Hebel dergleichen schließt oder auch nicht schließt: genug jedenfalls, der reelle Einschlag von Gegenwart in lange Vergangenheit, rückwärts und zugleich voran, dies kaum einholbare Ineinander beider Zeiten ist auch als erzähltes beispiellos.«[12] Einzig die Geschichte *Unverhofftes Wiedersehen* erzählt der Kommentator ausführlich zu Ende, gespickt mit aufschließenden Kommentaren. Partien, die ihm am Herzen liegen, zitiert er herbei, in gekonnter Folge. Ausdrücklich weist er hin auf Hebels »meisterlich abgewogene Kunst der Komposition«, auf den »Niveau-Ausgleich unterwegs, vor allem die Brücke zwischen den verschiedenen Zeiten in der Erzählung«: »fünfzig Jahre ganz ohne ›Einheit der Zeit‹, wieder in den gleichmäßigen Lauf der Erzählung einbringend.«[13] Die überaus reflektierte Wiedergabe setzt ein mit einem *Abschied ohne Abschied*, der eigentlich *Hochzeitstag* zu werden versprach. Unverkennbar ist die bedeutungsschwangere Todessymbolik: ein schwarzes Halstuch mit rotem Rand – »der Bergmann hat sein Totenkleid immer an«.[14] Wie deutet der Autor Hebels Zeit des Zwischen vom Tod des Verlobten bis zur Bergung der verschütteten schönen jungen Leiche, die bewahrt wurde vor dem Lebensprozeß des Alterns? Sie kommt erst vor dem Hintergrund der wahren Zeit des Augenblicksdunkels hervor.

»Der Leser (Hörer) aber bis dahin muß doch über die fünfzig Jahre allgemein erfahrend und sie notieren könnend hindurchgeführt werden. Hebel also beschreibt dieses Gegenteil vom Sprung, diese wirkliche consecutio temporum nicht mit abstrakter Angabe, dadurch mit Bruch gerade im Fluß der Geschichte, sondern macht kontinuierlichen Weg hin bis zum erneuten Schauplatz und dem wirklichen Sprung der Zeit auf ihm. Derart wird der überbrückende Text aus der privaten Geschichte zu Geschichte im üblichen, sogar politischen

---

12 Ernst Bloch, »Nachwort«, a. a. O., si, S. 141; GA, Bd. 176.
13 »Nachwort«, si, S. 140; Hebel, GA, Bd. 9, S. 175.
14 Johann Peter Hebel, *Unverhofftes Wiedersehen*, a.a.O., S. 69; Ernst Bloch, »Nachwort«, a. a. O., si, S. 140; GA, Bd. 9, S. 175 f.

Sinn, mit chronologisch faßbaren Haltpunkten und Stationen.«[15]

Ausdrücklich nennt der Verfasser sie »sachfernes historisches Füllmaterial«.[16] Hat Geschichte einen immanenten Sinn? Das private Ereignis von Falun und die politische Chronik entbehren ohne blitzenden Einschlag des Augenblicksdunkels jeglichen metaphysischen Sinns.

> »... der Boden für die eigentliche Reprise, die nun erst wundersame, aus altem Zeitraum, nicht nur dem alten Bergschacht entsteigende, ist endlich erreicht.«[17]

Bloch nimmt zwei Zeiten an: die Streuung der äußeren chronologischen und den grellen Blitz der inneren Augenblickszeit, welche den gegebenen Zeitrahmen sprengt und mit ihm die drei Dimensionen Zukunft, Vergangenheit in der Vergegenwärtigung möglicher Erfüllung: das Wiedererkennen des jungen, schönen Bräutigams.

> »... doch im *Unverhofften Wiedersehen* ist der erzählte Zeitverlauf oder auch Zeitvertreib mehr als ein Kunstgriff; hier kommt dem erzählten Alter der Zeit am Ende selber ihre Zeit, das heißt, sie verschwindet, erschütternd.«[18]

Im zuckenden Blitz schwindet die dreidimensional gefächerte äußere Zeit. Die langen Jahre der Wehmut sind wie hinweggefegt. Es ist, als wäre das unerfüllte Vergangene immer noch utopische Zukunft, das Leben ist mit einem Schlag von Sinn erfüllt. Doch ein wesentlicher Unterschied besteht. Hebels Kalendergeschichte war ein herausragendes Exempel metaphysischer Gültigkeit der erhofften ehelichen Verbindung, auch wenn der Partner allzu früh verunglückte. Hebel hält sich demgemäß an die naive lineare Chronik der Haupt- und Staatsaktionen, die auch die Werke des niederen, einfachen Volks nicht ausläßt. Der Erzähler verknüpft nahtlos nicht die beiden Zeiten, die eigentliche innere Zeit des plötzlichen Verschwindens ohne Abschied und die äußeren exemplarischen Zeitläufte, sondern

---

15 Ernst Bloch, »Nachwort«, a. a. O., si, S. 141 f.; GA, Bd. 9, S. 176 f.
16 Ernst Bloch, »Nachwort«, a. a. O., si, S. 143; GA, Bd. 9, S. 177.
17 Ernst Bloch, »Nachwort«, a. a. O., si, S. 142 f.; GA, Bd. 9, S. 177.
18 Ernst Bloch, »Nachwort«, a. a. O., si, S. 143; GA, Bd. 9, S. 178.

ganz traditionell zeitliches Diesseits und ewiges Jenseits. Im Kommentar hingegen wechseln Referat und kommentierende Reflexion, das »Merke« oder auch »die Moral von der Geschicht«.[19] Was ist der Sinn des alles entscheidenden transzendierenden Schlüsselsatzes: *was die Erde einmal wiedergegeben hat, wird sie zum zweiten Male auch nicht behalten?* Wie die Erde den Toten wiedergegeben hat, wird sie nach dem leiblichen Toten das ewige, transzendente Leben nicht verweigern. Bei Hebel ist der Satz eine Feststellung im Indikativ mit transzendenter Bedeutung des kommenden unsterblichen Lebens nach dem Tod. Seine Gewißheit empfängt er aus der Transzendenz des Jenseits. Bloch wehrt zunächst ab. »Benjamin nannte aufgrund solcher Komposition Hebel einmal einen stilistischen ›Rückzugsgeneral‹; er ist das immerhin um der angegebenen Reprise willen« – der Wiederkehr der geliebten Leiche ans Tageslicht – »an Ort und Stelle zu anderer Zeit.«[20] Geschichten zu erzählen ist für Bloch immer noch eine aktuelle Möglichkeit, die Walter Benjamin bestreitet. Bloch suggeriert, des transzendenten idealistischen Sinns sich zu versichern. Aber er hat einen hohen Preis zu entrichten. Objekt der Wiederbegegnung ist eine Leiche. So weit so gut. Aber was ist der Sinn der Wiederbegegnung? Für Hebel empfängt die Witwe den Trost im Ausblick auf das transzendente selige Beisammensein. In der nachmetaphysischen Situation entpuppt sich die schönste Geschichte der Welt als die traurigste, so ganz ohne Trost: als Furie des Verschwindens. Sie ist Resultat einer kompromißlosen Weigerung: eine Zeit ohne Sinn, eine Zeit der Erinnerung an ein unwiederbringlich vergangenes, sehnlichst erwünschtes Glück, das in der Tat Unglück ist, ein haltloses Hin und Her, einer Hoffnung, von der von vornherein klar ist, daß sie hoffnungslos, irreal bleiben muß, für immer: der Schock des entsetzlichen Augenblicks, eine negative Haltung, welche das Leben selber zunichte macht. Die junge Witwe hätte sich mit einem anderen trösten können. Aber nein, er und kein anderer durfte es sein. Sie konnte sich von dem Geliebten emotional nicht lösen. So eng und fest war ihre Bin-

---

19 Ernst Bloch, »Nachwort«, a. a. O., si, S. 143; GA, Bd. 9, S. 178.
20 Ernst Bloch, »Nachwort«, a. a. O., si, S. 143; GA, Bd. 9, S. 177.

dung an ihn. Was hat Bloch an dieser Geschichte wohl so betroffen? Es muß die Vorfreude auf das nahende ewige Zusammensein gewesen sein, obgleich der profane Sinn das Gegenteil beweist – eine Illusion. Eine Alternative wäre, nicht auf das Jenseits vergeblich zu hoffen, sondern zu lernen, die ungeheuerliche schmerzliche Trauer um das unwiederbringlich Verlorene zu ertragen, statt immer noch die Hintertür ins Jenseits sich offen halten zu müssen – ein Sinn, der erst profan sich in seiner Wahrheit zeigt.

> *Gedenkbuch für Else Bloch-von Stritzki*
> Sie lächelte.
> Oft wußte ich nicht, warum. Sie freute sich, war grundlos froh, ich fragte nicht, ob sie wieder ihre Finger zähle. Niemand, der ihr Lächeln sah, konnte es je vergessen.

> Einige Tage nach ihrem Tod, 2. 1. 21, muß ich zum ersten Mal von Else geträumt haben. Wachte auf, dunkel, gestaltlos mich daran erinnert. Nur das Wissen übrig, daß etwas gut geraten, gut in der Ordnung sei, angenehmes Gefühl.
> Heute, 17. 1. 21, gegen Morgen aber deutlich von Else geträumt. Wir banden alte Segelschiffmodelle an Weihnachtsbäume (ein gutes Bild für uns). Wieder sehr heiter. Später, in den lärmerfüllten Morgenstunden, sehr wirrer Traum; ich fuhr, fuhr falsch, fühlte mich willenlos (aber nicht etwa gezwungen, gegen meinen Willen) in Züge, elektrische Bahnen gebracht, fuhr wieder falsch und war doch froh; irgendein Sterbetraum mit Eisenbahn-Erinnerungen.

> Sehr selten wurde ein Mensch so geliebt wie ich von ihr; und keiner wurde mehr, tiefer geliebt.«[21]

»Die schönste Geschichte der Welt« – so zeichnet Bloch Hebels Begebenheit der Anagnorisis aus. Seltsam. Die Geschlechter der Liebenden sind vertauscht. Bloch hat seine im verklärenden

---

21 Ernst Bloch, »Gedenkbuch für Else Bloch-von Stritzki«, in: *Tendenz – Latenz – Utopie*, Frankfurt/M. 1978, GA, Ergänzungsbd., S. 13.

Rückblick über alles geliebte Frau um über fünfzig Jahre –
»zwei Generationen« – überlebt.

»Wie nun? Ich bin. Aber ich habe mich nicht. Darum werden
wir erst.«[22] Die bohrende Frage, die lapidare fundamentale Existenzaussage ohne weitere Prädikation, die realitätsbezogene
Invektive und den prozessierenden Plural der Schlußfolgerung
hat Ernst Bloch noch dem Beginn seiner Werkreihe vorange-
setzt. Was ist die Ursache des »Ich habe mich nicht«? Wer ist
dieses Wir? Die Frage und die drei Sätze sind das Leitmotiv
seines Philosophierens insgesamt. Was mag der Sinn dieser rätselhaften Trias sein? Eines steht fest: ebenso wie wir den Sinn
dieses Rätseltexts deuten, lesen wir ihn hinein. Und das ist auch
wohl so vom Philosophen beabsichtigt. Johann Peter Hebel fei-
ert die Treue der Witwe um den früh verstorbenen Geliebten in
spe. Für ihre beispiellose Treue winkt ihnen beiden transzendenter Lohn.

»In der bürgerlichen Gesellschaft ist die lebendige Arbeit nur
ein Mittel, die aufgehäufte Arbeit zu vermehren. In der kommunistischen Gesellschaft ist die aufgehäufte Arbeit nur ein
Mittel, um den Lebensprozeß der Arbeiter zu erweitern, zu
bereichern, zu befördern.«

»In der bürgerlichen Gesellschaft herrscht daher die Vergangenheit über die Gegenwart, in der kommunistischen die
Gegenwart über die Vergangenheit.«[23]
Die Gründerväter des Kommunismus hatten die epochale Differenz der Organisations- und Vergegenwärtigungsformen gesellschaftlicher Arbeit im Auge. Im einen Fall beherrscht
aufgehäufte Arbeit, das Kapital, die lebendige, im anderen bestimmt der Verein freier Menschen in der klassenlosen Gesellschaft ohne Arbeitsteilung und Staat, was, wieviel und wie die
einzelnen auf der Grundlage der vergangenen Arbeit produzieren möchten. Läßt an dieser »schönsten Geschichte der Welt«
sich nicht schlagend belegen, daß in Blochs Utopie selber

22 Ernst Bloch, *Spuren*, neue, erweiterte Ausgabe, Frankfurt/M. 1969,
Zuvor.
23 Karl Marx/Friedrich Engels, *Manifest der Kommunistischen Partei*,
Marx/Engels, Werke (MEW), Bd. 4, (Ost-)Berlin 1971, S. 476.

ebenso die Vergangenheit die Gegenwart beherrscht? Abstrakte Utopien sind Ausdrucksform dieser Wirklichkeit und Protestation gegen sie zugleich. Ernst Bloch lebte seine utopischen Gehalte nicht wirklich, allenfalls gebrochen, Marx und Engels sparten das Subjekt aus, das derlei feststellen soll. Das ist ihr Mangel. Ist deshalb jegliche Utopie Illusion? Keineswegs. Woran es zu arbeiten gilt, ist die erwachsene Reflexion auf die wirklich konkrete Utopie, nach Maßgabe der aktuellen geschichtlichen Bedingungen.

»Ich bin. Aber ich habe mich nicht. Darum werden wir erst.« Die »schönste Geschichte der Welt« ist sicherlich der Holzweg auf dem dornigen Pfad, erwachsen zu werden, eine Utopie zu entwerfen, welche der gegenwärtigen menschlichen Realität gerecht wird. Ich habe mich nicht, weil die verstorbene Mutter mich mit ihren verdorrten Armen immer noch umfängt. Es gilt, den kritischen Sinn der Trias nochmals zu bedenken.

Friedrich Dieckmann

Leben im Widerspruch

Wege Ernst Blochs

Mißbrauchte Insignien

Leben im Widerspruch – diese Grundsituation ist schon in Ernst Blochs Ludwigshafener Kindheit auf allen Stufen, mit allen Bedeutungen präsent. Die Suche nach dem wahren Menschen, der wahren Existenz hinter dem Inkognito des empirischen Daseins, das inständig-leidenschaftliche Bestehen auf der Aufhebung aller gesellschaftlich verhängten Entfremdung empfängt ihren innersten Antrieb aus dem von Widersprüchen und Kränkungen bedrückten Dasein einer Kindheit und frühen Jugend, die sich durch ein sich früh stählendes Selbstbewußtsein aufrechterhält. »Hat er sich erfaßt«, heißt es am Ende des »Prinzips Hoffnung« von dem »arbeitenden, schaffenden, die Gegebenheiten umbildenden und überholenden Menschen«, – »hat er sich erfaßt und das Seine ohne Entäußerung und Entfremdung in realer Demokratie begründet, so entsteht in der Welt etwas, das allen in die Kindheit scheint und worin noch niemand war: Heimat.« Der Satz erwidert mit großem Bogenschlag jenem, der einst das Eingangstor der »Spuren« bildete, den Ort der Jugend bestimmend, deren Geist und Wesen sich in der Blochschen Philosophie so kategorial abbildet, daß sie eine Philosophie der Jugend genannt zu werden verdient: »Ich bin. Aber ich habe mich nicht. Darum werden wir erst.«

Wie emblematisch bildet das Gegenüber von Ludwigshafen und Mannheim, die durch einen Fluß getrennte, durch eine Brücke verbundene Doppelstadt, den Gegensatz aus, an dem die Philosophie einer ins Wirkliche und ans Wirkliche gesetzten Hoffnung sich in enzyklopädisch ausgreifenden Werken abarbeitet: den Widerspruch von Schloß und Fabrik, von Kirchturm und Schornstein, von bürgerlich-aristokratischer Kulturgestalt und proletarisch-industrieller Dynamik. Blochs das Erbe der

Geschichte und die Entdeckungen der Gegenwart in vektorielle Zielhaftigkeit versetzendes Denken ist ein Philosophieren auf der Brücke; es will selbst die Brücke sein, die die von einem Epochenbruch auseinandergerissenen Gestalten zueinander führt. Wie der Halbwüchsige aus der chemiegeschwängerten Ödnis der Backsteinhäuser in die Schloß- und Bücherzone jenseits des Flusses eintaucht und dann den Rückweg nimmt in die Stadt, von deren Steinen ihm »tausend gute Stuben« herabsehen, hin und wider gehend über den Abgrund der Zeiten, der Verhältnisse, will dieses Denken Ludwigshafen mit Mannheim, Mannheim mit Ludwigshafen versöhnen, und die schön geordnete, sinnreich bezeichnete Stadtanlage im Ring jenes Hufeisens, dessen Sehne die breiten Flügel des fürstlichen Schlosses bilden, ist die faßliche Figur jenes nach Wirklichkeit dürstenden Utopia, das die Blochsche Philosophie als Gestalt der Rettung beruft. Sie tut es, indem sie die ausgeformten, vorformenden Wunschgestalten in Kultur und Geschichte auf den Impuls zurückführt, der in ihnen am Werk ist: die als möglich gedachte, als wirklich erhoffte Versöhnung von Freiheit und Ordnung.

Rettung der Kultur durch die Erhebung derer, die die Entfremdung (und in der Entfremdung) zu produzieren genötigt sind, Qualifizierung einer so begründeten Nicht-Herrschaft durch ihre Vermittlung mit dem sich erfüllenden Erbe der Kultur – die Philosophie der Hoffnung ist als protestierend-aufständische zugleich eine konservative Philosophie. Sie ist es als auf-, nicht einmachende – aktiv, als Sporn und Maßstab mobilisierend, was ein bloß technischer, also blinder Fortschritt unter sich zu begraben droht: die Kulturerinnerung der Menschheit. Dieses machtvoll fordernde Denken sieht sich in eine Gesellschaft gestellt, die utopisch in einem buchstäblichen und trivialen Sinn ist, indem sie sich mit technischen Mitteln älteste Menschheitsträume erfüllt. Und die beiden wirklich gewordenen Wunschträume, die den Knaben in Ludwigshafen umstehen, das selbsttätige Fahren der Eisenbahn und der Dampfschiffe und die Neuschaffung von Stoffen in der chemischen Fabrik, sind nur der Anfang einer Welt stürmisch ins Wirkliche gerissener Ausgeburten der »objektiven Phantasie«. In dieser objektiv utopistischen Welt sucht Blochs Philosophie nicht kulinarisch-passiv oder kulturbürgerlich-resignativ, sondern in dem aktiven Sinn gestaltender Verknüpfung die Rückbindung an jenes tiefer fordernde Träumen, das in den Kunst- und Denkgestalten der Geschichte sich entäußert: religio als praeligio, praeligio als religio. Es ist eine Philosophie, die mit universeller Weite und ethischer Unbedingtheit, mit den Blinkfeuern des Witzes und dem Spürsinn des Rutengängers eine Synthese einfordert, die sie unter den Auspizien einer renditegepeitschten Industriewelt bedroht und verspielt sieht: die Synthese von Technik und Kultur, von Politik und Philosophie, nicht zuletzt: von Christentum und Judentum, als Vorstufe eines Reiches der Freiheit, in dem Mensch und Natur auf der Stufe des Bewußtseins zueinander finden.

Die Heftigkeit der Attacken, die Schroffheit der Konfrontationen, die sich auf diesem Weg begeben, kommen aus dem Willen, die auseinanderstrebenden Momente eines zerfallenden und schon zerfallenen Totum neu zusammenzubringen, zusammenzuzwingen. Aber erst in einer historischen Situation, in der die europäische Kultur in ihrem Mittelland, in Deutschland, substantiell bedroht ist, verbündet sich Bloch, unter Zurückstellung früh formulierter Einwände, einer weltweit tätigen politischen Organisation, die in Rußland staatsbildend geworden ist, der nach der Weltkriegskatastrophe aus dem linken Flügel der europäischen Sozialdemokratie hervorgegangenen kommunistischen Internationale. In ihr sieht er die einzige Kraft, die imstande ist, dem rassistischen Demagogen, der zum Sturm auf die Kommandohöhen des Staates bläst, wirksam zu entgegnen.

Bloch ist – frühe Aufsätze belegen es – nicht blind, sondern genau sehend gegenüber der Entstellung, die Lenins Revolutionsstaat der demokratischen Idee des Sozialismus antut. »Niemals«, schreibt er im November 1918 zum ersten Jahrestag der Oktoberrevolution, »hätte man es als Sozialist, bei aller Verehrung Wilson gegenüber, für möglich gehalten, daß die Sonne Washingtons derart die einst erwartete Sonne Moskaus übersteigt; daß aus dem noch kapitalistischen Amerika die Freiheit und Reinheit, aus dem Rußland der sozialistischen Revolution aber nichts als Gestank, Verrottung, neuer Dschingis-Khan mit den Gebärden des Völkerbefreiers, mit den mißbrauchten Insignien des Sozialismus kommt.«

Bloch ist sehend auch gegenüber der Verblendung, mit der im Deutschland der frühen dreißiger Jahre eine dogmatisch verengte linksradikale Agitation das politische Feld gefährlichen Gegnern überläßt. Im zweiten Teil seines Buches »Erbschaft dieser Zeit«, das 1935 in der Schweiz erscheint, versammelt er Analysen und Betrachtungen, in denen er vor 1933 auf die politische und intellektuelle Beschränktheit des ultralinken Sektierertums verwiesen hat, und entwickelt dabei den Begriff der »Ungleichzeitigkeit« als den der Koexistenz verschiedener historischer Entwicklungs- und Erfahrungsebenen in der gesellschaftlichen Wirklichkeit wie im Bewußtsein des einzelnen.

Das Extrembeispiel einer sich falsch ausgleichenden Ungleichzeitigkeit gibt er in den sechziger Jahren in einer Parabelgeschichte, die seine tiefe Enttäuschung an Sowjetrußland aufnimmt. Sie handelt von einer Gruppe englischer Naturforscher, die, nach dem Muster der Odyssee, in die Gefangenschaft eines Kyklopen geraten sind, welcher Miene macht, einen nach dem andern zu verzehren. Den Todgeweihten kommt eine Idee, die sie sogleich ausführen: sie transplantieren dem in schwerem Rausch daliegenden Unhold das Gehirn eines der von ihm Getöteten. Wunderbarerweise gelingt die Operation; der ungefüge Menschenfresser vermenschlicht sich dergestalt, daß er, den riesigen Stein vom Höhlenausgang wälzend, den Weg nach draußen freigibt. Zugleich bemerkt der Kopfverwandelte, wie die Säfte des Kyklopenleibs sein englischsprechendes Menschenhirn zu durchdringen beginnen; die Ungleichzeitigkeit von Leib und Kopf behebt sich zuungunsten des Kopfes.

Das Bild, in dem der Kyklop für das alte Rußland und das eingesetzte Gehirn für den diesem implantierten Marxismus-Leninismus steht, ist drastisch, aber schief. Treffender hat Bloch die Verhältnisse in ihrem Frühstadium beschrieben, in einem Aufsatz vom Februar 1918, der »Lenin, der rote Zar« überschrieben ist. Dort heißt es über das alte zarische und das neue revolutionäre Rußland: »Aber die Gewalt, die Form der Gewalt ist dieselbe geblieben, und die neue Seele hat sich dieses Mal nicht einen neuen Körper gebaut. Grund genug, um sehr bestimmt daran zu zweifeln, ob es auch richtig eine neue Seele, die neue Seele sei.«

Der Abstand ist groß, in dem das Blochsche Denken sich gegenüber den Sprach- und Sinnregelungen einer kommunistischen Bewegung befindet, dem die im Stadium einer gewaltsam verkürzten Industrialisierung befindliche Sowjetunion den Stempel ihrer Bedürfnisse aufdrückt. Zugleich ist Blochs politische Zuordnung zu dieser Bewegung seit dem Ende der zwanziger Jahre unverkennbar; sie wird vermittelt und garantiert von einer polnischen Architekturstudentin, Karola Piotrkowska, die Bloch, der um zwanzig Jahre Ältere, 1927 in Heidelberg kennenlernt; 1934 heiraten beide im österreichischen Exil. Anders als Bloch gehört die aus Lodz stammende Industriellentochter der Kommunistischen Partei als Mitglied, und sehr aktives, an; während des Prager Exils, das die Blochs nach Aufenthalten in der Schweiz, in Österreich und in Frankreich aufnimmt, vollbringt sie hinter dem Rücken ihres Mannes gefährliche Agentenfahrten in ihre polnische Heimat. Wie Brecht hat Bloch die Partei ganz unmittelbar an seiner Seite: in Gestalt einer ihr leidenschaftlich ergebenen jungen Frau, die sich als ingeniöse Lebenspraktikerin erweist, als Organisatorin des Überlebens unter den Bedingungen von Flucht und immer neuer Vertreibung.

Die Nähe, in die Bloch um 1930 zur Kommunistischen Partei gerät, ist eine Frucht der Krise, die zu dieser Zeit eine militant antisemitische Partei wie einen giftigen Geysir aus dem Boden schießen läßt. Früher als fast die gesamte Linke hat Bloch die Gefährlichkeit Hitlers begriffen, der mit unermüdlicher Rhetorik jene Felder des Bewußtseins und der Phantasie besetzt, die der klassenkämpferische Ökonomismus der Komintern dogmatisch übersieht oder als reaktionär verfemt. »Hitlers Gewalt« heißt ein hellsichtiger Artikel von ihm aus dem Jahre 1924; er stellt deutliche Warnzeichen auf: »So ist nicht gering anzuschlagen, wie Hitler die Jugend hat. Man unterschätze nicht den Gegner, sondern stelle fest, was so vielen eine psychische Tatsache ist und sie begeistert.« Das ist nach links gesprochen – es verhallt dort.

Zugleich sieht Bloch die Ratlosigkeit und Verdorbenheit der

alten Gesellschaftsmächte, die sich mit ihrem selbstverschuldeten Weltkriegsbankrott nicht abfinden wollen und ihn der Arbeiterbewegung und den mit ihr verbündeten Intellektuellen anlasten. Inmitten einer grassierenden Wirtschaftskrise berufen sie mit dem Segen beider Kirchen einen kenntlichen Menschenfresser an die Spitze des Staates – in dem absurden Glauben, er bringe die heile Welt des Kaiserreichs zurück.

Daß auch Stalin, Rußlands Ersatz-Zar, ein Menschenfresser von Ausmaßen ist, sieht Ernst Bloch nicht und will es nicht sehen. Es ist die Napoleon-Perspektive, die ihm das Wesen der Figur verstellt: der rationale Autokrat als tyrannischer Befestiger einer Revolution, die in einem agrarisch geprägten Entwicklungsland in kürzester Frist den industriellen Rückstand von Jahrzehnten aufholen muß, um einer Welt von Feinden die Stirn zu bieten. Daß diese Welt von Feinden eine in vieler Hinsicht selbstgeschaffene ist, erzeugt durch den unbedingten Machtanspruch einer weltlichen – und weltumspannenden – Heilslehre, bleibt dem prononciert antibürgerlichen Denker außer Betracht. »Ubi Lenin, ibi Jerusalem«, wird es später im »Prinzip Hoffnung« heißen; das Wort, gegen den Zionismus gerichtet, legt den religiösen Kern der weltrevolutionären Intention seltsam genau frei. Vom »theologischen Glutkern« des Marxismus spricht Bloch in späterer Zeit.

Der Nachdruck, mit dem er im Prager Exil 1937 in zwei Zeitschriften-Artikeln um Verständnis für jene Prozesse wirbt, die Stalin gegen angebliche Verräter an der Spitze der kommunistischen Partei führen läßt, ist in seinem vehementen Unbedacht ein Produkt jenes ethischen Rigorismus, der sein Denken regiert. Mit Skepsis und Reserve sehen viele seiner Freunde auf diese Schauprozesse, mit deren Hilfe sich Stalin einstiger politischer Rivalen entledigt; der nazihörigen Presse sind sie Wasser auf die Mühlen eines hysterischen Antikommunismus. Für Bloch in dem von Hitlers Übermacht bedrohten Prag sind Skepsis und Reserve unannehmbar. Er ist, bei allem Sinn für die Nuance, allem Scharfblick im einzelnen, ein Denker der Polarisierung, dazu gestimmt, Gut und Böse, Heil und Unheil, Freund und Feind, Weg und Irrweg in deutlicher Sonderung und erklärtem Gegenüber zu erblicken. Gerade weil er auch in politischer

Sphäre jeden Relativismus verweigert, ist ihm die Schurkerei, die hier waltet, unfaßbar; es ist ihm eine Sache der Selbstbewahrung, den Gedanken an ihre Möglichkeit zurückzuweisen. Was manchen als ein Bekenntnis zu dem skrupellosen Despoten erscheint, ist just das Gegenteil; seine Argumentation zugunsten der Prozesse ist das Ergebnis der Unmöglichkeit, sich den Führer des Weltproletariats als einen Mörder-König zu denken, der seine Opfer dazu bringt, ihre Verurteilung gutzuheißen und geständnisbereit zu ihr beizutragen. Inzwischen weiß man, daß es einer der Angeklagten, Karl Radek, war, der Stalin riet, wie er verfahren müsse, um den Prozessen den Schein der Glaubwürdigkeit beizulegen. Stalin ließ sich raten.

Wie schwer es Bloch wurde, sich angesichts der sowjetischen Politik den Zweifeln gewichtiger Freunde entgegenzustellen, wird an dem polemischen Ausbruch kenntlich, den er, als Hitlers Überfall die Westmächte zu Verbündeten der Sowjetunion macht, 1942 in eine linke Zeitschrift einrücken läßt, die in Mexiko in deutscher Sprache erscheint. Die Gegenoffensive sowjetischer Truppen nach der im Dezember 1941 mit letzter Kraft abgewehrten Einnahme Moskaus ist ihm, nach Hitlers achtjährigem Siegeszug erst in Deutschland, dann in Europa, als die welthistorische Wende kenntlich, die sie ist; vor ihrem Hintergrund setzt er zu einer furiosen Attacke wider jene an, die sich angesichts der Stalinschen Politik von der kommunistischen Bewegung abgewandt haben. Die Vehemenz seiner Rechthaberei läßt ahnen, aus welch ambivalenten Gründen sich seine Haltung speist. Nur wer dem Verrat, dem Im-Stich-Lassen jener disziplinierenden Sache, die Brecht »die dritte« nennt, innerlich nahe steht, kann den Positionswechsel anderer als Verrat so emphatisch zugleich voraussetzen und abweisen.

Derselben Verinnerlichung der Verratsanklage ist Brecht erlegen, als er in der letzten Fassung seines »Galilei«-Dramas dem Helden, der sich anklagt, die Wissenschaft verraten zu haben, Worte in den Mund legt, die Bucharins Selbstverurteilung bei seinem Moskauer Prozeß entstammen. Zwei Geister, denen die Versuchung zum Sich-Entziehen nur zu vertraut ist, erwehren sich ihrer, indem sie sich mit der Aburteilung des virtuellen Verräters identifizieren. Die Emphase des Irrtums, dem Bloch im

Blick auf Stalins Prozesse erlag, war der Anstrengung des Glaubens genau adäquat gewesen. Das eröffnet den Blick auf den Hintergrund der Prozesse selbst. Stalin mag sie auch um dieser Wirkung willen geführt haben; mit einem diabolischen Mittel schwor er die kommunistische Bewegung auf den Glauben an seine Person ein. Denn die Beurteiler der Prozesse hatten nur die Wahl, entweder ihn selbst, den anerkannten Staatslenker, oder die Angeklagten ins Reich des Absurd-Kriminellen zu verweisen; sie mußten entweder den Machtinhaber oder die lange zuvor Entmachteten für Monstren an Tücke halten. Sich hier zu entscheiden, war auch eine Frage des eigenen Verhältnisses zur Macht: ob man ihren Besitz oder ihren Entzug für etwas hielt, das die moralische Substanz unterhöhlt.

So waren die Prozesse bewußt eingesetzte Instrumente zur Etablierung eines Führerkults, der dem Leninismus – im Unterschied zu seinem gegenrevolutionären Imitator, dem Faschismus – ursprünglich fremd gewesen war. Es war diese politische Idee, der sich die mit ihrer Verurteilung konspirierenden Angeklagten zum Opfer brachten; nicht der Verrat war ihre Todsünde, sondern daß sie nicht an die Auserwähltheit des Führers geglaubt hatten. Vermittels des an die Prozesse sich heftenden Glaubensanspruchs etablierte sich Stalin innerhalb der kommunistischen Bewegung als eine quasi messianische Figur; er steigerte den Effekt, indem er in seinem persönlichen Habitus, dem alle rhetorische Zur-Schau-Stellung fremd war, sich als Sachwalter des Kollektivs und der von ihm wahrgenommenen geschichtlichen Aufgabe gerierte. Mit alledem bewies er seine Überlegenheit gegenüber Hitler, seinem bramabarsierenden Antipoden, der den Machtanspruch, den er erhob, als ein charismatischer Schauspieler fortgesetzt vorführte. Stalin wirkte durch das Gegenteil: Schweigsamkeit und Zurücknahme.

Morgengabe

Mit Hilfe der Prager Prozeß-Kommentare erhält Ernst Bloch im westlichen Exil die Position des Dissidenten aufrecht, des radikalen Opponenten einer von der Idee des Profits katastrophisch umgetriebenen Gesellschaft. Das hätte ihn beinahe das Leben gekostet; Max Horkheimer, der Leiter des in die USA emigrierten Frankfurter Instituts für Sozialforschung, verweigert ihm jene formelle Arbeitsbescheinigung, deren es zur Einwanderung in die Vereinigten Staaten bedarf. Der Retter aus der Not heißt Veilchenfeldt und ist Blochs ehemaliger Berliner Lektor; er treibt die Kaution von 7000 Dollar auf, die bei dem Fehlen jener Bescheinigung die Voraussetzung der Visa-Erteilung ist.

In den USA selbst büßt Bloch seine Treue zur Sowjetunion mit dem Ausschluß von allen Förderungs- und Stipendienmitteln; Amerika hat weder einen Verlag noch eine Dozentur noch sonst eine bezahlte Arbeit für ihn bereit. Karola, die junge Architektin, nimmt alle möglichen Beschäftigungen, bis hin zur Serviererin, auf sich, um die Familie durchzubringen; unter ihrer tätigen Obhut findet der Dissident des real existierenden Kapitalismus Muße und Konzentration für jene Werktätigkeit, die sich in den Jahren der Weimarer Republik in einer Fülle einzelner Arbeiten zerstreut hatte.

Denkers Land – die Vereinigten Staaten zeigen sich Ernst Bloch nicht von dieser Seite. Doch wird ihm Amerika mehr zur Werk-Stätte als die deutsche Republik zwischen halber Revolution und ganzer Gegenrevolution. Nach Jahren der kleinen Form, die sich in den »Spuren« von 1930 verdichtet hatte, einem Band, der die philosophische Anekdote zu einer ganz persönlichen Sprach- und Erzählgestalt erhob, gelingt ihm in der Isolation der Fremde jene Sammlung zur großen Konzeption, die ihm zuletzt in den Jahren des Ersten Weltkriegs zuteil geworden war. Über dem Grundbaß der *docta spes*, einer sich an Geschichte und Gegenwart schulend-ertüchtigenden Hoffnung, entsteht jenes enzyklopädische Werk, das in den fünfziger Jahren erst in DDR-Berlin, dann in Frankfurt am Main im Druck erscheint. Mit reicher Frucht tritt Bloch 1949 die Rückreise nach Deutschland an; sie führt ihn auf einen Leipziger Lehrstuhl. Die zweite Lehrkanzel wird ihm 1961 in Tübingen bereitet; zwischen Ost und West, zwischen der Real-Umwälzung auf dem Gebiet der DDR und der Studentenrevolte in Westdeutschland, spannt sich im Nachkriegsdeutschland das Wirken dieses dem Gedanken der Welteinrenkung herrischhoffnungsvoll verschworenen Denkers, der das Bild möglicher Versöhnung des Menschen mit sich selbst und mit der Natur impetuös und bezaubernd entfaltet.

In den amerikanischen Jahren, zwischen Blochs vierundfünfzigstem und dreiundsechzigstem Lebensjahr, wird der Grund zu einem Spätwerk von imponierender Fülle gelegt. Es ist die Zeit des Zweiten Weltkriegs; Blochs Denken, das seinem Wesen nach Rettungsdenken ist, spannt und weitet sich in einer Situation katastrophischer Weltverdunkelung zur großen Form. Damit aber das Werk zur Welt komme, bedarf es der Hut der Liebe, sichernder Frauensorge. So war inmitten des ersten Weltkriegs am Fuß der Alpen, in Garmisch und in Grünwald, der »Geist der Utopie« entstanden, das Buch, das den Namen seines Verfassers als eines Denkers und Sprachgeistes ganz eigener Art bekannt machte, auf jene polarisierende, Für- und Widersacher passioniert scheidende Weise, die diesem Autor zeitlebens treu geblieben ist. Blochs mit dunkel-emphatischer Sprachgewalt auf die Vermittlung der Widersprüche, auf das Ins-Freie-Kommen des Menschen als eines Wir-Wesens dringende philosophische Botschaft hat, damals wie später, Kräfte der Anziehung wie der Abstoßung bewährt, die das Maß gelehrter Debatten weit überstiegen. Die Fahne, die hier aufgepflanzt, der Anspruch, der hier erhoben ist, wird zum Ärgernis oder zur Offenbarung; der wortmächtige Verkünder einer Menschenwelt, die sich zu ihrer eigenen Fülle befreit, wirkt, wo er wahrgenommen wird, als Stein des Anstoßes oder als Eckstein der Erneuerung. So sehr sein Werk sich als philosophisches gegen die Kategorie des Prophetischen wehrt, so sehr erfüllt es deren Wirkung, die von der der Persönlichkeit untrennbar ist. Wie Bloch in Antinomien und Polaritäten denkt, wirkt er selber polarisierend, leidenschaftliche Anhängerschaft und aggressive Distanzierung auf sich ziehend. Ein dem jungen Philosophen glaubhaft zugeschriebenes Wort bezeichnet in jener Ich-Form, die Bloch als Autor geflissentlich vermeidet, den überpersönlichen Anspruch. »Wer mich ablehnt«, soll der Fünfundzwanzigjährige in dem Heidelberg Max Webers gesagt haben, »der ist von der Geschichte gerichtet.« Der Satz besteht auf der Unangreifbarkeit der Intention; er hat sich an allen denen bewährt, die versucht haben, Bloch zu verbannen und in die Acht zu tun.

Else von Stritzky, die an Geist und Gefühl reiche Tochter einer millionenschweren Industriellenfamilie aus Riga, wird Blochs erste Frau; sie schafft dem jungen Philosophen, dem sich im wilhelminischen Deutschland keine Universitätslaufbahn eröffnet, erst in Heidelberg, dann in dem bei München gelegenen Grünwald eine Werk-Stätte, die ans Märchenhafte grenzt. Peter Zudeick, Blochs Biograph, hat sie beschrieben: eine geräumige Villa, deren Unkosten der baltische Schwiegervater trägt. Eine Münchner Ausstattungsfirma versieht das neue Heim mit Möbeln und Requisiten auf der Höhe des Zeitgeschmacks, die der Hausherr, aus der beengten Existenz eines noch immer von der Unterstützung der Eltern lebenden Doktors der Philosophie jäh ins Sorglos-Wohlhabende gesetzt, alsbald gegen Antiquitäten eigener Wahl austauscht.

In den »Spuren« gibt es die Geschichte von dem Bergmann, den ein reicher Mann für eine bemessene Zeit in eine Luxusexistenz versetzt, die ihm dann verabredungsgemäß wieder abhandenkommt, worauf der ins Bergwerk Zurückversetzte den fragwürdigen Gönner erschießt; die Anekdote enthält den Widerschein eigener Erfahrung. Denn das junge Glück im komfortablen Heim hält nicht stand; der Krieg, der das zum russischen Reich gehörende Riga zu einer Stadt in Feindesland macht, untergräbt die materielle Basis des Paars. Schlimmer trifft die Krankheit, an der Else Bloch dahinsiecht und schließlich, im Jahre 1921, stirbt, in der Schweiz, wo der mit Rücksicht auf seine Kurzsichtigkeit vom Wehrdienst befreite Bloch nach der Vollendung seines Utopie-Buchs und dem Wegbrechen aller Subsidien als politischer Kommentator wider den preußisch-deutschen Imperialismus ficht, einen Demokratie-Gedanken hochhaltend, als dessen Bannerträger er Wilsons Amerika erkennt. »Der Geist der Utopie«, der 1922 in einer gründlich redigierten, um Zurückdrängung poetisch-irrationaler Momente bemühten Fassung erscheint, ist dem Andenken der Frau gewidmet, unter deren Schutz und Einwirkung das Werk entstanden war.

Dieses Buch, dem die königlich-bayerische Militärzensurbehörde 1917 das Plazet nicht verwehrt, entsteht gleichzeitig (und in räumlicher Nähe) zu dem Groß-Essay eines auf andersartige, aber nicht unbezügliche Weise mit der Erscheinung des Krieges ringenden Autors, des um zehn Jahre älteren Thomas Mann. Eine ähnlich parallele Situation ergibt sich zwanzig Jahre später bei dem Werk, in dem Ernst Bloch in einem Amerika, das ihn weder fördert noch stört, sondern einfach ignoriert, die Gestalten der Kultur an das Licht eines Rettungsgedankens hebt, dem der Vormarsch der Barbarei Impuls und Dringlichkeit gibt. Thomas Mann gräbt zu dieser Zeit in seinen Josephs-Romanen den mythischen Boden des Alten Testaments auf, um wider den Zugriff der Nazi-Ideologen die humane Dimension des Mythos, die mythische Dimension der Humanität zutage zu fördern; als Humanisierung des Mythischen wird Bloch das fertige Großwerk charakterisieren. Er selbst unternimmt nichts Geringeres als eine enzyklopädische Sichtung der Gestalten, Phänomene, Archetypen, die ihm in Kultur und Geschichte mit dem Kantischen Wort als *signa prognostica*, als vorausweisende Indizien einer befreiten und befreienden Zukunft erscheinen.

Aber dieses chief work, dessen späterer Titel »Das Prinzip Hoffnung« so redensartlich-gängig wird wie Hegels »an und für sich«, ist nicht die einzige Frucht der Abgeschiedenheit des kleinen Hauses in Cambridge, Massachussetts, wo Karola Bloch in rastloser Tätigkeit für den Lebensunterhalt der kleinen Familie aufkommt; Jan Robert, der in Prag geborene Sohn, ist bei der Ankunft in den USA ein Jahr alt. Die Skripte dreier weiterer Bücher: eine Rechtsphilosophie, ein Hegel-Kommentar und eine Materialismus-Studie, werden hier geschrieben oder konzipiert; der in die Stille der Wirkungslosigkeit gesetzte Denker schafft sich, gleich Brecht, das Gepäck einer Rückreise, die fast gleichzeitig mit dem Dramatiker und mit demselben Ziel, unter denselben Auspizien vonstatten geht. Sie führt 1949 in jenen Teil des besetzten und befreiten Deutschlands, in dem unter der Ägide der sowjetischen Besatzungsmacht und der von ihr gestützten sozialistischen Partei marxistisches Denken und sozialistische Theorie nicht länger in Acht und Bann getan sind.

Das ist in den westlichen Besatzungszonen, deren neugegründete Länder sich zur Trizone vereinigt haben und ihre ökonomische und staatliche Absonderung von den Ländern der Ostzone vorbereiten, anders. Die Parteigänger des Hitlerregimes haben hier in Wirtschaft, Verwaltung, Justiz und auch an vielen Universitäten ihre Positionen halten oder erneuern können; ein neuer, atlantisch-abendländisch gefärbter Antikommunismus tritt die Nachfolge des faschistischen an und ermöglicht vielen einen mühelosen Übergang von dem Führerstaat zu dem bürgerlich-restaurativen. Merkwürdig zu denken, daß es der Roten Armee bedurfte, damit Ernst Bloch, der demokratische Sozialist, der weder an den deutschen Universitäten des Kaiserreichs noch an denen der Weimarer Republik eine Lehramtschance erhielt, in Deutschland Ordinarius für Philosophie werden konnte.

Denn es sind zuletzt die sowjetischen Besatzungsbehörden, die seine Rückkehr ermöglichen, so wie sie Brecht den Weg nach Berlin ebnen und vielen anderen westlichen Emigranten von literarisch-künstlerischem Rang auch. Nicht die DDR beruft sie (es gibt sie noch nicht) und erst in zweiter Linie die von der SED regierten Kultus- und Volksbildungsministerien jener Länder, die wir heute ostdeutsche nennen, sondern eine sowjetische Politik, die aus wohlverstandenem Eigeninteresse auf die Herstellung der deutschen Staatseinheit gerichtet ist und in dem bürgerlich-demokratischen Staat, als den sie sich dieses einheitliche Deutschland im Blick auf die realen Kräfteverhältnisse denkt, »linken«, marxistischen Positionen Rückhalt und Autorität verschaffen will. Im Dienst dieses Konzepts fördern sowjetische Kulturoffiziere (sie sind zumeist wohlausgebildete Germanisten russisch-jüdischer Herkunft) die Berufung von Gelehrten, Schriftstellern, Musikern, Künstlern, die in der Sowjetunion selbst, in der der 1948 ausbrechende Kalte Krieg zu schweren kulturpolitischen Rückschlägen führt, keinerlei Wirkungsmöglichkeit fänden. In demselben Maß, wie im Lauf der fünfziger Jahre das Ringen um die Wiedergewinnung eines einheitlichen deutschen Staates verloren geht und die Aufrechterhaltung der staatlichen Zweiteilung zur Perspektive einer ganzen Generation wird, verengt sich im Widerspiel der politischen Kräfte und Krisen der Wirkungsspielraum aller dieser Geister, die der jungen DDR zu einer intellektuellen Potenz, einem geistigen Vorsprung verholfen hatten, den das westliche Deutschland erst in den sechziger Jahren mit der kulturrevolutionären Emphase einer Generationsablösung ausgleicht.

Mitte April 1949 tritt Ernst Bloch mit Frau und Sohn auf dem polnischen Schiff Batory von New York aus die Rückreise nach Europa an. Über Gdingen, das nun Gdynia heißt und zu Polen gehört, erreicht er ein Deutschland, dessen Staatsterrorismus ihn sechzehn Jahre zuvor ausgestoßen und unter seiner und seiner Frau Familien mörderisch gewütet hatte. In seinem Gepäck ist eine Morgengabe, wie sie reicher nicht gedacht werden kann: das Werk der Exiljahre, das für ein neues Deutschland und gegen das alte geschrieben ist; nur Brecht kommt mit vergleichbarer Fracht in die Heimat zurück. Blochs Werk ist Morgengabe im Sinne des Wortes; seine Fahrt geht gen Morgen, in die Richtung des Aufgangs, und sie wird begleitet von der Hoffnung, in und mit diesem Osten das Licht einer Menschheitserneuerung aufstecken zu können, für die dieser Denker in der alten Welt des Westens keine Anzeichen sieht. Aurora, Morgenröte, hieß Wieland Herzfeldes New Yorker Verlag, der die Schriften der deutschen Emigranten herausgegeben hatte. Dort ist 1946, als einziges Buch, das Ernst Bloch in Nordamerika veröffentlichen kann, ein Kapitel aus dem »Prinzip Hoffnung« erschienen, das wenig später auch in J. R. Bechers Berliner Verlagsgründung, dem Aufbau-Verlag, herauskommt, jener »Abriß der Sozialutopien«, dessen Titel verknüpft, was sich realiter *so* schwer zusammenfügt, daß die Zusammenstellung selbst utopisch erscheint: *Freiheit und Ordnung.*

Die Schrift ist der Vorbote dessen, der nun, ein Vierundsechziger, in Leipzig erstmals die philosophische Lehrkanzel erklimmt, an einer Universität, an der zahlreiche Fachgelehrte bürgerlichen Gepräges seine Berufung zum Ordinarius zu hintertreiben versucht haben. Übergeordnete Instanzen in Dresden und Berlin haben den Widerstand derer überwinden müssen, die den zum Nachfolger des nach Bonn berufenen Theodor Litt vorgeschlagenen Philosophen außer nach »Freiheit und Ordnung« nach den drei Büchern beurteilen, die zwischen 1917 und 1930 in Deutschland von ihm erschienen sind. Ein Pädago-gik-Professor namens Menzel, der philosophische Vorlesungen hält, kommt zu dem bündigen Schluß, »daß der Verfasser kein Philosoph ist«, und andere stoßen in das gleiche Horn; man möchte den gesellschaftskritischen Denker allenfalls an der Spitze eines Soziologie-Instituts sehen. Zur gleichen Zeit gelingt es Wiener Professoren, die Rückberufung Arnold Schönbergs zu hintertreiben; der Vertriebene muß in Kalifornien bleiben.

Neue Heimat

»Fühle mich nun wieder als Student, der ins erste Semester zieht«, schreibt Bloch am 14. April 1949 von Bord des Schiffes »Batory« seinen in den USA zurückbleibenden Freunden Jochen und Sylvia Schumacher und genießt, »auf dem Weg hinter die Venetian blinds« (venezianische Jalousien – das Wort ist treffender als Eiserner Vorhang), das gute Essen an Bord. Er rüste, schreibt er den beiden, »zu einem Leben, das spartanisch sein dürfte, aber auch – als einziges heutzutage – Athen enthält«. Aus Leipzig ist dann, einen Tag vor seinem 64. Geburtstag, von »einem lang Entbehrten: Hasenbraten« die Rede; sein Leipziger Dasein enthält weniger Sparta und weniger Athen, als er fahrend vermeint. Bloch – und so auch seine Frau Carola – wird sich in Leipzig in einem Maß am Platz und zu Hause fühlen wie, sieht man von den glückhaften ersten Ehejahren mit Else v. Stritzky ab, nie zuvor in seinem Leben.

Im Umgang mit einer studentischen Jugend, die, aus den Finsternissen von Krieg und Faschismus hervorgegangen, der Erleuchtung dringend bedarf, rüstet er dazu, die Ernte seines Lebens einzubringen. Seine Ankunft im alten Land, das Hitlers Pogromregime anheimfiel, um danach von englischen und amerikanischen Bomben zerstört und von russischen Truppen erobert und befreit zu werden, macht den Anfang eines zwölf Jahre umspannenden Dramas, das ein Thema durchnimmt, an dem schon die Heroen der griechischen Philosophie sich abgearbeitet haben. Das Thema heißt Geist und Macht, Philosophie und Politik, der Denker und der Despot.

Das Stück, das noch keiner kennt, folgt den Gesetzen jener klassischen Dramaturgie, denen auch Brecht, der Erfinder des epischen Theaters, sich unterderhand immer wieder fügt. Seine erste Szene ist eine Antrittsvorlesung, die im September 1949 stattfindet und unter der Überschrift »Universität, Marxismus, Philosophie« steht: »Ich freue mich, zurückgekehrt zu sein«, lautet ihr erster Satz. Ein Philosoph, der bis zu diesem Tag nur als Schriftsteller, als Autor in die Öffentlichkeit gedrungen ist und als solcher in Deutschland, erst recht im Exil, das geblieben war, was man einen Geheimtip nennt, tritt mit diesen Worten eine neue Laufbahn an; es ist die des Redners, des akademisch-nichtakademischen Lehrers. Es ist diese Dimension seiner Wirksamkeit, welche ihm Geister und Herzen rascher und einschlagender als seine Bücher gewinnt, deren Diktion einem Stilwillen gehorcht, der den Kreis der Leser begrenzt. In dem mündlichen Vortrag entfaltet sich ihm der Gedanke zu einer Anschaulichkeit und Ausdruckskraft, die den Hörer unmittelbar in ihren Bann schlagen. Tonbandmitschnitte von Vorlesungen, Vorträgen, Gesprächen bewahren Zauber und Energie dieser vom Sprachklang der pfälzischen Heimat durchtönten Rede.

Blochs Leipziger Antrittsvorlesung entgegnet einer bürgerlich-akademischen Geringschätzung des Marxschen Denkens, die auch in Leipzig verbreitet ist; kampfeslustig verweist sie »Skeptizismus, Relativismus, Nihilismus, die unorientierte Haltlosigkeit« in den Bezirk »der von der Spätbourgeoisie gebrachten kulturellen Öde«. Der Vortrag bildet die Exposition jenes nach klassischem Maß ablaufenden Dramas; Reden, Vorträge, Festansprachen spielen in ihm immer wieder eine vorwärtstreibende Rolle. Die Exposition, das ist, über diese und andere Lehrveranstaltungen hinaus (seit dem Herbst 1949 hält der Leipziger Institutsdirektor philosophiehistorische Vorlesungen, die im Lauf der Zeit den ganzen großen Kursus von den Vorsokratikern bis zu Heidegger und Sartre durchmessen), die Amtsübernahme überhaupt und das Einwohnen in die neue Heimat im häuslich-familiären Sinn. Frau Karola und Jan Robert, der nun Zwölfjährige, kommen aus den USA nach; in freundlicher Gegend bezieht die Familie ein von der Hausfrau mit schönen alten Möbeln (sie sind im Leipzig dieser Jahre billig zu haben) ausgestattetes Haus. Auch Karola Bloch ist in volle Produktivität gesetzt; in Leipzig findet sie freie Bahn für die Ausübung ihres Architektenberufs.

Der so exponierte erste Akt kulminiert 1951 in dem Erscheinen von Blochs Hegel-Buch, das »Subjekt – Objekt« überschrieben ist. Der Aufbau-Verlag bringt es 1951 als ersten Band einer präsumptiven Gesamtausgabe heraus, in einen dunkelblauen Kunststoff namens Lederol gewandet und mit dem Druckbild einer schönen Didot-Type. Das Vorwort, das in den Satz ausgeht: »Hegel leugnete die Zukunft, keine Zukunft wird Hegel verleugnen«, trägt eine doppelte Orts- und Zeitangabe: »Cambridge, Mass., im Dezember 1947« und »Leipzig, im Juli 1949«. Zwei Jahre lang war das Manuskript beim Verlag liegengeblieben.

Der Ton, der hier, kraftvoll und tragend, angeschlagen ist, stiftet Verwirrung auf jener Schmalspur, die ein nach sowjetischem Muster zum Diamat (das ist das Kurzwort für dialektischen Materialismus) herabgesetzter Marxismus hält. Doch das Befremden der Scholastiker bleibt unter sich, um so mehr, als zu dieser Zeit, im Jahre 1951, noch nicht das sozialistische Teildeutschland, der Aufbau des Sozialismus in einem Viertelland, auf dem politischen Programm der herrschenden Mächte steht. Noch hofft die Sowjetunion, die 1949 notgedrungen gegründete DDR in ein ihr unfeindlich gegenüberstehendes, militärisch neutrales Gesamtdeutschland einbringen zu können; mit ihr hofft eine Bevölkerung von neunzehn Millionen auf die Bändigung der divergierenden Kräfte. Diese Hoffnung zergeht, als Adenauer, unbeirrt durch Stalins Wiedervereinigungsangebot, den westdeutschen Staat der atlantisch-westeuropäischen Militärorganisation einbezieht; die DDR-Bevölkerung büßt den Schritt acht Wochen später mit einer rigorosen Klassenkampf-Politik. Das geschieht im Juli 1952; elf Monate später (inzwischen ist Stalin gestorben, und Berija, Innenminister, Geheimdienst-Chef und bestimmender Mann der neuen Führung, versucht im Kontakt mit Churchill den Kalten Krieg zu beenden) – elf Monate später wird diese Bestrafungs- und Konfrontationspolitik schlagartig zurückgenommen; in dem entstehenden Machtvakuum macht sich der angesammelte Volkszorn in einer verhängnisvollen Explosion Luft. Das kommt der sowjetischen Armeeführung, die nicht gesonnen ist, die DDR, das Unterpfand ihres Sieges, zugunsten einer Entspannungspolitik preiszugeben, nur zu gelegen. Sechs Tage nach dem 17. Juni trifft Churchill, Berijas westlichen Verhandlungspartner, der Schlag; zwei Wochen später wird der sowjetische Geheimdienstchef durch ein Bündnis von Armee und Parteiapparat gestürzt und wenig später füsiliert.

Dennoch und um so mehr steht nach Stalins Tod das Signal der sowjetischen Politik auf Revision und Reform. Die Kursänderung, die dem 17. Juni vorausging, wird nach dem Aufstand nicht widerrufen; sie wirkt sich auch kulturpolitisch aus. Die Staatliche Kunstkommission, das Machtorgan der Orthodoxie, wird aufgelöst; Bertolt Brecht, noch im Mai 1953 parteioffiziell attackiert, bekommt endlich sein eigenes Theatergehäuse. Das intellektuelle Klima ist jenem geistig souveränen Marxismus günstig, dessen philosophischer Wortführer Ernst Bloch mit seinem Hegel-Buch und mit zahlreichen Aufsätzen in den Zeitschriften der DDR geworden ist. In *Sinn und Form*, der Literaturzeitschrift der Akademie der Künste, erscheinen seine literarisch-ästhetischen Betrachtungen, in der *Deutschen Zeitschrift für Philosophie* die philosophischen Texte. Bloch ist einer der Herausgeber der Zeitschrift; als Chefredakteur steht ihm Wolfgang Harich zur Seite.

Der zweite Akt des Dramas setzt 1954 mit einer philosophischen Abhandlung ein, die eine Unternehmung von augenscheinlicher Brisanz vorstellt. Bloch sucht auf siebenundzwanzig Zeitschriften-Seiten »Freiheit und objektive Gesetzlichkeit« im Blick auf den historischen Prozeß zu vermitteln. »Kopf und Wand in richtiger Proportion« sucht das Schlußkapitel des Textes zu gewinnen; worum es geht, ist das »innergesellschaftliche Verhältnisproblem zwischen Subjekt und Objekt, Aktion und Gesetz«. Das Fazit lautet: »Freiheit in Aktion ist kein Amoklauf, sondern tätiger Einklang mit den herangereiften und heranreifenden gesetzmäßigen Bedingungen.« Der Autor wehrt sich gegen die Fetischisierung dessen, was die Parteiideologie objektive Gesetzmäßigkeit nennt; er besteht darauf, daß aller

Gesetzes-Determinismus »freie und fruchtbare Kontingenz der Möglichkeit an der Front« nicht ausschließe. »Hierbei wird die Entschiedenheit der objektiven Faktoren am Ende von der Entscheidungs-Entschiedenheit der subjektiven selbstverständlich mitbestimmt und umgekehrt. Wird diese Verbindung übersehen, so entsteht allemal Putschismus oder Quietismus, zwei Kehrseiten der gleichen Abstraktheit.« Auf Vermittlung des objektiven und des subjektiven Faktors geht die Absicht; sie erst, so der Autor zum Schluß, könne »Homo sapiens heißen oder Zusammenfall von Weltweisheit mit aufrechtem Gang«.

Im selben Jahr erscheint im Aufbau-Verlag der erste Band des »Prinzips Hoffnung«, dessen Schlußkapitel es mit »Happy-End, durchschaut und trotzdem verteidigt«, zu tun hat. Die Schlußsätze pflanzen die Fahne der Hoffnung auf die Zinnen eines Sozialismus, der nicht als das Gutseiende, aber das Gutseinkönnende behauptet wird: »Solange kein absolutes Umsonst (Triumph des Bösen) erschienen ist, ist darum das Happy-End des rechten Sinns und Wegs nicht nur unser Vergnügen, sondern unsere Pflicht. Wo die Toten ihre Toten begraben, mag das Grämen mit Recht stattfinden und das Scheitern der existenzielle Zustand sein. Wo Snobs als Verräter sich solange an der Revolution beteiligten, bis sie ausbrach, mag in der Tat nur mehr zu beten sein: Unsere tägliche Illusion gib uns heute. Wo die kapitalistische Rechnung nirgends mehr aufgeht, mag der Bankrotteur in der Tat veranlaßt sein, einen Tintenklecks über das Heft des ganzen Daseins zu gießen und auszubreiten, damit die Welt insgesamt kohlschwarz aussehe und kein Prüfer den Nachtmacher zur Rechenschaft ziehe. All das eben ist eine noch schlimmere Täuschung als die der strahlenden Fassaden, die man nicht mehr halten kann. Die Arbeit dagegen, womit die Geschichte weitergeht, ja längst weitergegangen ist, führt zu der gutseinkönnenden Sache, nicht als Abgrund, sondern als Berg in der Zukunft. Die Menschen wie die Welt tragen genug gute Zukunft; kein Plan ist selber gut ohne diesen Glauben in ihm.«

Wo sich Blochs Rede zum Pathos spannt, ist es niemals leeres, affirmatives Pathos; es ist fordernd, ja herrisch, Kräfte weckend und herausfordernd. Seltsam vag allerdings ist der Satz wider die »Snobs als Verräter«; wider welche Abtrünnigen welcher von ihnen mitbewirkten Revolution zückt der Donnerkeil? Daß die gutseinkönnende Sache nicht Abgrund, sondern Berg sei, klingt wie eine Beschwörung; so oder so geht sie in eine steilere Richtung als Brechts »Mühen der Ebene«.

Im Mai des folgenden Jahres nimmt der Philosoph es aus gegebenem Anlaß – Deutschland begeht Schillers 150. Todestag – mit einem deutschen Dichter auf, den er mehr denn früher als Geistesverwandten erkennt; er nennt ihn den »Dichter der humanen Agitation«. Die Rede wird in Jena gehalten, der Stadt, von der Schiller im Jahre 1800 nach Weimar übergesiedelt war, und zieht die Ambivalenz dieses Vorgangs in Betracht: »Weimar als Schillers Abbiegung und Höhe«. Die Annäherung läßt jenes daktylisch beschwingte Gedicht (Schubert hat ihm den musikalischen Puls gefühlt) außer acht, in dem Schiller das Prinzip Hoffnung auf seine Weise ausgedeutet hatte: »Es reden und träumen die Menschen viel / von besseren künftigen Tagen ...« Im Blick auf ein Kolumbus-Gedicht von 1795 vollzieht sich Blochs Approximation an den Dichter im Zeichen von Ausfahrt und Küstenfindung. »Schiller«, endet diese Rede, die alsbald in der Zeitschrift *Sinn und Form* erscheint, »steht damit in der Reihe derer, die unausweichlich so Plus-ultra treiben wie Sesam-tu-dich-auf, und ist noch unter allen Tassos des Überschwangs der echteste. Der Epilog seiner Gestalten und Gedanken ist allemal mit einem echt Schillerschen Prolog verbunden, als dem des Vertrauens aufs unbedingt Rechte in der Welt, das kommen muß. Wenn es im Lied an die Freude von Gott heißt: ›Über Sternen *muß* er wohnen‹ (ein Kantisches Postulat, von Beethoven mit solch erschütternder Pointe des Pianissimo in der Neunten Symphonie komponiert): dann gilt der Ruf dieses Muß bedeutend näher, bedeutend realer vom Prolog der *menschlichen Freiheit und Würde*, mit dem Schillers gewaltiges Werk so beginnt wie endet.«

Hier sind, in einem impetuös gezielten Final-Satz, drei Namen mit ihrer vollen Ruf-Aura versammelt, denen sich Blochs Denken tiefer und näher zuneigt, als dessen immer wieder hervortretender Bezug auf Hegel, Goethe und Marx zu erkennen gibt. Von Kant nimmt sein Denken die Idee des *signum progno-*

sticon, des antizipierenden Geschichtszeichens, das das Fortschreiten des menschlichen Geschlechts zum Besseren – oder doch die Möglichkeit eines solchen Fortschreitens – anzeigt. Von Beethoven, aus »Fidelio« hat er das voraustönende Signal messianischer Ankunft als eines machtvoll-befugten Anlangens erhoffter Freiheit im Irdisch-Konkreten, das der subjektbestimmten Aktion unter Kairos-Auspizien zu Hilfe kommt. Mit Schiller teilt er den Gedanken möglicher Neu- und Wiedergewinnung einer natürlich erfüllten menschlichen Existenz kraft des sentimentalisch gespannten Gedankens, der bei Bloch revolutionär-sentimentalischer Gedanke ist. Worin er Schiller weit überflügelt, das ist »das Vertrauen aufs unbedingt Rechte in der Welt, das kommen muß«. Was Schiller am Ende der 1790er Jahre schon hinter sich hat, die Enttäuschung an der und durch die Revolution, hat Bloch, der Siebzigjährige, noch vor sich. So bleiben die hochbezüglichen »Worte des Glaubens« und »Worte des Wahns« in der Schiller-Rede außer Betracht, erst recht jener Vers zum »Antritt des neuen Jahrhunderts« (es war das neunzehnte), der weiß und erklärt, wo Freiheit ihr einziges Reich hat: im Traum und in der Phantasie.

Wenn Schillers Kolumbus-Elegie von 1795 den philosophischen Deuter durch ihr geniales Naturvertrauen für sich einnimmt, so irritiert ihn doch jener Vers, in dem Schiller das Gottvertrauen des kühnen Seglers so hoch steigen läßt, daß er die Erschaffung der rettenden Küste zugunsten dessen, der auf sie hofft, in Erwägung zieht:

Traue dem leitenden Gott und folge dem schweigenden
Weltmeer!
Wär' sie noch nicht, sie stieg' jetzt aus den Fluten empor.

Das ist dem Redner zuviel, gegen einen solchen Grad hoffnungsvollen Voluntarismus verwahrt er sich kritisch; er verweist den Vers in die Sphäre des Übermäßigen und Phantastischen, das »die Gewalt der Ausfahrt zu der einer Schöpfung aus nichts« übertreibe. Sein eigenes Hoffen wird zwei diametral verschiedenen, aber in diesem Punkt seltsam einigen Lagern bald in diesem Licht erscheinen. Wie »der Weltentdecker

Kolumbus« (Schiller 1786) ist Ernst Bloch »die bedenkliche Wette mit einem unbefahrenen Meer« eingegangen.

»Freiheit mit Halt, Wahrheit mit Inhalt«

Der zweite Akt schließt, auf deutlich steigender Linie, mit einem Pauken- und Triangelschlag: am 7. Oktober 1955 erhält Ernst Bloch aus der Hand des Staatspräsidenten Pieck den Nationalpreis der Deutschen Demokratischen Republik. Er verweigert die Annahme der zweiten Klasse dieser dreistufigen Auszeichnung so wenig wie der gleichzeitig mit ihm ausgezeichnete Hans Mayer die dritte; beide wissen um den Signalcharakter der Ehrung. Johannes R. Becher, Gründer und Leiter des 1954 im Zeichen des Neuen Kurses gegründeten Kulturministeriums, ist die treibende Kraft hinter diesen und andern Öffnungs-Zeichen, und Bloch, der kolumbisch gestimmte Segler, nutzt die günstigen Ostwinde, um seinen Leipziger Wirkungsraum zu erweitern: noch im gleichen Monat, am 20. Oktober 1955, spricht er erstmals außerhalb seines Instituts vor Studenten aller Fachrichtungen; im neuerbauten Anatomischen Hörsaal der mit dem Namen von Karl Marx bedachten Universität geht es, sechs Jahre nach der Antrittsvorlesung, um nichts Geringeres als »Universität, Wahrheit, Freiheit«. Der Abend, der von der Suada eines haltlosen Lobredners eingeleitet wird und in eine lebhafte Diskussion mit den Hörern ausgeht, macht den Beginn des dritten Aktes; ein philosophisches Denken, das sich der Umwälzung historisch schwer belasteter Besitz- und Herrschaftsverhältnisse in diesem Teil Deutschlands hoffnungsvoll zugeordnet hat, sinnt mit Entschiedenheit und Bedacht darauf, das Veränderte, das bürokratisch in sich zu erstarren droht, selbst zu verändern.

Darauf bedacht, den politisch gefährlichen Beifall von der falschen Seite abzuwenden, zieht der Redner scharfe Grenzlinien zu der Welt, die das sozialistische Gesellschaftsexperiment im Osten des verbliebenen Deutschlands mit Haß, Ächtung und polizeistaatlicher Abgrenzung verfolgt; sie kritisiere, sagt er (und übertreibt keineswegs), »mit keinem andern

Maßstab als dem der Vernichtung«. So positioniert, attackiert er jene »Schematiker« in den eigenen Reihen, »deren Wappen der Papagei ist, mit Holzhammer daneben, dem zuschlagenden, nicht nur einbleuenden«. »Ist Persönlichkeit auch nicht das höchste Glück der Erdenkinder«, fährt der Redner mit einer Goethe-Paraphrase fort, »so ist sie doch auch kein Unglück; ein alles Administrierendes aber meint das, und Subalternes als Norm, Monotonie drohen als Frucht.« Nämlich »am Marxismus, der aufregendsten Sache von der Welt, der zur schöpferischen Weiterentwicklung von Anfang an bestimmten«, dessen Wahrheit sich »nicht als eine schon abgepflückte, gepreßt zu verabreichende« darstellen dürfe, »mit Schematismus als Schlaftablette«.

»Freiheit mit Halt, Wahrheit mit Inhalt« ist die Losung, die der Redner ausgibt, auf Mißstände deutend, die« (das ist wieder die Grenzziehung gegen das feindliche Lager) »einzig vom Gewissen des Marxismus aus echt kritisierbar, vom Wissen des Marxismus her schöpferisch veränderbar« seien. Es folgt das Vom-Kopf-auf-die-Füße-Stellen einer Parole, mit der sich der parteioffizielle Marxismus der Abwehr und dem Gespött der Denkenden aussetzt: »Der Marxismus ist allmächtig, weil er wahr ist«. In der Undurchsichtigkeit eines Transparents den Machtanspruch der Doktrinäre verkündend, ist die Parole nur zu ihrer Umkehrung gut, dahingehend, daß der Marxismus re-bus sic stantibus nicht die Macht von seiner Wahrheit, sondern seine Wahrheit von der Macht beziehe. Bloch für sein Teil faßt und berichtigt das gängige Wort anders: »Verum est index sui et falsi, sagt Spinoza, und der Marxismus ist, wird auch dieses Sinns, in jedem Sinn allmächtig, weil, indem er wahr ist.« »...ist, wird« – »...dieses Sinns, in jedem Sinn«, »...wird, indem« – Blochs sich berichtigend vorwärtsschraubende Rede (er liebt das Stilmittel) bringt es an diesem inhaltlich brisanten Punkt auf drei Konkretisierungen innerhalb eines Satzes, und die letzte ist die wichtigste: Nur insofern der Marxismus, sich nach Spinozas übertragenem Wort an sich und in sich selbst korrigierend, wahr ist, kommt ihm die Macht der Wahrheit zu.

Blochs Rede ist eine Kampfansage, und sie ist ein Programm;

auf der ansteigenden Linie der Handlung bildet sie einen Moment von dramatischer Triebkraft. Die Linie steigt weiter an in einer Berliner Rede vor großem literarisch-politischem Publikum; der Siebzigjährige hält sie im Januar 1956 auf dem IV. Kongreß des Deutschen Schriftstellerverbands, der sechzehn Jahre später den Namen Schriftstellerverband der DDR annimmt. Mit Goethe-Versen vom Gipfel des »Sturm und Drang« bezeichnet er eine dichterische Haltung, die er bei den Jungen der neuen sozialistischen Literatur vermißt. »Herr, schaff mir Raum in der engen Brust!« lautet der eine Vers, aus »Mahomet« und aus dem Koran, und:

> Sprang aus dem Bette wie ein Toller,
> Nie war mein Busen seelenvoller

der andere, auf »die Glut des Sagenmüssens, die unausweichliche« zielende. Blochs Rede ist impetuos, aber in aller Drastik der Anforderung keineswegs phantastisch; sie verkneift sich einige Zuspitzungen, die im Manuskript stehen (erst Jahre später treten sie in der Gesamtausgabe zutage), und stellt wohlbedachte politische Anforderungen. Wider ein neues, rotes Justemilieu geht die Attacke, das sich »aus dem Schematismus bloßer Unmittelbarkeit« nähre und ein Widerspruch in sich sei, denn der Marxismus sei die »dem Spießertum fernste Theorie-Praxis, die es je gegeben hat«.

Es ist nicht überliefert, welches Gesicht Walter Ulbricht, der zu den Hörern des Kongresses gehörte und sich am zweiten Tag in eine Debatte mit Stefan Heym verwickelte, bei solchen Anforderungen schnitt. Sechs Wochen später wird er nach Moskau reisen, wo Nikita Chruschtschow das phantastische Experiment der Wahrheit wagt und sein Reich und alle, die ihm anhängen oder ausgeliefert sind, damit erschüttert, auch und gerade Ernst Bloch. Ulbricht, der die Gefahr der Lage erkennt, faßt sich rasch und kommt mit einer bündigen Auskunft von dem Denkmalssturz zurück: »Der Genosse Stalin«, erklärt er, »ist kein Klassiker mehr.« Er hatte einem religionsgeschichtlichen Ereignis beigewohnt, dessen Sprengkraft den Bestand des sowjetischen Imperiums erschüttern sollte; zugleich ging ein Säkularisierungsprozeß davon aus, der dieselbe Zeitspanne in

Anspruch nehmen sollte wie von Lenins Tod bis zu Chruschtschows Parteitagsrede. In Budapest detoniert acht Monate später eine Krise, deren friedliche Beilegung, wie sie in Polen geglückt war, angesichts des Ägypten-Angriffs der europäischen Westmächte scheitert; während Chruschtschow in Moskau seine Position halten und ausbauen kann, findet sich zwischen Leipzig und Berlin der überständige Machtinhaber als Sieger über den Geistinhaber, der ihn für überständig erklärt hatte. »Realistik ohne Frieden mit der Vorhandenheit« ist zwei Jahre später dessen weitreichende Auskunft; sie insistiert auf der Offenheit eines Prozesses, bei dem es ums Ganze geht. »Betrachterisch verdinglicht«, so der Autor*, sähe die Welt »drein, als träte ihre Materie von einem entstehenden, vergehenden Sternhaufen zum anderen auf der Stelle, und die Organisation des menschlichen Lebens und Strebens wäre nicht vor Jagos Credo, vor keinem solchen falsch-dezidierten Nihilismus des Wohin, Wozu, Überhaupt geschützt. Humanum ohne mögliches Wohin, Wozu, Überhaupt ist eine unbegreiflich-einsame Sekunden-Episode, aber noch unbegreiflicher wäre dann auch sein Woher, dies mit dem Wohin doch Verschlungene. Kein Zweifel, im Stand des Stückwerks Geschichte und Welt kann das mit der Episode der Fall werden, doch daß Humanum im Weltganzen ohne Resultat sei, ist keinesfalls bereits entschieden und ausgemacht.«

Drei Jahre nach diesem Text von 1958 schließt sich nicht der Prozeß, aber eine Grenze. Sie verändert die Prozesse auf ihren beiden Seiten; auf der westlichen öffnet er sich als ein Jugendsturm auf die Bastionen bürgerlich-restaurativer Erstarrung, der den achtzigjährigen Verkünder des Novum auf dem philosophischen Posten einer neuen Lehrkanzel findet. In Tübingen nimmt er Wohnung neben einem Fluß, der heimatlich-heraklitisch strömt, schnellfließende Materiegestalt jener lebendig-prozeßhaften Bewegung, der der Philosoph eine Wahrheit wider die potentielle Erdvernichtung zuerkennt, an der die Rüstungs-

---

* Ernst Bloch: *Viele Kammern im Welthaus*, ed. Friedrich Dieckmann, Jürgen Teller, Elke Uhl, Edition Suhrkamp Leipzig, Frankfurt am Main 1994, S. 527 f.

wissenschaftler zweier Halbwelten hingebungsvoll laborieren. Was den Laboranten der Destruktion entgegengehalten wird, ist stark und schwach zugleich; es ist jenes andere, das negentropische Moment, das auch immer da ist, wie es das Leben, den Menschen erst hervorgebracht hat. 1969, am Ende von »Atheismus im Christentum«, bezeichnet Ernst Bloch es mit seinen, von alters her sinngeladenen Worten: »Vernichtbarkeit des Menschlichen ist genug da, disparates Universum um die tot gemachte Erde mehr als genug; so wäre, wenn sonst nichts als das im Schwang wäre, auch das gesamte Prometheische, gar das Reich der Freiheit Suchende bestenfalls ein schöner Zug… Und doch ist die ganze bisherige Welt bloßer Tatsachen, samt der möglichen Vernichtung dieser Tatsachen, nicht wahr, und wahr ist einzig der in ihr anhängige Prozeß, samt der Stimme des Rebells, der zu Pilatus mit so ganz anderer, mit Novum-Parteizugehörigkeit sagen konnte: ›Wer aus der Wahrheit ist, hört meine Stimme.‹ Deren Platz ist der Kampf, die Unterscheidung, der Wärmestrom, folglich der menschliche Ruf und sein Eingedenken an der Front des Weltprozesses.«

Hans-Jochen Gamm

Ernst Blochs »Pädagogica«

Versuch einer Nachlese
unter veränderten politischen Verhältnissen

Bedeutende pädagogische Gedanken stammen weithin nicht
von professionellen Pädagogen, sondern von Philosophen, die
jeweils die unablösliche Verpflichtung der Erwachsenen gegenüber ihrem Nachwuchs reflektierten und sich zu Aussagen über
das eigentümliche intergenerative Verhältnis, sein Ethos und
seine Realität herbeiließen. Es muß nur an Comenius, Herbart
und Schleiermacher erinnert werden. Indessen bleibt zu erwäh-
nen, daß ein Kontinuum pädagogischer Forschung und Lehre
auf universitärem Niveau erst seit dem 20. Jahrhundert besteht.
Die spät realisierte Schulpflicht für sämtliche Kinder und Jugendliche industrialisierter Nationen – in Deutschland erst
durch die Weimarer Reichsverfassung von 1919 allenthalben
gültig – bewirkte dafür Anstöße. Und wenn Ernst Bloch in seinen *Pädagogica* eingangs bemerkt, wenige Jahre hätten »das
Kind, das vor kurzem noch in vorgeschichtlichem Fruchtwasser
schwamm, auf die Höhe der Zeit zu bringen« (S. 225*), so steht
er mit diesem fundamentalen Satz ganz in der Nachbarschaft
Immanuel Kants, der wußte, daß Menschen nur durch Erziehung zu Menschen werden. Erst bei nachhaltiger Reflexion
solcher Gedanken rücken sie aus dem Bereich der Selbstverständlichkeit in den philosophischen Fragehorizont, der bei
Bloch immer auch ein kritisch-analytischer war und der bei
kaum einem anderen Denker dieses Jahrhunderts mit vergleichbar unbeirrter Nachhaltigkeit sich auf die gesellschaftlichen
Bedingungen der Produktion und Reproduktion des Lebens
richtete. So wurde der Geschichtsmaterialismus als Denkme-
thode wie als politischer Standort gefestigt.

---

* Die in Klammern gesetzten Seitenzahlen beziehen sich auf: Ernst Bloch,
Philosophische Aufsätze zur objektiven Phantasie, in: *Gesamtausgabe*
Bd. 10, suhrkamp taschenbuch wissenschaft Nr. 559, Frankfurt 1985;
darin: *Ad Pädagogica; Zur parteiischen Weisheit*, S. 224-411.

Wenige Hochschulpädagogen sind heute zu benennen, die durch diesen Ansatz ihr eigenes Forschungsfeld definieren und sich vom Überhang empirischer, geisteswissenschaftlicher, strukturalistischer oder postmoderner Aktivitäten abzuheben versuchen. Sie jedenfalls unternehmen es, Erziehung auch als gesellschaftliche und politische Aufgabe zu betrachten, mithin also in herrschaftlichen Zusammenhängen befindlich, denen nur basale philosophische Erörterung überhaupt Konturen abzugewinnen vermag. Wo es geschieht, wird die pädagogische Denkweise philosophisch oder auch im Sinne des Comenius pansophisch, denn sie muß nicht nur das Spezifische eines pädagogischen Handlungszusammenhanges begreifen, sondern auch das bestimmende Gefüge der Produktionsfaktoren, denen die erzieherische Realität allemal untergeordnet bleibt, da Erziehung stets nur einen Teil sozialer Gesamtpraxis darstellt, die ihren geschichtlichen Befreiungsprozeß noch vor sich hat. Geisteswissenschaftliche Betrachtung erzieherischer Vorgänge bleibt unzulänglich, sobald dies begriffen ist; das pädagogisch »Eigentliche«, über das manche namhaften Universitätslehrer öffentlich nachgedacht haben, erweist sich als fiktive Zwischenwelt. Pädagogik ohne »Parteilichkeit« hat keinen Boden; was sie bedeutet, soll später erörtert werden.

Die *Pädagogica* von Ernst Bloch sind in seinem Gesamtwerk unter Band 10 *Philosophische Aufsätze zur objektiven Phantasie* vereinigt. Die ältesten Stücke daraus reichen bis in die Wilhelminische Ära zurück, führen über den Ersten Weltkrieg, die Weimarer Republik, den offenen Faschismus mit dem Zweiten Weltkrieg, die Niederlage Hitler-Deutschlands zur Gründung der beiden deutschen Teilstaaten. Diese Zeitspanne wirft in ihrer politischen und humanen Kontradiktion die Frage nach den Grenzen der Identität des flüchtigen Subjekts auf. Bloch hat sich bis zu seinem Tod im Jahre 1977 im höchsten Alter noch an den geistigen Bewegungen der Epoche gestaltend beteiligt; die Stätten seiner Emigration sind auf dem *orbis intellectualis* mitverzeichnet und fördern die Unterscheidung der Herrschaftsformen, die durch das Kapitalverhältnis geprägt bleiben. In seiner Leipziger Antrittsvorlesung im Jahre 1949 hat Bloch von der »Wendezeit« gesprochen (S. 274), die sich der Jugend eröffne.

Damals kehrte er als Emigrant aus den USA zurück und übernahm in der DDR einen angesehenen Lehrstuhl für Philosophie. Die Schutzmacht UdSSR genoß moralisches Prestige, weil sie unermeßliche Opfer für den Sieg über Hitler-Deutschland erbracht hatte, Solschenizyns Archipel Gulag noch nicht erschienen und die Geheimrede Chruschtschows über Stalins Verbrechen vor dem Politbüro der KPdSU im Jahre 1956 noch nicht gehalten war. Nach dem Zusammenbruch der UdSSR wie der DDR scheint der damalige Enthusiasmus in Hinsicht auf »Wendezeit« nicht sogleich nachvollziehbar. Nur wenn man Bloch als aktiven Kämpfer gegen den Faschismus würdigt, läßt sich ermessen, daß er nach den unsäglichen Verbrechen des Nazi-Regimes, nach der beispiellosen Entwürdigung des Menschen den Neuanfang im Osten Deutschlands als Verheißung zu empfinden vermochte. In der Bundesrepublik zeigte sich nach einer kurzen Phase der politischen Stagnation das Kapital sogleich wieder als höchst bewegliche Größe, dessen Verflechtung in die Geschichte der NSDAP ebensowenig wie die Nutzung von Häftlingen der KZs in traulicher Absprache mit der SS für die Industriekonzerne thematisiert wurde. Wenn Adenauer als erster Kanzler unserer Republik eine Reihe aktiver Mitträger des faschistischen Staates in höchste Positionen berief, so konnte es durchaus den Eindruck vermitteln, die NSDAP verfüge im westdeutschen Staat über nicht unbeträchtliche Potentiale.

Jene »Wendezeit« also verband sich in der damaligen Epoche mit der politischen Verheißung des Sozialismus, auf deutschem Boden den »Arbeiter- und Bauernstaat« einzurichten, die Produktionsmittel in Volkseigentum zu überführen, militaristisches, rassistisches und chauvinistisches Gedankengut auszurotten. Die für die Jugend ausgerufene »Wendezeit« enthält zudem einen pädagogischen Impuls eigener Art, der unabhängig von der aktuellen Konstellation verallgemeinerungsfähig ist. In diesem Begriff nämlich bleibt verheißen, daß die nachwachsende Generation ihre künftige Epoche selbst bestimmen und die Verhältnisse so gestalten soll, wie sie es für angemessen hält. Mithin ist immer »Wende«, wo die Lebensfackel weitergereicht wird, Generationen einander ablösen. Heute ist die Brutalität kapitalistischer Verhältnisse in anderer Hinsicht faßlich: zehntausende von Jugendlichen erhalten keinen Ausbildungsplatz, werden in die Arbeitslosigkeit verstoßen, sozial ausgegrenzt, um ihre Bildung betrogen. Wo immer nämlich der Erwerb beruflicher Qualifikation ausbleibt, verkümmert auch das erforderliche Selbstbewußtsein, die politische Autonomie ruht, Schaden für die Demokratie wird herbeigeführt. Zu erinnern ist in diesem Zusammenhang, daß selbst jugendliche Rechtsbrecher sich zu erstaunlichen sozialen Leistungen aufraffen, sofern sich ihnen eine »Perspektive« eröffnet. Das belegte Makarenko 1920 im Chaos von Bürgerkrieg und Hungersnöten in der Ukraine mit seiner Pädagogik der Hoffnung.

Die von Ernst Bloch emphatisch angesprochene Wendezeit empfängt in Retrospektive die zweite Sinnebene; sie erschließt die Indifferenz des Kapitals gegenüber primären sozialethischen Anforderungen. Die Aussage bei der Übernahme eines Lehrstuhls für Philosophie im Jahre 1949 wird ein halbes Jahrhundert später allgemein. Folglich ist der Versuch gerechtfertigt, die *Pädagogica* von Bloch einer kritischen Nachlese zu unterziehen. Dabei wird von der Hypothese ausgegangen, daß der Gehalt philosophischer Texte in materialistischer Erkenntnisabsicht einem kritischen Kontinuum angehört. Es bezieht sich darauf, den langen Kampf um die Befreiung des Menschen zur Verantwortung der eigenen Geschichte auf unterschiedlichen Stufen wahrzunehmen, das »Unabgegoltene« (S. 281, S. 282) jeweils schärfer herauszuarbeiten. Unter diesem Selbstverständnis löst Pädagogik sich aus ihrer herrschaftlichen Verfügung, als funktionale Wissenschaft dienstbar zu sein, von den jeweiligen Bedürfnissen des Machtaggregats her Definitionen zu empfangen. Wird diese beständige Versuchung begrifflich faßlich, eröffnet sich für die Pädagogik ihre Bestimmung: Wissenschaft für die Befreiung der Gattung aus geschichtlich vermittelten Fesseln, die oft bereits als schicksalhaft erscheinen. Daß gerade in einem solchen Theorietyp keine Praxisferne oder didaktisches Desinteresse vorherrscht, wird verständlich, sobald der Mensch als das anleitungs- und stärkungsbedürftige, auf Erziehung verwiesene Wesen gilt. Einzig pädagogischer Handlungsraum bietet das Feld, unter erzieherischer Fürsorge freiheitliches Verhalten als probeweisen Vorlauf abzuschirmen; praktische Philosophie begründet sich im Umkreis der Bildungstheorie. – Ich vollziehe die Nachlese an vier Beispielen.

(1) Wie Siegfried Bernfeld greift Ernst Bloch in seinen Reflexionen zur Erziehung grundlegend das Problem der *Institutionen* auf, d. h., er arbeitet heraus, daß die organisierte Schule ihrerseits kaum etwas anderes bieten könne als die Spiegelung gesellschaftlicher Gesamtverhältnisse. An dieser Stelle verhilft die historisch-materialistische Methode dazu, den ständig durch Ideologeme bedrohten Innenzirkel der Pädagogik zu transzendieren, den Blick für die Determinanten der Gesellschaft zu öffnen. Der Ideologiegehalt in den pädagogischen Diskussionszusammenhängen des 20. Jahrhunderts wird vor allem durch zwei Komponenten erzeugt. Zum einen stiftet Schule über die Umgangsformen der primären Sozialisation, also der Familienerziehung und deren Rituale hinaus relativ enge, nahezu intimisierende Umgangsmuster, die durch den Charakter des Unterrichts, als Lehrgang gefaßt, Habitus gewinnen. Wer unterrichtet wird, erfährt sozusagen eine Mund-zu-Mund-Beatmung des Geistes, die neue Mündigkeit bewirken soll. Mitteilung, Frage, Antwort, Rückfrage und erweiterte Erkenntnisvorgabe kennzeichnen den Charakter des Unterrichts; in Prüfungen steht er zur Evaluation an. Sachgehalte werden indessen durch lebendige Subjekte vermittelt, lange bleiben sie eingefärbt durch das individuelle Angebot, bis sie in stetiger Gedankenarbeit und kritischer Ablösung höhere Stufen der Objektivation erlangen. Das Verhältnis der intersubjektiven Nähe veranlaßt manche, erzieherische Situationen für »eigenständig« zu halten. Darüber haben die sogenannten geisteswissenschaftlichen Pädagogen aus der Göttinger Schule Herman Nohls und seiner Nachfolger umständlich nachgedacht. Sie meinten zu sehen, daß sich in der freilich ständig vorauszusetzenden Verantwortungsdimension erzieherischer Prozesse etwas abbilde, was schlechthin einen anderen Charakter trage als jedes sonstige gesellschaftliche Handeln. Nicht zu sehen vermochte jene Gruppe von Gelehrten, daß erziehende Subjekte selbst die Stigmata der Sozietät tragen, Gesellschaft sozusagen zum Interieur des Bewußtseins mutierte und keineswegs durch pädagogische

Neuschöpfung der *status integritatis* (d. h. Heilsgeschichte vor dem Sündenfall) gewonnen wird. Außerdem bleibt ein Subjekt schwer vorstellbar, das nicht durch die Tatsache seiner Geschichtlichkeit erst bezeugungsfähig würde.

Die zweite Komponente des unterstellten Ideologiegehaltes ist, daß die geisteswissenschaftliche Pädagogik einen erstaunlich naiven Begriff von Staatsmacht und der sie aushaltenden ökonomischen Kräfte ihrem Bildungskonzept zugrunde legt. So wird bei einem ersten Schritt zugestanden, daß zwischenmenschliches Handeln zwar als interessegebunden aufgefaßt werden müsse und daß unter gewissen Umständen Konflikte nicht auszuschließen seien. Immerhin nämlich bestünden konkurrierende Gruppen, die eigennützig Einfluß auf Erziehung und Schule zu gewinnen suchten, um den eigenen Reihen Nachwuchs zuzuführen, denn das umlaufende Jahrhundertwort, wer die Jugend habe, habe auch die Zukunft, war als Warnung nicht unbekannt. Die abschirmende und neutralisierende Kraft wird höchst einfach als »der Staat« bestimmt. Ihm ist die Rolle des ehrlichen Maklers auf den Leib geschrieben, er wolle das allgemeine Gute, das für alle Beste, fördere hier, dränge dort zurück, gleiche aus. Es ließe sich im Bilde vom Gastmahl der sozialen Bekömmlichkeit und Gedeihlichkeit sprechen. Zage Eingeständnisse von Lobbyismus entfallen unter solcher Argumentationslinie.

Ernst Bloch konfrontiert diese vielfältigen Nebelwände einer in Wahrheit höchst widersprüchlichen Szene mit scharfen Begriffen; er überführt die *Institution* Schule auf ein Koordinatensystem, mit dessen Hilfe sich die wirklichen Verhältnisse abzeichnen: »Im Gegenteil, der Glaube, unparteilich zu sein, hat besonders parteiische Wurzeln. (...) Und zwar entspringt die vorgegebene Unparteilichkeit nichts anderem als dem bürgerlichen Interesse selber. Es gehört gerade zu den Herrschaftsgeheimnissen der bürgerlichen Macht, sich als neutral hinzustellen. Die Bourgeoisie insgesamt wollte nie den Klassenkampf wahrhaben, den sie wachsend führt, noch die Klassenunterschiede, noch den Unterdrückungsapparat, den bis zum Faschismus tunlichst versteckten. Der Staat der bürgerlichen Gesellschaft gab sich selber als Vertreter eines neutralen Allgemeinwillens, als objektivste Einrichtung über den Parteien. Statt seiner Wahrheit: geschäftsführender Ausschuß der herrschenden Klasse zu sein, erschien die Unwahrheit: Rechtsstaat an sich, behängt mit der Robe interessenfreier Objektivität.« (S. 331 f.)

Auf dieser Grundlage entfaltet Bloch nun auch die Kritik an der privaten wie öffentlichen Erziehung: »Das Leitbild der Erziehung ist so, klassenmäßig abgeteilt, das jeweilig genormte, ist darin statisch, und die Jugend wird darauf fixiert.« (S. 225) Angesichts dieses Umfeldes gerät die pädagogische Situation ständig schwieriger, indem der Widerspruch sich prinzipiell verstärkt. Immerhin war das Bürgertum bei seinem Entstehungsprozeß davon ausgegangen, daß mit der Überwindung der Feudalklasse das menschliche Gewissen sich kräftige, Rationalität vorankomme und Willkür nicht länger gelten dürfe. Die Freiheit sollte für alle wirksam und die Humanität als Perspektive erschlossen werden. Das Kapitalverhältnis hat dieser idealen Strebung seine Realisation versagt, indem die Verfügung über Produktionsmittel unvorhergesehene neue Herrschaft bewirkte, die in ihrer unsichtbaren Machtkonzentration weit über das Herr-Knecht-Verhältnis der geschichtlichen Vorstufe hinausreichte.

War Erziehung im Feudalismus notwendig ein religiös eingefaßter persönlicher Bezug, und die von Bloch zitierten Repräsentanten des Schwellenzeitalters – Pestalozzi und Wilhelm v. Humboldt – kennzeichnen den Übergang, so wird die neue Epoche auch pädagogisch durch den Begriff des »Geschäftes« faßlich. »Das erzieherische Mittel paßte sich derart dem Reiz des Geschäftslebens an, als eines stramm zu befördernden. Der Citoyen, der ohnehin vage, verschwindet, Erziehung wird völlig Beeinflussung im Dienst der herrschenden Klasse, ob das der angestellte Erzieher weiß oder nicht...« (S. 235) Bloch bemerkt, daß die »Organe der Beeinflussung seit den Tagen Pestalozzis ganz ungeheuer gewachsen« seien (S. 235 f.). Er stellt die drei Typen des Differenzierungsprozesses heraus, die Volksschule, die Realschule und das humanistische Gymnasium, eine Dreiteilung, die nicht nur der Differenzierung der Arbeitskraft entspreche, sondern auch die unterschiedlichen Anteile an der

Herrschaftsformation spiegele (vgl. S. 236). Die Institution Schule läßt sich damit als Ausfächerung von Kapitalinteressen auffassen, die sich mit dem emanzipatorischen Ursprung des Bürgertums nicht abstimmten. Die harte Trennung pädagogischer Bereiche »ist ein Tribut an die bürgerliche Arbeitsteilung und ihr Spezialistentum« (S. 242).

Mit dieser Einsicht in den Bereich der Strukturen und Institutionen von Erziehung und Schule aus historisch-materialistischer Sicht wird aber auch das Sinnzentrum pädagogischen Handelns berührt. Es besteht darin, daß die geschichtlich gewonnenen ethischen Einsichten und Postulate an die jeweilig nachwachsende Generation vermittelt werden sollen. Sie lassen sich gültig an der Kantschen Philosophie, speziell dem Kategorischen Imperativ, fixieren, und an ihr ist Sittlichkeit fortan gemessen worden. Dagegen stellt Bloch den knappen Satz, »daß in einer klassenhaften, also antagonistischen Gesellschaft die sogenannte Maxime des Willens überhaupt kein sogenanntes Prinzip einer allgemeinen Gesetzgebung sein kann« (S. 276). Nach seiner Auffassung käme erst in der Einheit mit sozialistischer Theorie der individuelle Wille in seiner kollektiven Bewährung voran.

(2) In der Leipziger Antrittsvorlesung hat Bloch die Kritik am Klassencharakter von Schule und Erziehung, ihrer institutionellen Vorgabe insgesamt, mit einer *Kulturkritik* am Kapitalismus verbunden und weitergeführt, nämlich mit dem »Zustand der Entfremdung, des Zur-Ware-Werdens aller Menschen und Dinge« (S. 274). Bloch unterstellt der von ihm angesprochenen akademischen Jugend, daß sie den Willen habe, in der »heutigen Wendezeit« urteilsfähig zu werden, »die wirklichen Ursachen der von der Spätbourgeoisie gebrachten kulturellen Öde zu begreifen und aufzuheben, den Skeptizismus, Relativismus, Nihilismus, die unorientierte Haltlosigkeit« (S. 274).

Angesichts dieser Voraussetzung sind die unterrichtlichen Inhalte ihrerseits als primäre pädagogische Wirkungsmittel neu zu bedenken, um die genuinen Verhältnisse von Schule, ihre institutionellen Vorgaben als Integration und Subversion im Sinne Gernot Koneffkes dialektisch zu nutzen. Eine nicht selten vernehmbare resignativ getönte Klage pädagogischer Arbeit besteht ja darin, die gesellschaftlichen Einflußgrößen auf Schule für übermächtig zu halten und den Innenbereich erzieherischen Handelns dadurch vorab für wirkungslos, zumindest für sekundär zu erachten. Angesichts der psychischen Überflutungsverhältnisse im Medienzeitalter, des schier pausenlosen Trommelfeuers von Produktenwerbung, Zerstreuungsofferten und parteipolitischer Agitation ist entsprechende Sorge nicht völlig abwegig. Um so wichtiger ist es im Sinne Herbarts, die »einheimischen Begriffe« der Pädagogik neu zu bedenken, ihnen veränderte bzw. verstärkte Intention zuzuerkennen. Ihr Zentrum heißt *Unterricht* und dessen didaktisches Gefüge im einzelnen Lehrgegenstand. Erst durch Konzentration auf das pädagogisch verantwortbare Handlungsspektrum können die letztlich müßigen Erwägungen, ob das gesellschaftliche Chaos möglicherweise die intentionalen pädagogischen Orientierungsversuche obsolet mache, zurückgestellt werden; die Frage bleibt empirisch unlösbar, und vom *Prinzip Hoffnung* her wird zudem deutlich, daß Bildungsvorgänge stets nur in eine als offen gedachte Zukunft hinein anzulegen sind.

Bloch entfaltet einen pädagogischen Grundgedanken, der sich dem klassischen bildungstheoretischen Erbe würdig an die Seite stellt, indem der historisch-materialistische Ansatz den Rahmen der Definition hergibt. Unter kapitalistischen Bedingungen wird wie gesagt jeder Gegenstand zur Ware, sofern er dem Verwertungsverhältnis anheimfällt; selbst der pädagogische Markt — etwa in Gestalt von didaktischen Messen — gedeiht üppig, denn immer neue Brauchbarkeiten werden erfunden, produziert, ansehnlich verpackt und mit animierenden Begleittexten versehen. In ihnen wird suggeriert, daß erst durch den Erwerb solcher Novitäten souveränes Handeln im jeweiligen Feld möglich sei, erweiterte Könnerschaft zustande komme. Die Lehr- und Lernmittelindustrie steigert ihre Profite, sobald Verwertungskrisen qualifizierter Arbeitskraft signalisieren, daß Investitionen in Ausbildung die beruflichen Chancen erhöhen. Bloch bezeichnet als Aufgabe der Pädagogik »die Aufhebung des vorhandenen *Warencharakters in der Darbietung des Lehrstoffs* und an dem Präparierten selber« (S. 240 f.). Er differen-

ziert seine Aussage, indem er den Lehrer kritisiert, der »Aufge-
stapeltes« an die Schüler weiterreiche. »Dies Aufgestapelte
nimmt als Lehrstoff, als gelernte Wissensform an dem allgemeinen Zur-Ware-Werden aller Dinge und Menschen teil, das die
bürgerliche Gesellschaft zustande gebracht hat.« (S. 241)

Dabei kennzeichnet Bloch die Basis pädagogischer Vermittlung, nämlich den zu erschließenden Gegenstand aus der er-
starrten Vergangenheit in ein dialogisches Verhältnis zu übertragen, und erklärt, warum dies unter kapitalistischen Bedingungen mit spezifischen Schwierigkeiten einhergeht: »Das Zur-
Ware-Werden macht alles Geschehen zu einem Vergangenen
und nur als Vergangenheit Lernbaren, es hebt fixierte Tatsachen
aus dem Prozeß heraus und bezieht sie selber nur nach Maßgabe eines Warenverhältnisses, nämlich verdinglicht, aufeinander.« (S. 241) Das Schlüsselproblem aller pädagogischen Arbeit
ist hier präzise bestimmt, wie nämlich das Geronnene, das zum
historischen Faktum Erstarrte, neues Leben gewinnen könne,
denn Leben wird nur durch anderes Leben erwärmt und angeregt. Das Absinken in Vergangenheit ist freilich zugleich eine
Schutzmaßnahme des Daseins, sich angesichts der Überfülle des
Gegenwärtigen vom Druck des Gewesenen freizumachen, erle-
digte Ereignisse abzustoßen, geforderte aktuelle Entscheidungen zu vollziehen. Was hier gleichsam als sozialpsychologische
Konstante gekennzeichnet wurde, erhält durch die materialistische Analyse Blochs eine schärfere gesellschaftliche Bestimmung: »Wie in der Warenwelt die Produkte der menschlichen
Arbeit fälschlich als selbständige Ware erscheinen, mit selbständigen Beziehungen zueinander, so auch die Lerngegenstände;
sie sind fetischisiert, sie sind aus dem gesellschaftlichen Leben,
das sie erzeugt hat, als capita mortua eines bloßen Produktseins
herausgehoben.« (S. 241)

Die kapitalistische Einfärbung des Gegenstandsbereichs insgesamt und der Lerngegenstände insbesondere legt dem pädagogischen Personal die Verantwortung dafür auf, daß jener
Fetisch überwunden wird, Unterricht Erlebnischarakter gewinnt, Erfahrung daraus abgeleitet werden kann. Das eigene
Verhältnis zum Lehrgegenstand darf trotz jahrelanger Vertrautheit nicht zu routiniertem Umgang abflachen. Die Fähigkeit

zum Sichwundern hilft ihn zu verhindern. Darin liegt gewiß auch ein dramaturgischer Zug, der dem pädagogischen Charakter zukommt: Menschen, Verhältnisse und Dinge in immer neue lebendige Beziehungen zu überführen, Geschichte als Gegenwart aufscheinen zu lassen. Erfahrungsgemäß aber findet sich dieses didaktische Ästheticum nicht allenthalben. Die mißliche Konjunktion: Routine der Lehrerschaft, Langeweile der Schülerschaft ist ein ständiger korrekturbedürftiger innerpädagogischer Vorwurf, der im Rahmen des hier diskutierten Warenverhältnisses zusätzlicher Analyse bedarf. Übergriffen wird sie indessen durch Blochs kategoriale Feststellung: »Aufhebung dieses Warencharakters im Lehren, Lernen und im Lehrstoff selber ist selbstverständlich erst möglich, wenn die Gesellschaft insgesamt aufgehört hat, eine Warengesellschaft zu sein, aber Durchschauung dessen hilft hier bereits viel.« (S. 241) Generelle Aufklärung über die epochale Befindlichkeit vermittelt Begriffe für das eigene gesellschaftliche Handeln. Es legt die Bedingungen fest, unter denen die Selbstaufklärung des Subjekts vorankommen kann.

(3) Hervorzuheben gilt, daß sich in den *Pädagogica* von Bloch Gedankengänge finden, die als erziehungswissenschaftlich förderlich gelten dürfen, obwohl sie nicht aus dieser Fachdisziplin entwickelt wurden, sondern genuiner philosophischer Reflexion entstammen. Sie zeigen an, daß pädagogisches Denken und Handeln weiterhin der Anstöße aus der Philosophie bedarf, da es sich ja geschichtlich spät erst von ihr ablöste und die bereits erwähnten bedeutenden Philosophen der klassischen Epoche zumeist von ihrem Amt her verpflichtet waren, pädagogische Vorlesungen zu halten. Die *Pädagogica* bieten dazu einen würdigen Beitrag und die dankbar angenommene Fortsetzung.

Im Anschluß an die Kritik des Warenfetisch, die ich im vorhergehenden Abschnitt skizzierte, begibt Bloch sich in eine didaktische Diskussion, die erst in jüngst vergangenen Jahren bei sprachlichen, historischen und naturwissenschaftlichen Themen vorangekommen ist. Er formuliert: »Ein Mittel, dem Warendenken vorläufig wenigstens zu begegnen, ist das genetische, also das Lernen und Lehren, das den Stoff als entstehend zeigt und so entwickelt.« (S. 241) Die darin faßliche genetische Methode gilt nicht nur für die oben benannten Bereiche, sie stellt den Angelpunkt jeder Unterweisung dar und hat für die Betrachtung der eigenen Umstände ungemeine Bedeutung: Sie lehrt die gesellschaftlichen Verhältnisse als von Menschen hergestellte zu verstehen, vermag den Aufbau von Herrschaft nachzuzeichnen und den Menschen als Gestalter seiner Geschichte aufzurufen. Das einnehmende Moment des jeweilig Vorhandenen – die Normativität des Faktischen – wird reduziert, als veränderungsfähig und -bedürftig erkannt, der nachdenkende Mensch tritt in seine Geschichte. Bloch gelangt bei diesem Gedankengang sogar zu einer institutionellen Kennzeichnung eines Schultyps, der auf einer veränderten kritischen Beweglichkeit beruht: »Die objekthafte Form des genetisch zu unterweisenden Bewußtseins ist die Geschichte, das heißt, die in ihrer wirklichen, ökonomisch-ideologischen Bewegung verstandene. Das Darstellenkönnen und der Geschichtsverstand machen einleuchtenderweise den Grundkurs und das Zentrum einer genetischen Schule aus.« (S. 241) – In Hinsicht auf das genetische Verfahren haben die mit der TH Darmstadt verbundenen Naturwissenschaftler, Didaktiker und Philosophen Martin Wagenschein, Peter Bulthaup und Jens Pukies parallel zum Werk Ernst Blochs den reflektierten Umgang zwischen Subjekt und Natur exemplarisch bedacht.

Im Anschluß an Marcel Proust und Walter Benjamin führt Bloch einen weiteren Begriff ein, der sich pädagogischer Nachlese empfiehlt. Er nennt es »das mikrologische Verweilen und Instanzenlesen im Nebenbei, um gerade aus der scheinbar geringen Nachricht Wichtiges übers Ganze zu erfahren. Wesentlich hierfür ist die genaue, langsame, fast überlastende Beschreibung eines Details; das unterscheidet solches Instanzenlesen durchaus von den früheren Formen eines Aperçu oder Aphorismus, seien diese auch noch so konkret und nicht nur geistreich gewesen.« (S. 256) Er verknüpft »Instanzenlesen« auch mit »Querbohrung« (S. 257) und spricht sich damit zugleich »gegen eine falsche, unpointierende Polyhistorie« aus (S. 258), mehrfach favorisiert er das »multum non multa« (S. 285,

S. 405). Bloch erwähnt in diesem Zusammenhang auch die »verwundert-gründliche Mikrologie«; sie sei auf das »Grundmotiv« angewiesen: »Omnia ubique. Und dies Omnia ubique schließt den geräumigen, also in höchster Form enzyklopädisch-systematischen Gedanken ebenso ein wie die jeweilige, in Erfahrungen wie Textstellen behauste Mikrologie, so daß schließlich der Gang des akademischen Studiums doch nicht bei Vollständigkeit im Kleinen anhält, sondern eben dem Weltlauf, dem Weltbau als Ganzem konform zu gehen bestrebt ist. Als offen Ganzem, versteht sich, gemäß dem dialektischen Prozeß, oft gerundet, nie geschlossen.« (S. 259) Hier kommt Bloch, der »Pampädia« des Johann Amos Comenius am nächsten, die sich zur »Pansophia« ausweitet. In seinem philosophischen Weltbild, das manche Elemente der jüdischen Tradition aufnimmt, steht er ohnehin dem letzten Bischof der böhmisch-mährischen Brüder des 17. Jahrhunderts nahe. Auch in der comenianischen Reflexion kommt es letztlich auf die pädagogische Entschiedenheit, das Vermittlungsgeschick des handelnden Pädagogen sowie seine Verantwortungsbereitschaft in einem als Kontinuum begriffenen heilsgeschichtlichen Handeln an.

Bloch ist überzeugt, daß die Qualität der Institution Schule vornehmlich von deren Lehrpersonal abhänge. Kompetenz und Einfühlung wären Kategorien, um die »große Lehrkunst« im Sinne des Comenius in Kraft zu setzen. Bloch differenziert diese Aussage, wenn er bemerkt: »Eben die Eignung des Lehrers, nicht die Beschaffenheit des Stoffs regiert und erregt das jugendliche Interesse.« (S. 242) Dieses Interesse kann und muß durch didaktisches Handeln erweckt und gelenkt werden, dann führt es alsbald zu jener Spontaneität, die sich selbst auf den Weg bringt, nach weiterer Einsicht verlangt: »Es gibt keine jugendliche Begabung, der ein chemisches Experiment nicht genau so in die Phantasie und den Verstand griffe wie das Problem der Tragödie.« (S.242)

Mangelnde Erziehung und Bildung des *Lehrers* ist es, mit deren Kritik Bloch unmittelbar auf die politischen und gesellschaftlichen Umstände zurücklenkt und Zeitgeschichte auch pädagogisch erschließt. Ganz im Sinne von Marx' dritter These über Feuerbach (MEW 3, 5 f.) führt Bloch den Gedankengang weiter: »Im Lehrberuf hat der Kapitalismus und sein Staat jedenfalls keine Entfesselung der Produktivkräfte gebracht, außer dem, daß er sich hier die willfährigsten Diener erzeugte; sonst kam lediglich ein Wachstum verdrossener Routine, mechanischen Betriebs. Ein schlechter Lehrer verdirbt der Jugend außer anderem, außer dem Regen der Glieder, gerade die Jahre, in denen am leidenschaftlichsten gefragt zu werden pflegt, ein guter Lehrer aber macht noch die Jahreszahlen sprechend, und noch die Logarithmentafeln werden interessant. Selbst die ständig diskutierten Methoden des Unterrichts, die zwischen Laxheit und ebenso abstrakter Strenge hin und her schwankenden, werden von der wichtigeren Methodenfrage überboten, wie der Lehrer selber sich zu seinem Amt verhält, verhalten kann.« (S. 240) Hier wird eine präzise Summation der Lehrerbildungsgeschichte auf der Folie des historischen Materialismus dargeboten und die gleichsam ironische Analyse eingeschlossen, daß die Entfesselung der Produktivkräfte im Lehrberuf offenkundig nicht wirksam gewesen sei. Im Gegenteil wäre an den vorauseilenden Gehorsam im deutschen Faschismus zu erinnern, wie eifrig sich der größte Teil der deutschen Pädagogenschaft um Aufnahme in die NSDAP nebst ihren angeschlossenen Verbänden bemühte, abgesehen davon, daß im nationalistischen Zusammenhang weit früher das faschistische Syndrom sich emotional anließ, wie Wolfgang Keim an neuerschlossenen Quellen belegt. Bloch aber betont hier noch einmal, was in der Jugend an Kräften der Exploration von Welt angelegt sei und nur der pädagogischen Hilfe bedürfe, um sich voll zu entfalten. Das Ausbleiben solcher Unterstützung darf durchaus als Verbrechen am Subjekt wie an seiner Geschichte gelten, wenn die unwiederbringlich bildsamsten Jahre ungenutzt bleiben. Lehrerbildung stellt sich darum als Problem, denn die gesamte Bevölkerung befindet sich während der Dauer von mindestens einem Jahrzehnt in der Obhut professioneller Pädagogen, die sie für humanes Verhalten erschließen soll.

(4) Die Tätigkeit als Hochschullehrer, die Reflexion über die Anlage des akademischen Studiums veranlaßte Bloch zu der Frage, wie der *Anfang* beschaffen sein müsse, um seinerseits

strukturierende Kräfte für die nachfolgenden Semester zu bieten. Bloch spricht von dem »Tor, durch das der Lernende eintritt« (S. 259). Damit berührt er das Symbol des Zugangs, das von vielen Kulten, Bünden und Philosophenschulen als Initiation bekannt ist, der positiven Selektion dienen sollte. Es hatte zu gewährleisten, daß jede Seele, die sich auf das Wagnis ihrer Erweiterung einstellte, es bedächtig tat, indem sie zur »Seelsorge« in dem Sinne aufgerufen war, wie sie Sokrates verstand und Platon in seinen Dialogen nachzeichnete. Bloch stellt fest, daß die gegenwärtige Hochschule über kein allgemein vorgesetztes Tor verfüge, jeder sogleich mit dem gewählten Fachstudium nebst den Hilfsfächern beginne; die Philosophische Fakultät sei längst nicht mehr die tragende. Wie zu erwarten war, bietet Bloch angesichts dieser defizitären wissenschaftspropädeutischen Umstände kein neues rasch einzufügendes hochschuldidaktisches Symbol, sondern verweist als historischer Materialist auf jenes Erkenntnismittel, mit dessen Hilfe allein bündige Aufschlüsse über politische und gesellschaftliche Strukturen zu gewinnen sind: »Was nötig wäre, heute noch viel mehr als später, wäre aber eine Art *generelles* Physikum als *Ökonomikum*. Gesellschaftswissenschaftliche Kenntnis gehört hierher, sie hat die erste zu sein, die den Studenten empfängt, obligatorisch. Gesellschaftswissenschaftliche Kenntnis ist marxistische, es gibt keine akademische Bildung mehr ohne eingehende Kenntnis von Marx.« (S. 260)

An dieser zentralen Aussage scheiden sich die Gemüter beim Ausgang des Jahrhunderts kaum weniger als zu dessen Beginn, nur daß nach dem Scheitern der sozialistischen Aspiration in Osteuropa der Verruf nicht nur erbitterter, sondern auch hämischer klingt. Die derart eingestimmten Zeitgenossen nehmen sich selbst die Möglichkeit, eine grundlegende philosophische Quelle, die einzige radikal-kritische, für sich zu erschließen, denn sie ist eine Philosophie der Praxis; sonst bleibt nur die »Apologie des Bestands« (S. 243); »so lebten oder leben die meisten neueren Versuche dieser Art von einem verschwiegenen, unterschlagenen oder denaturierten Marx. Besonders die Soziologie des Wissens, von Scheler und Karl Mannheim begonnen, kopiert von Anfang bis Ende die

Marx'sche Ideologieforschung, wenn auch auf verfälschende Weise.« (S. 272)

Im Spätkapitalismus genießen die Hochschulen weiterhin das Privileg der Freiheit von Forschung und Lehre, werden sie durch die großzügigste aller Verfassungen – das Grundgesetz für die Bundesrepublik Deutschland – geschützt. Es bedarf nur des Mutes und der Entschiedenheit, die Vorgaben hinlänglich auszuschöpfen. Wer sich dazu herbeiläßt, wird es vielleicht lernen, eine Erfahrung mit Bloch zu teilen: »Uns ist die dialektisch-materialistische Geschichtsauffassung ein Vehikel zum Leben und ein Zugang zum wirklich bleibenden Leben in der Geschichte, zur unabgegoltenen *Zukunft in der Vergangenheit.* Wer einmal materialistische Kritik gekostet hat, den ekelt auf immer alles ideologische Gewäsche. Aber er versteht desto besser des Pudels Kern, und auch die Schätze, die von Rost und Motten nicht gefressen werden.« (S. 282)

Literatur

Bernfeld, S., *Sisyphos oder Die Grenzen der Erziehung*, Frankfurt am Main 1973 ([1]1925).

Bulthaup, P., Zur gesellschaftlichen Funktion der Naturwissenschaften. Frankfurt am Main 1973

Feige, H.-U., »Ketzer und Kampfgenosse – der Leipziger Ordinarius für Philosophie Ernst Bloch.« In: *Deutschland-Archiv*, 25 (1992).

Gruschka, A., *Negative Pädagogik. Einführung in die Pädagogik mit Kritischer Theorie*, Wetzlar 1988.

Heydorn, H.-J., *Über den Widerspruch von Bildung und Herrschaft*, Frankfurt am Main 1979.

Kamps, W., »Versuch einer ontologischen Fundierung der Pädagogik unter Zugrundelegung der Philosophie Ernst Blochs«. In: *Vierteljahrsschrift für Wissenschaftliche Pädagogik*, 56 (1980).

Kant, I., »Über Pädagogik«. In: *Immanuel Kant Werke*. Hg. v. W. Weischedel, Bd. VI, Darmstadt 1975.

Keim, W., *Erziehung unter der Nazi-Diktatur. Bd. I: Antidemokratische Potentiale, Machtantritt und Machtdurchsetzung*, Darmstadt 1995.

Koneffke, G., »Integration und Subversion. Zur Funktion des Bildungswesens in der spätkapitalistischen Gesellschaft«. In: *Das Argument*, 54 (1969).

Makarenko, A. S., *Der Weg ins Leben. Ein pädagogisches Poem*, Berlin 1953.

Pukies, J., *Das Verstehen der Naturwissenschaften*, Braunschweig 1979.

Rimek, B., *Zur Phänomenologie des pädagogischen Scheins, Reflexionen zu Ernst Bloch*, Frankfurt am Main 1994.

Röhrig, P., »Ernst Bloch und die Pädagogik«. In: *Neue Sammlung*, 21 (1981).

Schelsky, H., *Die Hoffnung Blochs. Kritik der marxistischen Existenzphilosophie eines Jugendbewegten*, Stuttgart 1979.

Schmidt, A., »Anthropologie und Ontologie bei Ernst Bloch«. In: *Merkur*, 35 (1981).

Schmied-Kowarzik, W., *Bildung, Emanzipation und Sittlichkeit. Philosophische und pädagogische Klärungsversuche*, Weinheim 1993.

Strohschein, B., »Phantasie als Organum des Möglichen. Notate zu Ernst Blochs Phantasie-Begriff«. In: *Kunst und Unterricht*, 60 (1980).

Treptow, R., *Raub der Utopie. Zukunftskonzepte bei Schütz und Bloch. Kritik der Alltagspädagogik*, Bielefeld 1985.

Wagenschein, M., *Verstehen lehren. Genetisch-Sokratisch-Exemplarisch*, Weinheim 1970.

JOCHEN HÖRISCH

»Knappes Raunen«

Ernst Bloch über Haben und Sein

Draw a distinction: so lautet der alte erste, häufig genug aber sich selbst nicht recht durchsichtige Imperativ aller Theorie, den Konstruktivismus und Systemtheorie zur Selbstbesinnung gebracht haben. Theorien und Philosophien starten, indem sie Unterscheidungen riskieren, die für ihr weiteres Prozedieren ungemein konsequenzenreich sind: z. B. die Unterscheidung von Sein und Nichts, von Sein und Bewußtsein, von Materie und Idee, von Basis und Überbau, von System und Umwelt, von Signifikant und Signifikat, von Bewußtem und Unbewußtem. Die Unterscheidung, mit der Ernst Blochs Denken geradezu ritualisiert startet, ist die von Sein und Haben: »Ich bin. Aber ich habe mich nicht. Darum werden wir erst.«

Die Sätze, mit denen die *Tübinger Einleitung in die Philosophie* anhebt, sind von parataktischer Klarheit und Übersichtlichkeit. Dennoch sind sie überkomplex. In die drei knappen Sätze ist nämlich nicht nur eine, sondern gleich eine dreifache Unterscheidung eingebaut. 1. die von Sein und Haben, 2. die von Ich und Wir und 3. die von Sein und Werden bzw. von Jetzt und Zukunft. Auffallend ist an diesen Sätzen, daß sie sofort teleologisch durchstarten: weil ich bin, ohne mich selbst zu haben, (darum) werden wir erst. Das Denkschema ist auf den ersten Blick nicht sonderlich originell: es weist vom Mangel (ich habe mich nicht) zur Fülle, zum Pleroma (wir werden – vollendet – erst sein). Eine doppelte Originalität gewinnt es erst auf den zweiten Blick. Denn dieser zweite Blick läßt erstens deutlich werden, daß Bloch noch die Erfüllung als mangelhafte denkt. Selbst dem erfüllten Telos, in dem Ich und Wir vermittelt sind und »wir erst werden«, bleibt ein Mangel immanent. Bloch vermeidet es nämlich ersichtlich, neben Ich und Wir auch Sein und Haben zu vermitteln. Denkbar, ja naheliegend wäre doch die Final-Wendung: »darum werden wir erst unser Sein haben.«

Und er läßt zweitens ahnen, daß Bloch, mit dem Wort »erst«
den Eingang seines Denkens beschließend, einen sehr ernsten
Scherz mit seinem Vornamen treibt (nicht nur an dieser Stelle,
sondern durchweg in seinem Werk). Im Zeichen der Philosophie
Ernst Blochs werden wir erst zu uns selbst kommen. »Knappes
Raunen gehört hierher, anders läßt sich anfangend überhaupt
nicht sprechen.«[1]

Raunend spricht Ernst Bloch davon, wie wir er(n)st werden
können. Indem wir Ernst Bloch lesen. Und so lernen, daß wir
unser Sein nie haben werden – sein raunendes Denken uns aber
hilft, dies auszuhalten. Das Denken des großen enthusiastischen
Vermittlungsphilosophen Ernst Bloch kreist um eine buchstäb-
liche Versagung: die Differenz von Sein und Haben ist untilg-
bar. Denn sein Sein kann man nicht haben. Das Possessivpronomen »sein« und das ontologische Infinitivsubjekt »Sein«
mögen im Deutschen homophon sein; sinnvoll kombinieren
lassen sie sich kaum. Bloch ist ein »linker« Denker vor allem
auch aus diesem ontologischen Grund: Sein ist nicht nur, wie
Kant betonte, kein reales Prädikat, sondern auch kein Fall für
vorangestellte Possessivpronomen. Man kann Sein eben nicht
haben. Und auch nicht beobachten. Denn es liegt apophantisch
aller Beobachtbarkeit voraus. Daß etwas ist und nicht vielmehr
nicht ist, ist Möglichkeitsbedingung jeder Beobachtbarkeit.
Bloch hat dieses einfache Problem in eindringliche Worte gebannt, die keinen Zweifel daran lassen, daß hier ein Denker ein
Problem nicht Heidegger allein überlassen möchte: »Wie übermächtig seltsam ist es, zu ›sein‹. Sogar diese Formel ist schon zu
viel, sieht aus, als ob das nicht Geheure nur am ›Sein‹ läge.
Denkt man sich aber, daß nichts wäre, so ist das nicht weniger
rätselvoll. Es gibt keine rechten Worte dafür oder man biegt das
Staunen um.«[2]

Daß Blochs Initialwendung Sein und Haben *nicht* vermittelt, ist gut und klug so. Denn daß »haben« und »sein« nicht
vermittelbar und im Hinblick auf wesentliche Größen auch
nicht eindeutig attribuierbar sind, macht den Reiz des Umgangs

1 Ernst Bloch, *Experimentum mundi*, Frankfurt am Main 1975, S. 11.
2 Ders., *Spuren*, Frankfurt am Main 1972, S. 216.

mit diesen Elementarvokabeln aus. Ob wir z. B. Selbstbewußtsein sind oder aber Selbstbewußtsein haben, ob wir unser Körper sind oder aber unsern Körper haben, ob wir sprachlich sind oder Sprache haben: diese und andere Elementarfragen etwa der Bewußtseinsphilosophie und der Anthropologie sind nicht ohne weiteres entscheidbar. Und eben deshalb veranlassen sie viel zu denken. Der »denkenden Betrachtung« (Hegel) aus Anlaß solcher Fragen wird alsbald auffallen, daß die Krisen im Verhältnis z. B. von (Selbst-) Bewußtsein-Sein und (Selbst-) Bewußtsein-Haben oder von Körpersein und Körperhaben die eigentlich aufschlußreichen Phänomene sind. Plessners Studie über »Lachen und Weinen« hat das paradigmatisch gezeigt: im uns überwältigenden Lachen und Weinen kommt das Verhältnis von Körpersein und Körperhaben aus der Balance. Und eben dann kann Da-Sein enthusiastische Qualität gewinnen.

Ernst Bloch ist der raunende und häufig genug auch expressionistisch überartikulierende Denker dieses Enthusiasmus. Problematisch wird sein Werk, wenn es das, was es als nicht vermittelbar erkannt hat, doch durch rhetorische Gewalt vermitteln will. Überzeugend wird es, wenn es – wie paradigmatisch in den *Spuren* – Geschichten von unvermittelbaren Differenzen erzählt und diese Differenzen für lohnend und gut befindet. Tiefsinnig wird es, wenn es – wie in *Atheismus im Christentum* – eine Kybernetik dritter Ordnung avisiert und also nicht »nur« zu beobachten trachtet, wie ein Beobachter einen Beobachter beobachtet, sondern wie der das Unbeobachtbare beobachtet. »Weiter sagt Luther: ›Das Reich kommt nicht mit äußerlichen Gebärden‹; Jesus behauptet vielmehr, wörtlich übersetzt: ›Das Reich‹ kommt nicht unter Beobachtbarkeit‹ (meta paratereseos). Beobachtbarkeit, paratereseos war aber in der hellenistischen Bildungssprache, die der Arzt Lukas hier Jesus sprechen läßt, ein medizinischer und astrologischer Ausdruck, er bezog sich nicht auf Inwendigkeit, er bezog sich einzig und gleichnishaft auf astrologische Vorzeichen oder medizinische Symptome. Gemeint und verkündet wird also statt dieser ruhigen Beobachtbarkeit einzig jäher Sprung, total verwandelnder plötzlicher Durchbruch.«[3]

Auf einen solchen plötzlichen Durchbruch hat Bloch sein Leben lang gewartet. Sein Denken versucht sich an einer Unmöglichkeit: an der Beobachtung des Unbeobachtbaren. Blochs Denk- und Schreibstil ist ersichtlich apokalyptisch: wenn der plötzliche Durchbruch kommt (und alle Aristoteliker, Kantianer, Realisten und analytische Philosophen sich am totaliter aliter blamieren), will es bereit sein für das, was sich der Beobachtbarkeit entzieht, weil es schlechthin alles neu macht – auch und gerade das Verhältnis von Sein und Haben. Es läßt sich an Blochs Werk beobachten, daß Philosophie, die so prozediert, dafür einen hohen Preis zahlt. Sie raunt nicht knapp, sondern breit; sie muß beschwören, was sich nicht beobachten läßt; sie läuft Gefahr, ihre besten dekonstruktiven Differenz-Einsichten preiszugeben. »Knappes Raunen gehört hierher, anders läßt sich anfangend überhaupt nicht sprechen. Was werden will, ist nicht nur jenes Bin des Ich, sondern das Bin als Etwas, das sich nicht hat, das aussteht. Ein Nichthaben also ist darin, das es deshalb nicht bei sich aushält, aus sich herauswill.«[4] Blochs Denken will aus sich heraus. Das macht es so aufschlußreich.

3 Ders., *Atheismus im Christentum*, Frankfurt am Main 1973, S. 143.
4 Ders., *Experimentum mundi*, Frankfurt am Main 1975, S. 11.

GABRIELE JAHNKE

Kein Wir ohne Ich

Erste kritische Vorüberlegungen zur Problematik der Ich-Findung am Beispiel des Diktums von Bloch: »Ich bin. Aber ich habe mich nicht. Darum werden wir erst.«

Wie die Heilige Dreifaltigkeit steht die Aussage Blochs vor uns. Und so wie diese gibt sie vor, unumstößlich zu sein. Ihre Entschiedenheit bewirkt beim Rezipienten das Gefühl von Erschlagenheit. Zunächst einmal – aber dann, vergewissert man sich seiner eigenen Kraft, steht man wieder auf den Beinen (wenn auch noch etwas wackelig).

Auf den ersten Blick sieht die Leserin/der Leser nur die drei hart gesetzten – zu einer Pyramide aufstrebenden – Punkte. Beim weiteren Verweilen bei dieser bildlichen Aussage nimmt man die offene, weiche Form der Dreiecksmitte wahr. Diese läßt in der Tiefe und in der horizontalen Perspektive vieles zu. Hier gibt es keine Begrenzung, und fast ist man gewillt, sich dem dreifaltigen Diktum wieder zu entziehen – wären da nicht die Nachwehen der zuvor erfahrenen Konfrontation. Mit diesem Diktum ist das Spannungsverhältnis zweier Pole bzw. das Problem der Ich-Findung gesetzt.

Zur Ambivalenz des Diktums als Form

An sich veranschaulicht ein gesetztes Diktum – ganz gleich welchen Inhalts – einen gottähnlichen Gestus. In seiner Form(en-sprache) drückt es daher ein Problem aus. Ein anderer muß die Kraft aufbringen, ihm etwas entgegenzusetzen. Psychologisch betrachtet, benötigt das Ich für seine Findung die Bestimmung eines anderen Ichs, ein Gegenüber als etwas Fremdes, Andersartiges. Gleichwohl muß dieses sich behauptende Ich dem ihm entgegentretenden Ich den erforderlichen Freiraum, die Offenheit ermöglichen, um sich finden und ebenfalls positionieren zu können. Andernfalls entsteht für das Ich ein Über-Ich. Das

Über-Ich läßt die Bildung eines anderen Ich – und somit die Begegnung mit dem Anderen seiner Selbst – nicht zu. Das Über-Ich gewinnt gottähnliche Züge. Du sollst keine anderen Götter neben mir haben! »... nicht neben mir haben« heißt auch: sein wie auch immer geartetes Ich nicht entwickeln, selbst nicht Gott sein zu dürfen. Das Diktum als Form setzt also bereits ein anderes starkes Ich voraus; davon ausgehend, es beansprucht für sich nicht den Gottescharakter.

Ein gesetztes Ich benötigt für seine Erfahrungs-, Wahrnehmungs- und Erkennungsfähigkeit die Begegnung mit dem Anderen seiner Selbst. Es ist, in der Konsequenz, für das eigene Überleben notwendig, das andere, fremde Ich zuzulassen. Hierzu bedarf es der Emanzipation: In ihrer Bewertung, in ihrem Stellenwert müssen die verschiedenen Ich-Persönlichkeiten auf allen Ebenen einander wechselseitig als gleichwertig anerkennen. Andernfalls verfielen sie dem Dogmatismus. Nur das Wissen um die beiden gleichwertigen – aber dennoch unterschiedlichen – Pole ermöglicht die permanente Bewegung i. S. einer stets neu zu findenden Balance. Ebenfalls mit zu berücksichtigen ist ein sich ggf. neu entwickelndes Ich. Keiner der Pole darf sich anmaßen, den ihm gegenübertretenden Pol zu instrumentalisieren, denn dann wäre ein emanzipatorisches Verhalten ausgeschlossen und die Selbsthinterfragung unmöglich gemacht. Letztendlich spräche man dann von Diktatur. Soweit zur Ambivalenz des Diktums als Form.

Inhaltliche Diktumsanalyse

Nun zur inhaltlichen Aussage des Diktums selbst:

Teil I der Aussage, »Ich bin«, spielt in der Gegenwart und demonstriert das unumstößliche Dasein des Ichs. Ich, die Personifizierung schlechthin – Punkt. Strenggenommen gehört das neben dem Ich stehende Wörtchen *bin* zur Kategorie der Hilfsverben. Hilfsverben können eigentlich nicht allein stehen und bedürfen der Ergänzung durch ein Verb. Das *Sein* ist demnach schwach, jedoch verschafft das *Ich* ihm die nötige Stärkung.

Die Folgeaussage, »Aber ich habe mich nicht«, beginnt mit einer Einschränkung. Das zuvor so selbstbewußt dahergekommene Ich schwächt sich selbst, indem es den Begriff *aber* hinzufügt. Auch verläßt diese Aussage die Gegenwart, das Präsens, und wechselt über in das Perfekt, in die vollendete Gegenwart. Nun wirkt überhaupt nichts mehr schlüssig, eindeutig; denn das selbstbewußt gesetzte Ich schränkt sich durch das »aber« ein. Gleichzeitig beansprucht es für sich, rein zeitlich betrachtet, die Vollendung, nämlich die vollendete Gegenwart. Die Vollendung liegt ihrem Charakter nach natürlich schon wieder in der Vergangenheit, denn sonst könnte sie ja nicht vollendet sein.

Das Reflexivpronomen *mich*, also das rückbezügliche Fürwort, bestätigt dem Wesen nach das vor dem Ich gesetzte »aber«. So erfährt das Ich eine Unsicherheit: Es ist irritiert. Offensichtlich ahnt es etwas von seiner Unvollkommenheit, von seiner Teilmenge, von einem dazugehörigen Ganzen, welches es selbst alleine nicht zu erreichen vermag. Das reflektierte, rückbezügliche *Ich* blickt in Form des *Mich* zurück in die ehemalige Gegenwart. Da es nun zur Vollendung gelangt, befindet es sich bereits in der Vergangenheit, obgleich es sich in der einstigen Gegenwart behaupten konnte.

Jede Rückbezüglichkeit verdeutlicht das verlorengegangene Präsens. Das gewesene Präsens ist die Vergangenheit, das, was eben nicht mehr ist. Die vollendete Gegenwart – in jenem Moment im Präsens befindlich – tritt in die Konfrontation mit der Vergangenheit und schaut so in die Zukunft – auf das, was noch nicht ist. Besser: Aufgrund des eigenen Rückbezuges, des nachträglichen Sich-in-Frage-Stellens, erfährt das vermeintliche Ich, das es nicht weiß. Nicht weiß, wer oder was es in der Zukunft sein wird, sein kann. Dies wiederum entspricht dem Wesen der Zukunft.

In jenem Moment, wo sich das Ich dem Bewußtsein stellt, weiß es von seiner Unvollkommenheit. So betrachtet, hinkt das Bewußtsein vom Ich dem Sein des Ich hinterher; denn das, was bewußt ist, ist bereits Vergangenheit, und die Zukunft ist ungewiß. Folglich fühlt sich das Ich unvollkommen: »Aber ich habe mich nicht«.

Zukunft: Das Ich verschlingende Wir

»Darum werden wir erst«. Der Blick richtet sich nun auf die Zukunft, da man in der vollendeten Gegenwart von der Mangelhaftigkeit der Vergangenheit erfahren hat. Das Ich in Form der Personifizierung tritt als Akteur nicht mehr auf. Es verbindet sich mit einem anderen Ich.

Oder versteckt es sich hinter einem anderen Ich? Wie dem auch sei, es meldet sich das *Wir*.

Das Kausaladverb »*darum*« leitet die Positionierung ein. Dieses Wort behauptet sich, es trotzt. »Trotz alledem« ist mit ihm sinnverwandt. Das Hilfsverb »*werden*« schaut in die Zukunft. Das Sein ist Vergangenheit. Das Bewußtsein verstimmt das Sein. Das Können hingegen bestimmt das Sein! Worin aber begründet sich das Können in Blochs Aussage, Teil 3?

Es begründet sich im *Wir*, in der Gemeinsamkeit. Doch das Wir in der Gemeinsamkeit läßt das Ich nicht zu. Wir, gewiß, ist ein persönliches Fürwort. Dennoch, das Fürwort für den Einzelnen, das personifizierte Ich, ist nicht mehr zulässig, da scheinbar nicht zeitgemäß. Das Ich läßt sich mit dem Wir austauschen. Doch was will werden, wenn das Ich des Einzelnen nicht mehr will? Wer ist/sind wir? Wir impliziert die Gemeinsamkeit... Warum hört das Ich auf zu sein, wenn das Wir in Erscheinung tritt? Ich kann das Wir nur wollen, wenn es ein anderes Ich gibt und ich dennoch bin. Ich bin eben nicht nur, aber auch. Das Ich darf zugunsten des Wir nicht verschwinden. Aber es gibt viele verschiedene Ich-Personifizierungen, die in ihrer Unterschiedlichkeit etwas Gemeinsames wollen können. – Aber nicht müssen! Das Ich benötigt die Freiheit und sein Gegenüber, um sich stets neu bilden zu können. Das Wir verleugnet die mögliche Begegnung mit dem Anderen seines Selbst. Der Wir-Ausdruck kennt nur die Gleichschaltung, die Gemeinsamkeit, die das Andere nicht kennt bzw. nicht kennen will. Man bedenke: »Du bist nichts, dein Volk ist alles...« Doch wer bestimmt das Volk, das Wir? Das Kollektiv? Wie weiß das Kollektiv, wenn der Einzelne nicht weiß? Es gibt nicht nur Tauben auf den Dächern! Es gibt auch Ratten in der Kanalisation!

Die Schwierigkeit in dem Blochschen Diktum liegt für mich

darin begründet, daß sich das als mangelhaft erkennende Ich keinem anderen Ich zur Reifung zuwendet. Statt dessen flüchtet es in das Wir. Dies jedoch bedeutet, daß der Einzelne keine Verantwortlichkeit zu übernehmen hat, da Wir es wollen und nicht Ich. Ich kann also auch nicht schuld sein bzw. Fehler machen. Nein, die potentiellen Fehler machen wir oder die anderen.

Als Mensch der Aufklärung weiß ich aber um die Notwendigkeit des Ichs – auch, aber nicht ausschließlich, um meiner selbst willen. Das Wir darf nicht zum großen, ja allzu mächtigen Über-Ich werden. Das Handeln und Denken eines Kollektivs kann nur von jedem Einzelnen, vom Ich hinterfragt werden! Das Ich weiß von dem Anderen, dem Fremden, in der Konsequenz: von der Begegnung mit dem Anderen seiner Selbst. Wäre dem nicht so, gäbe es niemals ein Ich. Nur ein Ich kann sich hinterfragen, da stets neu finden bzw. neu konstituieren.

Bewußtes und unbewußtes Sein im Spannungsverhältnis zwischen Kultur und Natur

Das Bewußtsein ist dem Wesen nach ein Kulturphänomen. Hingegen ist das Unbewußte dem Wesen nach ein Naturphänomen.

Das Sein aus der Vergangenheit ist eine Naturerscheinung, also das gewesene Sein. Demnach war es Natur. Nun, wo es sich dessen bewußt ist, kann es in der Zukunft zu einer Kulturerscheinung werden, zu einem Kultursein, zum kulturellen Sein, ein Kulturdasein. Das Bewußtsein, enttäuscht über die Natur des Seins, über die vermeintliche Mangelhaftigkeit der Natur, beansprucht das *Werden*, ein anderes Sein für die Zukunft. Dieses andere Sein kann nicht ausschließlich Kultur sein, da es ein Sein, sein vergangenes Sein als ein ehemals bestimmtes und ausschließliches Naturdasein nicht los wird, es kann es nicht abstreifen. Zum Geborenwerden des neuen Seins bedarf es des vorangegangenen, abhängigen Naturseins. Aus dem Natursein kann sich erst ein neues kulturelles Sein entwickeln; denn es gibt kein kulturelles Sein ohne Natursein.

Aber, es gibt ein Natursein ohne Kultursein. Und eben dieses Natursein erlebt und erfährt sich nicht als ein mangelhaftes, da es ja sonst kein Natursein wäre. Das Natursein ist nicht mangelhaft. Nur das Kultursein ist mangelhaft, wenn es seine Kulturform nicht findet. Finden kann es diese jedoch, wenn es das Natursein nicht in Frage stellen oder beschädigen muß. Ein Kind wird geboren, es wird durch eine Frau, genauer mit Hilfe der Gebärmutter und den dazugehörigen biologischen Abläufen an das Tageslicht »befördert« und reift vorab nur durch diese heran.

Werden, der Kulturwunsch, neue Naturen zu gebären?

Das Werden, in der Zukunft angesiedelt, beansprucht für eben diese sich neu – im Sinne von einem anderen Sein – zu konstituieren. Es lehnt sein bloßes Naturdasein ab, es verlangt ein neues Sein, ein Kulturdasein, welches als Folge ein neues Naturdasein impliziert. Heutzutage spricht man auch von einer zweiten, neu hergestellten bzw. neu bearbeiteten Natur, der kulturellen Natur, der durch die Kultur vermittelten Natur. Doch sind wir uns da so sicher? Hat wirklich nur die Kultur diese zweite, neubearbeitete Natur hervorgebracht? Oder hat nicht vielmehr eine besondere Natur – vielleicht die männliche – darum gekämpft, eine neue Natur hervorzubringen?

Es stellt sich die Frage, warum die männliche Natur sich so sehr darum bemüht, der Natur, aus der sie selbst hervorgegangen ist, Mangelhaftigkeit nachzuweisen. Warum aber soll die Natur unvollkommen sein? Weshalb will das Menschliche, sprich: Männliche das Kulturelle als ein vielschichtigeres und höherwertiges Sein verstanden wissen?

Offenbar beginnt dieses menschliche (männliche) Sein zu leiden. Warum beginnt es zu leiden? Leidet es vielleicht, weil es sich nicht geborgen fühlt, weil es sich auch als ein sich abnabelndes Sein begreifen und erfahren muß? Ist es aber deshalb notwendig, das Natursein, aus dem man hervorgegangen ist, in Zweifel zu ziehen? Und dies nur, weil man am eigenen Sein zu arbeiten hat?

Genau hierin liegt die Gefahr des Wir!

Naturmangelhaftigkeit, ein Ausdruck eigener Naturverleugnung

Das Ich als Natur ist nicht schon deshalb als unzureichend zu betrachten, weil es außer dem Ich (den vielen Ichs) noch ein Wir gibt. Das Ich hat es eben nicht nötig, sich hinter dem Wir zu verstecken oder im Wir aufzulösen. Es sollte sich von dem und durch das Wir auch nicht instrumentalisieren lassen. Das Ich ist Ich. Darüber hinaus kann es, wenn es will und sich seiner selbst bewußt geworden ist, zu einem Wir ergänzen. Aber als Ich! Es ist ja gerade so, daß sich das erkennende Ich zu einem gereifteren Ich entwickelt und dadurch auch ein Wir wollen kann. Es kann ein Wir wollen, weil es ein erweitertes, ein evolutionäres Ich geworden ist. Dieses Ich strebt ein Wir aus Freiheit an. Dies geschieht aus der Erkenntnis und der Selbsterkenntnis heraus – jedoch nicht aus Verpflichtung oder Zwang.

Verantwortung, die das Wir impliziert, kann tatsächlich nur aus freier Erkenntnis heraus gewollt und übernommen werden. Niemals kann Verantwortung aus äußerem Zwang erwachsen. Zumindest wird es einem äußerlichen Wir niemals gelingen, wirklich zu überzeugen. Denn seine Naturmangelhaftigkeit, als Ausdruck eigener Naturverleugnung, teilt sich dem zu Überzeugenden unmittelbar und interessanterweise unbewußt, aber durchaus folgenreich und wirksam mit. Nur so erklärt sich das Scheitern des angestrebten, jedoch nie erreichten Kommunismus in der ehemaligen DDR und vergleichbarer Länder bzw. Staaten. Zwischen dem Ich und dem Wir gibt es zwei grundsätzlich verschiedene Ausgangssituationen des Handelns, Denkens und insofern des Bewußtseins.

Die Wir-Befindlichkeit – das Andere unseres Selbst als Angst erlebend

Kommen wir noch einmal zu dem in der 3. Teilaussage gefundenen Wir: Das Wir setzt dort an, wo es von Schwäche ausgeht, von Fehlerhaftigkeit, von Unvollkommenheit. Die Wahrnehmung resultiert aus Unsicherheit und Angst. Die Folge ist das Beherrschenwollen, das Planen-Wollen, das Alles-Unter-Kontrolle-Haben-Wollen, das Alles-Kalkulieren-Wollen.

Fälschlicherweise davon ausgehend, daß es sich bei diesem Wollen um ein bewußtes Kulturwollen, um einen bewußten Kulturwillen, handele. Unbemerkt, daß es sich um ein Müssen aus Naturangst handelt. Hier sei kurz an Arthur Schopenhauer erinnert: Der Wille an sich ist eine Erscheinung der Natur. Handelt das Wir aus der Situation der Schwäche heraus, die Stärke jedoch anstrebend, wird es überall dort, wo es sich stark glaubt (fühlen zu können), nicht mehr veranlaßt sehen, zu handeln. Es fehlt die Motivation. Und solange die Angst besiegt zu sein scheint, existiert ein anderes, fremdes Gegenüber nicht. Die Angst wird so zum einzig wahrnehmbaren fremden Gegenüber des Wirs. Doch gerade diese Angst soll zugunsten des Wir-Gefühles, des Wir-Wollen-Gemeinsam-Gleiches, bekämpft werden. Eine schizophren anmutende Situation!

Die Entstehung von Sekten muß als Ausdruck eines stark ausgeprägten Wir-Gefühles gedeutet werden. Nun wissen wir längst von den sich in ihnen auflösenden, angstbesetzten »Ich-Persönlichkeiten«. Sektierertum bedeutet, daß das Ich sich hinter einem Wir, das somit zu einem Über-Ich hypostasiert, versteckt. Ein solches Ich ist nicht bemüht, sich seinem eigenen, individuellen Bewußtsein zu stellen. Es verliert sich statt dessen in dem Wir und – paradoxerweise – verschwindet so auch der Anspruch auf Bewußtsein überhaupt.

Das Wir wird zu einer Naturform, der zweiten, neu hergestellten Natur. Doch diese Natur ist eine Wir-Naturform und folglich nicht beängstigend, da wir ja gemeinsam diese Natur uns teilen. Wir sind es ja, die diese Natur wollen, wir haben sie uns hergestellt, deshalb gibt es keine uns fremd anmutende, gegenüberstehende und uns bedrohende bzw. bedrohlich scheinende Natur mehr. Es gibt lediglich die Begegnung mit uns selbst. Man könnte auch meinen, daß es einen Rückzug in einen neu geschaffenen »Uterus«, in die Geborgenheit eines Wir-Körpers gibt. Die so einseitig verstandene Natur wird allerdings instrumentalisiert, da sie nur selektiv wahrgenommen wird. Sie erscheint als eine Projektion, als eine in der Tat mangelhafte Natur.

Die Angst des Ichs vor der Autonomie

Strukturell betrachtet weisen alle Wir-Ausdrucksformen, trotz ihrer Verschiedenheit, Gemeinsamkeiten auf. Das Wir als ein Volksausdruck, das Wir als ein Nationalausdruck, das Wir als eine Wohngemeinschaftszugehörigkeit, das Wir als Regionalzugehörigkeit, das Wir als Kollektiv. Der Nationalsozialismus der Deutschen, eine Wir-Misere; der real praktizierte Sozialismus, eine Wir-Versuchung; Sekten, eine Wir-Vernebelung; Wohngemeinschaften, häufige Wir-Familienzwänge; Europa, die Wir-Ausbeutung ... Solche Wir-Formen entstehen aus der Schwäche, der Angst des Ichs vor der Autonomie, aus dem unwiderstehlichen Zwang, das ängstigende Gegenüber bekämpfen, negieren oder auslöschen, günstigenfalls instrumentalisieren zu müssen. Wir wollen alle gleich sein, wir wollen geklont sein, bis zu unserer vollständigen Auflösung, dann brauchen wir uns nicht mehr zu fürchten.

Naturale Momente des Fremden und Spontanen

Soeben halte ich das Programmheft: Kunstfest Weimar. Salve. Weimar – Kulturstadt Europas 1999 in den Händen. Das Cover zeigt den bekleideten Rücken von Napoleon, vor seinem Antlitz – in sicherer Distanz – ein offensichtliches Feuerspektakel, welches aus der düsteren Nacht grelles Licht emporschnellen läßt. Die Rückseite des Programmheftes zeigt interessanterweise eine Werbung der DG Bank. Die Bank wirbt mit dem *Wir-Prinzip*. Dargestellt sind zwei Delphine, die sich harmonisch »umarmend« durch das sanfte Wasser bewegen. Das Bild strahlt völlige Ruhe aus. Der Anblick wird durch nichts gestört, weder durch Wasserstrudel, andere Lebewesen, Taucher oder gar auf dem Wasser treibende Ölschwaden.

Wie stellt sich die Harmonie im Detail dar? Ein kleiner Delphin – ich nehme an, es soll sich hier um das weibliche Wesen handeln – wird von einem größeren Delphin, der sich über den kleineren beugt, beschützt. So zumindest die beabsichtigte

Abbildung 1: »Salve«

Abbildung 2: Das »Wir-Prinzip«

Assoziation. Sollten die Rezipientin und der Rezipient der bildlichen Darstellung nicht trauen, untermauert der darauffolgende Text die Abbildung mit folgenden Worten: »Wer einen starken Partner an seiner Seite hat, wird sich auch in unbekannten Gewässern sicher bewegen. Wenn Sie mit der DG Bank zusammenarbeiten, dann werden Sie den Wert einer verläßlichen Partnerschaft kennenlernen...« Und weiter: »Das *Wir-Prinzip*, zu dem sich die DG Bank und ihre Mitarbeiter bekennen, hat seine Basis in der großen Tradition der genossenschaftlichen Idee...«

Ob hier mit der Tradition Ernst Blochs gearbeitet wird? Reflektiert oder unreflektiert, diese Werbung knüpft an das Diktum Ernst Blochs an. Auch wenn inhaltlich unterschiedliche Absichten verfolgt werden, finden sich strukturell Gemeinsamkeiten: Dieses Wir-Prinzip knüpft an Schwäche an: »Wer einen *starken* Partner an seiner Seite hat...« Der Satz suggeriert, man selber, das Ich, das Individuum, sei schwach. Aber es existiert ein anderer, starker Partner. Das Ich soll, so die Konsequenz, zum vermeintlich starken Partner übergehen, um an seiner Stärke teilhaben zu können. Wenn das schwache Ich zum starken Partner geht, um sich einzufügen und sich von ihm führen zu lassen, wird es selbst: »in unbekannten Gewässern (sich) sicher bewegen können.«

Allein, das dargestellte Gewässer ist überhaupt nicht unsicher, fremd. Es ist ruhig und bekannt, demnach kann sich selbst ein schwaches Ich eigentlich gar nicht schwach fühlen. Da dem Ich die Schwäche nahegelegt wird und es sich fügt, hat es natürlich nie die Chance, sich selbst auch einmal als stark erleben zu können oder zu dürfen. Der starke Partner hingegen scheint immer stark und ist wohl nie von Schwäche bedroht. Na, dann ist die Welt ja wieder in Ordnung. Nur: Wer bestimmt, wer als schwach und wer als stark gilt? Und wer bestimmt diese Stagnation, diese Unveränderlichkeit der Akteure? Nur der starke Partner – als das große, allmächtige Über-Ich aller schwachen, kleinen Ichs – kann dies tun. Und so erklärt dieser: »Hallo, all ihr ängstlichen kleinen Iche! Ich führe euch und dann sind wir wer. Dann sind wir WIR – und dies ist UNSER Prinzip!« Um nicht zu sagen: »Mein Dogma«.

Das Wir-Prinzip setzt auf die Einsicht, daß sich das Ich schwach zu fühlen hat. Zum eigenen Vorteil und zu demjenigen der anderen »Schwächlinge« hat es sich unterzuordnen. Das Ich soll empfinden, daß ein stärkeres, über ihm stehendes Wesen existiert, das Über-Ich. Der Glaube, der Gott, die Sekte, Europa, der Feldherr, allgemein: Das WIR, in dem das Ich sich auflöst, aufzulösen hat.

Kampf der Giganten:
Kultureller Glaube versus naturaler Wille

Zusammenfassend läßt sich sagen: Der Stärkere (der Vermessenere) vermittelt dem Schwachen (dem Bescheidenen) die Angst vor dem Unbekannten, dem Fremden. Darüber hinaus gebärdet er sich als derjenige, der keine Angst hat, da er das Unbekannte des Anderen bereits kennt. Für ihn gibt es nichts Unbekanntes. Der Stärkere sagt also: »Du mußt mir vertrauen und auf mich hören, ich kenne den Weg, ich führe dich. Dies ist dein Wille« (Vater unser, der du bist im Himmel, Dein Reich komme, Dein Wille geschehe, wie im Himmel so auf Erden. Unser täglich Brot gib uns heute...).

Das Wir-Prinzip ersetzt Gott. Einst glaubten wir an den christlichen Gott, den Herrn im Himmel. Nun glauben wir an das Wir, an einen anderen Gott. Nur gut, daß wir glauben und nicht wissen oder wollen. Wer glaubt, der fügt sich. Wer will, der hinterfragt und zweifelt. Das Wir kennt kein Gegenüber, keine Eigenwilligkeit eines fremden Gegenübers. Es weiß bereits alles, also weiß es auch, was in Zukunft richtig ist. Es instrumentalisiert das vermeintlich Andere, das mögliche Gegenüber.

Durch die Instrumentalisierung des Ichs allerdings, d. h. dadurch, daß das Ich sich gefügig machen und sich instrumentalisieren läßt, gibt es keine andere Natur, zumindest keine eigenwillige Natur, als die Wir-Naturform und damit die Wir-Kulturform. Natürlich, das Wir weiß von seiner existenziellen Abhängigkeit vom Ich. Doch es fühlt sich stärker. Es glaubt, die Natur instrumentalisieren zu können, wenn es diese schon nicht negieren kann. Aber gefügig gemachte Natur bietet nur noch den Anblick der eigenen Natur und keiner anderen mehr. Wirkliche Partnerschaft geht, bei aller Unterschiedlichkeit, von emanzipatorischer Handlungswirklichkeit und einem emanzipatorischen Stellenwert aus. Partnerschaft kennt kein Unten und Oben, keinen prinzipiell Schwächeren gegenüber einem prinzipiell Stärkeren. Welch fatale Folgen können sich aus einem mißverstandenen Verhältnis zur Natur ergeben. Unser Jahrhundert demonstriert in ganzer Bandbreite diese Misere. Und wir stehen an der Schwelle eines zweifelhaften neuen Jahrhunderts.

Das Kultur-Ich wollte Hochzeit feiern

Das Natur-Ich gilt es zunächst nicht zu hinterfragen, da es an sich selbstbewußt ist, denn sonst wäre es kein Natur-Ich. Es geht zunächst einmal um das Kultur-Ich. In einem weiteren Schritt muß dann doch noch einmal auf das Natur-Ich zurückgegriffen werden, da dem Kultur-Ich das Natur-Ich abhanden gekommen zu sein scheint. Folglich steht das Natur-Ich in Gefahr und kann sich trotz seiner anfänglichen Überlegenheit, die es aus seiner Natur-Stärke heraus hat, nicht mehr behaupten. In der Analyse geht es darum, dem Kultur-Ich die Verantwortung für das Natur-Ich nahezulegen, und zwar um seiner selbst willen, um seiner eigenen Genesung und Lebendigkeit willen.

Das Kultur-Ich weiß von dem ihm innewohnenden Natur-Ich und seinem Wunsch nach einem zusätzlichen Ich, dem sogenannten Kultur-Ich. Dieses Ich setzt auf Entwicklungsfähigkeit und insofern auf Wachsen, Stärke. Die Frage ist, in welchem Spannungsverhältnis sich das kulturelle, bewußte Ich zum naturhaften, unbewußten Ich erlebt. Erfährt das kulturelle Ich sein ihm innewohnendes eigenes, spontan naturhaftes Ich als potentielle Bedrohung und, wenn ja, warum? Oder meldet sich dann doch das Natur-Ich in einer Form, die dem Kultur-Ich Furcht einflößt? Lassen sich diese beiden Ich-Ausdrucksformen voneinander trennen? Oder sind sie derart verwachsen, daß sie beim Versuch der Trennung unter Umständen als Schizophrenie

erlebt werden? Versuchen Männer eher als Frauen eine Trennung herauszuarbeiten, und wenn ja, warum? Entspricht es
ihrer männlichen Natur? Entspricht es der Natur der Männer,
sich stärker zu behaupten, und derjenigen der Frauen, sich eher
zu fügen? Und was bedeutet dies für die kulturellen Lebensformen? Existieren dann mehr männlich geprägte Lebensformen?
Negieren Frauen aufgrund ihrer Naturhaftigkeit ihre kulturelle
Daseinsberechtigung? Oder liegt ihre Aufgabe darin, sich ihrer
kulturellen Verantwortung bewußt zu werden? Schon allein
deshalb, um ihre Natur zu schützen? Und liegt die kulturelle
Bewußtwerdung der Männer darin, sich ihrer Naturhaftigkeit
bewußt zu werden, schon um ihre kulturelle Lebensweise zu
sichern und nicht zu zerstören?

Das Ich bereichert sich mit Hilfe des Bewußtseins, und zwar
immer wieder. Dieser Prozeß des Werdens hört prinzipiell nie
auf. Es sei denn, das Bewußtsein hört auf zu sein. Das wiederum
bedeutet, daß das Natur-Ich, das gesetzte Ich als »bloßes« Sein,
permanent erweitert wird durch neue, zusätzliche Formen, Er-
kenntnisformen, die so in das gesetzte Natur-Ich übergehen.
Demnach gibt es mehrere Natur-Ich-Wahrheiten. Bewußte Ich-
Formen werden vom Natur-Ich integriert, so daß sie zu zusätzlichen, neu hergestellten, evolutionären Naturformen werden.
Jede neue Bewußtwerdung schafft die Voraussetzung, in das ursprüngliche Natur-Ich Einlaß zu finden, sobald der Prozeß der
Findung abgeschlossen scheint. Taucht irgendwann eine andere
Bewußtwerdung auf, die u. U. die vorangegangene in Frage
stellt, kann diese bei entsprechender Überprüfung aus dem Natur-Ich wieder entfernt werden, da als falsch erkannt. Das
bewußte Ich verhilft dem unbewußten Ich, neu gefundene, zusätzliche Natur-Ich-Formen in Frage zu stellen. Jede neu gefundene, 2., 3. usw. Naturform entspringt einer Kulturform. Nur
die Ursprungsform der Natur ist frei von jeglicher Kulturaus-
drucksform.

So, wie es eine physische Natur gibt, existiert eben auch eine
geistige und psychische Natur. So wie die Erstgenannte wollen
und können auch die Folgenden reifen. Das Gehen lerne ich
prinzipiell alleine, nicht mit anderen. Andere lernen es ebenfalls, aber auch alleine, jeder für sich. Erst wenn wir alle, jeder

für sich alleine, das Gehen gelernt haben, kann jeder für sich überlegen, ob wir gemeinsam einen oder verschiedene Wege gehen wollen. Das sich stets hinterfragende Ich weiß von der Existenz des Anderen als eines Bestandteils seiner selbst. Es erlebt sich deshalb nicht als schwach. Der Andere verfügt nämlich über dieselbe Schwäche bzw. Stärke. Diese Form der Abhängigkeit ist kein Ausdruck von Mangelhaftigkeit, sondern einer von Notwendigkeit, und gerade darin liegt die Freiheit des Anderen. Dies macht seine Stärke aus. Aus dieser Erkenntnis heraus ist es zum einen frei, zum anderen übernimmt es aus freier Einsicht heraus Verantwortung für sich und deshalb auch für den Anderen, für die Anderen. Dogmatismen und Dikta sind obsolet. Instrumentalisierungen würden als Bedrohung der eigenen Existenz erlebt.

Eine Beruhigungsmaßnahme

Erst wenn das bewußte Ich den Versuch unternimmt, das unbewußte andere Ich in sich selbst abzustreifen, entsteht eine Spaltung, die sogenannte Persönlichkeitsspaltung. Es kommt zu paranoiden Ausdrucks- und »Gestaltungs«formen. Häufig wird dann der Versuch unternommen, diese Persönlichkeitsspaltung mit Hilfe eines Über-Ichs zu beruhigen und zu unterdrücken. Der Teufelskreis will es so, daß das Ich, solange die Beruhigung gelingt, sich nicht finden kann. Es kann nicht werden! Weil es sich noch nicht hat! Es wird sich aber auch nicht finden können, da es sich selbst lahmgelegt hat. Das Über-Ich blockiert! Es gibt dem Ich eine trügerische Ruhe. Würde das Ich sich mit seiner Selbsttäuschung auseinandersetzen, hätte es, in der Zuspitzung seiner Misere, die reale Chance, den paranoiden Zustand zu verlassen. Es könnte werden!

Nur die Hinwendung zur Natur birgt die Chance in sich, zur Kultur zu gelangen. Selbst destruktive Naturen können nur durch Hinwendung zu dieser ihre Negativität überwinden und zu positiven Naturen reifen. Hier gilt selbstverständlich, daß sich negative Naturen unter Kontrolle verantwortungsbewußter Betreuung ausagieren müssen, um dann befreit in die konstruktive Natur entlassen werden zu können. Konkret: Konstruktive Naturen müssen sich den destruktiv handelnden Naturen mit ihrer Kraft entgegenstellen, um diesen so eine Erkenntnismöglichkeit zu geben. Hierin liegt die Verantwortung des seiner selbst bewußt gewordenen Ichs, des bewußten Kultur-Ichs.

Wie reift der Geist zur Freiheit?

Wenden wir uns noch einmal der Cover-Abbildung der Kunstfestzeitschrift für Weimar zu: Während die Rückansicht das Wir-Prinzip propagiert, wirbt die Vorderseite mit dem selbstbewußt gesetzten Ich. Die Abbildung zeigt Napoleon Bonaparte. Napoleon steht alleine, auf sicherem Boden, uns den bekleideten Rücken bietend und vor ihm die in Flammen aufgehende Stadt. Mit Napoleon verbinden wir allgemein die bürgerliche Revolution. Zunächst einmal! Die bürgerliche Revolution wiederum steht für Freiheit, für die Möglichkeit, die Befreiung des Ichs voranzutreiben. Eine bürgerliche Kultur ist das Gegenteil vom Arbeiter- und Bauernstaat. Der Arbeiter- und Bauernstaat knüpft in erster Linie an das Wir, an die arbeitende, dem Volke dienende Bevölkerung an, an die Arbeit als bloße Notwendigkeit zur Sicherung des materiellen Lebens.

Die bürgerliche Gesellschaft hingegen setzt auf ein Darüber-Hinaus. Sie tendiert zur Befreiung des Menschen aus seiner (körperlichen) Arbeit. Ihr Ziel ist die (geistige) Kultur. Die freigesetzte Arbeit steht neu zur Verfügung. Man muß sich nicht mehr vorrangig um das leibliche Wohl bemühen. Nein, nun steht soviel Zeit zur Verfügung, daß jeder Einzelne – und damit wir, die wir einer bürgerlichen Kultur angehören – sich anderen Dingen zuwenden kann. Er kann sich der Kultur zuwenden, der Bildung des Geistes, neuer Lebens-, Denk- und Handlungswelten. Es existiert nicht mehr nur die menschliche Abhängigkeit von der Arbeit, um die Physis aufrechtzuerhalten. Es entsteht darüber hinaus die Möglichkeit, sich aus Freiheit und in Freiheit mit Gelassenheit souveränen Bildungen zuzuwenden – nicht zuwenden zu müssen.

Ich erwähne diese Cover-Abbildung, weil sie sehr gut die neue deutsche, europäische, sogar globale Situation zum Ende des Jahrhunderts widerspiegelt. Nicht zuletzt deshalb, weil das Diktum Blochs für das neue Deutschland und die neue Weltsituation abermals an Bedeutung gewinnt – auch wenn es dabei selbstverständlich nicht um die tradierten Bedeutungen vergangener Zeiten gehen kann. Das Diktum Blochs gewinnt erst dann an Ernsthaftigkeit und neuem Potential, wenn wir den Autor nicht als Über-Ich rezipieren, sondern ihm durch angemessene Kritik, i. S. der Erweiterung, gerecht werden. Schließlich sind wir es, die noch werden wollen. Ernst Bloch war bereits. Seine Gedankenwelt hingegen kann immer wieder neu werden, wenn wir sie als Individuen in neue Kontexte stellen und mit neuen, der Zeit angemessenen Problemen und Fragen konfrontieren.

Regionalkonflikt = Weltkonflikt
(Ich-Problem = Wir-Problem)

In Weimar selbst spielt sich exakt der Konflikt ab, den die beiden Cover-Abbildungen zeigen. Der vergehende real-existierende Sozialismus der aufgelösten DDR begegnet dem gerade noch existierenden bürgerlichen Kapitalismus. Präziser ausgedrückt sind es die durch diese Kulturformen geprägten Menschen, die sich begegnen. Bei einer Begegnung mit derartig unterschiedlichen Voraussetzungen liegen die Konfliktpotentiale offen zutage. Weimar, die Kulturstadt Europas 1999, hat diesen Weltkonflikt auszuagieren. Sie steht als Sinnbild für die Auseinandersetzung, in der wir uns alle im ausgehenden 20. Jahrhundert befinden. Geprägt von alten Strukturen, uns unserer Vergangenheit gewiß, orientierungslos und angstbesetzt dem noch Werdenden ausgesetzt...

»Darum werden wir erst.« Oder: »Kann ich noch werden?«, damit wir noch wollen können, wenn wir zu finden befähigt?

Die Kunst:
Dialogsituationen zwischen Nähe und Distanz

Das Triptychon: »Ich bin«. »Ich habe mich noch nicht«. »Kann ich noch werden«? weckt Assoziationen an das Diktum Blochs.

Zunächst einmal zur bildlichen Darstellung der Kunstwerke:

Teil I des Triptychons: »Ich bin« besteht aus einem ca. 50 x 50 x 15 cm großen Holzbienenkasten. Dieser Kasten stellt die anschauliche Basis, den Rahmen als Ausgangssituation der weiteren Arbeit dar. Es handelt sich demnach nicht um eine

Abbildung 3: »Ich bin«

zweidimensionale Arbeit, wie wir sie aus der Malerei kennen, allerdings auch nicht um eine von allen Seiten zu betrachtende freistehende Skulptur. Zu sehen ist ein Materialbild, ein Objektkasten. Das Innenleben ist dreidimensional gearbeitet, so daß die Rezipientin/der Rezipient in eine enge Beziehung mit dem Werk treten muß, will sie/er sich dem Inhalt nähern.

Es entsteht eine Dialogsituation. Ein Dialog, der zunächst ausschließlich zwischen Rezipient und Kunstwerk stattfindet. Erst wenn dieser Dialog beendet ist und der Rezipient wieder Distanz sucht, ist es ihm gegeben, mit weiteren Rezipienten in einen Austausch über dieses Werk zu treten. Zuvor tritt die »Ich-Persönlichkeit« des Betrachters mit der »Ich-Persönlich-

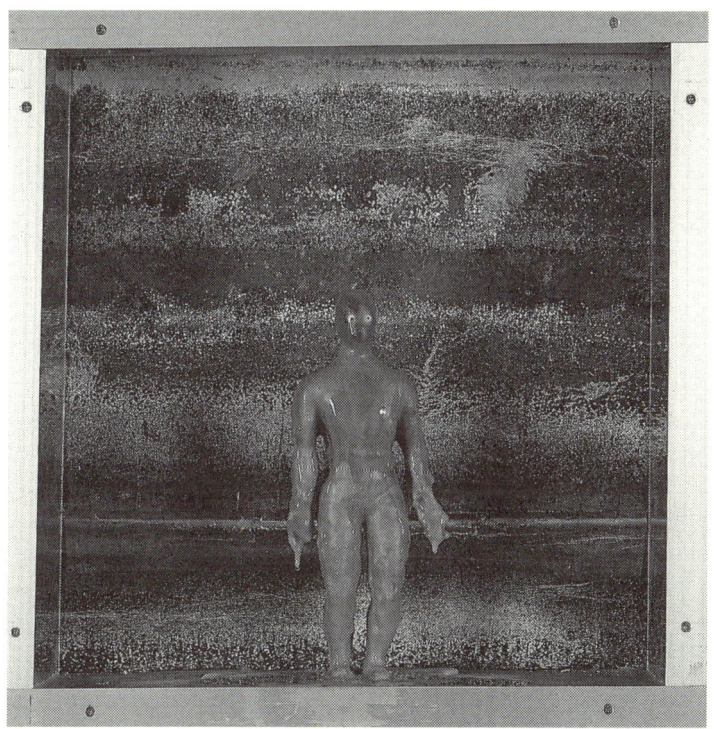

Abbildung 4: »Ich habe mich noch nicht«

keit«, vertreten durch das Kunstwerk, in eine Zweierbeziehung. Erst im Anschluß wird diese Beziehung zugunsten eines Austausches mit der Allgemeinheit geöffnet. Die Wir-Beziehung beginnt dort, wo sich die unterschiedlichen Ich-Persönlichkeiten verständigen und so u. U. neue Positionierungen finden, denen allerdings nicht ausschließlich in einer Wir-Form Ausdruck gegeben werden kann.

Der Bienenholzkasten ist außen und innen mit dem Naturmaterial Bienenwachs bestrichen. Bienenwachs verströmt einen süßlich-warm anmutenden Duft. Die Innenrückwand der Arbeit ist darüber hinaus mit drei in Wabenformation gehaltenen Spiegelflächen versehen. Links, im Bodenbereich, in den Raum hineintretend, treffen wir auf eine menschliche Figur. Die menschliche Figur weist optimale Proportionen auf und besteht gleichfalls, wie ihre Umgebung, ihre Mitwelt, aus dem Naturmaterial Bienenwachs. Sie steht ein wenig seitlich geneigt zwischen dem eigenen Raum und mit Blickrichtung zu dem Raum des Betrachters. Die Arme sind etwas angewinkelt am Körper angelegt und dabei, sich zu heben. Je nach Standpunkt des Betrachters ist die eine oder andere Sichtweise gegeben. Als wäre die Figur gerade erst entstanden, hängen noch ein paar Tropfen an ihren Händen. Oder beginnt sie sich aufzulösen? Sollte ihre Entstehungsgeschichte bereits hinter ihr liegen?

Die Spiegelflächen spiegeln den jeweiligen Kontext wider, in dem sich dieses Werk befindet. In der Konsequenz ergibt sich daraus eine permanent wechselnde Raumansicht mit einer, damit ebenfalls verbundenen, sich stets verändernden Zeitperspektive. So begegnet die Figur stets neuen Zusammenhängen, und der Betrachter begegnet einer Figur, die immer wieder in anderen Verhältnissen zu rezipieren ist. In der vorliegenden Abbildung wird eine Industrietreppe wiedergegeben. Davor bemühen sich ein paar Pflanzen im Kiesbett. Die Front des Holzkastens ist mit Aluminiumschienen versehen.

Teil II des Triptychons »Ich habe mich noch nicht« (Abb. 4) weist den gleichen Holzkasten wie unter I auf. Auch dieser ist außen in Bienenwachs gehalten, während er in seinem Inneren härtere Materialien aufzuweisen hat. Die Innenrückwand erinnert fast an eine dämonisch wirkende, düstere Meereslandschaft. Zu sehen ist hier Zinkblech, welches einst einem alten Haus als Regenrinne diente. Die Spuren der Zeit, der Regen mit seinen chemischen Substanzen, die wir in die Luft ablassen, hat seine Zeichen in dieses Material gedrückt. Die Feuchtigkeitsspuren haben das Material spröde und brüchig gemacht. Die Seiten zur Linken und Rechten geben rechteckige Spiegelflächen wieder, die den Innenraum scheinbar vergrößern und somit die menschliche Figur virtuell vervielfältigen. Der Boden, auf dem die Figur steht, ist aus Bienenwachs. Die Figur selbst – ebenfalls aus Bienenwachs, allerdings mit Plastikaugen ausgestattet – ist in das Zentrum ihrer Mitwelt, ihres Raumes gerückt. Sie begegnet uns frontal, mit dem Rücken zum Zinkblech und mit der Vorderseite dem Betrachter zugewandt. Sie starrt uns direkt und schonungslos an.

Ihre körperlichen Proportionen haben sich zu Ungunsten der ästhetischen Erscheinung und der Beweglichkeit verändert. Die Figur sieht deformierter aus, sie scheint breiter als lang, und ihre Körperhülle, das Wachs, ist leicht verbrannt. Wie bei Teil I ist auch hier die Vorderseite mit Aluminiumschienen versehen.

Die zum Kunstwerk gehörende Aussage »Ich habe mich noch nicht« unterscheidet sich von derjenigen Blochs lediglich in einem Detail. Dieses jedoch scheint wesentlich. Der konjunktionale Begriff »*aber*« fehlt. Er leitet die folgende Aussage nicht ein. In der Konsequenz wird die vorangegangene Aussage, »Ich bin«, nicht in Frage gestellt. Vielmehr ist es so, daß das sich erkennende Ich das unbewußte Ich nicht einschränkt, sondern sich selbst als erkennendes und damit als ein kulturell gewolltes Ich entwickeln will.

Das vorangegangene, selbstbewußte Natur-Ich spricht aus dem Willen an sich. Das reflektierende – und sich deshalb noch nicht habende – Ich blickt in die Zukunft. Offenbar existieren zwei unterschiedliche Ich-Ebenen. Doch das noch nicht gewordene zweifelt das seiende Ich nicht schon deshalb an, weil es selbst noch nicht ist. Im Zentrum steht nicht die Mangelhaftigkeit eines Natur-Ichs, sondern die Potentialität eines Kultur-Ichs. Diese Potentialität läßt das andere Ich immer wieder werden, so daß es sich nie haben, jedoch immer wieder gehabt haben wird. Genau hierin liegt die Größe, die Freiheit und die Verantwortung.

Kunst: Werden, ohne das Sein aufzugeben

Teil III des Triptychons, »Kann ich noch werden?« (Abb. 5) gibt — rein verbal betrachtet — die wesentlich andere Richtung zu dem Diktum Blochs (»Darum werden wir erst«) an. Abermals findet ein Holzbienenkasten mit einer Haut aus Bienenwachs Verwendung. Die Mitwelt entspricht dem Wesen der dort vorzufindenden menschlichen Figur. Naturmaterialien sind nicht mehr vorhanden. Die Innenrückwand, die Seitenwände und der Boden sind mit Spiegeln ausgelegt. Auf dem Spiegelboden liegen Metallhobelspäne. Die menschliche Erscheinung besteht aus Plastik und ist mit Metallhobelspänen behaftet. Sie ist völlig gesichtslos und schaut noch deformierter aus als die vorangegangene. Das Material (Spiegel) läßt keine Veränderungen mehr zu. Es demonstriert Stagnation. Lediglich das vorgegebene Kulturbild findet sich als Spiegelabbildung ständig wieder. Es gibt nur noch die Begegnung mit dem Eigenen, mit dem selbst Geschaffenem, mit der eigenen Kulturweltlichkeit.

Die Naturhaftigkeit, die sich dort widerspiegelt, ist diejenige der kulturell überformten, der zweiten menschlichen Natur. Diese verkörpert einen Naturverlust, der keine Spontaneität mehr zulassen kann. Die Begegnung mit dem Anderen, dem Fremden, dem Gegenüber findet nicht mehr statt. Sie wurde negiert. Sie ist nicht mehr. Die Figur tritt aus ihrem selbst geschaffenem Raum heraus, sie steht im äußeren rechten Raumfeld. Die Spiegelmitwelt clont auf virtuelle Weise das vorgegebene Bild der gültigen (einen) menschlichen Erscheinungsform.

Abbildung 5: »Kann ich noch werden?«

Es gibt kein Kultur-Sein ohne Natur-Sein

»Kann ich noch werden?« wirft eine Frage an das Ich auf. Wenn das Ich kulturell nicht geworden ist (nicht immer wieder werden kann, i. S. eines permanenten offenen Prozesses), kann niemals ein Wir entstehen. Das Wir braucht zu seiner Entstehung das Ich, das Ich als Persönlichkeit. Das kulturelle Ich benötigt für seine Ich-Werdung das starke, emanzipatorische Natur-Ich. Ohne dieses kann es sich zum Kultur-Ich nicht emanzipieren. Aus dem Kultur-Ich muß sich immer wieder das

Natur-Ich melden können, da sonst ein stagnierendes Kultur-Ich entsteht. Dieses wird zu einem degenerierten Pseudo-Natur-Ich. In der Konsequenz kann es kein Kultur-Ich mehr sein und auch nicht mehr werden.

Das Wir-Prinzip verleugnet das Ich, die Ich-Werdung und Ich-Notwendigkeit. Insofern kann aus dem Wir-Prinzip kein Wir entstehen. Bei Negation des Natur-Ichs kann auch kein Kultur-Ich entstehen, denn die Verleugnung des Natur-Ichs verhindert das konstruktive Kultur-Ich und läßt darüber hinaus keinerlei Wir-Wünsche entstehen. Findet kein Individuierungsprozeß statt, entwickeln sich keine Individuen. An ihre Stelle treten Einzelne, die nicht an Persönlichkeit reifen, sondern an Orientierungslosigkeit und Vereinsamung leiden. So suchen sie ihr Glück in dem Wir-Prinzip. Dieses Prinzip bringt Individualität als Behinderung zum Ausdruck.

Der Wir-Sog und die Wir-Befindlichkeit treten nicht nur im ehemals dogmatisch verordneten Sozialismus hervor. Vielmehr entstehen sie auch dort, wo Individuen mit einer »Freiheit« konfrontiert sind, die nicht Freiheit, sondern Gleichgültigkeit meint. Hier ist *eine* Kultur verbindlich vorgegeben, die ihre Glückseligkeit in der Abhängigkeit von bloßem Konsumverhalten und neuerdings vom gesteigerten Medienrausch sieht. Im Wunsch nach Konsum sind wir wieder Wir, da erkennen wir uns wieder als das Bekannte.

Der Kapitalismus stärkt – ähnlich wie der Sozialismus – die Wir-Befindlichkeiten und verhindert so die Ich-Findung. Wenn auch unbeabsichtigt, ist die Chance, daß sich ein Ich entwickelt, dort am größten, wo das Netz der Abhängigkeiten vom »Wir« durchtrennt wird. Die Schwäche (je nach Standpunkt kann sie als Stärke empfunden werden) kapitalistisch orientierter Gesellschaften findet dort ihren Höhepunkt, wo sie die Menschen aus den Arbeitsprozessen und damit aus dem gesellschaftlichen Zusammenhang herauslösen. Diese haben nun sehr viel freie Zeit, die sie allerdings aufgrund ihrer Finanzschwäche und ihrer mangelnden Bedeutung nicht nutzen können. Sie werden vom gesellschaftlichen Leben ausgeschlossen. Nur die starken, symbolträchtigen Figuren sichern sich über die Mediengesellschaft eine machtvolle Bedeutung.

Weil Ich-Persönlichkeiten unter diesen Umständen nicht reifen können, werden wir einen Zuwachs an Gewalt zu verzeichnen haben. Dort, wo es ein ausreichendes Potential an Natur-Ich-Strukturen gibt, können sich hingegen Persönlichkeiten entwickeln, die gegen das oktroyierte Bild ein neues Bild entwerfen können. Dort jedoch, wo es kein ausreichendes Potential an Natur-Ich-Strukturen mehr gibt, wo es bereits völlig negiert wurde und insofern verloren gegangen ist, versuchen die Menschen ihrer Auflösung durch Grenzziehungen zu entgehen. Diese finden sich in den Wir-Formen wieder. Allerdings sind diese Wir-Formen unreflektiert. Sie entwickeln ihr Eigenleben, so daß sie zur zweiten, bearbeiteten Natur werden. Ihre Kulturerscheinung entspricht derjenigen einer unbewußten Naturerscheinung. Diese artet schlimmstenfalls in destruktive Handlungen aus, bestenfalls weicht sie hinter infantile Massenidentitäts-Befindlichkeiten zurück: »Uterus, nimm mich in dein Gewahrsam, sei mein Führungsideal, mein Führer, sag mir, wer Feind ist.«

Der aufgelöste verordnete Sozialismus (strenggenommen müßte man von einer Diktatur mit sozialistischem Ideal sprechen), der nun auf den gerade noch existierenden Kapitalismus trifft, entwickelt dort seine Schwäche, wo die kollektivistische Wir-Befindlichkeit gegen die egoistische Konsum-Wir-Befindlichkeit eingetauscht wird. Da, wo das Natur-Ich sich im Sozialismus erhalten konnte und nun an Erfahrung und Erkenntnis kräftig genug ist, um ein entsprechend emanzipatorisch sich entwickelndes Kultur-Ich entstehen zu lassen, da kann eine neue Kulturform entstehen. Die Frage der Deutschen Wiedervereinigung steht und fällt mit der Frage der Ich-Persönlichkeiten, mit der Frage, wo und wie sich Natur-Ich-Formen erhalten haben; denn nur diese scheinen der Aufgabe gewachsen zu sein, kulturelle Ich-Formen entstehen zu lassen.

Sein oder Nicht-Sein – das ist hier die Frage!
Es gibt kein Kultur-Sein ohne Natur-Sein!!

THOMAS KESSELRING

Entwicklungslinien an einer Zeitenwende

Ich bin. Aber ich habe mich nicht.
Darum werden wir erst.

Der Reiz des Diktums ergibt sich nicht zuletzt aus der Reihenfolge seiner Elemente: 1. *Ich bin.* 2. *Ich habe mich nicht.* 3. *Darum werden wir erst.* – Eine entwicklungspsychologische Deutung dieser Reihenfolge liegt auf der Hand.

Entwicklungslinien

1. »*Ich bin.*« Was als Affirmation meiner puren leiblichen Existenz klingt, umfaßt in Wirklichkeit mehr: Das »Ich«, das ich bin, enthält ein dumpfes Bewußtseinsmoment, noch ohne Selbstbewußtsein: »Was lebt, erlebt sich noch nicht« (14).[1] Das Ich, das sich noch »nicht hat«, ist völlig in der eigenen Perspektive befangen. Es geht auf in seiner Umgebung und ist gleichsam – mit Hegel zu sprechen – in die Gegenstände »versenkt«[2] – oder besser, noch nicht aus ihnen aufgetaucht. Es befindet sich in der Einstellung der *Unmittelbarkeit*.[3] »Das Bin ist innen. Alles innen ist an sich dunkel« (13). Die äußere Selbstbegegnung hat noch nicht stattgefunden, »vermittels derer das Inwendige auswendig und das Auswendige wie das Inwendige werden kann« (45).
Doch ähnlich dem Tier, das, wie Rilke[4] sagt, den Blick ins

---

1 Seitenverweise ohne weitere Angaben im Text beziehen sich auf Ernst Bloch, *Tübinger Einleitung in die Philosophie.*
2 G. W. F. Hegel: *Phänomenologie des Geistes.* Theorie Werkausgabe. Frankfurt/M.: Suhrkamp 1970, Bd. 3, S. 56: ein »Bewußtsein, das in den Stoff nur versenkt ist«.
3 G. W. F. Hegel: *Phänomenologie des Geistes,* a.a.O., am deutlichsten das erste Kapitel: »Die sinnliche Gewißheit«.
4 Rainer Maria Rilke: *Achte Duineser Elegie. Sämtliche Werke.* Frankfurt/M.: Insel 1955, Bd. 1, S. 714.

»Offene« richtet, ist auch das kleine Kind zunächst verkörperte Aufmerksamkeit, ganz nach außen gewandt. Das kleine Kind bekundet vollkommene Distanzlosigkeit: Es *ist* Gefühl, es *hat* nicht Gefühle. Es *ist* Freude, Schmerz, Zorn. Es blickt um sich, ist aufmerksam, aber es *weiß* nicht von seiner Aufmerksamkeit, sein Wahrnehmen nimmt es nicht selber wahr. Wenn es sich etwa die Augen zuhält, denkt es, es werde auch von den Anderen nicht mehr gesehen, der Kontakt sei gegenseitig abgebrochen.

Die Selbstentdeckung läuft über mehrere Vorstufen. »Daß man entbehrt, dies also geht zuerst auf. (...) Alles was lebt, muß auf etwas aus sein oder muß sich bewegen und zu etwas unterwegs sein, die unruhige Leere sättigt draußen ihr Bedürfnis, das von ihr kommt« (14 f.).

Das Kind schreibt die Ursache dessen, was es durch sein Tun veranlaßt, zunächst den Dingen zu. Auch bei höchster geistiger Aktivität ahnt es nichts von ihrer Standpunktbezogenheit und Erfahrungsabhängigkeit. In der Sprache der Entwicklungspsychologie: das Kind ist *egozentrisch*. Egozentrismus meint hier nicht das in übersteigerter Weise Auf-sich-aufmerksam-Machen, nicht das aufdringliche Zurückholen und Reduzieren von allem und jedem auf den eigenen Blickwinkel. Egozentrisch ist das Kind, solange es noch nicht um die Perspektivenabhängigkeit seiner Wahrnehmung weiß, solange es die Gegenstände der Wahrnehmung noch nicht *als solche* von den Ansichten unterscheidet, die sie von wechselnden Standorten aus abgeben, solange also die Identität des Gegenstands ausgetauscht zu werden scheint, immer wenn die Perspektive variiert.

Die egozentrische Einstellung wiederholt sich in unterschiedlichen Entwicklungsaltern. Erstmals tritt sie beim Säugling auf und manifestiert sich dort in der Art der Koordination seiner Bewegungen, des Handelns und Wahrnehmens; Jahre später, im Kleinkindalter, wiederholt sie sich auf der Ebene der Vorstellungstätigkeit; und schließlich, im Jugendalter, auf der Stufe des reflektierenden Denkens.

2. Ohne Negation lautet der zweite Satz: »*Ich habe mich.*« Wiederum in entwicklungspsychologischer Sicht bietet sich die Übersetzung an: *Ich weiß von mir.* Doch ist der Satz negiert:

Das kleine Kind hat noch kein Selbstbewußtsein, es ist, aber es verhält sich noch nicht zu sich selbst. Dagegen weitet sich der kindliche Blick bald einmal zum Staunen und Sichwundern. In der Verwunderung verrät sich der Kontrast zwischen Unerwartetem und Gewohntem. In solchem Kontrast wahrgenommen, enthält das Gewohnte eine Spur Ich-Reflexion: »*Das Inwendige ist und bleibt der Schlüssel zum Auswendigen.*« (44)

»Das Staunen bleibt auch, wenn es entspannt, gesättigt zu sein scheint, unruhig, hat immer wieder sein erstes Fragen an sich.« (16) Zu den frühesten Fragen gehört die Was-ist-Frage, an sie schließt sich später die Warum-Frage an. »Schon das frühe Kind wenden wir um und zwingens, daß es rückwärts Gestaltung sehe, nicht das Offene.«[5]

Nach und nach wendet sich das Bewußtsein gleichsam von außen auf sich selbst zurück und beginnt, sich selber zu erforschen. Das Kind wird fähig, die Befangenheit seiner Perspektive zu überwinden und sich von einem fremden Standpunkt aus in den Blick zu nehmen: »Ich habe mich«. Es ist die »Umkehrung des Bewußtseins«, die Hegel in der *Phänomenologie des Geistes* und Piaget in der Analyse der kindlichen Entwicklung beschreibt.[6]

Literarisch ist sie als Kindheitserinnerung vielfach bezeugt – die Bewußtwerdung des eigenen Ichs. Es ist ein doppeltes Rätsel: Wie kommt in einen Körper das Bewußtsein *dieses meines Ichs*, und wieso zerfällt nicht im Laufe meines wechselvollen Schicksals die Kontinuität dieses *Ichs*? »Wie seltsam (…), immer mit eben diesem, seinem Ich zusammen zu sein, – ein Glück vielleicht, aber doch auch eine Fessel und jedenfalls in hohem Grad nicht selbstverständlich.« (16)

»Sich Haben« deutet an, was Helmuth Plessner als »Exzentrizität«, Jean Piaget als »Dezentrierung« bezeichnet, die Fähigkeit des Aus-Sich-Heraustretens.[7] Den allerersten Anfang des

5 R. M. Rilke: *Achte Duineser Elegie*, a.a.O., S. 714.
6 G. W. F. Hegel: *Phänomenologie des Geistes*, a.a.O., S. 79; Jean Piaget, *Das Erwachen der Intelligenz beim Kinde* (Orig. 1936), Stuttgart: Klett 1969, S. 155, S. 161, S. 219.
7 Helmuth Plessner: *Die Stufen des Organischen und der Mensch*. Berlin ²1965, S. 289 f. (Orig. 1928). Jean Piaget verwendet den Begriff »Dezen-

Sich-Habens bezeugt die Körperbeherrschung. Daß das Kind, gut einjährig, um seine Körperlichkeit weiß, äußert sich z. B. darin, daß es vom Tuch heruntertritt, das es aufheben will. Anders das jüngere Baby, das sich nur darüber wundert, wieso das Tuch Widerstand leistet. Das reflexive »Sich-Haben« schließt demgegenüber ein Wissen um die eigene – räumliche, aber auch soziale – Perspektive ein, ein Wissen um die *Relativität* des eigenen Standpunkts.

Weit davon entfernt, sich wechselseitig auszuschließen, ergänzen sich die verschiedenen Ansichten eines Dinges. Das Kind bewegt sich zwischen den Gegenständen, es packt zu, führt alles zuerst einmal in den Mund, es exploriert, was alles mit einem Ding unternommen, welches Geräuschspektrum ihm entlockt werden kann. Es ordnet die Sachen nebeneinander, übereinander, hintereinander an, es prüft, wie sie aussehen, wenn es sie aus unterschiedlichen Blickwinkeln, bald näher, bald weiter entfernt, in Augenschein nimmt, es veranstaltet – ein kleiner Galilei – mit ihnen Fallexperimente. Es eignet sich über die Dinge ein entsprechendes Handlungswissen (*enaktives Wissen*) an.

Exzentrizität ist eine Fähigkeit mit vielen Facetten. Denn das Ich, das sich »hat«, *hat sich zugleich auch nicht.* Sich selbst zu erfassen, gelingt immer nur in Ansätzen. Nicht objektiv liegt mir schon rein äußerlich mein eigenes Gesicht vor: Um Kopf und Hals ins Bild zu bringen, behelfe ich mir mit den raffinierten kulturellen Errungenschaften des Spätgeborenen: Mein Gesicht kenne ich aus dem Spiegel, den Hinterkopf aus dem Spiegel im Spiegel oder aus der Fotografie. Woher aber die Sicherheit, daß es *mein* Gesicht, *mein* Kopf ist? »Wie der eigene Kopf, bis zu den Schultern, aus dem Blick auf sich völlig ausfällt, als Loch in dieser Selbstanschauung des Ich, so fällt unser Selbersein insgesamt, als unsichtiges, wohl verstanden, aus jeder versammelten, so sehr sichtbaren Umwelt aus.« (30) Das

trierung« von den dreißiger Jahren an fast in allen seinen Schriften. Erkenntnisentwicklung als Folge zyklischer Dezentrierungen beschreibt er in: Bärbel Inhelder/Jean Piaget: *De la logique de l'enfant à la logique de l'adolescent.* Paris: Presses Universitaires de France 1955, S. 330.

Ich ist nichts Physisches. Es läßt sich nicht im Spiegel oder in der Fotografie einfangen. Ohnehin ist die Selbst-Entdeckung immer auch eine Selbst-Erfindung. Auf die psychische Ebene erstreckt sich das Sich-Haben noch keineswegs. Hier bleibt das Kind, vielleicht selbst der Erwachsene, Egozentriker.

Die Schichten seines Ichs entdeckt das Subjekt gleichsam stufenweise. Zuerst lernt es die physischen Funktionen seines Körpers beherrschen, genießt das Bewegungsspiel seiner Glieder – kurz, es erschließt sich seine Leiblichkeit. Später entdeckt es die eigenen Emotionen, Stimmungen, Gefühle, und es bildet sich Vorstellungen, anfangs nur von Äußerem – Szenen, Ereignissen, Handlungen. Dann wird die Vorstellung reflexiv, der Unterschied zwischen Realität und Einbildung bricht auf: Sache und Vorstellung, Beobachtetes und Erfundenes treten auseinander. Dem Kind beginnt zu dämmern: Träume ereignen sich nicht im Schlafzimmer, Namen haften nicht den Dingen an...

Exzentrizität hat mit Relativität, nicht mit Relativismus zu tun, denn mit dem Wissen um die Standpunktbezogenheit von Wahrnehmung und Denken baue ich mir ein *Bezugsgeflecht* auf, mit dem ich verschiedene mögliche Standpunkte untereinander verbinde.[8] Die Außenansichten des Gegenstands verselbständigen sich zur beweglichen und verfügbaren Oberfläche. Scheinen, Schein, Erscheinung – sie machen im Wechsel meiner Beziehung zu den Dingen ständige Mutationen durch. – Ist alles im Wandel? Oder ist umgekehrt aller Wandel nur scheinbar? – der ewige Streit zwischen Heraklit und Parmenides. Ein materieller Gegenstand ist jedenfalls weniger wandelbar als die Bündel sensorischer Eindrücke, die auf seine Existenz schließen lassen. Das *Ding im Raum* – es wird nicht einfach wahrgenommen, sondern repräsentiert: vorstellungsmäßig »konstruiert«.

Bald ortet das Kind sich selbst ebenfalls im Raum – es *stellt* sich seine Person in ihrem physischen Leib *vor*. Wesentlich später erst dringt es in die zeitliche Dimension vor. Zunächst geht

---

8 Bei der visuellen Wahrnehmung ist die Fähigkeit, ein Objekt aus unterschiedlichen Entfernungen und Richtungen als dasselbe wiederzuerkennen, angeboren, auch bei höheren Säugetieren und selbst bei Fischen. Der »ratiomorphe Apparat« reicht in der Evolution bis zum Karbonzeitalter zurück.

es unmittelbar in der Gegenwart auf – Vergangenheit und Zukunft bilden bloße Horizonte. »Der *positive* Inhalt (...) des gelebten Augenblicks ist (...) voll von unerstarrter Lebendigkeit und lauter Horizont.« (274) Das kleine Kind plant seine Handlungen noch nicht, es lebt nicht zukunftsgerichtet. Wird es bei einer Tätigkeit abgelenkt, so wendet es sich der neuen Aufmerksamkeitsquelle zu, und für die alte gilt: *aus den Augen, aus dem Sinn.* Nach Dingen, die es vermißt, sucht es noch nicht systematisch. Der Rekapitulation von Ereignisfolgen – *wo könnte ich den Gegenstand verloren haben?* – ist sein geistiges Auge nicht sofort gewachsen.

Woher dieses deutliche Nacheinander zwischen der Herausbildung einer Raumvorstellung und der Entstehung des Zeitbewußtseins? Die Vermutung liegt nahe, daß die geistige Eroberung des Raums mit dem Aufbau sozialer Bezugssysteme parallellaufen könnte. Werden denn aber Raumorientierung und Raumvorstellung durch den zwischenmenschlichen Austausch entscheidend gefördert? – Nein und ja! Nein, denn schon im Krabbelalter ist das Kind in der Lage, seine Umgebung selbständig zu erforschen, und es lernt ganz von sich aus, auf die relativen Verlagerungen der Gegenstände zu achten, zwischen denen es sich bewegt. – Ja, denn mehr als vom Prinzip solcher Verlagerungen ist das Kleinkind vom Austausch mit seinesgleichen fasziniert: von körperlichen Berührungen, vom Blickkontakt in variierenden Situationen, vom akustischen Pingpong mit nahen Bezugspersonen. Der zwischenmenschliche Kontakt materialisiert sich akustisch wie optisch im dreidimensionalen Raum. Das Experimentieren mit wechselnden räumlichen Beziehungen zu anderen Personen stellt für kleinere Kinder eine unerschöpfliche Freudenquelle dar, der Reiz von Bewegungs- und Versteckspielen für kleine Kinder ist unübersehbar und spricht für sich. Nicht von ungefähr kommt schließlich einem raumbezogenen Akt – dem Zeigen – eine fundamentale Bedeutung in der Kommunikation zu. Zeigend führen wir das Kind zu den Phänomenen hin: Indem wir räumlich wie sachlich auf etwas hinweisen, kanalisieren wir seine Aufmerksamkeit. Die Spracherlernung ist also mit der vorstellungsmäßigen Eroberung des dreidimensionalen Raumes auf engste verzahnt.

Auf der intellektuellen Ebene sind Kinder im Einschulungsalter immer noch »Egozentriker«: Argumentieren ist kein »Kinderspiel«, so wenig wie das Nachvollziehen der Gedanken anderer. Auch der Erwachsene, der sein geistiges Kapital in die Erarbeitung eines Standpunktes investiert hat, ist versucht, sich für alle Zeiten an diesem festzuklammern. Im Umgang mit anderen Kulturen wird diese Versuchung irgendwann unüberwindbar: Wer über den Schatten seines Herkommens springen will, reißt diesen unweigerlich mit sich.

Es kennzeichnet das dezentrierte Weltbild der abendländischen Moderne, daß Materielles und Psychisches auseinanderfallen. Im Baum lebt kein Kobold mehr, im Fluß keine Nymphe. Als Ursache von Veränderungen in der Natur kommen psychische Vorgänge nicht länger in Frage. – Animismus und Magie weichen nüchtern objektivierender Naturwissenschaft. Die psychische Welt rückt immer weiter zurück – als Preis der Modernisierung. Schulische Curricula beziehen sich fast ausschließlich auf intellektuelle und körperlich-manuelle Fähigkeiten – im Bild: auf Kopf und Hand. Was Pestalozzi als »Herz« bezeichnet, bleibt an den Rand gedrängt. Gefühle, Emotionen, Stimmungen laufen nebenher, bereichern vielleicht – spukhaft – schulische Leitbilder, aber ihre Pflege ist nicht eigens Ziel didaktischer Bemühungen. Was zählt, ist überwiegend der Intellekt.

Das *ego cogito* stellt sich die Wirklichkeit, die Natur, den Kosmos gegenüber. Es tritt ihnen in der Haltung des *Darüber-Verfügens* entgegen. Sein Zwillingsbruder, der *homo faber,* der Bastler, Tüftler, Techniker, versteht nur das, was er nachbaut, und baut nach, was er versteht. Verstehen heißt: Naturwissenschaften betreiben, Hypothesen entwickeln und testen – heißt, ihren Gehalt konstruierend, durch Eingriff ins Naturgeschehen umsetzen.

Aber *habe ich* auch *mich selbst*? Entzieht sich nicht dem Cartesischen *ego cogito* der eigene Urgrund, die eigene Schaffenskraft? Ich bin zwar ein nahezu unbegrenzt lernfähiger Konstrukteur: Ich kann Eisen schmelzen, Brücken bauen, den Zeitpunkt des Urknalls errechnen. Aber mich selber schaffen kann ich nicht. Schaffender zu sein, ist nicht seinerseits Resultat meiner *Leistung*, auch nicht meiner Verstehensleistung. Mein Verstehen versteht sich nicht in eben demselben Akte.

Das *Ich bin* läuft sich ständig vorweg, das Ziel, sich selbst einzuholen, bleibt unerreichbar. Ehe das *Ich* sich »erwischt«, ist es immer schon entwichen. Auch die Lichtquellen am gestirnten Nachthimmel haben seit der Emission ihrer Strahlung ihren Standort längst verlassen. – Ich bin immerzu Werdender…

3. »*Darum werden wir erst.*« – Ein Stilbruch? Nicht unbedingt: Im Wechsel vom Singular zum Plural zeigt sich, daß das Ich nur in der Anerkennung durch seinesgleichen dazu gelangt, sich zu »haben«. Man kann das Sich-Haben mit dem Segel eines Schiffes vergleichen, sich blähend in der Richtung der meisten sozialen Erwartungen. Den Kurs des Bootes steuert – unter Ausnützung dieser Brise – das *Ich*.

Selbstbewußtsein erwächst aus dem Wissen um das Anerkanntwerden durch Andere.[9] Den Kampf auf Leben und Tod, als den der Dialektiker die Genese gegenseitiger Anerkennung beschreibt, nimmt die Entwicklungspsychologie auf die psychische Ebene zurück: Indem das zweijährige Kind fremden Zumutungen sein NEIN entgegenschleudert, meldet es seiner Umgebung an: auch ich bin jemand! Im NEIN verrät sich: das Kind beginnt, eigene und fremde Ansichten, Meinungen, Gedanken auseinanderzuhalten. Die Reibung am Nein der Anderen ist ein wesentlicher Impetus zum Einstieg in die verbale Kommunikation. Später, in der Trotzphase, wiederholt und verstärkt das Ich den Gegendruck. Es schirmt sich gegen fremde Zumutungen mit fragmentarischen Handlungsstrategien ab. Trotz, die argumentlose Opposition, macht der Fähigkeit Platz, für die eigene Meinung einzutreten, sie zu begründen. Die Fähigkeit zu überzeugen nimmt den Strategien des Trotzes – um im Bilde zu bleiben – den Gegenwind aus den Segeln. Die Lust am Gegeneinander weicht der Motivation zum Miteinander.

9 G. W. F. Hegel: *Phänomenologie des Geistes*, a.a.O., Kap. IV.

Was aber ist es, wozu wir werden? Eine Assoziation von Individuen? Eine Maschine, jede Gruppe ein Rädchen, jede Person ein Zahnradzahn, rotierend ständig um die gleiche Achse, ohne sonstigen Spielraum? Oder läuft die Bewegung umgekehrt: soziale *Kommunion – Kommunikation – individuelle Kontraposition*? Ist das *Wir* ein sozialer Organismus, zu dem die Personen gleichsam die Zellen bilden? Beide Richtungen werden vertreten: Die individualistisch-aufgeklärte im Westen und die kommunitaristisch-kollektivistische im Osten. Jene beginnt mit dem *Ich*. Bei dieser liegt der Akzent auf dem *Wir,* das *Ich* ist und bleibt im *Wir* eingebettet. Die westliche Erziehung legt Wert auf Konfliktfähigkeit, die östliche auf Harmoniefähigkeit. Bei Verhandlungen geht es in westlichen Gesellschaften um die Einigung in sachlichen Anliegen, in östlichen gilt im Gegenteil als entscheidend, daß die soziale »Chemie« stimmt. Dem Europäer geht es um den Verhandlungsgegenstand, dem Asiaten ums Gesicht. Im einen Fall wird das Ich gegen das Wir gestärkt, im anderen das Ich an das Wir angepaßt. Auf Versagen reagiert der Europäer mit Schuldgefühlen – dem Empfinden, gegen eine akzeptierte Norm verstoßen zu haben, der Asiate dagegen mit Schamgefühlen, dem Empfinden, vor seinesgleichen das Gesicht verloren zu haben. Individualität, Gleichheit, Spontaneität und Mobilität sind tendenziell westliche Werte, Beachtung bestehender Hierarchien, Konformität, Rücksichtnahme und Unterordnung tendenziell östliche. Gefügige Eingliederung ist im einen Fall gern gesehen und wird sozial bestärkt, im anderen als mangelndes Rückgrat und Symptom von Ich-Schwäche gedeutet und entsprechend geringgeschätzt.

Das moderne westliche Weltbild kreist um das individuelle Ich. »Seit Descartes muß die Philosophie mit einer Struktur rechnen, die im Altertum noch nicht existierte: mit einem subjektiven Punkt, der Anspruch darauf erhebt, all das zu bezweifeln, was nicht in ihm gegeben ist; der willig und fähig ist, die eigene Tiefe auszuloten; und der in der natürlichen und sozialen Welt nur das anerkennt, was auf der Grundlage dieses Punktes konstruiert ist.«[10] Konsequenterweise verliert das Leben in der

10 Vittorio Hösle: »Was sind die wesentlichen Unterschiede zwischen der

Gemeinschaft seine Selbstverständlichkeit und wird legitimationsbedürftig. Nach modernem Verständnis gründet der Staat auf einem Vertrag zwischen Einzelpersonen. Gesellschaft – so diese Auffassung – gibt es nur, weil der Einzelne auf Dauer mehr erreicht, wenn er kooperiert, als wenn er auf sich gestellt bliebe. Zur Gesellschaft sagt er ja, weil sie ihm nützt. Man kann beifügen, *sofern* und *solange* sie ihm nützt. Als ob es jedem freistünde, sich aus ihr zu verabschieden, wann immer er wollte.

Das neuzeitliche Personverständnis stellt gegenüber dem antiken und mittelalterlichen ein tiefgreifendes Novum dar. Auch traditionalistischen Kulturen geht es wider den Strich.

»Selbstverwirklichung« ist ein Schlüsselbegriff, der unvermindert Konjunktur hat. Das Selbst beansprucht Exklusivität: Ich verwirkliche mich notfalls gegen fremde Zumutungen. Mit jedem Schritt in Richtung auf meine Verwirklichung wachse ich, doch wachsen damit ebenso meine Ansprüche. Ein Prozeß ohne Ende. »Das Ideal der *Autonomie* führt in seiner gar nicht sprachspielerischen Konsequenz zur *Automation* und findet sein bisher individuellstes Symbol im Automobil.«[11]

Kollektive Verwirklichung ist kein Thema, obwohl gelingende Gemeinschaftsprojekte zur Identifikation einladen und vor der Gefahr persönlicher Niederlagen zumindest teilweise Schutz bieten. Einerseits sicher ein ambivalenter Sachverhalt – denn kollektive Interessen können individuelle ersticken. Werden Gemeinschaftserfolge andererseits gar nicht erst als solche angestrebt, oder werden sie auf den Wettbewerb um individuelle Selbstverwirklichung reduziert, so darf man sich nicht wundern, wenn sozialer Kitt austrocknet und Solidarität brüchig wird. – Selbstverwirklichung hat individuelle Freiheit zur Bedingung, ihr Schatten aber heißt Unverbindlichkeit. *Und so wird jeder einzeln für sich.* Ein *Wir* entsteht auf diese Weise nie...

antiken und der neuzeitlichen Philosophie?« In: Ders.: *Philosophiegeschichte und objektiver Idealismus.* München: Beck 1996, S. 13-36 (S. 15).

11 Lambert Bertuch: »Autonomie und Ökologie«. In: *Zeno. Zeitschrift für Literatur und Sophistik. Überleben* (14) 1992, S. 4-18 (S. 12).

Gemeinschaft geht dem *Ich* nicht vorher, sie ist mit ihm gleichursprünglich. *Wir* werden – aus der Beziehung der *Iche* untereinander. Dennoch bleibt das *Wir* vieldeutig: In den Extremen kann es eine bloße Dorfgemeinde oder aber die Weltgesellschaft umfassen. Die Nation steht dazwischen. Inwieweit schließt die *Wir*-Gruppe auch zukünftige Generationen mit ein? Und inwiefern die außermenschliche Natur? – Zeichnet sich im »Multiversum«[12] von Kulturen ein *Wir* ab – ein umfassendes *Wir* aus vielen kleineren?

Man soll den *clash of civilizations*[13] nicht herbeireden. Und doch ist die über-aufgeklärte Moderne, trotz ihrer Universalitätsansprüche, nur *eine* Kultur unter vielen: ein Teil des »Multiversums«, worin dieses sich selbst noch einmal spiegelt. Gesetzt, es gibt sie wirklich, die »Weltgesellschaft«, dann als Gebilde voller Klüfte, Spalten und Verwerfungen. Abschüssige, steile, schwindelerregende Wohlstandsgipfel in den Zentren. Beklemmende Marginalisierung in den Talsohlen und vor allem an den Rändern.

Zeitenwende: Fünf Abwandlungen des Diktums und ein Schimmer Hoffnung

1. *Ich bin. Und ich hatte mich bereits. So entgleiten wir uns denn.* – Aus der Sicht der europäischen Spätkultur gesprochen: Das Bild des Kulturzyklus – Ernst Bloch mochte es nicht. Verständlich, es suggeriert Aufstieg und Niedergang.

Die Geschichte Weimars als Exempel: Luther, Bach, Herder, Goethe, Schiller: Schwere, würdige Namen – in immer schnellerer zeitlicher Folge. Welch ein Konzentrat von Exponenten deutscher Kultur, alle in Weimar! Dann Liszt und Nietzsche, später Kandinski und Klee, frühes Bauhaus. Fast unvermittelt schließlich, in Weimars unmittelbarer Nachbarschaft, die rauchenden Schornsteine von Buchenwald. Als der Krieg schon

12 Ernst Bloch: *Tübinger Einleitung in die Philosophie*, S. 128.
13 Samuel P. Huntington: »The Clash of Cultures«. In: *Foreign Affairs* 1993.

lange zu Ende war, stieg der Rauch immer noch. Und seither? Weimars glitzernde Auferstehung als Freilichtmuseum. Funkelnd im Firniß – seiner Vergangenheit.

Die Bevölkerung Europas ist lange Zeit gewachsen, nun schickt sie sich an abzunehmen. Nur die Schulklassen wachsen noch – und zeugen immer unübersehbarer von der kulturellen Vielfalt auf engstem Raum. Bunt ist die Herkunft der künftigen Arbeitnehmer, zur Sicherung der Renten von morgen. Innerhalb der vier Wände eines Schulzimmers wachsen die Kontinente zusammen. Universalismus, das Markenzeichen europäischer Kultur gestern und heute, der Hebel zu ihrer »Aufhebung« – ihrer Bewahrung durch Überwindung – morgen. Wir sind im Begriff, uns zu entgleiten; das Werden anderen zu überlassen.

»Wer hat uns also umgedreht, daß wir, / was wir auch tun, in jener Haltung sind / von einem, welcher fortgeht? Wie er auf dem letzten Hügel, der ihm ganz sein Tal / noch einmal zeigt, sich wendet, anhält, weilt –, / so leben wir und nehmen immer Abschied.«[14]

2. *Noch sind Wir. Aber Wir haben uns nicht mehr. So werde Ich denn.* – Das Drama untergehender Kulturen: Die Menschenrechtsidee repräsentiert einen wesentlichen geschichtlichen Fortschritt, zweifellos. Es gibt indessen Gesellschaften, auf die die Menschenrechts-Konvention nicht paßt, weil die Entwicklung zur Autonomie der Mitglieder entweder nicht vorgesehen oder ausgeschlossen ist: die sogenannten »primitiven« und die traditionalen Gesellschaften. – Sie sei es wert, daß sie untergehe, hat Hegel deswegen von der indigenen Kultur Lateinamerikas gesagt[15] – einer Kultur, in der das Selbstbewußtsein nur mit kleiner Flamme leuchtet, das Ich fest in das Wir eingefügt und eingebettet ist.

Mit dem Untergang des *Wir* wird der Weg frei für die Karriere des *Ich*.

14 R. M. Rilke: *Achte Duineser Elegie*, a.a.O.; S. 716.
15 G. W. F. Hegel: *Vorlesungen über die Philosophie der Geschichte. Theorie Werkausgabe*, Bd. 12, Frankfurt/M.: Suhrkamp 1970, S. 107 f.

Doch das romantische Abendrot, in das untergehende Völker niedrigerer Kulturstufen heute verklärend gehüllt werden, zeugt von der Trauer um den Verlust einer Lebensweise, die wir für eine Vorläuferin unserer eigenen halten. Die Höhe einer Kultur bemißt sich am Abstand von ihrer Subsistenzbasis, so wie die Höhe eines Hauses am Abstand von seiner Verankerung im Boden. Die entwickelteren Kulturen bauen sich auf den weniger entwickelten auf, so wie die höheren entwicklungspsychologischen Stufen auf den niedrigeren oder die oberen Stockwerke auf den unteren. Eine Welt ohne sogenannte »primitive« Kulturen ist wie ein Gebäude, aus dem die tieferen Etagen herausgesprengt werden – einsturzgefährdet. »Wenn die Bäume fehlen, stürzt der Himmel auf uns«, sagt ein indianisches Sprichwort.

3. *Ich bin nichts. Ich habe mich nicht. Und so werden wir denn auch nicht mehr.* – Statement aus der Sicht von Marginalisierten: Wo Fortschritt einkehrt, entwickelt sich eine soziale Dynamik, die Mobilität nimmt zu, es bilden sich Wohlstandsinseln, auf die sich auch die Entwicklungschancen konzentrieren. Doch auf diesen Inseln wird es eng und enger, die Konkurrenz ist groß.

Unausweichlich in Afrika, Lateinamerika, Asien: auf die Migration vom Land in die Städte folgt oft genug die Rutschpartie in eine soziale Randexistenz. Verslumungstendenzen – die soziale Entropie der Modernisierung. Das ärmste Fünftel der Weltbevölkerung bezieht einen sechzigmal geringeren Anteil am globalen Sozialprodukt als das reichste. Und bei einem knappen Fünftel ist die Grundbedingung des *Ich bin* – die Subsistenzgrundlage – nur knapp oder gar nicht mehr erfüllt.

In der äußeren sozialen Peripherie erscheint schon eine gesunde Existenz als ausgesuchtes Privileg. Eine Stadtrandhütte aus Schrottartikeln, ein Dach überm Kopf, und das wär's. Die Hütte ist Küche und Schlafzimmer, Eßraum und Reinigungskammer, alles in einem. Und die Kinder? Zum Spielen kein Platz, zur Erledigung von Schulaufgaben erst recht keiner. Das Zuhause ist kein Ort des Bleibens, der Aufenthalt im Freien die einzige Option. *Push*- wie *Pull*-Faktoren weisen in Richtung Gasse: Gewaltszenen zu Hause, die Suche nach Schutz vor sexuellen Übergriffen, der Auftrag betteln zu gehen, die Versuchung durch das Fußballspiel im Freien.

Für Straßenkinder weisen fast alle Pisten abwärts und hinaus an den Rand der Legalität oder über diesen hinweg. Zum Beispiel über Bars und Nightclubs in die Prostitution. Zum Beispiel über die Laufburschenfunktion ins Drogengewerbe. Die Basis der Selbstachtung erodiert, Verzweiflung flackert auf: Nie Kind gewesen. Die Frage einer Minderjährigen, die mit falschen Versprechungen in ein Verhältnis sexueller Versklavung gezwungen wurde, verrät alles: »Kann man noch mal geboren werden?«[16] Ebenso die Reaktion eines zehnjährigen Namenlosen, der von der Polizei einen Schuß ins Bein abbekam, weil er Leim schnüffelte. Er flieht jeden Kontakt zur zivilisierten Gesellschaft, das Vertrauen in die Institutionen hat er verloren. Die Wunde ist nicht operiert, und AIDS hat er auch.[17] – In den Peripherien von Drittweltmetropolen besorgt das Immunschwächenvirus zunehmend die Arbeit von Killerkommandos: die Ränder der Gesellschaft zu begradigen...

Wir wissen es. Und blicken weg.

4. *Ich bin. Aber ich habe mich nicht. Andere haben mich – sind aber nicht.* Der Manager: Wirklich, er *ist*, und er residiert in sozialen Gipfelregionen, bezieht ein Spitzengehalt. Freilich: Er *hat* sich nicht, dazu ist seine innere Unruhe zu groß. Man sollte meinen, er sei auf Rosen gebettet. Doch über Zeit verfügt er nicht, ihre Einteilung überwacht – als Herrin des Terminkalenders – die Sekretärin. Echte Vertrauenspersonen hat der Chef so wenig wie Muße. Sein Privatleben, gegen den aufdringlichen Eifer der Journalisten notdürftig abgeschirmt, konvergiert gegen Null. Er ist einsam durch Unnahbarkeit – und durch die Ängste der Angestellten, überflüssig zu werden anläßlich einer künftigen Rationalisierungsmaßnahme. Und die eigene Furcht

16 Gilberto Dimenstein: *Meninas de noite. A prostituição de meninas-escravas no Brasil.* São Paulo: Ática 1992, S. 100. Dt.: *Mädchen der Nacht. Prostitution und Mädchensklaverei in Brasilien.* München: Marino 1993, S. 124.

17 Persönliche Begegnung in Zentralbrasilien. Ein Jahr später ist der Junge tot.

macht den Spitzenmann für seine Untergebenen nicht zugänglicher: Wenn die Aktien stürzen, stürzt auch er.

5. *Ich bin nicht, aber ich habe. Ich habe immer mehr. Mein Werden erinnert an eine Flucht.* – Die Sinnleere des Konsumparasitismus: Der wohlhabende Bürger wird klein und kleiner – zum Kleinstbürger: Besitzt all das, was zu besitzen von ihm erwartet wird: Häusle, Auto, Videogerät, Heimcomputer, Mikrowellenherd... Materieller Besitz zum Beweis des *Ich habe.* Man tut, man ist... Trekking im Grand Canyon, Schnorcheln auf den Malediven – der Bürokollege hat doch auch so davon geschwärmt. Man ist eben mobil und folglich immer wieder woanders. Abwechslung als Selbstzweck. Oder sind wir – auf der Flucht?

Dabei leben wir auf einer der Sonnenterrassen des Wohlstandsgefälles. Wie auf einer Terrasse in zackigem Gebirge. Tiefenblick grandios, aber schwindelerregend. Und er öffnet sich noch weiter, denn das Gefälle wird steiler: regional, national, global. Nicht weil die einen fleißig und erfolgreich, die anderen träge und inkompetent wären. Sondern weil der Abstand zwischen »Zentrums-« und »Peripherie«-Regionen immer noch wächst. Wer in einer Gegend mit aktiver Wirtschaftstätigkeit lebt, hat Anteil an einer besseren Infrastruktur, Zugang zu rationelleren Produktionsmethoden, ein dichteres Angebot an Ressourcen, Kompetenzen, Ausbildungen und Kultur. Kurz, er verfügt über bessere Entwicklungschancen. Von den besseren Bedingungen in den »Zentren« profitieren zu wollen, ist ein nachvollziehbares Anliegen. Auf den Gebirgsflanken gibt es nicht nur Absteiger; einige wenige klettern höher.

Der Streit darüber, ob und wieweit die Kosten des Lebensstandards in den »Zentren« auf die »Peripherien« abgewälzt werden, ist alt, aber ungelöst. Der Ausbeutungsbegriff ist ausgemustert. Im Zenith steht ein anderes Wort: »Externalisierung von Kosten«. Es gibt viele Varianten, eine offene Rechnung weiterzugeben: Die Bessergestellten überwälzen sie an die weniger Bemittelten; wohlhabende Gesellschaften treten sie nach außen ab, mit Präferenz an weniger wohlhabende. Rote Zahlen werden auf die Namen unserer Kinder und Kindeskinder überschrieben. Man nennt dies *öffentliche Verschuldung*. Auch nichtmenschliche Lebewesen werden zur Kasse gebeten, ganze Biotope in klingende Münze verwandelt. Der Wachstumsimperativ der Wirtschaft drückt auf die natürliche Umwelt und Ökosphäre. Der gesamtwirtschaftliche Jahresumsatz nimmt weiter zu, die stratosphärische Ozonschicht ab. Ihr Dünnerwerden läßt die Schicht der Sonnenschutzcreme auf der Körperoberfläche anschwellen. Hautkrebsprävention – ein sicheres Geschäft auch in Zukunft. Die Artenvielfalt lichtet sich, das »Multiversum« der Kulturen hingegen verdichtet sich.

Das haben wir nicht gewollt! Also – ändern wir es! Nicht durch Verdrängung, nicht durch Flucht.

6. *Ich bin. Aber ob ich mich jemals habe und ob wir jemals werden, bleibt offen.* – Hoffnung auf das Prinzip Hoffnung: Die Zeiten, da es wohl stand um den Wohlstand, sind einer Periode gewichen, in der Nachdenken zunehmend gefragt ist. Wenn vermeintlich universalistischer *common sense* spröde wird, steigt das Orientierungsbedürfnis. Wenn festgefahrene Selbstverständlichkeiten sich lockern, erhält selbst die zarte Kraft der Graswurzeln eine Chance. Durch das Urgestein des Gewohnten fressen sich die Verwerfungsspalten. In ihnen keimen neue Formen des *Wir* – unscheinbar, aber vielfältig, nicht geplant, sondern organisch wuchernd und vielfach verzweigt. Paradigmenwechsel werden kaum von Mammutorganisationen ausgehen, viel eher von kleinwüchsigen Initiativen. Steter Tropfen höhlt den Stein. Und nährt, was keimt. *Darum werden wir erst.*

JAN KNOPF

Bin »Ich's«?
Oder lasse ich es besser bleiben?

Ein Versuch über Brechts Lehrstücke

Ernst Bloch und Bertolt Brecht haben bei allen Divergenzen
bekannte und unbekannte Gemeinsamkeiten. Ich widme mich
mit meinem vorliegenden Essay einer unbekannten Gemeinsamkeit, indem ich kühn behaupte, Brecht hat auf Blochs
Diktum »Ich bin. Aber ich habe mich nicht. Darum werden wir
erst.« mit seinen Lehrstücken *Lindberghflug* bzw. *Der Flug der
Lindberghs* und *Das Badener Lehrstück vom Einverständnis*
bereits eine erwägenswerte Antwort gegeben, ehe Bloch seine
sperrigen, kantigen, provozierenden, aber vor allem herausfor-
dernden Worte formulierte.

Ich gehe in die Historie und zu Brechts umstrittenen Lehrstücken und überprüfe Ernst Blochs durchaus nicht vertraute
drei Kurzsätze auf ihre Haltbarkeit.

Die erste Fassung des *Lindberghflugs* endet mit dem *Bericht
über das Unerreichbare*; die Schlußverse lauten:

Gegen Ende des 3. Jahrtausends unserer Zeitrechnung
Erhob sich unsere
Stählerne Einfalt
Aufzeigend das Mögliche
Ohne uns vergessen zu machen: das
UNERREICHBARE.
Diesem ist dieser Bericht gewidmet.

Der Name Lindbergh steht im Singular. Das kleine Stück ist,
wie es Brecht später selbst tituliert, ein »Heldenlied«, ein Lobgesang auf den Pionier des Fliegens, der trotz aller Unbilden
und Hindernisse das Wagnis unternommen hat, den Ozean zu
überfliegen, und dabei erfolgreich ist und sich als »Sich« bestätigt sieht: ›Ich *bin* Lindbergh und habe mit dem – von vielen für
unmöglich gehaltenen – Atlantikflug mich als Persönlichkeit

bewährt. Wer könnte zu diesem Zeitpunkt – angesichts einer Weltöffentlichkeit, die den riskanten Flug verfolgt hat – nicht mit aller Überzeugung sagen: Ich bin.‹

Die Schlußverse des Stücks wurden bisher immer so gelesen, daß angesichts des *erreichbaren* Fortschritts die Grenzen der Möglichkeiten für noch zu lösende Aufgaben nicht vergessen sein sollten.

Wenig später übernimmt Brecht die Passage des *Lindbergh-flugs* in das *Lehrstück*, wie das *Badener Lehrstück vom Einverständnis* zunächst noch heißt, und zwar unverändert. Auch der zweite Druck in den *Versuchen*, der das Stück *Flug der Lindberghs* nennt, weist den *Bericht über das Unerreichbare* unverändert auf. Das heißt: mindestens ein Jahr lang (1929-1930) ist der Text für Brecht gültig, und dies, obwohl er für den *Versuche*-Druck weitgehende Änderungen am ersten Lehrstück vorgenommen hat: Die Lindberghs erscheinen im Plural, es ist nicht mehr der einzelne, der Held, der im Lied besungen wird, und als Szene 8 kommt eine ausführliche kommentarartige Erörterung (»Ideologie«) hinzu, die den Atlantikflug zum Paradigma gesellschaftlichen Fortschritts zu erheben scheint. Fortschreitende Naturerkenntnis und die damit verbundene soziale Revolutionierung beseitigen die alten Verhältnisse. Der Flug sei »eine Anstrengung zur Verbesserung des Planeten/Gleich der dialektischen Ökonomie/Welche die Welt verändern wird von Grund auf«.

Die grundlegende Diskrepanz zwischen der Schlußszene und der vorangehenden Verherrlichung einerseits des Helden Lindbergh in der ersten Fassung, andererseits des technischen und sozialen Fortschritts durch Naturbeherrschung in der *Versuche*-Fassung ist bisher unbeachtet geblieben. Dort heißt es ausdrücklich: Der Bericht sei dem »Unerreichbaren« gewidmet und nicht etwa den vorher gezeigten Leistungen menschlichen Fortschritts. Stählerne Einfalt, und das heißt doch wohl in diesem Kontext: mangelndes Vermögen, geistige Beschränktheit, erhoben sich, um das den Menschen Mögliche zu zeigen, aber gleichzeitig und vor allem darum, das den Menschen Unmögliche nicht aus den Augen zu verlieren. Diesem sei der Bericht gewidmet.

Der Widerspruch läßt sich kaum auflösen, es sei denn, man

nähme an, daß Brecht am Ende seines Stücks eine einschneidende Relativierung des vorangegangenen Textes vorgenommen hätte, daß also das Heldenlied oder der Lobgesang auf den kollektiven technischen Fortschritt angesichts dessen, was dem Menschen grundsätzlich an Möglichkeiten entzogen ist, nicht so ernst zu nehmen sind, wie er es selbst und wie es die Zeit mit der Feier der »Neuen Sachlichkeit« vorgaben. Angesichts des Unerreichbaren bleibt der Lindberghflug marginal. Das als Menschheitsereignis gepriesene Pionierunternehmen zeigt lediglich einige wenige Möglichkeiten der Menschen auf, die aber angesichts des Unmöglichen gering und gerade nicht welt- oder gesellschaftsverändernd wirken können.

Der Widerspruch löst sich auch noch nicht vollends auf, wenn Brecht für den Druck des *Badener Lehrstücks* in den *Versuchen* die Änderung vornimmt: »das/*Noch nicht Erreichte*«, und in einer Fußnote anmerkt, daß es im »ersten Versuch [...] fälschlich [heiße]: Das Unerreichbare. Dies ist auszubessern in: das noch nicht Erreichte«. Zwar ist jetzt dazu aufgefordert, angesichts des erreichten Fortschritts die noch zu lösenden Aufgaben nicht zu vergessen, dennoch aber bleibt der Bericht dem »Noch nicht Erreichten« gewidmet und nicht den vorangehend geschilderten Pioniertaten. Diese bleiben merkwürdig »klein« im Hinblick auf das noch zu Leistende.

Der enge, ja geradezu unmittelbare Zusammenhang zwischen *Der Flug der Lindberghs* und dem *Badener Lehrstück vom Einverständnis* zeigt eine rapide Entwicklung der Thematik der Lehrstücke und der damit verbundenen Lehrzwecke auf. Brecht beginnt mit einem »Heldenlied«, noch ganz im Bann einer Umfunktionierung des Mediums Radio und der Anwendung neuer künstlerischer Möglichkeiten, die vor allem darin lagen, eine für das Medium geeignete Wiedergabe von Text und Musik zu finden – den Autoren war klar, daß das Medium aufgrund seiner Technik andere Realisierungsformen erforderte als eine theatralische Aufführung –, und zugleich dem Medium eine den Hörer aktivierende Funktion zuzuweisen. Dem Hörer war der Part des Lindbergh zugewiesen; er sollte durch aktives Mitsingen und Mitsprechen der Passagen zu einem neuen Umgang mit dem Medium angehalten werden.

In den »Erläuterungen« zum *Lindberghflug* schreibt Brecht, es sei pädagogischer Zweck der Übung: »der Übende ist Hörer des einen Textteiles und Sprecher des anderen Teiles. Auf diese Art entsteht eine Zusammenarbeit zwischen Apparat und Übenden, wobei es mehr auf Genauigkeit als auf Ausdruck ankommt. Der Text ist mechanisch zu sprechen und zu singen, am Schluß jeder Verszeile ist abzusetzen, der abgehörte Text mechanisch mitzulesen.« Die zunehmende Konzentration der mechanischen Mittel erforderten »eine Art Aufstand des Hörers, seine Aktivierung und seine Wiedereinsetzung als Produzent«.

Man sieht: es geht Brecht nicht um die Inhalte, sondern um eine neue Haltung zum Medium. Seine Mechanisierung soll erkannt und durch Mitmachen erlernt werden. Der Apparat erzwingt neue Verhaltensweisen beim Benutzer, und dieser kann nur über die neue »Mechanik« des Apparats verfügen, wenn er sie durchschaut hat und sie zu benutzen weiß. Dafür war eine »technische Demonstration« wie der Atlantikflug geradezu wie geschaffen. Es kam weniger auf die »Ideologie« an als auf die technische Verfügungsgewalt des Menschen über die Apparate: inhaltlich Lindberghs über das Fluggerät, im Hinblick auf die Rezeption des Hörers über das Radio. Insofern konnte auch ein »Heldenlied« die Ansprüche zunächst erfüllen, und es ist nicht ausgeschlossen, daß Brecht durchaus damit rechnete, daß die Hörer über den Lindbergh-Part durch gewisse Identifikation mit dem »großen Flieger« besser zu aktivieren waren als durch andere Stoffe.

Die Umarbeitung des Stücks zu *Flug der Lindberghs* und vor allem der Einbau der »Ideologie«-Szene wirken denn durchaus als Fremdkörper, da sie »Lehren« ins Stück einführen, die nicht mehr primär der Beherrschung des Apparats, sondern der neuen Thematik der Lehrstücke gelten: der Propagierung, den »alten«, selbstbezogenen, »bürgerlichen« Menschen zu überwinden.

Die Lindberghs im Plural betonen in der Neufassung für die *Versuche* das Kollektive, die kollektive Zusammenarbeit, die notwendig ist, damit der einzelne den Apparat überhaupt beherrschen kann:

Sieben Männer haben meinen Apparat gebaut in San Diego
Oftmals 24 Stunden ohne Pause
Aus ein paar Metern Stahlrohr.
Was sie gemacht haben, das muß mir reichen
Sie haben gearbeitet, ich
Arbeite weiter, ich bin nicht allein, wir sind
Acht, die hier fliegen.

Lindbergh ist nicht mehr der »Held«, sondern der Arbeiter:
»Ich habe mich nicht.« Der Pionier, das gefeierte und bestätigte
»Ich«, setzt nur die Arbeit fort, die die anderen für den Bau des
Apparats aufgewendet haben. Wenn er fliegt, fliegen die anderen mit ihm. Es handelt sich nicht mehr um die Leistung eines
einzelnen, des Pioniers, sondern um die gemeinsame Arbeit aller Beteiligten, deren Namen aber traditionell unbekannt geblieben sind: »Darum werden wir erst.«

Die spätere »Ausmerzung« des Namens Lindbergh aus dem
Stück und seine Umbenennung in »Ozeanflug« ist hier bereits
angelegt. Auf Lindbergh kommt es nicht an; einzig die gemeinsame Arbeit verbürgt den Erfolg.

Mit der Rückkehr auf die Bühne rückt das neue Thema, das
dem Radiolehrstück nachträglich aufgepfropft ist, in den Vordergrund. Gezeigt wird im *Badener Lehrstück* der Fall des
Fliegers Charles Nungesser, der für Brecht der Prototyp des in-
dividualistischen, allein auf seinen persönlichen Ruhm bedachten Draufgängers war. Vier Flieger, der Pilot Nungesser und
drei Monteure, erfaßt vom Rausch des technischen Fortschritts,
sind abgestürzt, weil sie des »Aufbruchs Ziel« vergaßen, und
erwarten nun von der Menge Hilfe, damit sie nicht sterben müssen.

Die Verschiebung zum *Lindberghflug* ist weitgehend: dort
der Erfolg der Pioniertat, hier das Versagen von Mensch und
Technik. Das Stück nun handelt davon, ob es richtig ist, den
Abgestürzten zu helfen, indem es untersucht, ob die geforderte
Hilfeleistung angemessen ist oder nicht, »ob/Es üblich ist, daß
der Mensch dem Menschen hilft« (Szene 2). Untersuchender
und Lehrender ist der Chor, der ausdrücklich als »gelernter
Chor« bezeichnet ist; er bezieht die Menge, das heißt das anwe-

sende Publikum, mehrfach ein. Belehrter bzw. Lernender ist das Individuum, hier der gestürzte Flieger.

War im »Lindberghflug« der technische Fortschritt noch Garant für einen allgemeinen gesellschaftlichen und sozialen Fortschritt, so geht es jetzt um die Diskrepanz zwischen technischem und sozialem Fortschritt. Auf die Preisungen der Erfindungen des Menschen – durch den Führer des gelernten Chors – antwortet der Chor:

Das Brot wurde dadurch nicht billiger.
Sondern
Die Armut hat zugenommen in unseren Städten
Und es weiß seit langer Zeit
Niemand mehr, was ein Mensch ist.
Zum Beispiel: während ihr flogt, kroch
Ein euch Ähnliches am Boden
Nicht wie ein Mensch!

Deshalb plädiert die Menge dafür, den Fliegern die Hilfe zu verweigern. Die Flieger beharren aber darauf, alles allein geleistet zu haben, ihren Ruhm als eigenes Verdienst in Anspruch nehmen zu können, beharren also auf ihrem Individualismus, und die Menge beharrt darauf, daß die Technisierung und ihre Erfolge nichts am sozialen Elend geändert haben. Hier gilt: der Mensch hilft dem Menschen nicht.

Drei Untersuchungen werden geführt. Die erste zeigt den technischen Fortschritt, der nur dazu geführt hat, daß die Menschen ihm unterworfen, nicht aber durch ihn befreit worden sind. Die zweite zeigt Darstellungen, »wie in unserer Zeit Menschen von Menschen abgeschlachtet werden«. Die dritte führt eine Clownsnummer vor, in der Herr Schmitt, der angeblich »so stark« ist – dargestellt in einer Riesengestalt –, unter der Vorgabe, daß ihm geholfen werde, buchstäblich zerteilt und zerstückelt wird.

Die dritte Untersuchung ist die radikalste. Sie stieß bei der Uraufführung in Baden-Baden auf empörte und zum Teil aggressive Reaktionen des Publikums und der Kritik. Brechts Regie verstärkte die Effekte: Der Clown »Herr Schmitt«, durch Stelzen, verlängerte Arme und einen aufgesetzten Kopf aus

Pappmaché von riesigen Dimensionen, wurde »mit veritablen Sägen und veritablen Geräuschen« nach und nach seiner Gliedmaßen beraubt, wobei blutrot gefärbte Stümpfe zum Vorschein kamen. Augenzeugen berichteten, daß ein ohrenbetäubender Lärm einsetzte und das Publikum in Scharen den Saal verließ. Theo Lingen erinnerte sich an einen Skandal, wie er ihn nie wieder am Theater erlebt habe. Ein bekannter Musikkritiker, so berichtet Hanns Eisler, sei ohnmächtig geworden.

Schaue ich näher auf die Szene. In meinem *Brecht-Handbuch* habe ich Herrn Schmitt als Kleinbürger qualifiziert und geschrieben: »Herr Schmitt, von dem am Ende nichts bleibt, bedankt sich sogar noch für diese ›Hilfe‹, in der Meinung, von einer Bürde befreit zu sein, die er selbst ist. Herr Schmitt steht für den Kleinbürger, der einerseits – wie der Arbeiter – das Opfer der Entwicklung der Massengesellschaft geworden ist, indem ihm sein Eigentum, seine Stellung durch die Monopolisierung genommen wurden, der aber andererseits mit dem kümmerlichen Rest seiner selbst darauf besteht, Individuum zu sein.« Ich bin.

Beim Wiederlesen bin ich nicht mehr dieser Meinung. Herr Schmitt – das zeigt nicht nur die Inszenierung – wird als »stark« charakterisiert; seine Übergröße scheint mir kaum ein Hinweis auf Kleinbürgertum zu sein. Einer seiner beiden Widersacher wird ausdrücklich als jemand bezeichnet, der Herrn Schmitt »in den Arsch kriecht«, und das heißt, sich in würdeloser Form unterwürfig, schmeichlerisch ihm gegenüber zeigt. Herr Schmitt ist überdies als ein Mensch gezeichnet, der sich nur mit seinen eigenen, hypochondrisch orientierten Problemen beschäftigt.

Die Zerstückelung des Herrn Schmitt erfolgt durch rigorose Anpassung der Herren Einser und Zweier an Herrn Schmitts eingebildete Wehleiden. Sie gehen auf alles ein, was er beklagt, und beheben den Schaden nach dem absurden Motto: eine Wunde am Fuß ist am besten dadurch zu beseitigen, daß man den ganzen Fuß absägt, Kopfweh am besten dadurch, daß man den Kopf gleich ganz entfernt. Als Herrn Schmitt die Gliedmaßen alle entfernt sind, legen Einser und Zweier ihm Arme und Beine in den Schoß und kommentieren: »So, Herr Schmitt, da haben Sie alles, was Ihnen gehört, das kann Ihnen keiner mehr rauben.« Der absolute Widersinn triumphiert: seiner Funktionen beraubt, besteht Herr Schmitt weiterhin auf dem Eigentum seiner Gliedmaßen und darf sie »behalten«. Die Szene endet mit dem Abschrauben des Kopfes, wobei sich Herr Schmitt weiterhin über körperliches Unbehagen beklagt: er liegt mit dem Rücken auf einem Stein. Zweier kommentiert: »Ja, Herr Schmitt, alles können Sie nicht haben.« Einser und Zweier »lachen schallend«. Ende der Clownsnummer.

Herr Schmitt, so meine ich heute, steht nicht für eine soziale Gruppe, sondern paradigmatisch für den (überholten) bürgerlichen Individualismus. Dafür sprechen seine Übergröße, seine Selbstbezogenheit, seine Wehleidigkeit im Hinblick auf sich selbst. Es gibt keinerlei Orientierung des Herrn Schmitt auf ein »Außen«. Er ist einzig und allein auf sich selbst bezogen und beklagt sich nach seiner Zerstückelung weiterhin wehleidig über weitere Schmerzen, ohne irgend etwas aus dem Vorgang, der brutal mit ihm getrieben wird, zu lernen. Überdies erfolgt seine Zerteilung völlig schmerzlos. Alle Schmerzen, die Herr Schmitt äußert, beziehen sich einzig und allein auf seinen »ursprünglichen« Zustand, nicht auf die rabiaten Maßnahmen von Einser und Zweier. Er merkt eigentlich nichts.

Die ungeheure und durch Brechts Regie provozierte Wirkung, die die Szene bei der Uraufführung in Baden-Baden hatte, beweist ebenfalls, daß sich das anwesende gutbürgerliche Kurpublikum offensichtlich am eigenen Leib herausgefordert fühlte und den brutalen dramatischen Vorgang nicht ertragen konnte. Überdies ist zu beachten, daß auch diese Szene eine »Untersuchung« bildet, ob der Mensch dem Menschen hilft.

Tatsächlich helfen Einser und Zweier dem Herrn Schmitt in voller Unterwürfigkeit. Sie gehen auf jede Wehleidigkeit von ihm ein. Nur das Ergebnis ist völlig absurd: Herr Schmitt existiert sozusagen nicht mehr und hat doch fast »alles«, was er wollte.

Gezeigt wird folglich die Demontage des (übergroßen) bürgerlichen Individuums, das es als solches noch nicht einmal bemerkt und unbelehrt aus diesem Prozeß der »Hilfeleistung« hervorgeht. Es existiert am Ende zwar nicht mehr, beharrt aber dennoch weiterhin auf dem Schein seiner Individualität. »Ich bin. Aber ich habe mich nicht.«

Der dahinterstehende gesellschaftliche Vorgang scheint mir folgender zu sein. Auch der Bürger der Weimarer Gesellschaft ist bereits in radikaler Weise vom gesellschaftlichen Entfremdungsprozeß bestimmt, wie er zunächst nur für die Arbeiter festgestellt worden ist. Ich erinnere hierbei an Georg Lukács' Analysen in seinem Buch *Geschichte und Klassenbewußtsein*, das Buch, das mir noch am haltbarsten seiner vielen Schriften zu sein scheint.

Ausgangspunkt von Lukács' Überlegungen ist die zunehmende Rationalisierung der Arbeit und damit die Zerlegung des Produkts in Einzelelemente. Verbunden damit wiederum ist die Spezialisierung der Arbeit, ihr Zerfall in zufällig wirkende, jegliche Einheit leugnende Teiloperationen:

Das einheitliche Produkt als Gegenstand des Arbeitsprozesses verschwindet. Der Prozeß wird zu einer objektiven Zusammenfassung rationalisierter Teilsysteme, deren Einheit rein kalkulatorisch bestimmt ist, welche also einander gegenüber als *zufällig* erscheinen müssen. Die rationell-kalkulatorische Zerlegung des Arbeitsprozesses vernichtet die organische Notwendigkeit der aufeinander bezogenen und im Produkt zur Einheit verbundenen Teiloperationen. Die Einheit des Produkts als Ware fällt nicht mehr mit seiner Einheit als Gebrauchswert zusammen: die technische Verselbständigung der Teilmanipulationen ihres Entstehens drückt sich bei Durchkapitalisierung der Gesellschaft auch ökonomisch als Verselbständigung der Teiloperationen, als Relativierung des Warencharakters eines Produkts auf den verschiedenen Stufen seiner Hervorbringung aus.

Diese »Zerreißung des Objekts der Produktion« hat nach Lukács die Zerreißung des Subjekts zur Folge:

Der Mensch erscheint weder objektiv noch in seinem Verhalten im Arbeitsprozeß als dessen eigentlicher Träger, sondern er wird als mechanisierter Teil in ein mechanisches System eingefügt, das er fertig und in völliger Unabhängigkeit von ihm funktionierend vorfindet, dessen Gesetzen er sich willenlos zu fügen hat.

Bei solcher Arbeit stellt das spezifische menschliche Vermögen, stellen die Fähigkeiten des einzelnen Arbeiters keine Qualitätsmerkmale mehr dar, sondern »bloße Fehlerquellen«, da sie potentiell (und auch tatsächlich) den mechanisierten Arbeitsprozeß lediglich stören, nicht aber bereichern können. Überdies wird die Arbeit dadurch immer mehr ihres eigenen Charakters entkleidet: sie verliert ihren Tätigkeitscharakter und wird tendenziell zur kontemplativen Haltung gegenüber den mechanisch-gesetzmäßig ablaufenden Produktionsprozessen. Die »Leistung« des Arbeiters basiert aber auf dessen rationeller Zerlegung. Obwohl er als Person an der Maschine steht, darf er nur ausführen, was die Maschine ihm vorgibt, und damit wird seine Person reduziert auf die zerlegte und spezialisierte Teiloperation selbst, die er ausführt. Die Leistung des Arbeiters wird demnach von seiner Persönlichkeit abgetrennt, mechanisch objektiviert, und das heißt: verdinglicht. Da die Arbeit – nicht die Produktion selbst! – damit ihren vergegenständlichenden Charakter verliert, kann sich der Arbeiter weder mehr über sein Produkt noch über seine Arbeit definieren bzw. sich mit ihr identifizieren. Er wird – zumindest in seiner Arbeit – selbst zum Ding, zum verdinglichten Wesen, das keine Wirklichkeit, aber auch kein Bewußtsein von ihr zu bilden vermag. Der mechanisierte und rationalisierte Arbeitsprozeß vollzieht sich unabhängig vom Bewußtsein und spielt sich unbeeinflußbar von der menschlichen Tätigkeit ab. ›Ich habe mich nicht‹, im Gegenteil: Ich werde gehabt.

Die Verdinglichung zeigt auch Brechts Szene (nur in anderer Weise). Herr Schmitt hat auch nach seiner Zerlegung immer noch das, was ihm gehört. Die abgeschnittenen Gliedmaßen, der herausgeschraubte Kopf verbildlichen dies sehr deutlich: Was einmal zum Menschen Schmitt gehörte, ist nun von ihm getrennt und nur noch als Ding vorhanden: »Ich bin. Aber ich habe mich nicht.« Oder: Ich bin zwar nicht mehr, aber ich habe mich noch.« Allerdings in einer merkwürdig pervertierten »Form«, die Menschen nicht mehr ansteht.

Daß die Verdinglichung nicht auf den verdinglichten Arbeitsprozeß beschränkt ist, kann vielleicht ein kleiner Seitenblick auf Oskar Maria Grafs *Kalender-Geschichten* zeigen, die Ernst

Bloch als einem Kenner des Alltäglichen vertraut waren. Die erste Geschichte des zweiten Teils, *Wirren der Stadt*, führt zwei (scheinbar unberührte und noch in sich ruhende) Dorfmenschen mitten in den Wirbel der Großstadt. Die Geschichte besteht aus einer Reihung der vielen, auf die ganz auf ein anderes Tempo eingestellten Dörfler buchstäblich einstürzenden, ständig wechselnden Großstadt-Eindrücke, die Graf, moderne Erzähltechniken wie simultane Reihung verwendend, vorführt, bis das Paar wieder in die Stille der Dörfer zurückkehren kann.

Darstellungen der durch die Technisierung erfolgten radikalen Umwälzungen im Verhalten der Menschen kennen wir seit dem Expressionismus: Neue Wahrnehmungen stellen sich ein, neue Anpassungen an das durch die Technik vorgegebene Tempo werden erforderlich. Gesellschaftlich vollzieht sich eben das nach, was Lukács für den Arbeitsprozeß analysiert hat. Was für die Expressionisten noch neu und »verwunderlich« war und auch für die an die Großstadt nicht gewöhnten Dörfler bei Graf noch handgreifliche Entfremdungsprozesse auslöst, ist spätestens in der Weimarer Republik Alltag geworden. Der Anpassungsprozeß ist internalisiert und bereits als Gewohnheit akzeptiert. Als Realität aber besteht er dennoch, und zwar als Resultat eines radikalen Entfremdungsprozesses, der aber – und darin besteht denn die eigentliche Crux – als solcher gar nicht mehr bemerkt wird, wie Herr Schmitt seine Demontage nicht bemerkt. »Aber ich habe mich nicht.«

Gerade dem Bürger, der, anders als die Arbeiter, durch relativen Wohlstand ausgezeichnet ist, sich unabhängiger wähnt und deshalb ideologisch weiterhin auf seinem bürgerlichen Individualismus besteht, muß vor Augen gehalten werden, daß der Entfremdungsprozeß vor ihm nicht halt gemacht hat, daß er ihm ebenso – wenn auch nicht auf die Weise wie der Arbeiter – ausgesetzt ist.

Brecht ist insofern außerordentlich konsequent, als er in perverser Umkehr die Demontage des Herrn Schmitt als Hilfeleistung für ihn vorführt. Tatsächlich genießt der Bürger ja Privilegien, Privilegien, die er als »Unabhängigkeit« für sich reklamiert. »Ich bin« dennoch.

In der Zerstückelung des Herrn Schmitt verbildlicht das Stück diese Unabhängigkeit als bloßen Schein, dem keine Realität entspricht. Nur Herr Schmitt bemerkt das noch nicht einmal dann, wenn sie ihm am eigenen Leib demonstriert wird, und auch das Premierenpublikum nicht, wenn es in Scharen den Saal verließ. ›Darum werden sie nicht.‹

Von hier aus erklärt sich auch, warum Brecht sein Stück *Badener Lehrstück* genannt hat: Der Ort Baden-Baden galt schon seit der Kaiserzeit als Kurort für den gehobenen Mittelstand und die Bourgeoisie. Auch während der Weimarer Republik änderte sich daran im wesentlichen nichts, und sogar heute kann man dort noch die gut situierten Kurmenschen bewundern, die zwar was sind und »haben«, aber nichts werden.

Die Kammermusiktage von 1928 in Baden-Baden waren genau auf dieses Publikum ausgerichtet, auch wenn ihm durchaus avantgardistische Musik zugemutet wurde. Die Zielrichtung Brechts wird dadurch noch einmal nachdrücklich bestätigt: dem Bürgertum sollte der falsche Schein seines Individualismus desillusioniert werden. ›Ich bin. Aber nur durch das, was ich habe. Nur insofern habe ich mich.‹

Daß die neuen Realitäten sich nicht nur auf den Alltag der Bürger, sondern auch auf die Kunstproduktion auswirken, stellt noch einen weiteren Aspekt des Themas dar. Brecht schreibt, daß den Schriftstellern ihre Situation innnerhalb der geltenden Produktionsverhältnisse und die neue Rolle, die die Literatur sowie die Kunst allgemein dadurch spielt, nicht bewußt sei:

> Die großen Apparate wie Oper, Schaubühne, Presse usw. setzen ihre Auffassung sozusagen inkognito durch. Während sie schon längst die Kopfarbeit (hier Musik, Dichtung, Kritik usw.) noch mitverdienender [...] Kopfarbeiter nur mehr zur Speisung ihrer Publikumsorganisationen verwerten, [...] besteht bei den Kopfarbeitern selber immer noch die Fiktion, es handele sich bei dem ganzen Betrieb lediglich um die Auswertung ihrer Kopfarbeit [...]. Diese bei Musikern, Schriftstellern und Kritikern herrschende Unklarheit über ihre Situation hat ungeheure Folgen, die viel zu wenig beachtet werden. Denn in der Meinung, sie seien im Besitz eines Ap-

parates, der in Wirklichkeit sie besitzt, verteidigen sie einen Apparat, über den sie keine Kontrolle mehr haben, der nicht mehr, wie sie noch glauben, Mittel für die Produzenten ist, sondern Mittel gegen die Produzenten wurde, also gegen ihre eigene Produktion [...].

Auch die Künstler halten weiterhin die Fiktion aufrecht, daß sie »frei« und unabhängig seien und der vorhandenen Apparate eigentlich nicht bedürften. Dabei bemerken sie nicht, daß auch die Kunst längst den herrschenden Produktionsverhältnissen unterworfen und folglich zur Ware geworden ist. Indem aber die Künstler weiterhin glauben, die Apparate lediglich zu »speisen« und ansonsten individuell unabhängig zu bleiben, tragen sie realiter zur Erhaltung dieser Verhältnisse bei und unterstützen sie. ›Sie haben sich nicht, sie werden gehabt. Darum werden sie nicht erst; sie sind geworden.‹

Und das heißt: sie lassen die Besitzer der Apparate machen, was diese wollen, und sind nur froh, wenn sie mal in ihnen vorkommen, was immer aus ihnen wird. Da die Apparate aber Profitinteressen ihrer Betreiber bedienen, richtet sich die »Fiktion« der Künstler gegen sie selbst, und dies, obwohl sie völlig entgegensetzte Interessen verfolgen. Gegen den »Wert«, den die Künstler in ihren Vorstellungen zu verteidigen glauben, steht die »Verwertung« durch die Apparate, der sich auch die Kunst, will sie in die Öffentlichkeit treten, nicht entziehen kann. Das Kunstwerk werde, so folgert Brecht weiter, auf seine Eignung für den Apparat, niemals aber der Apparat auf seine Eignung für das Kunstwerk überprüft.

Übertrage ich die Einsichten auf das *Badener Lehrstück vom Einverständnis*. Dem Flieger wird die Hilfeleistung verweigert, weil selbst die Hilfe, die der Bürger in Form von Privilegien für sich beansprucht, in Wirklichkeit nur seine Demontage bedeutet. Verweigerte Hilfeleistung wird zum Lernprozeß für den Flieger, daß er sich, und zwar aufgrund der gesellschaftlichen Verhältnisse, zunächst von seinem angestammten Individualismus (»Ich bin.«) trennen muß, der ohnehin nur Schein ist. Das gilt für alle Bereiche des gesellschaftlichen Lebens in der fortgeschrittenen Industriegesellschaft, auch für die Kunst, die zu neuen Formen der Produktion kommen muß, wenn sie überhaupt etwas über die gesellschaftlichen Realitäten sagen möchte.

Und dies bedeutet in der Konsequenz: der alte bürgerliche Mensch muß, in der Metaphorik des Stücks gesagt, »sterben«, und zwar »für sich«; »Du stirbst für dich«, heißt die paradoxe Formulierung im Stück, das heißt: das Sterben ist ein Prozeß, den der Flieger »für sich« im doppelten Sinne durchstehen muß. Er muß es als einzelner, als der er sich ja aufgrund seines Individualismus fühlt (›Ich war.‹), und er vollbringt das Sterben »für sich«, zu seinem Besten. »Darum werden wir erst.«

So gesehen gestaltet das Stück einen Bewußtwerdungsprozeß des (alten) Individuums, zu dem der gelernte Chor, also die Menge, die bereits über die Einsicht verfügt, nur aufklärende Hilfestellung leisten kann, der aber keineswegs automatisch über die gesellschaftlichen Prozesse verläuft; denn diese sind ja internalisiert und werden als solche nicht bemerkt. Das (alte) Individuum kann sich nur »überwinden«, wenn es den schmerzhaften Prozeß der »Tötung« seines Individualismus an sich selbst exekutiert, wobei das Sterben auf der Bühne, das sei betont, durchaus metaphorisch zu verstehen ist (im erläuterten Sinn). Die »Abtötung« des alten Menschen führt zu seiner »Erneuerung«, wenn man will, zur »Auferstehung« eines »neuen« Menschen, wie er im gelernten Chor andeutungsweise »realisiert« ist, als »Gesellschaftswesen«, das sich seiner »Entfremdungen« bewußt ist und aufgrund der Einsichten darum bemüht, Verhältnisse zu schaffen, in denen diese Entfremdungen nicht mehr gelten: »Darum werden *wir* erst.« Mehr sagt das Stück dazu nicht – es gibt, das sei auch betont, keinen »idealistischen« Entwurf dieses neuen Menschen, nur die Andeutung der Voraussetzungen, die lautet:

Solange Gewalt herrscht, kann Hilfe verweigert werden
Wenn keine Gewalt mehr herrscht, ist keine Hilfe mehr
                                                    nötig.
Also sollt ihr nicht Hilfe verlangen, sondern die Gewalt
                                                abschaffen.
Hilfe und Gewalt geben ein Ganzes
Und das Ganze muß verändert werden.

Über das »Ganze« – ich gebe zu, daß es weitgehend undefiniert ist – haben wir vielleicht die Chance, dem »Darum werden wir erst« seinerseits eine Chance zu geben. Die Versuche, diese auf das »Ich bin« zu reduzieren, sind nicht nur kläglich, sondern brutal, barbarisch und mit bestialischer Ausrottung von Menschen erfolgt. (Ich muß nicht, meine ich, Beweise über die heutige Konjunktur von Hitler-, Stalin-, inzwischen nicht mehr Hussein-Gleichnissen führen.) Das »Ich bin«, der Überzeugung nach, daß *ich* »es« *bin*, ist stets in zynischer und menschenverachtender Weise über die Versicherung der »eigenen« Verdienste und »Fähigkeiten« (oder noch schlimmer, des »Auserwähltseins«), das auf andere nur als Gefolgschaft angewiesen ist, hinausgegangen und damit fehlgegangen. Daß es, das Ich, aber nur *mit* anderen sein kann, ist die mangelnde Einsicht. Es gäbe sonst keine menschliche Geschichte – es gäbe überhaupt keine Geschichte.

Daß ich immer und erst von mir auszugehen habe und damit womöglich etwas ändern könnte, ist die erbärmlichste Lüge, die sich die bürgerliche Moral, die sich dann auch noch Ethik nennt und fälschlich auf Kant – der meinte es ganz anders – beruft, ausgedacht hat.

»Ich bin's« hieß die Formel Christi, mit der er sich als Gottes und der Menschen Sohn zu erkennen gab. Daß das durch Elision reduzierte »es« – als Ausdruck: ich *bin* »es« für *Euch* – verlorengegangen ist, fordert einen erneuten Rückblick in die Geschichte. Über ihn können wir vielleicht erst ermessen, was es heißt: »Darum werden *wir* erst.«

Oder: wir werden nicht und lassen es bleiben.

KLAUS KUFELD UND KARLHEINZ WEIGAND

Morgen, der laut und klar werden soll

Zur Genese der Blochschen Themen aus dialektischer Mischwirklichkeit

Neues gegen Altes

Drastisch, ohne Beschönigung, nennt noch der Neunzigjährige das Elternhaus stickig, die Schule »ein Zuchthaus« und die Lehrer »Kleinbürger und Narren«. Anekdoten darüber hat er in Menge parat, mit Vorliebe zitiert er ganze Passagen aus den oft lächerlichen Beurteilungen in den Schulzeugnissen. Ein Beispiel: »Er beschäftigt sich mit Dingen, die ihm noch fern liegen sollten (Schopenhauer und dergleichen)...«[1] Ob einer in der Arbeiterstadt groß wird oder ob er, wie Horkheimer und Adorno, in die Bildungswelt des Großbürgertums hineinwächst, das macht einen Unterschied. Ludwigshafen steckte 1885, als Ernst Bloch geboren wurde, im stürmischen Wachstum. Bei diesem amerikanischen Tempo der Entwicklung gab es in dem – wie Bloch später sagte – »Wildwest am Rhein« nichts von Kunst und Schönheit, die der Gymnasiast suchte. Und doch, über solches mit nachschwingender Bitterkeit erinnerte Verhaßt-Spießige hinaus bedeuten Ludwigshafen und die hier verbrachte Kindheit und Jugend für Ernst Bloch weit mehr. Um 1930 hat er philosophische Impressionen jener frühen Jahre in zwei Essays festgehalten – Interpretation des Erwachsenen, in literarischer Formung des Schriftstellers; ohne sie überzubewerten, können sie doch als keimhafte Anfänge des Blochschen Denkens gelten. 1928 schrieb Bloch in der *Weltbühne* den Aufsatz *Ludwigshafen – Mannheim*[2], in dem er den dialektischen Gegensatz, von dem sein Denken geprägt wurde, auf die Formel bringt: hier die

---

1 Kgl. Gymnasium Ludwigshafen am Rhein, Zensuren Jahresabschluß 1902 (Ernst-Bloch-Archiv Ludwigshafen, Inv. Nr. 127-24/80).
2 Abgedruckt in: Ernst Bloch, *Erbschaft dieser Zeit*, *Gesamtausgabe* Band 4, Frankfurt am Main 1962, S. 208 ff.

größte Fabrik, dort das größte Schloß Deutschlands; »selten hat man die Wirklichkeiten und die Ideale des Industriezeitalters so nahe beisammen« als »Mischwirklichkeit ohne Maske«. Er sieht hier symbolhaft das Janusgesicht des 20. Jahrhunderts mit seinem »Fabrikschmutz« und »Profitbetrieb«, maskiert von einer nicht mehr in den Alltag hinüberwirkenden Feiertags-Kultur, in der aber ein Erbe steckt, das gerettet zu werden verdient. Neben Mannheim als bourgeoisem Idyll mit musealen Zügen steht Ludwigshafen als Ort der modernen Arbeitswelt mit offenem Experimentcharakter. Kein Schwarzweißbild – auf beiden Seiten werden die Widersprüchlichkeiten nicht kaschiert –, aber ein symbolisches Bekenntnis zur Tendenz der Gegenwart und zum stärkeren Gehalt an Zukunft. Somit ist die Beziehung zur Geburtsstadt Ludwigshafen als dem Archetyp einer zukunftshaltigen Stadt in Blochs Denken keineswegs peripher, im Gegenteil bleibt er auch in der späten Tübinger Zeit bei seiner These: »Der harte, seltsam knisternde Akkord zwischen dem Futurum links des Rheins und dem Antiquarium rechts des Rheins ging mir ziemlich deutlich durch mein ganzes Philosophieren nach.«[3] »Mischwirklichkeit ohne Maske« – die Formel steht auch exemplarisch für Blochs zu dieser Zeit an Phänomenen solcher Art entwickelte Theorie der Ungleichzeitigkeit gleichzeitiger Ereignisse und geschichtlicher Tendenzen.

Spuren

Der Text *Geist, der sich erst bildet*, das Pendant zum Ludwigshafen-Essay, wird zwei Jahre nach diesem veröffentlicht. Schon der Erscheinungsort ist bedeutsam: anders als beim Ludwigshafen-Essay, der als *Weltbühne*-Aufsatz zur zeitkritisch-politischen Journalistik gehört, erfolgt die Erstpublikation von *Geist, der sich erst bildet* – als autobiographischer Text übrigens eine außergewöhnlich seltene Gattung im Blochschen Œuvre – im ungekürzten Vorabdruck in der *Frankfurter Zeitung* vom 15.8.1930. Das Buch *Spuren*, in das der Text aufgenommen ist,

3 Fernsehgespräch mit Iring Fetscher, *Hessischer Rundfunk* 19.9.1967.

kommt anschließend, im September, auf den Markt. Das Feuilleton der *Frankfurter Zeitung* ist ein hochgeschätztes Forum der Literatur der Weimarer Republik, neben Ernst Bloch und Siegfried Kracauer finden sich darin unter anderem Walter Benjamin und Joseph Roth. Die Latenzen, die noch verborgenen Möglichkeiten sind aufzusuchen, ihren Indizien ist nachzugehen. Darum das Wort *Spuren*. Viele dieser Geschichten handeln von der Identität bzw. von dem, was ein Mensch sein könnte. Der noch angängige Welt-Prozeß, sein Unabgeschlossenes, ist in den Phänomenen und Dingen rätselhaft anwesend. Die Spuren weisen auf etwas hin (ähnlich wie der ›Vor-Schein‹); in der Wirklichkeit gibt es Anzeichen, Winke, Vorausdeutungen, eben Spuren eines Neuen.

Bildung am »Abfall der Zukunft«

Wie schon angedeutet, hat Ernst Bloch äußerst wenig autobiographische Texte verfaßt; *Geist, der sich erst bildet*, ist der längste, zudem literarisch ausgefeilt. Am 21.5.1930 schreibt Bloch aus Ludwigshafen an Kracauer[4]:

> Wie gern ginge ich mit Ihnen einmal in Ludwigshafen herum... Es ist eine Art Zerfallsprodukt aus Utopie, Abfall der Zukunft. Wir könnten uns beiden Schönes zeigen. Hier schicke ich Ihnen aus der vorletzten Korrektur (der *Spuren*, d.A.) einen Teil; Jugend-Erinnerungen sozusagen.

Den kleinen, unscheinbaren Sujets entsprechend ist keine ›hohe‹ Literatur gewollt, kein Erzählen einer Bildung oder Entwicklung klassischen Typs; »Ernst Blochs poetische Sendung« (Hans Mayer) intendiert keinesfalls so etwas wie Wilhelm Meisters theatralische Sendung. Wie ist es dennoch möglich, am Abfall einen Bildungsprozeß zu zeigen? Deshalb, weil in ihm Keime des Künftigen enthalten sind. Woraufhin sich dieser Prozeß entwickelt, ist allerdings kein herkömmliches, bürgerliches Lernziel. Nicht-Genügen am Gewohnten, Aufbruch ins Noch-Nicht,

---

4 Ernst Bloch, *Briefe*, 1903-1975, Erster Band, Frankfurt am Main 1985, S. 334.

Rebellentum – darauf läuft es hinaus. Früh krümme sich, was *kein* Häkchen werden wolle, pflegte Bloch in diesem Zusammenhang das Sprichwort zu variieren. Der Geist, der sich erst bildet, nimmt mit kindlichem Erstaunen noch nicht deutbare Erfahrungen auf. Im Abschnitt *Das rote Fenster* lesen wir:

Acht Jahre, und am merkwürdigsten die Nährollenschachtel in einer Auslage am Schulweg; sie stand zwischen Wolle und Deckchen mit weiblicher Handarbeit, die einen doch nichts anging. Doch auf der Schachtel war etwas abgebildet, mit vielen Farbpünktchen oder Fleckchen auf dem glatten Papier, als ob das Bild geronnen wäre. Eine Hütte war zu sehen, viel Schnee, der Mond stand hoch und gelb am blauen Winterhimmel, in den Fenstern der Hütte brannte ein rotes Licht. Unter dem Bildchen stand »Mondlandschaft«, und ich glaubte zuerst, das sei eine Landschaft auf dem Mond...; ich hatte eine durchdringende Erschütterung dabei, die ganz unaussprechlich war, und habe das rote Fenster nie vergessen. Wahrscheinlich wird jedem einmal, irgendwann und dann wieder an andrem so zumute; ob es nun Worte oder Bilder sind, die ihn treffen. Der Mensch fängt früh damit an, hörte er nicht ebenso früh damit auf, so wäre ihm das Bild wichtiger als er selbst, ja als sein ganzes Leben.[5]

Ein kleines Alltags-Objekt kann eine Erschütterung auslösen, die noch Jahrzehnte später erinnert wird und im Rückblick seinen Zeichencharakter erweist. Diese Erschütterung des Kindes ist erschreckend und erhebend zugleich. Hier verbinden sich Geheimnis – die mit Tabu belegte Sphäre des anderen Geschlechts spielt herein – und Sprachlosigkeit. Sie vor allem ist es, die die Erkenntnis hemmt. Vom »Leid der Sprachlosigkeit« wird später ausdrücklich die Rede sein, im Abschnitt *Sechzehn Jahre*. Die Dinge, wie diese Schachtel, sind fremd und unverständlich, eben weil sie unaussprechlich sind – die mehrdeutigschillernde Stilfigur des »Als ob« hält dies zusätzlich fest. Trotz der Unfähigkeit, sie sprachlich zu benennen und damit im Bewußtsein zu verankern, sind sie im Vorbewußten haften geblie-

5 Ernst Bloch, *Spuren*, *Gesamtausgabe* Band 1, Frankfurt am Main 1969, S. 63 f.

ben, nicht vergessen, können erinnert werden. (Aber auch Vergessenes kann uns wieder einholen, mit dem existentiellen Chok des Déjà vu; Bloch hat dies in einem eigenen Aufsatz analysiert.) Erst der Akt des Benennens wird den Dingen ihre Un-Heimlichkeit nehmen. Der (Noch-)Sprachlosigkeit des (jungen) Menschen korreliert die Stummheit der Dinge, die uns anzusprechen scheinen. Im Spätwerk *Experimentum mundi*[6] heißt es dazu:

> Die anorganischen Dinge, tot genannt, obgleich nie gestorben, könnten uns also doch nicht nur die kalte Schulter zeigen. Als wäre Natur außer dem, daß sie tot ist, ein Ohnekopf, wie Döblin gut gesagt hat. Vielmehr mag im Eindruck des scheinbar Stummen etwas zu uns sprechen, wie wir uns von ihm angesprochen fühlen.

Dem alten Topos des Natura loquitur kommt bei Bloch eine wichtige Rolle zu, hier steht er in der Linie Jakob Böhmes und der deutschen Romantik – worauf in unserem Zusammenhang nicht näher eingegangen werden kann. Auf jeden Fall bildet Natur, bildet die begegnende Dingwelt für uns ein Subjekt, das uns entgegenstrebt und nach enträtselndem Ausdruck sucht.

»…wichtiger als er selbst, ja als sein ganzes Leben«, wären solche erschütternden Bilder oder Worte, würde der Mensch nicht über der Gewöhnung des alltäglichen Lebens aufhören, sich von ihnen treffen zu lassen. Sie sind existentiell bedeutsam, ja sie rühren unmittelbar an das Rätsel unserer Existenz. In ihnen brennt ein detektivisches wie utopisches Licht, das rote Fenster ist – so weiter unten – eine »Sammellinse für die utopischen Stoffe«. Bezeichnend, daß es ein Fenster ist, also ein Symbol des Sich-Öffnens ins Freie, ins Eigentliche unserer Bestimmung, wie überhaupt, nach einer Stelle im *Prinzip Hoffnung*, jedes Kunstwerk und jede Philosophie ein »utopisches Fenster« hat, »worin eine Landschaft liegt, die sich erst bildet«[7].

---

6 Ernst Bloch, *Experimentum mundi, Gesamtausgabe* Band 15, Frankfurt am Main 1975, S. 214.

7 Ernst Bloch, *Das Prinzip Hoffnung, Gesamtausgabe* Band 5, Frankfurt am Main 1962, S. 728.

Es gibt eine berühmte Parallelstelle: Im *Geist der Utopie* von 1918 hatte Ernst Bloch in der Betrachtung eines alten Kruges auf meisterliche Art beschrieben, wie an einem unscheinbaren Ding das eigentliche Sein erfahrbar ist.[8] (Adorno hat dann bekanntlich diese Krug-Betrachtung zum Ausgangspunkt einer Deutung des Blochschen Denkens in toto genommen: »...wüßte man nur recht, was der Krug, in seiner Dingsprache, sagt und wiederum verbirgt, so wüßte man, was zu wissen wäre...«[9])

Das Erwachen zum Staunen

Das »erste Staunen« entzündet sich an ganz kleinen Anlässen. Das Winzigste ist oft wirkmächtig. Im Essay *Über das noch nicht bewußte Wissen* aus dem Jahr 1919 – auch in den *Spuren* und im *Prinzip Hoffnung* – verweist Bloch dabei gerne auf eine Stelle in Knut Hamsuns Roman *Pan*: »...zuweilen sehe ich das Gras an, und das Gras sieht mich vielleicht wieder an; was wissen wir? Ich sehe einen einzelnen Grashalm an, er zittert vielleicht ein wenig, und mich dünkt, das ist etwas; und ich denke bei mir: hier steht nun dieser Grashalm und zittert...«, die er erläutert: Man ersieht, wie beliebig hier die Worte erscheinen, an denen sich unser aller gelebtes Dunkel staunend entzündet, und wie identisch sich trotzdem die Richtung, die noch unentdeckte, unsagbare Adäquation unserer Sehnsucht, unserer Menschen-Intensität, unseres Überhaupt-Wollens an sich selbst bewährt.[10]

Das Staunen ist zunächst rein existentiell, ein Betroffensein; ihm folgt das Denken, das philosophische Fragen und Erschließen. Bloch betont, daß es nicht nur am Anfang der Philosophie

8 Ernst Bloch, *Geist der Utopie*, Faksimile der Ausgabe von 1918, Gesamtausgabe Band 16, Frankfurt am Main 1971, S. 13 ff.

9 Theodor W. Adorno, »Henkel, Krug und frühe Erfahrung«, in: Siegfried Unseld (Hg.), *Ernst Bloch zu ehren. Beiträge zu seinem Werk*, Frankfurt am Main 1965, S. 9 ff.

10 Ernst Bloch, »Über das noch nicht bewußte Wissen«, in: *Die weißen Blätter* 6 (1919), S. 364.

(wie Plato sagt), sondern auch an ihrem Ende stehe; zudem verbinde es Philosophie immer wieder mit der Jugend.

Antizipation in der Lektüre

Unter die ersten durchdringenden Eindrücke, gemischt zwischen Reklamebilder und -verse, gehört die Literatur. Auch hier wieder der Blick ›von unten‹; keine Klassiker mit Goldschnitt aus dem (in Blochs Fall ohnehin nicht vorhandenen) väterlichen Bücherschrank als einem Standardmotiv von Autobiographien, sondern Wildwestgeschichte und Kriminalroman. Nicht erst in großer Kunst oder Philosophie, sondern schon hier wird antizipiert, was als Möglichkeit schlummert; die Antizipation steckt sowohl in Conan Doyle als auch in Hegel. Das Atmosphärische spielt dabei eine nicht zu unterschätzende Rolle. Diese Erzählungen passen zum nordischen Klima. Eisiger Wind oder regendunkle Großstadtstraße vergegenwärtigen ein zugleich faszinierendes und bedrohliches Wunderbares. Im *Prinzip Hoffnung* lesen wir über das Glück solcher Lektüre: »Es gibt auch eine Art, sich die Dinge lesend zu verfremden. (...) Die warme Stube machte für tolles Wetter draußen doppelt empfänglich und für die gelesenen Vorgänge, zu denen dieses Wetter pfiff«.[11] Bloch lobt in diesem Zusammenhang Edgar A. Poe und besonders E. T. A. Hoffmann, »der so eindringlich den Abstand zwischen der mittleren Daseinsmisere und den Hoffnungsbildern zeigt«[12].

»Der Traum als Tendenz«

Das Bestreben, die »Mischwirklichkeit« in ihrer Realität, »laut und klar« zu sehen, beginnt zunächst als ein naiver Materialismus. Aber es bleibt nicht dabei. Kindliche Tagtraumbilder auf der einen, unreflektierter Glaube an monokausale Welterklä-

11 Ernst Bloch, *Das Prinzip Hoffnung*, a.a.O., S. 453 f.
12 Ebd., S. 455.

rung auf der anderen Seite werden aufgehoben in einem umfassenderen Blick:

> Doch nun kamen sechzehn Jahre, man wurde viel jünger, grade im Träumen steckte wieder alles... Besonders bei hohem Wolkenstand, gegen Abend, im Herbst, gab die öde und verrauchte Ebene alles her. Und vollends der Jahrmarkt, zweimal im Jahr, deckte den altklugen Materialismus völlig vitalisch zu... und die Buden lehrten vieles, vor allem, daß alle Dinge so sind, mit einem Vorhang am Eingang und innen unbekannt... Da lag die Welt oder das Symbol der Welt aller unsrer früheren und jetzigen Bücher, die man immer wieder las, weil man sie vergaß wie einen Traum.[13]

Auf dem Jahrmarkt, wie in der Detektivgeschichte, begegnen Latenzen und Spuren, Lockung und Verborgenheit. Hinter dem Vorhang – ähnlich dem Fenster zur Metaphorik des Sich-Öffnens gehörig – wartet aber nicht die rasche Aufdeckung, sondern ein Geheimnis, das erst noch zu lösen ist. Unverkennbar wird hier auf das verschleierte Sais-Bild Schillers und Novalis' angespielt, dessen Enthüllung für die enthüllte Identität des Ich mit sich selbst steht. Solcherart beginnt der später im Blochschen Werk entfaltete Prozeß, das wahre Wesen der Welt zu finden, nämlich die Adäquation des ungelösten *Daß* des Existierens, des »*Ich bin. Aber ich habe mich nicht*«. Das dem *Geist, der sich erst bildet* vorangestellte Motto »Ein Schüler, der die Daß-Sätze beherrscht, kann Latein« verweist, spielerisch und mit Selbstironie, auf diesen unruhigen Daß-Anstoß des Seins, welches sich nicht hat, und auf das Ende des Prozesses hin zur Identität. So hat der Traum hier seinen Ort; er hält, immer unbefriedigt, das Fenster zum Noch-Nicht offen, wie es etwas später heißt: »...der Traum von einer noch nicht gekommenen menschlichen Sache setzte sich in die Welt ein, worin der Traum als Tendenz und nur manchmal schon als Zeugnis ist.«[14]

13 Ernst Bloch, *Spuren*, a.a.O., S. 68 f.
14 Ebd., S. 71.

Seestadt auf dem Lande

In den Jugendjahren bilden sich also die Anfänge von Ernst Blochs Philosophie aus, in der Anthropologie, in der Ontologie, in der Ästhetik. Die Frühwerke legen hierfür Zeugnis ab, auch wenn die Rückbesinnung zur »Heimat« ein symbolisch aufzufassendes, ein auf biographische Vergangenheit retrospektives war. Regelmäßiger rekurriert Bloch auf seinen eigenen expressionistischen Drang, die Welt zu erforschen und aus dem Prozeßhaften das Ungekommene des Noch-nicht zu entwickeln. Die Abenteuer am Hafen, die Auskundschaftung der »Prärie«, der Duft des holländischen Tabaks, ja auch Karl May schließen nicht phasenhaft als Kindheitserlebnisse ab, sondern bleiben im Bild: *Das rote Fenster* auf der Schachtel, die — gedanklichen — Spaziergänge mit Lukács und Kracauer, das Ornament am Mannheimer Schloß, die Bibliothek ebendort, der Rhein als zwei Städte unterschiedlicher Gewordenheit trennender wie verbindender Fluß: *das werdende Ich* Bloch als Genese dialektischer Erfahrung: »*Darum werden wir erst*«. Blochs später Rückbezug zur eigenen Biographie verweist auf eine manifeste Symbolik. Ludwigshafen wird zum Archetyp, zu einer Art Realchiffer oder Realsymbol.[15] Der warme Blick für seine eigene Gewordenheit und die reichhaltige Symbolik seiner Biographie ist allegorische Sympathie für seine Vaterstadt[16]:

> »Orte wie Ludwigshafen sind die ersten Seestädte auf dem Land, fluktuierend, aufgelockert, am Meer einer unstatischen Zukunft.«

---

15 Ernst Bloch bestätigt die Prägung durch den Archetypus in der Rede anläßlich der Verleihung der Ehrenbürgerwürde der Stadt Ludwigshafen am 12. Oktober 1970: »Hier sind für meine Art Philosophie zweifellos Elemente, die aus der Ludwigshafener Kindheit und von den Jugendeindrücken stammen (...). Hier ist ein Stück Ludwigshafensches in die Philosophie hineingekommen (...), die in sich ein Bewußtsein hat, (...) von der Entdeckung der großen Sphäre des objektiv-real Möglichen«. (Tonbandmitschrift, unveröffentlichtes Manuskript, Ernst-Bloch-Archiv).

16 Ernst Bloch, *Erbschaft dieser Zeit*, a. a .O., S. 211.

Derart lyrisch-kühne Korrelation zwischen Symbol und Bedeutung kennt man vielleicht nur noch von Ingeborg Bachmann (»Böhmen liegt am Meer«), indem scheinbar Fernes in greifbare Nähe gerückt und scheinbar unvermittelbare Distanzen mit der Klammer der Hoffnung versehen werden. Bloch schärft kraft dialektischer Symbolik den Blick für das Zukünftige und bestimmt die Koordinaten der Wahrnehmung neu. Diese immanente Ambiguität ist der Kristallisationspunkt, um die Blochschen Themen aufzugreifen. Deren Operationalisierung tangiert das Utopie-Potential. Zukunftsfähigkeit als eine finale Kompetenz braucht einen Nährboden. Diesen Nährboden geben die Blochschen Themen selbst ab; und eben daraus sind die Stoffe der Hoffnung zu gewinnen. Der »utopische Überschuß« in der Gegenwart und auch in der Vergangenheit, das »Mehr«, das »Vermehrende« ist im menschlichen Sinn für Vision, Projektion und Zukunft begründet. »Denken heißt Überschreiten«: hieraus entspringen die Wünsche, Hoffnungen und Tagträume. Hieraus resultiert auch auf Zukunft gerichtetes Handeln.

Die Blochschen Themen: Vor-Schein in Kunst und Kultur

Blochs Denken impliziert ein produktives, nach vorne gerichtetes Verhältnis zwischen Theorie und Praxis. Er selbst hat dieses Verhältnis methodisch zu fassen versucht, vor allem im Spätwerk *Experimentum mundi*. Doch es geht auch noch um etwas anderes: es geht um die inhaltlichen Potentiale, die mittels utopischem Denken berührt werden. Letztlich stellt sich die Frage der Utopie-*Fähigkeit,* einer Kompetenz, die dem latenten Potential aller Kunst und Kultur zugrunde liegt. Bloch hat sich umfangreich mit diesen utopischen Stoffen beschäftigt. In *Geist der Utopie* hat er – vor allem in der Musik – das künstlerische Schaffen als »Produktionsversuch menschlicher Heimat« qualifiziert. Später nähert sich Bloch im *Prinzip Hoffnung* der »Lösung der ästhetischen Wahrheitsfrage« an:

> *Kunst ist ein Laboratorium und ebenso ein Fest ausgeführter Möglichkeiten,* mitsamt den durcherfahrenen Alternativen darin, wobei die Ausführung wie das Resultat in der Weise

des fundierten Scheins geschehen, nämlich des welthaft voll-endeten Vor-Scheins. In großer Kunst sind Übersteigerung wie Ausfabelung am sichtbarsten aufgetragen auf tendentielle Konsequenz und konkrete Utopie.[17]

Die von Ernst Bloch entwickelte Ästhetik ist in der Tat eine ideale Grundlage für alle Kultursparten, virtuelle Zukunft zu beschreiben. Die Zukunftsthemen sollen nicht länger der Wissenschaft (gesellschaftlich auf Naturwissenschaft verengt) vorbehalten bleiben. Die Gestaltung unserer Zukunft ist keineswegs nur eine Frage der Medizin, der Technologie, der Erforschung unseres Planeten; sie ist Lebensqualität und mehr als die optimierte Organisation unseres Daseins im Sinne von mehr Sicherheit und Ordnung, die Horkheimer und Adorno – hierin Bloch durchaus verwandt – als »verwaltete Welt« ohne dialektische Weiterentwicklungsmöglichkeiten negativ bezeichnet haben.[18] Die konkreten Utopien werfen darüber hinaus gerade auch die Frage der Selbstverwirklichung (»Selbstbegegnung«), der Freiheit und der menschlichen Würde auf. Künstlerischem und kulturellem Schaffen kommt hier essentielle Bedeutung zu. Sie dürfen nicht als Medien für Amusement und Freizeitgestaltung mißbraucht werden, sondern sind der Stoff, in dem Utopie für Erlebnismomente konkret wird in dem Sinne, daß sie unser Dasein auffüllen mit dem konkreten Traum von einer besseren Welt, also mit Hoffnung.

Baumeister utopischer Stoffe

Der Musiker, der Schriftsteller, der Architekt, der bildende Künstler, sie sind Baumeister der utopischen Stoffe. Die Sonaten, die Gedichte, die Bauwerke, die Gemälde sind ästhetischer Vor-Schein einer noch ungekommenen Welt. Sie lassen uns daran teilhaben, wenn wir uns für die künstlerischen »Ausfabelungen« erschließen und öffnen lassen. Dies erfordert einen

17 Ernst Bloch, *Das Prinzip Hoffnung*, a.a.O., S. 249.
18 Max Horkheimer/Theodor. W. Adorno, *Dialektik der Aufklärung*, Frankfurt am Main 1969.

prozessualen Diskurs, bei dem die Utopie-Diskussion von allem Utopismus befreit wird. Dem Künstler kommt hier eine besondere, zukunftsweisende Rolle, auch in der Gesellschaft, zu. Bloch behauptet vom »neueren Künstler«, daß er »als die zugleich entbindende und vollendende Kraft« auftrete, »dergestalt, daß er die im Stoff angelegte Gestaltung des Stoffs klar und deutlich herausbringt, herausstellt«.[19] Doch die Gefahr ist groß, im gesellschaftlichen Vakuum zu agieren und »die eigene Isolierung heroisch bzw. resignativ zu kultivieren«.[20] Zukunftsweisend *und* vermittelbar ist Kunst erst dann, wenn sich der Künstler als gesellschaftlicher Akteur begreift. Für Bloch hat schaffende Kunst erst dann eine utopische Richtung, wenn sie sowohl »das Typisch-Bedeutende kenntlich macht, wie indem sie das ungeworden Mögliche im bewegt Wirklichen anfeuernd, ermutigend, als realistisches Ideal vorausgestaltet«.[21] Der Utopie-Verlust unserer Zeit ist enorm. Doch die Gesellschaft, die den Niedergang des real-existierenden Sozialismus als Alibi benutzt, um soziale Utopien zu diskriminieren, versucht aus dem Verlust einen Gewinn zu machen. Allenfalls technische und medizinische Utopien sind salonfähig, soziale und kulturelle Utopien Arrangements mit dem Notwendigen. Wenn wir von Zukunftsgestaltung reden, müssen wir Zukunft erfahrbar machen. Dies kann nur gelingen, wenn der Mensch in den Mittelpunkt des Geschehens gerückt wird. Zukunftsgestaltung ist dort human ausgerichtet, wo »Sinneserfahrungsräume« (Heiko Herwald) geschaffen werden, die der Künstler, der Kulturschaffende mit Visionen, Tagträumen, Hoffnung ausfüllt. Bloch selbst gibt dem ästhetischen Erfahrungsraum seine Triebkraft, die als Feder für noch nicht gewonnene Energie eingesetzt wird:

Und überall dort, wo Kunst sich nicht zur Illusion verspielt, ist Schönheit, ja Erhabenheit dasjenige, was eine Ahnung

19 Ernst Bloch, *Das Materialismusproblem, seine Geschichte und Substanz, Gesamtausgabe* Band 7, Frankfurt am Main 1972, S. 523.
20 Dieter Schnebel, »Aspekte der neuen Musik in Westdeutschland«, in: Hilmar Hoffmann/Heinrich Klotz (Hg.), *Die Kultur unseres Jahrhunderts*, Düsseldorf, Wien, New York 1990, S. 148.
21 Ernst Bloch, *Das Materialismusproblem*, a.a.O., S. 524.

künftiger Freiheit vermittelt. Oft gerundet, nicht geschlossen: diese goethische Lebensmaxime ist auch die der Kunst – mit dem Gewissens- und Gehalt-Akzent letzthin auf dem Ungeschlossenen.[22]

Kunst ist nicht affirmativ, sondern kritisch. Sie wendet sich, nach Hegel, gegen »die Prosa der Welt«.[23] Sie verschärft die Differenz zwischen dem Realen und dem Möglichen. Kulturelles Agieren sollte nicht rezeptiv, konsumtiv und auch nicht repetitiv sein, sondern in die Zukunft gewandt, also offen bleiben. Hermann Glaser beschreibt diese Richtungsweisung als »Kulturelles Utopia«, das auf »Spielraumdenken« zielt:

»Es ist ›Projektion‹ sowohl rationalen Vorausdenkens wie spielerischer Offenheit; geprägt durch Homöostasie (Gleichgewicht der Funktionen) und Ökologie (die Beziehung der Menschen zu ihrer Umwelt betreffend).«[24]

Zukunftsfähigkeit

Derart gefaßtes »Spielraumdenken« ist der Vorgriff auf den Traum von der besseren Welt. Doch wie wird nun Utopie konkret? Ernst Bloch hat keine »Schule« begründet in dem Sinne, daß sein Werk als Lehre oder als in sich geschlossenes Ganzes aufgefaßt werden kann. Mancherseits gerät dies der Blochschen Philosophie zum Nachteil. Nicht nur Bloch, sondern die Kraft und Richtungsweisung utopischen Denkens (»Utopien haben ihren Fahrplan«) werden hier verkannt. »Das Wirkliche ist Prozeß« und »geht an seiner prozessualen Front über ins Mögliche«.[25] Die richtungsweisende Kraft der Utopie behält den Blick für das Mögliche, für die Zukunft. Ihr Muster ist nicht statisch-geschlossen, sondern dynamisch-offen. Ihr Weg ist

22 Ernst Bloch, *Das Prinzip Hoffnung*, a.a.O., S. 250.
23 Georg Friedrich Wilhelm Hegel, *Vorlesungen über die Ästhetik*, Frankfurt am Main 1970, Band 13, S. 199.
24 Hermann Glaser, *Das Verschwinden der Arbeit. Chancen der neuen Tätigkeitsgesellschaft*, Düsseldorf, Wien 1988, S. 170.
25 Ernst Bloch, *Das Prinzip Hoffnung*, a.a.O., S. 225.

nicht durch »reine Lehre« vorgezeichnet, sondern prozessual. Blochs Gestaltungsoffenheit ist keine gegebene Kompetenz. Vielmehr kommt es darauf an, »das Hoffen zu lernen. Seine Arbeit entsagt nicht, sie ist ins Gelingen verliebt statt ins Scheitern.« (Vorwort zum *Prinzip Hoffnung*). Zukunftsfähigkeit ist eine zu erwerbende Kompetenz, nicht durch Aneignung von Wissenssystemen, sondern als permanenter Lern- und Gestaltungsprozeß. »Philosophie wird Gewissen des Morgen« (*Prinzip Hoffnung*). Seine Heimatstadt will diesen Weg nun institutionell gehen, indem ein Ernst-Bloch-Zentrum für angewandte Kultur entsteht.[26] Es bietet die Möglichkeit, Bloch nicht nur umfassend zu präsentieren, sondern internationale Utopie- und Zukunftsforschung aufzubauen. Besonderes Anliegen ist – in enger Kooperation mit der Ernst-Bloch-Gesellschaft – die Präsentation von Blochs Themen und die ästhetische Kategorie in Blochs Denken, deren interdisziplinäre Ausrichtung sich in kulturellen und künstlerischen Aktivitäten darstellen soll.

---

26 Die Konzeption ist skizziert in: *Bloch-Almanach*, Folge 14 / 1995, S. 127 ff.

Hans-Martin Lohmann

Bloch, Nietzsche und die »russische Seele«

Ich bin. Aber ich habe mich nicht. Darum werden wir erst. –
Nun haben wir zu beginnen. In unsere Hände ist das Leben
gegeben. – Ich bin also an mir. Doch eben, das Bin hat sich
nicht, wir leben es nur dahin.

So oder so ähnlich beginnen die meisten Schriften Ernst
Blochs, vom frühen *Geist der Utopie* (1918) bis zum späten
Experimentum Mundi (1975). Von Anfang an ist jener »Bloch-
Ton« (Martin Walser) da und jener unverwechselbare Lakonis-
mus der Eingangssätze, deren definitive und suggestive Prägnanz den Leser einerseits einschüchtern mag, ihn andererseits
aber auch von vornherein zu angespannter Aufmerksamkeit,
gleichsam zu einem erhöhten Adrenalinausstoß zwingt.

Blochs Werk, dies meine – wenngleich nicht sonderlich origi-
nelle – These, war von Beginn an »fertig«. Wer dieses Werk
etwa im Lichte des von Bloch in den späten zwanziger und frühen dreißiger Jahren rezipierten Marxismus liest und deshalb
meint, es im Sinne einer Weiterentwicklung und Weltlichwer-
dung seiner Philosophie gegen das »utopische« Frühwerk abhe-
ben zu müssen, irrt gründlich. Es gibt keine Entwicklung bei
Bloch, sondern nur die ewige Wiederkehr des Gleichen, freilich
in bunter und abwechslungsreicher Maskerade. Mit einer gewissen Übertreibung und Provokation könnte man sogar sagen,
daß gerade Blochs fatales Einverständnis mit dem Staat gewordenen Marxismus seiner Zeit, dem Marxismus-Leninismus der
Sowjetunion, das sicherste Indiz dafür ist, daß er mit dem genuinen Marxismus, der sich in Gestalt einer Kritik der politischen Ökonomie als durch und durch säkulares Unternehmen
versteht, nicht das geringste zu schaffen hatte. Auch in Blochs
»marxistischer« Periode, die von etwa 1930 bis zu seinem Tod
reicht, dominiert jener expressionistisch-pathetische Denk- und
Sprachgestus, wie er für einen einflußreichen Teil der europäischen Intelligenz, zumal der russischen, vor 1914 typisch war
und der, obschon in modifizierter und politisch zugespitzter

Form, auch das Denken und Handeln der bolschewistischen Intelligenz prägen sollte. Die tiefe und auch nach späten Versöhnungsversuchen nie wirklich überbrückte Kluft zwischen den geistigen Protagonisten der Frankfurter Schule, allen voran Adorno, und dem Leipziger und Tübinger Philosophieprofessor Bloch rührt ja eben daher, daß erstere, in vorsichtiger Distanzierung sogar von Benjamin, dessen theologische Exegese des Historischen Materialismus ihnen ein gewisses Unbehagen bereitete, sich cum grano salis für eine aufgeklärt-profane Lesart der marxistischen Tradition entschieden, während Bloch für ein Denken stand, welches im Historischen Materialismus nicht primär die Erbschaft der Französischen Revolution erkannte, vielmehr das Versprechen der Metaphysik eines neuen Menschen, wie es im krisenhaft gestimmten Bewußtsein der russischen Intelligenzija vor dem Ersten Weltkrieg virulent war.

Noch Blochs späte und emphatische Zusammenkunft mit Rudi Dutschke, dem wohl unbedingtesten und rigorosesten Kopf der kulturrevolutionären Bewegung von 1968, der seinen protestantisch-spirituellen Hintergrund nie verleugnen konnte, spricht für die Annahme, daß Bloch auch im Stadium der Reife und Fruchtbringung seiner Philosophie jenem östlich geprägten Spiritualismus seiner Jugend verbunden blieb, die ihn zu einem deutschen Sympathisanten des russischen »Gottsuchertums« machte. In einem Brief an den Freund Georg Lukács aus dem Jahre 1911 heißt es: »Georg, ich versichere Dich, alle Menschen in Rußland und bei uns im Westen, werden sich« – der junge Bloch spielt hier auf sein erst noch zu schreibendes Werk an – »wie an der Hand genommen fühlen, sie werden weinen müssen und erschüttert und in der großen bindenden Idee erlöst sein; und nicht nur einmal, wie man schwach vor Tannhäuser und Wagners heiliger Kunst erschauert, sondern in allen Stunden; und das Irren hört auf, alles wird von einer warmen und zuletzt glühenden Klarheit erfüllt; es kommt eine große Leibesgesundheit und eine gesicherte Technik und gebundene Staatsidee und eine große Architektur und Dramatik, und alle können wieder dienen und beten, und alle werden die Stärke meines Glaubens gelehrt und sind bis in die kleinsten Stunden des Alltags eingehüllt und geborgen in der neuen Kindlichkeit und

Jugend des Mythos und dem neuen Mittelalter und dem neuen Wiedersehen mit der Ewigkeit. Ich bin der Paraklet und die Menschen, denen ich gesandt bin, werden in sich den heimkehrenden Gott erleben und verstehen.«

Daß dieser Passus nicht nur selbstparodistisch gemeint ist, sondern einen realen Zug der Blochschen Philosophie enthüllt – nämlich das Pathos der Gemeinschaft, die Emphase des Gottsuchertums und die Idee des neuen Menschen (»neue Kindlichkeit«) – wird deutlich, wenn man sich mit den programmatischen Formulierungen des mittleren und späten Werks von Bloch konfrontiert. So lesen wir im letzten Abschnitt von *Das Prinzip Hoffnung* (»aus dem Ostpunkt der gegenwärtigen Menschheit kommt das Licht«): »Ziel ist jene Gemeinschaft, wo die Sehnsucht der Sache nicht zuvorkommt, noch die Erfüllung geringer ist als die Sehnsucht. Das Sein ist wie Hoffnung, ist der schließlich manifestierte Was- und Wesens-Inhalt unseres strebenden Daß-Faktors ... Der Mensch lebt noch überall in der Vorgeschichte, ja alles und jedes steht noch vor der Erschaffung der Welt, als einer rechten. *Die wirkliche Genesis ist nicht am Anfang, sondern am Ende,* und sie beginnt erst anzufangen, wenn Gesellschaft und Dasein radikal werden, das heißt sich an der Wurzel fassen.« Im historischen Abstand zu den konfigurierenden Elementen dieses Werkes, das durch den Epochenbruch von 1989/90 endgültig desavouiert scheint, wird evident, daß Blochs Denken in einem Überlieferungszusammenhang steht, der gänzlich querliegt zu einer – wenn man so will: westlichen – Tradition, die alle Sozialphilosophie (als welche die Blochsche Philosophie ihrem eigenen Anspruch nach gelten will) in erster und letzter Instanz rational, individual- und vertragstheoretisch verankert. Diese Tradition, die seit Montaigne, Hobbes und Kant von dem skeptischen Wissen zehrt, daß der Mensch endlich, ohnmächtig und moralisch unvollkommen ist, eben ein krummes Holz (Kant), und selbst noch als moderner Prothesengott (Freud), der die Reichweite seiner Organe scheinbar grenzenlos zu potenzieren vermag, weit entfernt von aller Gottähnlichkeit und daher auf Konventionen, Abmachungen, Verträge und Ausgleich angewiesen – diese Tradition war Bloch zutiefst fremd.

Es ist nicht leicht auszumachen, woher dieser spezifisch anti-
westliche Affekt bei Bloch stammt, der in von ihm gern benutz-
ten Formeln wie »ex oriente lux« und »ubi Lenin, ibi Jerusalem« seine Bestätigung findet – zu kurz gegriffen scheint mir
jedenfalls, ihn auf Blochs langwährende politische Option für
den Bolschewismus zu reduzieren. Forscht man freilich genauer
in seiner intellektuellen Biographie nach, so stößt man auf den
bemerkenswerten Umstand, daß Blochs erste Publikation – soweit bekannt – nicht etwa seinen Jugendgöttern Hegel und
Schelling oder gar Karl May galt, sondern: Nietzsche! Was den
jungen Bloch an Nietzsche offenbar faszinierte und was er von
dessen Werk zeitlebens festhielt, ist nicht so sehr die luzide
Frankophilie dieser Philosophie, also Nietzsches radikalisierter,
auf die Spitze getriebener Voltairianismus. Vielmehr fühlte sich
Bloch von einer ganz anderen Seite der Nietzscheschen Ideenwelt angesprochen, die seinem eigenen »Ich bin. Aber ich habe
mich nicht« aufs genaueste entspricht: »Das Alte löst sich auf
und das Neue will noch nicht werden«, heißt es im Nietzsche-
Aufsatz, aber es soll und muß werden. Im *Zarathustra* liest man
es ähnlich. Wollte man Nietzsches »Botschaft« dieser in der
Höhenluft von Sils-Maria entstandenen Schrift auf einen knappen Nenner bringen, so müßte dieser lauten: Der Mensch ist
das, was überwunden werden soll. In der mit dem Hammer
geschlagenen Philosophie Nietzsches trägt das Ziel solcher
Überwindung den Namen des »Übermenschen«, bei Bloch
heißt es abwechselnd das Eschaton, der Messias oder die sozialistische Gemeinschaft neuer Menschen, die den alten Adam
abgestreift haben. Bloch sei, so wird Max Weber zitiert, in dessen Heidelberger Zirkel der junge Philosoph eine Zeitlang
verkehrte, »voll von seinem Gott«, ein Experte für religiöse Erneuerung, was bei Weber natürlich auf völliges Unverständnis
stieß. »Gerade war ein neuer jüdischer Philosoph da – ein Jüng-
ling mit enormer schwarzer Haartolle und ebenso enormem
Selbstbewußtsein, er hielt sich offenbar für den Vorläufer eines
neuen Messias und wünschte, daß man ihn als solchen erkannte.« In Nietzsche, so darf man sagen, begegnete Bloch dem
lebenslang durchgehaltenen Grundmotiv seines eigenen Philosophierens: »Seine Größe liegt durchaus nicht in seinen Wer-

ken, sondern vielmehr in seinen Wünschen. Mit einem Wort: er ist kein Erfüller, sondern ein Prophet.«

Wie Nietzsches Zarathustra war Bloch seit seinen philosophischen Anfängen ein Prophet, und der Wunsch nach dem neuen, dem endlich erlösten Menschen war von Beginn an der Vater des Gedankens, daß ein wirkendes Prinzip Hoffnung in der Welt sei, dessen geheime Entelechien es überall aufzuspüren gelte. Mit Nietzsche teilt Bloch übrigens auch das gelegentlich Outrierte des Stils, das fast nie Hypothetische, sondern meist Apodiktische philosophischer Sätze, das sozusagen Zweifelsfreie eines Glaubens, der Widerspruch nicht duldet. Dieser Zug ist beispielsweise Adorno, aber auch anderen, die mit Bloch in Berührung kamen, alsbald aufgegangen: Bloch wollte gar nicht über die Grundlagen und Voraussetzungen seines Denkens diskutieren, weil es da nichts zu diskutieren gab. Seine Philosophie, wenn sie denn eine ist, entpuppt sich als vollkommen monologisch, bar jeder Fähigkeit und jeden Willens, sich rational zu begründen und transparent zu machen.

Um die Jahrhundertwende hatten bestimmte Ideen Nietzsches, die, wie gesehen, bei dem jungen Ernst Bloch auf fruchtbaren Boden gefallen waren, auch bei der unruhigen und unzufriedenen russischen Intelligenz, bei träumenden Literaten, Philosophen und Psychologen, ihre Eindrücke hinterlassen. Die »russische Seele« jener vorrevolutionären Epoche berauschte sich an dem bei Nietzsche entlehnten Bild dionysischer Entfesselung mit dem Ineins von Liebe und Tod; sie war voller diffuser Ahnungen und Phantasien von einem neuen Erlöser und von der Heraufkunft eines neuen Menschentyps. In den literarischen Texten und philosophischen Traktaten jener Zeit wimmelt es von romantischen Adaptionen Nietzschescher Gedanken. Nietzsche selber, wahnsinnig und schön, wurde als Prophet betrachtet, nicht nur als Autor des *Zarathustra*, sondern als dessen lebendige Inkarnation. In diesem Zusammenhang sei zumindest daran erinnert, daß es auch eine unmittelbare und folgenreiche Beziehung zwischen dem deutschen Philosophen und der russischen Intelligenzija gab, und zwar in Gestalt der Begegnung Nietzsches mit der jungen Lou Andreas-Salomé. Die Vermutung, daß die Entstehung des *Zarathustra* direkter Ausfluß aus diesem für beide Seiten schicksalhaften Zusammentreffen war, ja, daß Nietzsche in der begabten jungen Frau womöglich *seine* persönliche Inkarnation des Zarathustra sah – werde, der du bist! –, ist nicht gänzlich von der Hand zu weisen. Als sich Lou später mit dem wiederum wesentlich jüngeren Rainer Maria Rilke zusammentat, unternahmen sie mehrere Reisen nach Rußland, die für Lou nicht zuletzt den Effekt hatten, Nietzsches Programm vom Übermenschen zu verwirklichen, d. h. Nietzsche und seinen Einfluß zu überwinden. In einem Brief an Rilke bekennt sie, »daß ich, trotz unseres Altersunterschieds ... immer noch wachsen mußte, – weiter und weiter wachsen, bis in das hinein, was ich Dir beim Abschied so froh erzählte, – ja, so seltsam es klingt: bis in meine Jugend hinein! denn erst jetzt bin ich jung, erst jetzt darf ich sein, was Andere mit 18 werden: ganz ich selbst.« Werde, der du bist, oder auch: Ich bin. Aber ich habe mich nicht. Deshalb werden wir erst. Schon lange vorher hatte Nietzsche geschrieben: »... ein Denker, der die Zukunft Europas auf seinem Gewissen hat« – womit er zweifellos sich selber meinte –, »wird mit den Juden rechnen wie mit den Russen, als den zunächst sichersten und wahrscheinlichsten Faktoren im großen Spiel und Kampf der Kräfte.« Auf eine makabre Weise sollte Nietzsche damit recht behalten: Nur wenige Jahrzehnte später sollte man in Rußland das utopische Projekt in Angriff nehmen, einen Menschen aus der Retorte zu produzieren, jenen neuen Menschen, den auch Bloch im Visier hatte – ex oriente lux. Was Nietzsche nicht ahnen konnte: daß die Judenheit, das Volk der alten Schriften, diesem Projekt im Wege stand und deshalb zur gleichen Zeit, da sich der Stalinismus daran machte, den alten Menschen mit Stumpf und Stiel auszurotten, der Vernichtung durch den Nationalsozialismus preisgegeben wurde – auch dieser träumte bekanntlich seinen Traum vom neuen Menschen.

Aus naheliegenden Gründen war es in der Sowjetunion der zwanziger und dreißiger Jahre verpönt, sich auf Nietzsche zu berufen, galt er doch nicht zuletzt wegen seines Einflusses auf die zaristische Intelligenz als kompromittiert. Dennoch spricht vieles dafür, daß es nicht Marx oder Freud waren, die die philosophische Basis zur Idee der Umformung des Menschen lieferten, obwohl man sich offiziell auf sie berief (im Falle Freuds und der Psychoanalyse freilich nur bis 1927; danach geriet seine Lehre unter Beschuß), sondern daß Nietzsches phantastischer Gedanke vom Übermenschen der heimliche Motor all jener phantastischen Menschenexperimente blieb, die als »Pädologie« und »Proletkult«, d. h. als der hyperrationalistische Versuch, die Natur des Menschen so restlos umzuformen, daß er als rein gesellschaftliches Wesen erscheint, Eingang in die Geschichtsbücher gefunden haben. Auch wenn der Name Nietzsches nicht mehr genannt werden durfte – er blieb der unheimliche Gast, der stets anwesend war, wenn der neue Mensch ausgebrütet wurde.

Auf eine merkwürdige und, wie es scheint, bisher kaum durchschaute Weise ist Blochs Philosophie des Noch-Nicht, des erst Werdenden, Zu-sich-selber-Kommenden, mag sie in ihrem Fortgang auch noch so verzweifelt bestrebt gewesen sein, sich mit den Realien historisch-gesellschaftlicher Prozesse zu vermitteln, geistesgeschichtlich den Phantasmen der »russischen Seele« um 1900, ihrem Gottsuchertum und Erlösungsbedürfnis, ihrem Wunsch nach einem fundamental Neuen, »worin noch niemand war« (Bloch), verpflichtet. Vielleicht ist die biographische Spekulation erlaubt, daß Blochs erste Frau Else von Stritzki, der er nach ihrem frühen Tod ein ergreifendes Gedenkbuch gewidmet hat, die mystische Bindung des Philosophen an den Erlösung versprechenden »Orient« bestärkt und bestätigt hat. Else stammte aus Riga, einem Ort mithin, der jenen östlichen Ideen und Einflüssen sehr nahe lag. »Else glaubte fest an die absolute Wahrheit meiner Philosophie. Sie kam ihr aus dem gleichen Blut und aus der gleichen Region wie die Bibel; sie erläuterte die Bibel durch meine Philosophie und meine Philosophie durch die Bibel. Else war vollkommen erfüllt von ihrem Christenglauben; sie war fromm und das Wunder erwartend wie ein Kind ...« Auch Bloch, dieser »Östlichste« aller deutschen Marxisten, glaubte an das Wunder des neuen Menschen, und meine These ist, daß er diesem Glauben bis ans Ende seines Lebens und seines Werkes treu geblieben ist. Deshalb war letzteres obsolet schon zu seinen Lebzeiten. Sozialhistorisch gesehen gehört Blochs philosophisches Werk einer Epoche an, die den dramatischen Übergang von einer agrarisch-bäuerlich geprägten »kalten« Kultur zur »heißen« industriellen Zivilisation noch nicht bewältigt und die Schrecken solchen Übergangs daher in Metaphern der Apokalypse zu bannen versucht hat. Ernst Bloch war ihr Prophet.

Literatur

Bloch, Ernst, »Das Problem Nietzsche«, in: *Bloch-Almanach* 3, 1983, 71-80.

Bloch, Ernst, »Gedenkbuch für Else Bloch-von Stritzki«, in: ders., *Tendenz – Latenz – Utopie*, Frankfurt a. M.: Suhrkamp 1978, 11-50.

Etkind, Alexander, *Eros des Unmöglichen. Die Geschichte der Psychoanalyse in Rußland*, Leipzig: Gustav Kiepenheuer 1996.

Masaryk, Thomas Garrigue, *Russische Geistes- und Religionsgeschichte*, Frankfurt a. M.: Eichborn 1992.

Zudeick, Peter, *Der Hintern des Teufels. Ernst Bloch – Leben und Werk*, Moos und Baden-Baden: Elster 1985.

HANS MAYER

Ernst Blochs poetische Sendung

Spuren? Aber wovon? Und wo führen sie hin? Der Trapper
pflegt sich mit ihnen auszukennen, auch der Hilfs-Sheriff aus
dem Western, und Sherlock Holmes unterhält sich ausgiebig
mit Doktor Watson über jene kleinen Relikte und fast unscheinbaren Indizien, die schließlich zur Aufdeckung von Tat und
Täter führen. In allen Fällen kommt man mit Hilfe von »Eindrücken« einem Gesuchten auf die Spur. Spuren bedeuten
daher überall: Wegweiser. Das Ziel ist jedes Mal, um Brecht zu
parodieren, »deutlich sichtbar«; mit Hilfe der Spuren wird es
auch – anders als bei Brecht – erreichbar. Spuren bei Karl May
und Agatha Christie machen, mit Hilfe von Funden im Bekannten, auch das vorerst noch Unbekannte zum bekannten Bereich.
Es sind Spuren in einer geschlossenen und berechenbaren Welt.
Wo in Geschichten von ihnen berichtet wird, entstehen geschlossene literarische Formen.

Nun ist Ernst Bloch dies alles durchaus nicht unvertraut. Er
kennt sich aus bei den Trappern und Sheriffs und den Leuten
von Scotland Yard. Berief er sich nicht einmal, aus einschlägi-
gem Anlaß, auf »keine Geringere als Agatha Christie«? Dennoch geht es nicht recht geheuer zu bei seincm Umgang mit den
genuinen Abenteuer- und Verbrechergeschichten. Bloch rüttelt
an der geschlossenen Form: er möchte das Woher und Wohin,
das durch Spielregeln gleichsam axiomatisch festgelegt wurde,
immer wieder in Frage stellen.

»Etwas ist nicht geheuer, damit fängt das an.« So beginnt
auch Ernst Blochs Betrachtung über die »Philosophische Ansicht des Detektivromans« (Verfremdungen I, Frankfurt 1962,
Seite 37 ff.). Mit Detektivgeschichten fängt es auch hier an, die
mit der Leiche ins Haus zu fallen pflegen, aber dann geht es
rückwärts zu E. T. A. Hoffmann und zu Sophokles. Die analytische Dramaturgie – vom ›König Oedipus‹ bis zum ›Zerbroche-
nen Krug‹ und den meisten Ibsen-Dramen – ist gleichfalls auf
den Nexus des Suchens, der Spuren, des Findens abgestellt.

Auch dort ist es von Anfang an nicht geheuer. Oder schlimmer: von Anfang an geht es scheinbar nur allzu traulich und harmonisch zu in Noras Puppenheim, in der Ehe des jugendlichen Königs von Theben, in all jenen berühmten Familienfeiern von Ibsen bis Eliot. Das allzu Geheure als das Nichtgeheure. Überall aber endet die Analyse mit dem Aufdecken und dem Fund.

Allein der »Philosophischen Ansicht« stellt es sich doch noch anders dar. »Item: Etwas ist nicht geheuer, damit fängt das an. Forschend Aufdeckendes ist freilich nur das eine, es geht aufs Woher. Forschend Heraufbildendes wäre das andere, es geht aufs Wohin. Ein Gewesenes Finden ist dort, ein Neues Schaffen hier der gespannte, oft nicht minder labyrinthische Vorgang.«

Der Künstlerroman wird für Ernst Bloch zur dialektischen Entsprechung des Detektivromans. Der Ungewißheit des Anfangs, dem man auf die Spur kommen muß, bei letzterem entspricht die bloße Virtualität eines erst zu Schaffenden im literarischen Bereich der Künstlergeschichte. Prometheus als das Gegenüber des Oedipus.

Führt aber das unsichere Wohin schließlich – als Bericht oder Geschichte – zum Kunstwerk, so wurde die Form dennoch wieder geschlossen. Auch hier kommt es schließlich zu einem Prozeßablauf: Suchen – Spuren gleich schöpferischer Virtualität – Finden gleich gestalten.

Wie aber, wenn die analytische Technik vor ihrem Material versagt, weil von den Spuren platterdings nicht auf irgendein Woher geschlossen werden kann? Und wenn damit zugleich auch alle Chancen wegfallen, zu irgendeinem Wohin zu gelangen? Dann freilich ist man in jenem ureigensten Bereich, den Ernst Bloch mit dem Titel ›Spuren‹ philosophisch von jeher einzukreisen suchte. An den feststehenden Gattungen des Detektivromans und des analytischen Schauspiels hatte er zwar einige Mauereinbrüche erzielen können, ohne jedoch die geschlossene Form ganz sprengen zu können. Er hatte äußere Mauern durch Analyse niedergelegt, aber neue, festere Innenmauern richteten sich vor ihm auf. Es blieb bei der geschlossenen Form.

Er mußte sich für sein Fragen und Erzählen eine eigene – weit geöffnete – Form erst erschaffen. Das hat er getan. Darin vor allem sollte man, in der deutschen Literatur unseres Jahrhunderts, das wichtigste Merkmal von *Ernst Blochs poetischer Sendung* erblicken.

Auch hier ging es, für Leser und Kritiker solcher ersten »Spuren« ohne Woher und Wohin, nicht ganz geheuer zu. Man wußte nicht so recht, was da vorgelegt wurde: Philosophie oder Literatur, Erzählung oder Deutung.

Es muß Mitte der zwanziger Jahre gewesen sein, da las ich, damals noch Abiturient und dann sehr junges Semester, im »Berliner Tageblatt«, das man bei uns zu Hause zu halten pflegte, gelegentlich etwas sonderbare Prosastücke eines gewissen Ernst Bloch. Ich konnte nicht viel damit anfangen, wußte auch nicht so recht, was hier geboten werden sollte: spannende Erzählung war das offenbar nicht, trat jedoch ebensowenig in der Terminologie und mit dem Systemanspruch einer philosophischen Abhandlung auf.

Mir muß es vor jenen kurzen Prosastücken Blochs nicht allein so gegangen sein, daß ich etwas ratlos an den Gebilden vorüberging. Im Gedächtnis bleibt, daß im gleichen »Berliner Tageblatt«, kurz nach Erscheinen einer Glosse Ernst Blochs, irgend jemand protestierte mit der Behauptung, die von Bloch erzählte Geschichte sei zuerst – dort und dort – von ihm erzählt und veröffentlicht worden. Ich glaube mich auch zu erinnern, daß Ernst Bloch etwas verwundert und belustigt antwortete. Etwa des Sinnes: es sei doch nicht seine Aufgabe, Geschichten zu erzählen; er habe – ganz richtig – jene Geschichte des Kollegen irgendwo gelesen, und ihm sei einiges Bedenkenswerte und Verwunderliche an ihr aufgefallen. Dies Denken aber und Wundern sei sein eigener geistiger Anteil an der Geschichte: die Fabel habe er genommen, wo er sie gerade fand.

Ob die Leser des »Berliner Tageblattes« von dieser Auskunft befriedigt waren, ist schwer zu ermessen. Die Redaktion war es offenbar nicht ganz, denn Bloch konzentrierte sich, wenn mir recht ist, publizistisch von nun an im wesentlichen, ebenso wie sein Freund Walter Benjamin, auf die »Frankfurter Zeitung«. Hinter allem aber stand das Unbehagen über literarische Gebilde, die sich so schwer einordnen ließen.

Soll man sagen, die Unsicherheit sei heute verschwunden? Man zögert. Den Vielen (oft Allzuvielen), die sich mit dem

›Prinzip Hoffnung‹ auseinandersetzen, erscheint das Buch ›Spuren‹ gemeinhin immer noch als Nebenwerk eines Denkers, der darin zeige, daß er ein hinreißender Schriftsteller sei, was man ohnehin an den philosophischen Büchern und Abhandlungen feststellen konnte. Ernst Bloch selbst scheint es anders zu verstehen. Die ›Spuren‹ gehören zum Gesamtbereich seines Denkens – und sind gleichzeitig sein Beitrag zur Literatur und Literaturgeschichte.

Wie aber: soll man von »philosophischen Erzählungen« sprechen, die in der französischen Tradition, man denke an Voltaire, als feststehende Gattung anerkannt zu werden pflegen, während die deutschen Schriftsteller – was nun wieder mit der philosophischen Entwicklung seit Kant zusammenhängt – die Trennungslinie zwischen Philosophie und Literatur stets ängstlich respektierten? Die Gattung des »conte philosophique«, ebenso beliebt in der französischen Aufklärung wie auch, mit etwas anderer Kontur, in der englischen Romantik, geht jedoch jeweils von einer Denkmaxime aus, die als epischer Bericht verkündet werden soll. Eine hohe Form der Didaktik und Paradigmatik wird angestrebt. Die Geschichte ist bare Einkleidung, wichtig bleibt allein die denkerische Demonstration: wobei freilich dem Schriftsteller durch die Gattung nicht verboten wird, die Einkleidung so gefällig und geistvoll wie möglich zu entwerfen.

Eben dies aber wird in der Gesamtanlage und den einzelnen Stücken des Buches ›Spuren‹ mitnichten angestrebt. Wo immer man hinliest: es fehlt am Lehrsatz wie der Einkleidung. Alles ist offen, Frage, Ungewißheit. Die Geschichten selbst sind Spuren, freilich, aber wohin führen sie? Und auch wieder gefragt: Spuren wovon? Der Denker Ernst Bloch ist gleichsam der umgekehrte Voltaire. Die Geschichten der Huronen und des Candide waren für ihren Verfasser angewandte Aufklärungsphilosophie. Auch Ernst Bloch kennt seine Huronen, aber es sind nicht stilisierte Rokokowilde, sondern – nicht minder stilisierte – Reminiszenzen aus Karl May. Blochs Geschichten *sind* selbst die Philosophie, statt sie paradigmatisch zu demonstrieren. Die Erzählform *ist* bereits der Inhalt. Mehr als ein Stutzen und Überdenken ist jeweils der Geschichte nicht abzugewinnen. Eben dies aber ist die Philosophie davon.

Trotzdem haben auch bei Bloch die ›Spuren‹ mit Aufklärung zu tun. Nicht nur mit heutiger Dialektik der Aufklärung, sondern sogar noch mit der geschichtlichen Aufklärung des 18. Jahrhunderts. Allein man denkt nicht an Voltaire, sondern weit eher an *Johann Peter Hebel.* Daß dessen ›Schatzkästlein des Rheinischen Hausfreunds‹ von jeher zu den Erzbüchern von Ernst Bloch gehört hat (übrigens auch von Kafka), ist bekannt. Blochs Hebel ist ein anderer, wohl auch historisch richtigerer Hebel als der stilisierte Hausfreund des Martin Heidegger. Doch gerade jene Prosastücke Hebels, die durchaus noch zur Aufklärungsdidaktik in einem sehr hohen Verstande gerechnet werden können, sind für Bloch weniger bedeutsam geworden als jene Berichte des Hausfreunds aus dem Wiesental, die sich am Ende der Geschichte nur widerwillig oder überhaupt nicht zu irgendeiner »Moralité« bequemen wollen. Mit außerordentlichem Gespür nahm Bloch an gewissen Hebel-Geschichten hinter der scheinbaren Geschlossenheit und Vermauerung den Luftzug wahr, der durch geheime Ritzen drang. Eine Geschichte aber gibt es bei Hebel, und es ist wohl die vollendetste, die sich keiner Lehrhaftigkeit des Inhalts und keiner Geschlossenheit der Form anzubequemen vermochte. Man darf sie mit einigem Recht als das auslösende literarische Erlebnis des philosophischen Erzählers Ernst Bloch betrachten.

Es ist die Geschichte vom ›Unverhofften Wiedersehen‹. Der berühmte Bericht vom Bergwerk zu Falun, der stets von neuem, von Hoffmann bis Hofmannsthal, abgewandelt wurde, auf den knapp drei Seiten Johann Peter Hebels jedoch als vollkommenes Gebilde erstand. Immer wieder umkreisen Erzählungen Ernst Blochs die Geschichte des wiedergefundenen, durch das Vitriolwasser in voller Jugendkraft erhaltenen Jünglings und Bräutigams. Auch die unermeßliche Hoffnung der Schlußworte, die so wenig mit religiöser Zuversicht zu tun haben, mußte es Bloch antun: »›Was die Erde einmal wiedergegeben hat, wird sie zum zweiten Mal auch nicht behalten‹, sagte sie, als sie fortging und noch einmal umschaute.«

Mindestens an drei Stellen der ›Spuren‹ stehen Erzählungen Ernst Blochs insgeheim im Bannkreis dieser Geschichte. Das Schlußwort der Braut bei Hebel wird bei Bloch zum »Motiv des

Scheidens«. Ein versunkenes Dorf namens Germelshausen, das einmal im Jahr aus den Sümpfen wieder zu unheimlicher Lebensgier auftaucht und den jungen Maler fast bis über die Geisterstunde hinaus verlockt. Das Erwachen am Morgen ist schmerzlich. Auch das Mädchen Gertrud versank mit dem verwünschten Germelshausen. Bei Hebel endete die Geschichte als Wiedervereinigung durch den Tod. Bei Bloch steht das Scheiden am Abschluß, das sich als Grenzziehung zwischen verwunschener und (scheinbar) unverwunschener Welt demonstriert. Die »Motive des weißen Zaubers« in den ›Spuren‹ hängen gleichfalls damit zusammen. Errettungsgeschichten – obenhin betrachtet. Das Vitriolwasser bei Hebel verwandelt sich in einer orientalischen Geschichte Blochs ins goldene Wasser des Lebens. Aber die Geschichte, die Bloch erzählt, endet – zunächst einmal – in der Zuversicht: »Die Prinzessin bat die Heilige, ihre letzten Tage bei ihnen zu verbringen, und sie blieben verbunden in der Weise der Anbetung. Noch lange hörten sie auf den Fall des Wassers, den singenden Baum, die Sagen des sprechenden Vogels, bis auch zu ihnen der Tod kam und sie von allem irdischen Trost wegnahm, zu der Fülle des Paradieses.«

Dann aber nimmt der Denker Bloch den traditionellen Abschluß wieder zurück und läßt den Luftzug der Ungewißheit in die Erzählkammer ein: »Aber ob die Sure des Lebenswassers oder die *Rückkehr* zum Vater erscheint: das alles ist doch nur eine allegorisch schlichte, vornehm unzulängliche, abstandshaft ehrliche Umkreisung des letzten, hier gesetzten Sinns; denn in der Tat sind doch die drei Schätze, der sprechende Vogel wie das goldene Wasser wie der singende Baum, *alchymische* Symbole reinster Art. Folglich wären sie zur Bildung eines zweiten Lebens *verpflichtet*, eines wirklich ganz Andern und Wunderbaren, wie es nicht nur aus dem Stein hervorholt und zu einem irdischen Königssohn restituiert, sondern dazu gehalten ist, grade den Schatten des Wandels und den Tod an seinem Ende zu überwinden.«

Abermals ein transformierter und zurückgenommener Hebel unter den »Motiven der Lockung«. Der Spielman Lars ist durch den Glockenton plötzlich beim Spielen auf der Wundergeige im magischen Berg aufgestört worden. Es ist die Umkehrung der

Geschichte vom Dorf Germelshausen: hier taucht der verwunschene Spielmann wieder in die Alltagswelt zurück, so wie es dem Tannhäuser Richard Wagners gelungen war, durch Anrufung der Maria aus dem Venusberg in einem Augenblick wieder in die Thüringer Waldlandschaft zurückversetzt zu werden. Aber auch dem Spielmann Lars, wie dem Sänger Tannhäuser, werden Rückkehr und Entzauberung zum Verhängnis. Der Erzähler Ernst Bloch läßt die Möglichkeiten offen: starb Lars schließlich an der Schwermut, oder führte ihn der Weg zurück in den Berg und damit zur Vollkommenheit des Musizierens? Bloch sieht in der Geschichte ein Problem der »Melancholie und des chthonischen Zaubers, des leeren christlosen Grübelns nach unten und innen, des heillosen Grabens nach einem Schatz, den es in den Lockungen solch äußerer Tiefe gar nicht gibt«. Lockung ohne Erfüllung bei Lars, wie Scheiden ohne Wiedersehen in der Geschichte vom Maler und dem Mädchen Gertrud aus dem Dorf Germelshausen. Musikstücke ohne Auflösung und Schlußakkord. Spuren. Aber Spuren wovon?

Der Bischof weiß es auch nicht, oder er will es nicht sagen. Der Bischof nämlich aus der Schlußgeschichte der ›Spuren‹ mit der Überschrift ›Der Berg‹. Entnommen einem oberbayrischen Volksbuch. Ausgehend im Volksbuch und auch in Blochs Nacherzählung von hoher Genauigkeit der Zeit und des Orts. Sommer des Jahres 1738; ein Forst am Untersberg. Der Jäger heißt Michael Hulzögger und gerät in den Untersberg, wird aber in wunderbarer Rettung wieder in die Oberwelt zurückversetzt. Doch er bleibt stumm, wenn man ihn nach den Erlebnissen befragt, und auch der Bischof verstummt, dem er sich in der Beichte anvertraut hatte. Was hatte der Jäger gesehen, was der Bischof von ihm erfahren? Ernst Bloch verzichtet hier auf Kommentar und abwägende Erörterung. Auch dies war eine *Spur* gewesen: Ort, Zeit und Namen boten sich zur Deutung an. Zur Deutung wessen? Die Spur führte schließlich ins Verstummen, ohne daß auch nur die Gefühlsschicht erkennbar geworden wäre – Grauen oder Zuversicht, Trostlosigkeit oder Heiterkeit –, die diesen Schweige-Entschluß zu begleiten hatte.

Ein *zweites Grundmotiv* des Buches ›Spuren‹ hängt eng damit zusammen. Bloch gibt ihm – je nachdem – die Prägung *Verän-*

derung zur Kenntlichkeit oder zur Unkenntlichkeit. Es ist das große Thema der Verborgenheit dessen, was in einem Menschen ist oder sein könnte. Der Möglichkeit in der Wirklichkeit. Aber auch einer verborgenen Wirklichkeit hinter einer hüllenhaften Wirklichkeit. Der Bauer Li wird vor dem Blitz gerettet, denn er war der einzige Gerechte. Der Rabbi von Belz entdeckt das Inkognito des ungehobelten und wohl auch unfrommen Jizchak Leib, der immerhin auf seinem Kaftan das reißende Wasser zu überqueren vermag. Warum aber wird Li als der wahrhaft Gerechte errettet, und warum war Jizchak Leib in der Hierarchie der Frommen und Gerechten dem tugendhaften Rabbi ebenbürtig? Bloch erzählt die beiden Geschichten, deren Geheimnis gerade in ihrer Unauflösbarkeit liegt. »Bei den drei Greisen in der Tolstoischen Volkserzählung, die manches mit der chassidischen Geschichte gemein haben, und die gleichfalls über Wasser wandeln, übers Meer zum Schiff, um das Vaterunser zu erlernen, ist alles viel plakatierter, auch viel gekommener entschieden; ›sie lächeln immer und strahlen wie die Engel des Himmels‹, sie erscheinen genau, wie man sich Fromme denkt, auch stehen sie bereits bei Jesus. Aber im Inkognito Jizchak Leibs ist überhaupt nichts schlüsselfertig, gleichsam; da ist vielleicht ein wirklicher Schlüssel und ein bestelltes Haus, doch er dreht sich nicht, öffnet die ›Engelstür‹ nicht im geringsten, auch nicht halb; vielleicht eben, weil sie es wirklich ist.«

Es bleibt unentschieden, ob durch die Rettung vor dem Blitz und die wunderbare Fahrt über das schäumende Wasser die Li und Leib nun in ihrer wahren Natur kenntlich gemacht wurden, oder ob gerade die Inkongruenz des Geschehens bewirkt, daß diese Spuren in völlige Wirrnis führen.

Es gibt in diesem Buch der Erzählungen und der Spuren ohne Weg und Wegweiser abermals, wie in Blochs philosophischem Gesamtwerk, die *Subjekt-Objekt-Relation.* Das Motiv des »Heraustretens« wird gezeigt an Geschichten wie jenen des Li, des Jizchak Leib, aber auch als Problem eines subjektiven Geistes, »der sich erst bildet«. So hat Ernst Bloch mitten in diesem Buch der Parabeln ohne Parabolik und der Spuren ohne Tat und Täter auf wenigen Seiten auch die Geschichte seiner eigenen Jugend, eines höchst persönlichen Heraustretens, geschildert.

Das Erwachen eines jungen Menschen zum Staunen, zur Beobachtung von Spuren, die nirgendwo hinführen, offensichtlich, und doch als Spuren vorhanden sind. So daß er beschloß, solcherlei Spuren zu sammeln, mitzuteilen, zu deuten, so gut es geht. Bloch nennt es den Blick durch das rote Fenster. Der aber bedeutet: »Das heimliche Fenster machte also gegebenenfalls weltfeindlich (grade weil es das ›Leben‹ bejaht, aber unseres), es ist die Sammellinse für die *utopischen Stoffe*, aus denen die Erde besteht. Private Sammlung war nirgends gemeint und wird nicht fortgesetzt.«

Private Sammlung war nirgends gemeint und wird nicht fortgesetzt. Was heißen soll: die Bücher ›Geist der Utopie‹ und ›Das Prinzip Hoffnung‹ sind nicht darauf aus, die Geschichte der utopischen Stoffe um einen neuen zu vermehren. Erkannte Utopie läßt sich – eben als Utopie – nicht fortsetzen. Und die Berichte von jenen Spuren, die durch Märchen oder Chronik oder Lebensbericht von einzelnen zu uns gedrungen sind, müssen in ihrer offenen Form behalten und gehalten werden, sonst hören sie auf, Spuren zu sein. In ihrer Gesamtheit aber verweisen sie, womit sich auch dieses Buch Ernst Blochs dem Gesamtbereich seines Denkens einfügt, auf eine Heimat: als etwas, »das allen in die Kindheit scheint und worin noch niemand war«.

2 Ich, 1 Wir und das multiple self

Ein Modernisierungsvorschlag

Es liegt nahe, das Blochsche Philosophem als späte Annotation zur Identitätsphilosophie zu interpretieren. Z. B. als Nachschrift zu Hegels wechselseitiger Anerkennung, die die Aneigung des Ich nur durch die Anerkennung der anderen gelingen läßt. Doch bleibt das somit ins Spiel gebrachte ›wir‹ problematisch.

> ›Ich bin (i_1). Aber ich (i_1) habe mich (i_2) nicht. Darum werden wir (i_3; i als Element der Menge W) erst‹.

Der Satz operiert mit drei Ich. i_1 ist eine fragile Identitätsbehauptung. Sie enthält zwar eine Existenzaussage, aber nur eine hypothetische Identitätsaussage, wie sich aus dem Nachsatz erhellt. ›Ich bin‹, aber ich bin mir zugleich gewiß, daß Ich (i_1) nicht identisch ist mit dem anderen Ich (i_2), das ich wäre, wenn ich mit mir identisch wäre.

Wenn wir ›sich haben‹ als Identitätsaussage verstehen, ist erst i_2 das identische Ich, die ganze, sich selbst bewußte Person. i_2 aber steht in einem unbestimmten Futur, denn es wird gerade die Negation von i_2 behauptet: ›Ich habe mich nicht‹.

Erst der dritte Satz eröffnet die Entwicklungsperspektive, durch die i_1 zu i_2 ›werden‹ kann. Der dritte Satz allerdings ist nicht-teleologisch formuliert; das ›werden‹ bleibt offen. i_3 – als individuelle Teilmenge von ›wir‹ – bezeichnet das jeweils werdende Ich, das nicht identisch ist mit i_2, der Idee des gewordenen Ich.

Das werdende Ich (i_3) – lassen wir die Pluralis-Form erst einmal außer acht – ist ein Prozeß-Ich, das sich erst entwickelt, wenn die Spannung zwischen i_1 und i_2 längst aufgeworfen ist, wenn ›ich bin‹ (i_1) entdeckt hat, daß es noch nicht das Ich geworden ist, daß es sein könnte, wenn es sich ›haben‹ ›würde (i_2). i_3 ist dann das mediale Ich, das sich auf den Weg macht, die Differenz i_1/i_2 zu überbrücken.

Wir haben es mit drei verschiedenen Ich zu tun, die zu keinem ›einen Ich‹ verschmelzen, sondern Momente eines möglichen Prozesses darstellen, der einsetzt, wenn das ›ich bin‹ transgrediert wird.

Ich schlage vor, anstelle der möglichen Interpretation eines prozessualen Ich-Kontinuums von einer Diskursgemeinschaft dreier verschiedener Ich zu sprechen. Anstelle von Synthese setze ich auf Differenz. Der Blochsche Satz erlaubt dies. i_1, i_2 und i_3 ›verschmelzen‹ nirgendwo in einem Ich. i_2 bleibt ein separates Telos, das von i_3 ebenso isolierbar bleibt wie i_1. Während i_1 die naive Selbstgewißheit des ›ich bin‹ verkörpert, muß i_3 in der Unbestimmtheit des ›werden‹ verharren, das noch keine Aussage über das ›mich haben‹ enthält (wenn auch eine Aussage über das Aufgeben des naiven Status des ›Ich bin‹).

i_2 suggeriert, daß die Behauptung ›sich haben‹ einen Sinn ergibt. Das wissen wir aber nicht. Die Suggestion des Blochschen Satzes, daß i_2 möglich sei, beruht auf der Unterstellung, daß wir wissen könnten, was es hieße, ›sich zu haben‹. ›Sich zu haben‹ heißt, über sich zu verfügen (›sich vollständig angeeignet zu haben‹ oder ähnlich). Es ist eine Phantasie der Selbst-Beherrschung, zumindest der Selbst-Aneigenbarkeit. Sie wird als Hoffung ausgesprochen, daß es wertvoll sei für die Menschen, ›sich zu haben‹. Der, der ›sich hat‹, ist sich seiner sicher. Oder er ist seiner gewiß. Oder er weiß, wer er ist – in dem Sinne, daß er sich selber gänzlich anerkennen kann. Alle diese Interpretationen laufen auf einen Identitätstopos hinaus.

Redet man davon, daß man sich ›selbst haben‹ soll, bleiben wir in einer solipsistischen Schleife, die es schwer macht, den Pluralis im dritten Satz zu verstehen. Wir müßten dann so denken: ›wir‹ werden, um ›ich‹ (i_2) zu ›haben‹. Warum ›wir werden‹ (das W von i_3) ein Mittel zur Produktion von ›sich haben‹ (i_2) sein sollte, bleibt schleierhaft. Zwar könnte man annehmen, daß das ›Wir‹ eine kollektive Durchgangsstation vom ›naiven‹ Ich (i_1) zum qualifizierten Ich (i_2) darstellt. Eine solche Interpretation würde nahelegen wollen, daß das qualifizierte oder ›wirkliche‹ Ich (i_2) nur durch gesellschaftliche Prozesse, die im ›wir werden‹ angedeutet werden, erreicht werden könnte (z. B. durch Hegelsche Prozesse der wechselseitigen Anerkennung).

Aber es zeigt sich, daß die Feststellung, daß Ich ›habe sich nicht‹, nicht impliziert, daß Ich (i_2) sich jemals bekommen müsse. i_2 bleibt eine, möglicherweise unerfüllbare, Orientierung – ein Horizont. Einzig daß ›wir werden‹, wird ausgesagt. Mit i_2 wird eine Richtung angedeutet, in die der Prozeß des ›Wir werden‹ läuft. ›Sich zu haben‹ wird in diesen Prozeß als Hoffnung oder als ideales Ziel eingebaut, praktisch aber negiert.

Bloch kommt es möglicherweise auf Folgendes an: Das Telos, ›sich zu haben‹, leitet einen Prozeß der kollektiven Entwicklung des ›Wir werden‹ an. Dieser Prozeß ist das einzige Konkrete, das benannt werden kann. Wir haben es mit einer Dialektik zu tun, in der ein individuelles Streben, ›sich haben zu wollen‹, einen kollektiven Prozeß in Gang setzt, den es nicht meint, aber realisiert. Aber warum eigentlich?

Wir haben nichts weiter als die Vermutung, daß das ›Ich bin‹ einen Zustand menschlicher Existenz beschreibt, dem jedwelches Streben fehlt. Die Differenz zwischen ›ich bin‹ und ›ich habe mich‹ bezeichnet irgendeinen Zivilisationsvorgang. Das ›Ich bin‹, das nicht danach strebt, ›sich zu haben‹, verfehlt in seinem So-Sein irgend etwas entscheidend Menschliches. Man kann soweit sagen: Dem ›Ich bin‹ mangelt es an Verfügung über das ›Sein des Ich‹. Erst wenn ich ›sich hat‹, kann man – Bloch zufolge – davon reden, daß die Redeweise ›ich bin‹ keine Zufallszuschreibung meint, sondern irgendwie eine Art von Lebensverfügung, die man selbst in der Hand hat.

Sein Leben selbst in die Hand zu nehmen, sich selbst zu verwirklichen etc. scheint etwas zu sein, das wir heute durchaus verstehen. Doch ist das nicht Blochs Version. Ihm kommt es sehr auf das ›Wir‹ im dritten Satz an. Nicht eine Ich (i_1)/Ich (i_2)-Transformation ist ihm angelegen, sondern eine Ich (i_1)/Wir (i_3)-Transformation, die durch eine Aussicht auf i_2 geleitet wird, ohne daß i_2 notwendigerweise realisiert werden muß. ›Wir werden‹, weil eine i_1/i_2-Transformation als anstrebbar erscheint. Aber die Strebung realisiert sich nicht (oder nicht vollständig), sondern produziert das ›Wir werden‹. Damit sind wir allerdings noch keinen Schritt weiter in der Erklärung, wie Ich auf Wir umschaltet.

›Wir werden‹, weil ich (i_2) ›sich nicht hat‹. Aus der Spannung, die aus den ersten beiden Teilsätzen zwischen ›Ich bin‹ und ›Ich habe mich nicht‹ entsteht, ist bereits eine erste Art von ›werden‹ ersichtlich (ohne daß wir auf den dritten Teilsatz rekurrieren müssen). ›Sich nicht zu haben‹ bedeutet für den, der sein ›Ich bin‹ transgrediert, irgendwie noch ›zu werden‹, um sich einmal haben zu können. Dieses ›werden (I)‹, das in der Spannung zwischen den ersten beiden Teilsätzen bereits angefordert wird, wird im dritten Teilsatz nurmehr interpretiert (›werden (II)‹).

Der 3. Teilsatz annotiert das Scheitern einer einfachen Transformation von i_1 zu i_2. Ich will ›sich haben‹, bekommt sich aber nicht so ohne weiteres. ›Darum werden wir erst‹. Das heißt: erst einmal ›werden wir‹, bevor ich ›sich‹ bekommen kann. Bloch sieht den Weg zum Ich (i_2) nicht ohne den Umweg über das ›Wir‹. Da er nirgendwo sagt, daß das ›sich haben‹ gelingt, können wir das ›Wir werden‹ als die einzige Form des Gelingens festhalten. Das ›Wir werden‹ gelingt demnach nur, weil ich ›sich haben‹ will, aber ›sich‹ nicht erreicht. Es bleibt — auf einer Art von halbem Weg — im ›Wir‹ stecken.

Wenn also ›wir werden‹, weil ich ›sich nicht hat‹, können wir nur schließen, daß jedwelches ›Haben seiner selbst‹ nur als ein gesellschaftliches oder kollektives Produkt zu erreichen ist — als eine ›Wir-Produktion‹.

Das klingt gut. Aber wir haben es zugleich mit einem defizienten Modus des Menschseins zu tun. Das ›Wir werden‹ ist eine Konsequenz des Vorganges, daß Ich sich nicht hat. Würden wir werden, wenn Ich sich hätte? Der Blochschen Grammatik zufolge nicht.

Hier werden Implikationen frei, die sich nicht offensichtlich zeigen. Das ›Wir‹ erweist sich offensichtlich als ein Dezifienzmodus des Menschlichen, als eine Art Not-Gesellschaft derer, die sich nicht haben. Eine solche Interpretation führt dazu, i_2 als Vollendung des Menschseins zu betrachten: als eine Form der Autarkie.

Das ›Wir werden‹, das nur deshalb gilt, weil Ich sich nicht hat, muß als eine Schwundstufe des Menschlichen fungieren, die historisch die Übliche geworden ist, aber das Telos des Menschlichen — wenn ich diese Sprache hier verwenden darf — verfehlt. Das Telos des ›Sich haben‹ ist ein, modern betrachtet, eigentümlicher Topos: Er tritt auf als Topos des bürgerlichen Selbstbewußtseins, aber in der mitschwingenden Diktion adliger Autonomie.

Der erste Aspekt liegt offen. ›Sich haben‹ heißt, über sich verfügen. Der zweite Aspekt erschließt sich erst in der Konnotation mit dem werdenden Wir. Denn wenn ›wir werden‹ nur deshalb geschieht, weil ›sich haben‹ nicht gelingt, ist das gelungene ›sich haben‹ ohne ein ›Wir‹ gedacht. Diese Lesart nenne ich ›adlig‹.

Das bürgerliche Selbstbewußtsein – der erste Aspekt – ist ein Bewußtsein seiner eigenen Kompetenz im Nexus einer arbeitsteiligen und Marktgesellschaft. In seinem Selbstbewußtsein ist das ›Wir‹ längst mitgedacht. Wenn aber das ›Wir‹ nur mehr eine Notoperation ist, die für das Ich, das ›sich hat‹, entbehrlich bleibt, dann haben wir es im Kern der Blochschen Sentenz mit einem Mensch-Ideal zu tun, das vornehmlich durch eine transbürgerliche Autonomie gekennzeichnet ist. Was ist das für ein Ideal?

Was bedeutet es, ›sich zu haben‹? Wir hatten bereits angedeutet, daß das ›Sich haben‹ mit Kompetenz und ›über sich verfügen‹ konnotiert ist. Doch sind dies nur hilfsweise Annäherungen. Die Redeweise vom ›Sich haben‹ läßt sich semantisch leicht mit ›über sich verfügen‹ übersetzen. Wenn ich mich nicht ›habe‹, bin ich nicht der, der ich sein könnte. Daß das ›Sich haben‹ mit einer anderen Art der Existenz verknüpft ist als mit der Behauptung ›ich bin‹, ist durch die Satzkonstruktion Blochs offensichtlich. Das ›Sich nicht haben‹ verweist auf ein ›Noch nicht haben‹. Denn es wäre unverständlich, von einem ›Sich – haben‹ – Können zu reden, wenn es nicht auch gelingen könnte. Folglich scheint die Aussage ›Ich bin. Aber ich habe mich nicht‹ implizite mit der Vermutung verknüpft zu sein, daß es gelingen könnte, ›sich zu haben‹. Wir wissen zwar nicht, was es bedeutet, ›sich haben‹ zu können, können dem Satz aber entnehmen, daß es sich um eine perfectio des Menschseins handeln muß – um ein Supratelos. Die Autonomie-Vermutung (inklusive der Kompetenz- und Verfügungsvermutung) bleibt in einem gewissen Sinne offen.

›Sich haben‹ bedeutet dann irgendwie: vollständig Mensch zu

sein — jedenfalls vollständiger als nur zu ›sein‹ (zwischen ›ich bin‹ und ›ich habe mich‹ ist eine teletische Spannung angelegt; da ›zu sein‹ irgendwie nicht ausreicht, ist das ›Sich haben‹ ein Zustand, der das ›bloße Sein‹ transgrediert).

Doch sind dies alles nur Vermutungen, die durch den dritten Satz ab- oder zumindest unterbrochen werden. Die teletische Spannung zwischen ›ich bin‹ und ›ich habe mich‹ wird nicht in ein gelingendes ›Sich haben‹ aufgelöst, sondern in ein ›Wir werden‹. Das hatten wir alles bereits erörtert, aber jetzt ergeben sich neue Konsequenzen:

Wenn in der Spannung zwischen ›ich bin‹ und ›ich habe mich‹ eine Entwicklung zum menschlicheren Menschen angelegt ist, dann löst sie sich nicht im vollendeten Menschen auf, sondern im werdenden ›Wir‹.

Wir hatten vorhin erörtert, daß die perfectio defizient bleibt. Das ist insoweit richtig, als sie nicht gelingt. Aber in der Bewegung weg vom bloßen ›ich bin‹ vollführt die Entwicklung einen Bogen, der, anstatt den autonomen Menschen zu erreichen, ein ›Wir‹ werden läßt. Ist das aber so richtig gesehen?

Man kann es auch völlig anders betrachten. Daß ›wir werden‹, kann auch heißen, daß alle Menschen sich auf dem Weg, in einer Entwicklung befinden. Diese Entwicklung ist die benannte — vom ›Ich bin‹ zum ›Sich haben‹. Das ›Wir werden‹ besagt dann nichts anderes, als daß wir, d. h. alle Menschen, sich auf diesem Weg befinden. Wir werden, indem wir das Telos des ›Sich haben‹ anvisieren, etwas anderes als das, was wir bloß sind.

Doch würde diese — banalere — Interpretation nicht der in der Blochschen Sentenz vorhandenen Spannung zwischen dem ›Ich‹ des ersten Satzes und dem ›Wir‹ des letzten Satzes gerecht. Für die banalere Version hätte die Sentenz durchaus mit ›wir sind‹ anfangen können. Es steht aber das ›Ich bin‹, und es endet mit dem ›wir werden‹. Wer das ›Ich‹ in ›Wir‹-Kategorien denkt, denkt nicht mehr das bloße oder reine ›Ich‹. Das Denken in ›Wir‹-Kategorien ist durchaus ein Denken des ›Ich‹, das aber die anderen mitdenkt — entweder moralisch oder sozial.

Das ›Wir‹ des Endsatzes ist eine Pointe der Sentenz. Daß das ›Werden‹ eine Entwicklung anzeigt, ist offensichtlich. Das ›Also‹ bezeugt diese Entwicklung als notwendige Konsequenz des Nichtgelingens des ›Sich haben‹. Das ›Erst‹ – das letzte Wort des letzten Satzes und der ganzen Sentenz – bezeugt hingegen, daß das ›Wir werden‹ einen Prozeß anzeigt, der erst stattfinden muß, bevor das Versprechen des ›Sich haben‹ gelingen kann.

Dieses Versprechen steht als feste, wenn auch visionäre, Säule im Mittelpunkt der Sentenz; es ist nicht zurückgenommen worden. Daß ›Wir werden‹ ist demnach ein Geschehen, das das ›Ich bin‹ transgrediert, aber noch nicht beim ›sich haben‹ anlangt. Das ›Noch nicht‹ demnach ist die reprojizierte Entsprechung des finalen ›Erst‹ für den mittleren Satz. Erst werden wir, dann werden wir – möglicherweise – uns haben.

Das klingt plausibel, ist aber durch die Grammatik nicht gerechtfertigt. Denn das ›Sich haben‹ ist nicht auf ein ›Wir‹, sondern auf ein ›Ich‹ bezogen. Durch das ›Wir werden‹ hindurch werden nicht ›Wir‹, sondern wird ›Ich‹ ›sich haben‹. Die Entwicklungsfigur ist ein Dreischritt folgender Kontur:

A. Ich bin.
B. Wir werden.
C. Dann werde ich mich haben.

In dieser Taxonomie ist allerdings die Dynamik verschwunden, die dadurch entsteht, daß B als Resultierende der Spannung zwischen A und C hervortritt.

Wenn wir einen Geschichtsoptimismus pflegten, könnten wir dieser Figur zustimmen. Pflegen wir ihn nicht, bleibt nur die reduktive Form A und B, für die C vielleicht leitende Orientierung sein kann, aber kein Telos (in einem erfüllbaren Sinne). Ich neige zu der letzteren Erklärung, aber mit einer zusätzlichen Interpretation, die bisher noch nicht vorkam.

Multiple Ich

Über die Figur ›Ich bin‹ / ›Ich habe mich nicht‹ / ›Wir werden‹ wird der Prozeß des ›Wir werden‹ in den Mittelpunkt gehoben. Ich schlage vor, den Pluralis radikaler zu deuten: und zwar als Form der Pluralisierung des ›Ich bin‹.

Indem der Zustand des naiven Einverständnisses mit der

eigenen Existenz überwunden ist, aber noch keine neue Identität (in Form des ›Ich habe mich‹) entsteht, geraten wir in den Prozeß des ›Wir‹, der nicht anders aus den kargen grammatikalischen Ressourcen zu ermitteln ist als ein Prozeß der Pluralisierung des ›Ich bin‹. Wenn i_1 als ein ›multiple self‹ interpretiert wird, d. h. als die gleichzeitige Präsenz mehrerer ›Ich bin‹, ist damit der ursprüngliche Zustand transgrediert, ohne daß eine neue Qualität in Anspruch genommen zu werden braucht. Das transgredierte ›Ich bin‹, das noch kein ›Ich habe mich‹ sagen kann, ist ein mehrfaches i_1, d. h. ein i_{1p} (p = pluralis). So läßt sich das undeutliche ›Wir‹ deuten.

Es gibt, grammatikalisch, keinen Grund, das Blochsche ›Wir‹ irgendwie gemeinschaftlich zu interpretieren. Es genügt, es als Ansammlung von ›Ich‹ auszusagen. Das ›Werden‹ kann dann interpretiert werden als Selbstdifferenzierung der ›Ich bin‹. Selbstdifferenzierung der ›Ich bin‹ ist unaufwendig als ›multiple self‹ annotiert: ›ich bin x‹ und ›ich bin y‹. Damit ist der naive Zustand des ›Ich bin‹ aufgehoben, etwa durch die Frage: wer bin ich nun wirklich? oder ähnlich.

›Ich‹ wird reicher, vielfältiger, zugleich aber in sich angespannt. Es gibt keine ›natürliche‹ Hierachie der vielen ›Ich bin‹. ›Ich bin x‹ kann ›ich bin y‹ dominieren et vice versa. ›Wir werden‹ heißt dann nichts weiter, als daß ›Ich bin‹ in ›multiple selves‹ transformiert wird und daß es viele, wechselnde dominante Zustände verschiedener ›Ich bin‹ geben kann.

Genauer: ›Wir werden‹ hat zwei Aspekte:

1. die Mannigfaltigkeit der ›Ich bin‹ nimmt zu;
2. jedes ›Ich‹ lernt, daß es mehr ist, als im Zustand ›Ich bin‹ (i_1) zu verharren.

›Wir‹ ist doppelt konnotiert:

a) bezüglich aller ›Ich‹ und
b) bezüglich der Vervielfältigung der je einzelnen ›Ich‹. In diesem Sinne ist das ›Werden‹ ein Prozeß, in dem offenbleibt, ob ›Wir‹ gemeinsam werden oder
ob ›Wir‹ insofern werden, indem wir einzeln eine reichere Persönlichkeit an uns feststellen.

Gegen die Gemeinsamkeitsvariante des ›Wir‹ spricht, was wir oben bereits erörterten: Es geht letztlich darum, ›sich zu haben‹, nicht ›uns‹.

Da das ›Sich haben‹ eindeutig via negationis eingeführt ist (bzw. als Telos nur sehr implizite), können wir keine Bestimmung darüber gewinnen, was es heißen soll, ›sich zu haben‹. Um so deutlicher ist es hingegen, daß das ›Wir werden‹ kein ›Sich haben‹ einschließt. Umgekehrt schließt das ›Wir werden‹ ein ›Sich haben‹ aus, da der dann erreichte Zustand der perfectio keines Werdens mehr bedürfte.

Es liegt ein Einwand bereit. Die Transgredation des ›Ich bin‹ muß nicht als Vermannigfaltigung des ›Ich bin‹ gedacht werden, sondern der Übergang liefe vom ›Sein‹ zum ›Werden‹. Dabei wird dem ›Werden‹ eine andere Qualität zugesprochen, z. B. eine zeitliche.

Ich möchte diesem Einwand recht geben, aber nicht auf seine Art. Ich sehe in der Blochschen Sentenz keine besonderte Qualität des ›Werdens‹, außer, man läßt i_2 doch als Telos operieren. Da aber keine Angaben darüber gemacht werden können, was es heißt, ›sich zu haben‹, ist das Telos schlechter Qualität. Jeder Zustand des Werdens könnte bereits dies ›Haben‹ sein, oder auch nicht – je nachdem, welche Theorien man über das Telos pflegt.

Da wir das ›Sich haben‹ nur als Negation des ›Ich bin‹ eingeführt bekommen haben, können wir nur deuten, daß das ›Ich bin‹ nicht als ›Ich bin so, wie ich bin‹ beibehalten wird, sondern als ein ›Ich bin auch noch anders‹. Die vorhin eingeführte ›multiple self‹-Interpretation bietet an, das ›Ich bin auch noch anders, als ich bin‹ als die Präsenz mehrerer ›Ich bin‹ zu sehen.

Eine andere Interpretation würde die Negation des ›Ich bin‹ als ›Ich werde‹ aufgreifen, aber damit ein Problem bescheren, das ich ›liquide Identität‹ nennen möchte. Dieses ›flüssige Ich‹ wäre aber eine artifizielle Figur zwischen den beiden ›festen‹ Polen des ›Ich bin‹(i_1) und ›Ich habe mich‹ (i_2). Man könnte es ›Auflösung des Ich‹, ›Identitätsverlust‹ etc. nennen. Vielleicht ist so etwas von Bloch gemeint. Ich lese es aber nicht so.

Aber selbst wenn es so gelesen werden sollte, schlage ich dennoch vor, die Qualität der ›festen‹ Pole auch für die ›Ich‹ des transitorischen ›Wir‹ beizubehalten. Es muß jederzeit möglich sein, ›Ich bin‹ zu sagen, ohne naiv zu sein. Das ›multiple self‹ kann dies sagen, ohne sich auf ein ›Ich bin dieses, und nichts anderes‹ festlegen zu müssen. Das Wissen, ›ich bin y‹, ist nicht identisch mit ›ich bin x‹, macht es nicht abträglich, einmal so und einmal anders zu sein, je nach Perspektive, Einstellung, Theorie etc.

Wenn wir dann nicht wissen, wer wir insgesamt sind, so sind wir doch in der Lage, zu sagen, wer wir jeweils sind. Das ›Ich‹ des ›multiple self‹ ist lokal definit, nicht aber global.

›Werden‹ heißt dann, um noch einen Schritt weiter zu gehen, neue Aspekte, neue Perspektiven ins ›multiple self‹ aufzunehmen (und alte Aspekte zu vergessen).

Wenn wir das ›Wir werden‹ so interpretieren, haben wir den Vorteil, evolutionäre Prozesse zuzulassen, mit der Konsequenz, das implizite Telos des ›Sich haben‹ fallenzulassen. Die Vorstellung, daß man ›sich haben‹ könne, ginge – für die ›multiple-self‹-Erklärung – einher mit der Vorstellung, irgendwann einmal ein Integral über alle ›selves‹ bilden zu können. Diese Idee würde aber dem ›multiple-self‹-Prozeß nicht entsprechen, der über Variation des ›Ich bin‹ (i_1) in diverse ›Ich bin x,y, ..., z‹ (i_{1p}) und Selektion ständig neue ›Ich‹-Ensemble ausbilden kann. Es gibt – wie in Freuds Mikroensemble von Ich, Über-Ich und Es – kein Kern-Ich, sondern nur mehr einen ständigen, alternierenden Diskurs der ›multiple selves‹.

In diesem Sinne ist das ›Wir werden‹ durchaus kommunikativ auslegbar, und zwar gegen das implizite Telos des ›Ich habe mich‹. Das damit einhergehende perfektive Identitätsversprechen hat den Hautgout des Autisten (so wie es die moralische Harmonik der Wiedergewinnung des ›einen Selbst‹ in sich trägt). Darin irrt das Philosophem:

Es mag zwar eine abendländische Leitidee gewesen sein, irgendwann die unio zu erlangen (gleich ob ›in Gott‹ oder weltlich-republikanisch oder volksgemeinschaftlich), aber der Zustand der Moderne lehrt uns etwas anderes: Differenz und ›diversity‹.

Damit umzugehen lernen wird das Schwierigste sein; dazu

schweigt die Blochsche Sentenz, obwohl sie darüber nachzudenken vorbereiten kann.

Fin

Es ist eine Übergangssentenz, die das 19. ins 20. Jahrhundert denkt. Wir stehen nun allerdings an der Schwelle zum 21. Jahrhundert, d. h. inmitten unter uns, die wir uns nicht haben und aber auch nicht mehr ›einfach sind‹. Wir sind ›unter uns‹, ohne eine besondere Vision davon zu haben, was es heißt, zu ›werden‹. Wir werden vielfältiger, multiperspektivischer.

Das ›Wir‹ besteht dann nicht mehr aus der Idee der Vereinigung der vielen ›Ich‹, sondern aus Vernetzungen von ›Ich‹, die selber aus ›Wir‹ bestehen. Das klingt komplexer, als es ist. Nur geht dann ›Ich‹ nicht mehr in ›Wir‹ auf, sondern jedes ›Ich‹, das aus einem ›multiple self‹ besteht, nimmt an verschiedenen ›Wir‹ teil. So betrachtet ist dann das Blochsche ›Wir‹ keine Einheit von vielen ›Ich‹, sondern immer schon nur eine Einheit von vielen ›Wir‹ oder deren Teilen. Nur: was ist das für eine Einheit? Das ›Wir‹, das wir erst ›werden‹, ist keine Aufhebung des ›Ich‹ ins ›Wir‹, sondern ein ›Wir‹, das aus vielen ›Wir‹ besteht, die früher ›Ich‹ hießen.

Wir werden nicht ›Wir‹, sondern entdecken, daß wir es längst schon sind: Dekomposition des ›Ich‹ ins ›Wir‹.

Ich vermute, daß diese Vermannigfaltigung auf der Oberfläche menschlicher Aspektenkontinua die ältere Metaphysik ablöst, die darin bestand, den Schein des Soseins zu durchdringen und auf den Kern der Entfaltung des Wesens zu stoßen. Dessen Ent-Wicklung wäre dann die ›ganze Gestalt‹, in der der Mensch endgültig ›sich hätte‹. Ich vermute, daß bei Bloch diese Basis noch anklingt: Vom ›Sein‹ zum ›Werden‹ dessen, was sich dann finaliter ›hat‹ (oder ›bewußt‹ wird etc.).

Ob das ein Gewinn ist, weiß ich nicht, aber es wäre der Verlust einer metaphysischen Illusion. Ob das wiederum ein Gewinn ist, weiß ich auch nicht; zumindest aber können wir uns jetzt vielleicht eine modernisierte Variante des Blochschen Philosophems vorstellen:

Die Idee, daß der Weg zur Identität zwar verstellt ist, dafür aber ein ›Wir‹ ›wird‹, ist einer jener utopischen Reste, die durch die Dekonstruktion des ›Wir‹ in ein ›multiple self‹ und damit in eine Ambiguität gerät, mit der wir zu leben lernen werden – jenseits von ›Ich‹ und ›Wir‹, in between – eine Art von ›Zwischen der Beziehungen‹ als ein ›Zwischen in den Beziehungen‹.

GÉRARD RAULET

Zwischen Noch-nicht und schon nicht mehr

Kann man mit Blochs Subjektphilosophie noch etwas anfangen?[1]

> »Der Philosoph muß sich sagen: wenn ich den Vorgang zerlege, der in dem Satz ›ich denke‹ ausgedrückt ist, so bekomme ich eine Reihe von verwegnen Behauptungen, deren Begründung schwer, vielleicht unmöglich ist, – zum Beispiel, daß *ich* es bin, der denkt, daß überhaupt ein Etwas es sein muß, das denkt, daß Denken eine Tätigkeit und Wirkung seitens eines Wesens ist, welches als Ursache gedacht wird, daß es ein ›Ich‹ gibt, endlich, daß es bereits feststeht, was mit Denken zu bezeichnen ist, – daß ich *weiß*, was Denken ist.« (Nietzsche, *Jenseits von Gut und Böse*, § 16).

> »Wie also? Ich bin. Aber ich habe mich noch nicht. Wir wissen mithin noch nirgends, was wir sind, zuviel ist voll vom Etwas, das fehlt. Bin ich aber ich? und wie gar, was ist ein Etwas?« (Bloch, *Experimentum mundi*, »Zuvor«).

Bloch gehört zu einer Epoche des Philosophierens, die trotz Nietzsches Vernichtung des *Ich denke* ohne das großgeschriebene Subjekt nicht auszukommen wußte. Die Frage, ob man mit Blochs Philosophie des Subjekts heute etwas *anfangen* kann, wirft keine geringere auf als diejenige, ob und in welchem Sinn das Subjekt an den Anfang gesetzt werden kann. Dieser grundlegenden Frage alles modernen Philosophierens ist Bloch nicht gewichen: Sie schlägt sich vom *Geist der Utopie*

---

1 Dieser Beitrag greift auf Gedanken zur Aktualität der Blochschen Philosophie zurück, die ich in meinem vor zehn Jahren erschienenen Buch *Gehemmte Zukunft. Zur gegenwärtigen Krise der Emanzipation* (Darmstadt u. Neuwied, Luchterhand 1986) entwickelt habe.

bis zu *Experimentum mundi* in den für seinen philosophischen Duktus so charakteristischen Anfangsparagraphen aller seiner Werke nieder. Die Debatte zwischen Hegel und Schelling bildet den impliziten, aber ständigen Hintergrund dieser Auftakte. Zu dieser Debatte nimmt Bloch als »Schiedsrichter« Stellung[2]: Wie der Schelling der »negativen Philosophie« behauptet er, daß das anfängliche Sein zwar bar aller objektiven Determinationen ist, aber gerade deshalb als das reine und unendliche Subjekt aufzufassen ist. Daraus folgt, daß Bloch wie Schelling das Subjekt auch ursprünglicher faßt als Hegel, für den es zwar der Geist ist, aber schließlich nur in den geschichtlichen Figuren des *Bewußtseins* zum Zuge kommt. Blochs Subjekt ist mehr als das Bewußtsein, es geht ihm voraus; gerade aus diesem Grund ist es noch geheimnisvoller, wiewohl es auch erst in den geschichtlichen Gestalten seiner Begegnung mit seinem Anderen sich aus dem Dunkel des bloß gelebten Augenblicks emporarbeitet und zum Bewußtsein seiner selbst gelangt. Dieser Ansatz hat es zweifelsohne Bloch ermöglicht, das Subjekt nicht auf den menschlichen Geist zu reduzieren und eine Subjekt-Objekt-Dialektik zu entwerfen, in der auch das Natur-Subjekt zum Ausdruck kommen kann.

Doch dieser Ansatz überschreitet nicht die Grenzen des deutschen Idealismus; er wagt sich etwa nicht auf das Terrain der viel problematischeren Subjektphilosophien, die die Jenaer Romantik aus dem deutschen Idealismus ableitete. Blochs Subjektauffassung zeichnet sich nur dadurch aus, daß sie das Subjekt am Anfang strategisch klein schreibt, bei genauerem Hinsehen aber viel größer als Hegel, und um es freilich dann recht groß werden zu lassen: »Ich bin. Aber ich habe mich nicht. Darum werden wir erst«. Dadurch gerät sie sogar in eine noch bedenklichere Nähe zu einer teleologischen Fundamentalanthropologie à la Herder.[3] Daß beim Übergang vom hypostasierten Sein

2 Vgl. Lucien Pelletier, »Bloch lecteur de Schelling«, in: *Ernst-Bloch-Almanach*, 11, 1991, S. 41-87.
3 Vgl. Raulet, »Ernst Blochs Metapher des ›aufrechten Gangs‹. Über den Gebrauch teleologischer Prinzipien in der Philosophie«, in: *Synthesis Philosophica*, Zagreb 1987, Bd. 2, Heft 2, S. 531-549 (wo ich allerdings

zum Werden einer progressiven Errungenschaft das Ich durch ein Wir ersetzt wird – um dieses Wir erweiterte Bloch ausdrücklich den Anfang der zweiten Fassung seines *Geist der Utopie*[4] –, kann zwar nicht überhört werden, ändert aber zunächst wenig, solange sich nicht gezeigt hat, daß mit diesem Wir eine Subjekt-Objekt-Dialektik gemeint ist, die dem Subjekt zugunsten der Figuren seiner Vermittlung mit seinem anderen seinen Vorrang abspricht. Deshalb soll man vor allen Dingen Mißverständnissen vorbeugen und plausibel machen, daß bei Bloch ebensowenig von einer Fundamentalanthropologie wie von einer Fundamentalontologie die Rede sein kann und daß der Verzicht auf beide auch die Absage an jede Teleologie zur Folge hat. Ich habe dies andernorts nachzuweisen versucht[5] und begnüge mich deshalb hier mit einer knappen Zusammenfassung.

Im *Prinzip Hoffnung* entsprechen den ca. 170 Seiten, die dem anthropologischen Ansatz gewidmet sind, ca. 170 Seiten, die in den Kapiteln 17 bis 22 von der Möglichkeit und der Realisierung handeln. Diese Symmetrie zeigt nicht nur, daß die Anthropologie nicht allein die Grundlage des Blochschen Systems bildet. Es fällt nämlich auch auf, daß ihr Korrelat keine Ontologie im überkommenen Sinn ist. Sind nämlich die Kapitel 9 bis 16 dem »Noch-nicht-Bewußten« gewidmet, so sprechen die Kapitel 17 bis 22 nicht eigentlich vom »Noch-nicht-*Sein*«. Das Thema dieser fünf Kapitel ist vielmehr die *Geschichte*: Kategorien des historischen Prozesses erfassen im 17. Kapitel die reale Möglichkeit, und das 18. Kapitel über die Schichten der Kategorie Möglichkeit betont, daß es um die dialektische Möglichkeit, um das »objektiv-real Mögliche«, also um die Begegnung zwischen Mensch und Natur geht.

Blochs Anthropologie gegen die Fundamentalanthropologien von Herder bis Gehlen abgrenze).

4 E. Bloch, *Geist der Utopie*, »Absicht« (1918): »Wie nun? Es ist genug. Nun haben wir zu beginnen«; »Absicht« (1923): »Ich bin. Wir sind. Das ist genug, Nun haben wir zu beginnen«.

5 Vgl. u. a. Raulet, »Blochs Ontologie des Noch-nicht-Seins. Postontologische Hermeneutik als Philosophie der symbolischen Formen«, in: Gvozden Flego/Wolfdietrich Schmied-Kowarzik (Hg.): *Bloch. Utopische Ontologie*, Bochum, Germinal 1986.

In Blochs Anthropologie ist der Mangel zentral; er entzieht sich als Nicht-Haben jeder Positivierung, so daß die Blochsche Fundamentalanthropologie – wenn es sich um eine handelt – sich nicht auf empirische »Beobachtungen« gründen kann. Ganz ähnlich ist in Blochs Ontologie das Nicht keine Begebenheit; das Nicht, das Nichts und das Alles bezeichnet Bloch als *Momente*. Als Nicht-Haben und Nicht-Sein ist das Nicht das Gegenteil eines objektiv Gegebenen, es ist ein »Treiben nach dem, was ihm fehlt«[6], Negation der Negation, also der Motor der Dialektik. Indem es die Unbestimmtheit negiert, ist es die Kraft der produktiven Bestimmung, die schon in der Leere des gelebten Augenblicks einen Drang nach Fülle geltend macht – ein Daß, das nach seinem Was sucht – eine *quodditas*, die auf ihre *quidditas* aus ist. Die Erfüllung im Moment der Identität (wobei sich dieses im letzten Teil des *Prinzip Hoffnung* auf einen Neuanfang wieder verwiesen sieht) soll der »Umschlag des Was-Wesens in den Daß-Grund« sein. Damit (zumal mit dem Verweis auf einen Neubeginn) wird aber betont, daß der Grund oder Ursprung nie *ist*, daß er sich nicht einmal in der »Erfüllung« vollzieht, sondern vielmehr in jenem Mangel weiterlebt, der nach seinem Sein sucht. Blochs Ontologie ist eine Ontologie des Unfertigen, des Noch-nicht-Seienden als der grundlegenden Verfassung der Welt. In ihr sind das Nicht und das Alles, die als unentschiedene, daher gleichwertige Alternativen das Nicht logisch umrahmen, bloße gnoseologische Momente, die nur hermeneutisch das Feld des dialektischen Abenteuers der Bestimmung abstecken und die Möglichkeit des Scheiterns keineswegs ausschließen. Keine ontologisch noch teleologisch garantierte Zuversicht vermag sich über die Geschichte der Mensch-Natur-Dialektik hinwegzusetzen: das Nicht und das Alles gehören gleichberechtigt zur Latenz des historischen Prozesses, die erst von ihrer Manifestation, von der aktualisierenden Tendenz entschieden wird.

Ähnlich sollen die grundlegenden Kategorien der Blochschen Anthropologie gedeutet werden: der (schopenhauerianisch gefärbte) *Drang* und das *Meinen*. Das Blochsche *Meinen* beerbt

6 E. Bloch, *Das Prinzip Hoffnung*, S. 357.

vor allem Schellings Auffassung vom alogischen Grund: als alogisch widersteht es jeder voreiligen logischen Identifizierung oder Festlegung auf der Seite des Subjekts oder des Objekts bzw. des Daß und des Was, des *quod sit* und des *quid sit*. Es entgeht jeder ontologischen und anthropologischen Festlegung. Es bezeichnet bloß, soweit es keine bloße heuristische Fiktion ist, hermeneutisch die Insistenz eines Sich-Aussagen-Wollens, die Spannung zwischen Daß und Was. Wird es überhaupt erfaßbar, dann wie das Daß selber: in den Gestalten, die es ausdrükken und realisieren, ihm Existenz verschaffen.

Wieweit kann man aber damit rechnen, daß dieser dreifache Verzicht, auf eine Ontologie, auf eine Fundamentalanthropologie und auf eine Teleologie, die Bedeutung, die Bloch dem erst werdenden, in Subjekt-Objekt-Konstellationen sich erst konstituierenden Subjekt zuschreibt, vor seiner wachsenden modernen Problematisierung geschützt hat? Im Grunde hat er es erst recht der Moderne ausgeliefert, ohne sich wirklich dieser zu stellen. Blochs Philosophie ist in dieser Hinsicht ein spekulativer Entwurf geblieben, der nie wirklich über die Grenzen des deutschen Idealismus hinausgelangte. Sie ist, trotz der Anregungen, die sie der aktuellen Praxis gegeben hat, Philosophie geblieben in einer Epoche, in der Philosophie nicht mehr überleben kann, ohne sich mit der Soziologie und der empirischen Sozialforschung auseinanderzusetzen. Man mag die Bemühungen des Instituts für Sozialforschung einschätzen, wie man will: diese Brücke hat es auf jeden Fall von vorn herein geschlagen.

Während die führenden Köpfe des Instituts, wenn auch mit Unwillen, Benjamins Auffassung des »destruktiven Charakters« wahrnehmen und diskutieren mußten, hielt Bloch an einer Subjekt-Objekt-Dialektik fest, die – von den Überlegungen über die Ungleichzeitigkeit abgesehen – von dem Zusammenbruch des Glaubens an ein »Subjekt der Geschichte« scheinbar unberührt blieb und höchstwahrscheinlich für einige politische Fehlurteile mitverantwortlich ist.

»Nun haben wir zu beginnen. In unsere
Hände ist das Leben gegeben. Für sich selber
ist es längst schon leer geworden. Es taumelt
sinnlos hin und her, aber wir stehen fest«
(*Geist der Utopie*, »Absicht«, 1918, 1923).

Während Bloch in der Krise von 1918 »feststeht« und eine Philosophie der Selbstbegegnung entwirft, trieb Benjamins »de-
struktiver Charakter« 1931 die Bilanz eines Jahrzehnts, das
alles andere als Selbstbegegnung ermöglichte, zum Äußersten.
Die Sammlung *Einbahnstraße* stellte in Benjamins Entwicklung
den letzten Versuch dar, dem Bankrott des Subjekt-Objekts,
d. h. dem Sieg einer totalen Verdinglichung, mittels der Denkbil-
der dialektisch zu widerstehen und die Armut der verdinglichten Erfahrung zu sprengen, indem verdinglichte Erfahrungs-
fragmente aus ihrem verdinglichenden Kontext herausgelöst
wurden und eine »surrealistische Physiognomie« annehmen
sollten.[7] Ihre Strategie ist die der »positiven Barbarei« (vgl. »Erfahrung und Armut«). Wenn sie überhaupt noch marxistisch
ist, dann im Sinn der dialektischen Marxschen Forderung, daß
man »den wirklichen Druck noch drückender machen [muß],
indem man ihm das Bewußtsein des Drucks hinzufügt«.[8] Nur
vermochte der dialektische Charakter die Spuren und Fragmente, die er verzeichnet, nicht mehr dialektisch zusammenzu-
bündeln: sie verlaufen kreuz und quer, weisen in alle Richtungen hin und bestätigen schließlich nur die »Verfallenheit ans
Objekt, bis zur buchstäblichen Selbstauslöschung des Selbst« —
so hat Adorno ganz richtig den destruktiven Charakter verstanden.[9] Der destruktive Charakter sehnte ein Jüngstes Gericht
herbei, zu dem er beizutragen meinte, indem er durch die Selbstauflösung seines Ich das äußerste Ende der Verdinglichung
aktivierte. Umsonst entäußerte er sich aller Menschlichkeit.
Und umsonst haben Adorno und Horkheimer Benjamin vor
dieser aussichtslosen *politique du pire* gewarnt.

7 Walter Benjamin, *Gesammelte Schriften, Das Passagen-Werk*, Frank-
furt/M. 1982, V, S. 579.
8 Karl Marx, *Einleitung zur Kritik der Hegelschen Rechtsphilosophie*,
MEW, Berlin 1969, Bd. 1, S. 381.
9 Th. W. Adorno, »Benjamins Einbahnstraße«, in: *Über Walter Benjamin*,
Frankfurt/M. 1968.

Entgegenzusetzen hatten sie allerdings, wenn auch erst nachträglich, eine nicht minder radikale Diagnose des Zerfalls des Subjekts der Geschichte und des Subjekts überhaupt, die sie 1944 zur *Dialektik der Aufklärung* zuspitzten. Die programmatische Abhandlung aus dem Jahre 1937, »Traditionelle und kritische Theorie«, zeigt, daß sie noch – bei aller Fragwürdigkeit des Verhältnisses zwischen Theorie und Praxis – am Lukácsschen Modell des Subjekt-Objekts festhielten, um die theoretische Identität der kritischen Theorie gegen die traditionelle Theorie zu behaupten. Aber gerade in dieser programmatischen Schrift, und zwar genau in der Mitte des Gedankengangs, zerfällt ihr Versuch. Nachdem nämlich die Überwindung der für die traditionelle Theorie charakteristischen Dualismen auf gedanklicher Ebene vollzogen worden ist und nachdem die Kritische Theorie die Bezogenheit auf die Gesellschaft als ihr eigentümliches Prinzip erklärt hat, zerschellt der »Standpunkt des Proletariats«, den sie von Lukács übernehmen, an der Wirklichkeit der historischen Lage. Während der Standpunkt des Proletariats sich aus der konkreten historischen Polarisierung der Klassenstandpunkte ergibt und während er voraussetzt, daß eine konkrete ökonomisch-soziale Entwicklung ein bestimmtes ökonomisch-soziales Subjekt in den Stand setzt, die Wirklichkeit der Gesellschaftsformation zu durchschauen, muß Horkheimer feststellen, daß die ökonomisch-soziale Lage diese Bedingungen nicht mehr garantiert und daß sich zwischen Objektivem und Kognitivem ein Bruch vollzogen hat: »Auch die Situation des Proletariats bildet in dieser Gesellschaft keine Garantie der richtigen Erkenntnis«[10] – eine Feststellung, die am Ende der Abhandlung dahin zugespitzt wird: »... ebensowenig existiert eine gesellschaftliche Klasse, an deren Zustimmung man sich halten könnte.«[11] Weil ihr die Identifizierung mit einem historischen Subjekt versagt wurde, mußte die Kritische Theorie von vornherein ihre Identität einer Geschichte der Rationalität abgewinnen. In dieser Hinsicht stellt die *Dialektik der*

10 Max Horkheimer, *Traditionelle und Kritische Theorie*, Frankfurt/M. 1968, S. 33.
11 Ebd., S. 56.

Aufklärung in der Entwicklung der Kritischen Theorie keinen Bruch dar; sie ist vielmehr die konsequente Verarbeitung dieses Ansatzes, den sie freilich dahin steigert, daß sie die Selbstzerstörung des modernen Emanzipationsideals mit der Selbstpreisgabe des es vermeintlich tragenden Subjekts gleichsetzt. Die Geschichte der modernen Subjektivität ist die Geschichte ihres Opfers: sie behauptet sich nur in dem Maße, wie sie um den Preis wiederholter und immer tiefgreifenderer Verzichtleistungen die ihr überlegenen mythischen Naturmächte hinter- und überlistet. Von Subjekt-Objekt-Konstellationen ist in dieser Dialektik moderner Subjektivität nicht mehr die Rede, sondern nur noch von Kompromissen, die für beide »Vertragspartner« unwiederbringliche Verluste bedeuten. Die Unterdrückung der eigenen inneren Natur ist der Preis, den das Subjekt zu zahlen hat für die Ausbildung eines einheitlichen, selbstbewußten Selbst als Zentrum des Erkennens und Handelns und für die Beherrschung der äußeren Natur. Identität wird errungen und bewahrt um den Preis wiederholter Entsagungen, die vom Glück des archaischen Einsseins mit der Natur, der äußeren wie der inneren, Abschied nehmen: Odysseus, »der gefesselte Hörende«, der »zu den Sirenen will wie irgendein anderer«[12], ist die »ahnungsvolle Allegorie« dieser Selbstbehauptung und Selbstverstümmelung: »Die Menschheit, deren Geschicklichkeit und Kenntnis mit der Arbeitsteilung sich differenziert, wird zugleich auf anthropologisch primitivere Stufen zurückgezwungen«.[13] Die Subjektivität, so nimmt Adorno diesen Gedanken in seiner *Ästhetischen Theorie* wieder auf, arbeitet »kraft ihrer eigenen Logik an ihrer eigenen Ausrottung«.[14] Das Subjekt ist der »Feind des Subjekts«.[15]

Die Subjektivität als »absolute Form und existierende Wirklichkeit der Substanz« (Hegel)[16] setzt sich um den Preis einer Unterdrückung des Besonderen, und dies sowohl auf der Seite

12 Th. W. Adorno/Max Horkheimer, *Dialektik der Aufklärung*, Amsterdam, Querido Verlag 1947, S. 66.
13 Ebd., S. 48.
14 Th. W. Adorno, *Ästhetische Theorie*, Frankfurt/M. 1970, S. 235.
15 Th. W. Adorno, *Negative Dialektik*, Frankfurt/M. 1966, S. 20.
16 Zit. nach Adorno, *Negative Dialektik*, a.a.O., S. 341.

des Subjekts wie auf der des Objekts, durch. Adorno verbindet diese »Identifikation von Subjekt und Objekt auf Kosten des Besonderen« mit der wirklichen Dialektik der Modernisierung, in welcher die Apotheose des Subjekts »vermöge seiner Hypostasis als Geist«[17] zugleich auch einer Disqualifizierung der Subjektivität entspricht.

Die Radikalität der *Dialektik der Aufklärung* besteht darin, daß sie, von der Feststellung der Ohnmacht oder der Unmöglichkeit eines Subjekts der Geschichte ausgehend, die für die Moderne konstitutive und für Bloch noch grundlegende Philosophie des Subjekts in Frage stellt. Hegel sah zwar in der Subjektivität ein Stigma der Moderne, aber zugleich auch das Prinzip ihrer Selbstüberwindung, die Kraft, die den Übergang von der Subjektivität »an sich« zum Begriff als Subjekt – als sich selbst reflektierendes Subjekt-Objekt – trägt. Von Hegel über Marx bis zur Kritischen Theorie hat sich dann die Überzeugung durchgesetzt, daß das alle meine Vorstellungen begleitende transzendentale Ich mit einem historisch-gesellschaftlichen Inhalt auszustatten ist. Zusammen mit dem historischen Scheitern dieses Subjekts (in) der Geschichte verschwindet aber auch die Möglichkeit von Selbstreflexion: *das* registriert die *Dialektik der Aufklärung*.

Wenn nun das Subjekt in der Geschichte, wie sie die *Dialektik der Aufklärung* rekonstruiert, um den eben erinnerten Preis sich zugleich zu dem Pol emporgearbeitet hat, der als Zentrum der Erfahrung und des Handelns die Austauschbarkeit des Verschiedenen verbürgte, indem es durch das Ablegen seiner Subjektivität die Rolle eines allgemeinen Äquivalents spielen konnte, dann ermöglicht sein Zusammenbruch eine andere Auffassung der Dialektik von Subjekt und Objekt. Das hat Adorno mit der »Konstellation« intendiert, die jedes Subjekt verwirft, das mehr wäre als seine punktuelle Entsprechung mit dem Objekt. In diesem Sinn verurteilt Adorno den »paranoischen Eifer« der großen Systeme. Gegen jene »Wut«, die das Erbe des Monotheismus antritt, befürwortet er eine »polytheistische« Erfahrung und ein schizophrenes Subjekt.

17 Ebd., S. 342.

Dieses schizophrene Subjekt ist kein anderes als das moderne bzw. postmoderne Subjekt, das die »Dialektik der Aufklärung« gezeugt hat. War die *Dialektik der Aufklärung* eine Geschichte der Pathogenese okzidentaler Rationalität, so bedient sich der spätere Adorno ausdrücklich klinischer Kategorien, um die Auflösung des Subjekts zu beschreiben: »Nichts aber ist geistig länger relevant, was nicht in die Zone der Depersonalisierung und ihrer Dialektik eindränge; Schizophrenie die geschichtsphilosophische Wahrheit übers Subjekt«.[18] Daraus ergibt sich eine enge Verwandtschaft zwischen der kritischen Theorie und dem sogenannten »Post-Strukturalismus«. Der *Anti-Ödipus* von Gilles Deleuze und Félix Guattari behandelt auf eigene Weise genau denselben dialektischen Komplex von Individualisierung und Aufhebung des Individuums wie die *Dialektik der Aufklärung*. Mit ihren »Wunschmaschinen« beschreiben Deleuze und Guattari die Verinnerlichung der kapitalistischen Logik durch die Subjekte. Vor allem aber betonen sie, daß diese Verinnerlichung keineswegs die Subjektivität zum Schweigen und Verschwinden bringt, sondern umgekehrt so eng mit ihrer Selbstbehauptung zusammenhängt, daß im Gegensatz zu technischen Maschinen, die »nur unter der Bedingung eines störungsfreien Verlaufs«[19] der ihnen zugewiesenen Prozesse gut funktionieren, eine Wunschmaschine nur dann wirklich funktioniert, »wenn sie knirscht, wenn sie kaputtgeht, in kleinen Explosionen birst. Die Dysfunktionen sind Teil ihres Funktionierens [...] Noch nie bildete Unstimmigkeit oder Dysfunktionalität das Anzeichen des herannahenden Todes einer Gesellschaftsmaschine, die im Gegenteil darin Übung besitzt, sich aus alledem zu nähren: den Widersprüchen, die sie hervorbringt, den Krisen, die sie anstiftet, den Ängsten, die sie erzeugt, den höllischen Operationen endlich, die sie ausrichtet. Der Kapitalismus hat es gelernt und mit seinem Selbstzweifel gebrochen, wohingegen selbst die Sozialisten davon nicht ablassen wollten, an die Möglichkeit eines natürlichen Todes durch Verschleiß zu glauben.«[20] Der

18 Ebd., S. 275.
19 Gilles Deleuze / Félix Guattari, *Anti-Ödipus*, Frankfurt am Main 1995, S. 41.
20 Ebd., S. 178.

»Schizo« ist für Deleuze und Guattari das »Subjekt« der dekodierten Flüsse der »kapitalistischen Wunschmaschine«[21]; er erscheint am äußersten Ende der kapitalistischen Entwicklung, als Produkt ihrer »wesentlichen Tendenz« (ebd.): der »Deterritorialisierung der Gesellschaft«, die sich als »Dekodierung der Wunschströme« auswirkt.

Wir sind heute offensichtlich an dem Punkt angelangt, wo der Durchbruch und die gleichzeitige Zersetzung der Subjektivität den Prozeß der Selbstverstümmelung zum Äußersten treiben und diese Spekulationen bestätigen: dem entsprechen sowohl Habermas' Diagnose einer um sich greifenden Expressivität, die die anderen Diskursarten, insbesondere die moralische, bedroht und entkräftet, als auch Deleuze-Guattaris Aporie des revolutionären und doch ohnmächtigen schizophrenen Subjekts.[22] Wie sich heute Subjektivität geltend macht und wie also heute das »Subjekt der Geschichte« aussieht, habe ich in verschiedenen Untersuchungen, insbesondere über die Subjektivität in den neuen Medien, dargestellt.[23] Es ist tatsächlich so weit gekommen, daß Subjektivität, wo sie nicht schlicht als verdinglichte abgetan wird, nur noch expressiv und unverbindlich zum Zuge kommt. Aus dem Komplex von expressivem Subjektivismus und Verdinglichung resultiert nicht mehr der geringste Vorschein eines Subjekt-Objekts. Vielmehr gilt – folgt man dem *Anti-Ödipus* von Deleuze und Guattari –, daß Subjektivität gerade als subjektiv-expressive die Energie der »Wunschmaschinen« geworden ist.

Zwar scheint Blochs Subjektphilosophie von solchen Überlegungen Meilen entfernt zu sein. Nur in einem Punkt soll man wohl Bloch recht geben: es gibt eine Utopie des Subjekts – insofern aber als die Moderne im Zuge ihrer Duchsetzung ihr

21 Ebd., S. 41-43.
22 Vgl. hierzu Gérard Raulet, *Gehemmte Zukunft*, a.a.O., S. 202 sq.
23 Vgl. u. a. »Die neue Utopie. Die soziologische und philosophische Bedeutung der neuen Kommunikationstechnologien«, in: Manfred Frank / Gérard Raulet / Willem van Reijen (Hg.), *Die Frage nach dem Subjekt*, Frankfurt/M., Suhrkamp 1988, S. 283-316.

grundlegendes Prinzip – die Subjektivität – in einer Form behauptet hat, die das Subjekt zu einer Utopie gemacht hat. Zu jener Utopie, die es wahrscheinlich schon immer gewesen ist: das Zentrum jener Illusion, die wir Subjekt nennen, wie schon Nietzsche meinte. Die mögliche Aktualität des Blochschen Denkens ist nicht in seiner Philosophie des Subjekts zu suchen, sondern in seiner Auffassung der »Auszugsgestalten«. Um diese von ihren identitätsphilosophischen, ja ontologischen (wenn auch im Sinne einer Ontologie des Noch-nicht-Seins) Prämissen zu befreien, soll man zweifelsohne die Philosophie des Subjekts in Klammern setzen.

Was im Hinblick auf die moderne Geschichte des Subjekts als die Geschichte seiner Auflösung in Blochs Philosophie eventuell noch aktualisierbar wäre, ergäbe sich eventuell aus der Verbindung der Theorie der Ungleichzeitigkeit mit der Auffassung des Subjekts als eines bloßen Inchoativum. Für Burghart Schmidt ist Blochs Grundintention die »Vermittlung der Nomadisierung«, die Deleuze und Guattari beschreiben.[24] Sie stelle eine Antwort auf die nomadische Wunschproduktion der Wunschmaschinen dar. Insofern nämlich als in Wunschmaschinen weiter gewünscht wird, gälte es zur Quelle allen Wünschens vorzudringen. Da rege sich, fragmentarisch überschießend und absolut unkonstruierbar, »etwas«: die noch ganz subjektlose »unkonstruierbare Frage des gelebten (also noch nicht einmal erlebten) Augenblicks«. Und doch sei dieses pure Staunen ein Grund oder Ursprung des Staunens, Wünschens und Fragens, selbst wenn es als solches dem unfixierten, unfixierbaren Sich-Regen seelischer Zustände ganz überlassen wird. Doch diese Auffassung bleibt noch einer Anthropologie verhaftet, während man die Anthropologie des Noch-nicht-Seins, wie die Ontologie des Noch-nicht-Seins, auch als einen Versuch interpretieren kann, jegliche fundamentale Anthropologie und Ontologie zu verabschieden. Versteht man sie so, dann soll man davon ausgehen, daß das keimhafte Subjekt immer schon ein entzweites

<hr/>

24 Burghart Schmidt, »Das Fragen nach dem Augenblick in der Geschichte«, in: Josef Speck (Hg.), *Grundprobleme der großen Philosophen der Gegenwart*, Bd. VI, Göttingen 1984.

ist, daß sein »ursprünglicher« Zustand selbst bereits entfremdet oder gar »pathologisch« ist. So aufgefaßt bezeichnet Blochs »Dunkel des gelebten Augenblicks« das entfremdete bürgerliche Leben, das von den Existenzphilosophien ontologisiert wird. Das entfremdete, d. h. Objekt gewordene Subjekt ist der Selbstreflexion nicht mehr fähig. Gerade in *diesem* Sinn ist die Frage des gelebten Augenblicks unkonstruierbar. Der Reflexionsakt, durch welchen das Subjekt sich seiner Identität zu vergewissern versucht, erfaßt immer nur verdinglichte Formen, so daß das Denken des Denkens zur unendlichen Wiederholung eines Denkens des Gedachten wird.

Um jeglichen Rückfall in eine Fundamentalanthropologie oder Ontologie zu vermeiden, wäre Blochs Subjektphilosophie, insofern als sie den Drang des Subjekts nach Äußerung *Meinen* nennt, am ehesten in die Kategorien der Sprachpragmatik zu übersetzen. Als Meinen ist das Subjekt vor allem eine illokutionäre Kraft. Es ist ein »Wollen ohne Wissen«, bloß »thelisch« (vom Griechischen θέλω oder ἐθέλω), nicht logisch.[25] Im Gegensatz zum Hegelschen Meinen am Anfang der *Phänomenologie des Geistes* ist es nicht einmal »sinnliche Gewißheit«; es kann nicht einmal »nur dies« (so Hegel) aussagen: »es *ist*«, folglich auch nicht, wie Hegel behauptet, als Ich seiner selbst gewiß sein.[26] Es ist nur »ein Unmittelbares des intensiven Existere«[27]: »Es meint und pocht etwas vergebens darin, will überschießen, kommt aber nicht heraus. Doch ist darin, läßt selten nach [...] Was darin gemeint ist, ist zwar und ist doch keineswegs da«.[28] Die »unkonstruierbare Frage« des gelebten Augenblicks läßt sich daher durchaus mit dem blinden Fleck des pragmatischen Subjektbegriffs vergleichen, mit seiner radikalen Unwissenheit über sich selbst. Dieses Subjekt weiß nie, was es sagen, denken, wahrnehmen, erkennen, tun und begeh-

25 Vgl. hierzu meine Anmerkungen zur französischen Übersetzung von *Experimentum mundi*, Paris, Payot 1975, Anm. 1 und Anm. 48, S. 255 u. 259.
26 Hegel, *Phänomenologie des Geistes*, Frankfurt/Berlin, Wien, Ullstein 1970, S. 65.
27 E. Bloch, *Experimentum mundi*, S. 76.
28 Ebd., »Zuvor«, S. 11.

ren soll, weil seine Praxis immer seinem Urteil darüber und damit auch dem aus diesem Urteil erst entstehenden Selbstbewußtsein vorangeht.[29] Dennoch setzt die illokutionäre Kraft des Meinens das Streben nach einer Begegnung voraus: Sie erwartet immer von Partnern und von der Wirklichkeit selber ein Urteil, das ihre eigene Aussage bestätigt oder widerruft und an dem sie sich nach Apels pragmatischer Hermeneutik antizipierend orientiert. In jedem Fall aber wird sie erst von diesem Urteil verwirklicht.

Ich habe deshalb in *Gehemmte Zukunft* vorgeschlagen, diese Realisierung des Meinens als *Konstellation* aufzufassen. Ob und inwiefern diese einen Konsens darstellen bzw. zeitigen kann, mag hier dahingestellt bleiben; denn wichtiger noch als ihre (für die aktuelle Diskussion sicher bedeutsame) Übersetzbarkeit in sprachpragmatische Kategorien ist der symbolische Charakter der jeweiligen Äußerung des illokutionären Aktes. Dieser ermutigt zu dem Versuch, gar nicht mehr vom »Subjekt« zu reden, sondern nur noch von Gestalten des Subjekts. Auch das keimhafte Subjekt, das ist, aber sich noch nicht hat, wird ja von (»Infra-«) Gestalten getragen. Der gelebte Augenblick ist durch und durch Situation, eine vorläufige Konstellation, die bloß durch »Reibungsflächen« bestimmt ist. Als solcher hat es freilich schon einen dynamischen Charakter, und vor allem handelt es sich bereits um eine Gestalt oder Form, nicht um einen bloßen Ungrund. So sollte man sogar alle weiteren Manifestationen des »Subjekt-Objekts« verstehen. Zwar schließt eine solche Lektüre die Möglichkeit einer ziellosen Zersplitterung der Konstellationen keineswegs aus, vor allem wenn man, wie ich es vorgeschlagen habe, jede Spur von Anthropologie, Ontologie und Teleogie ausmerzt. Sie ermöglicht es aber, Blochs Auszugsgestalt als eine symbolische Konstellation aufzufassen, die ihren Sinn in sich selbst hat und deshalb der Adornoschen Konstellation ähnelt, welche nicht mehr vom Subjekt ausgeht, sondern vielmehr eine Kristallisation aus Ob-

29 Vgl. Jacques Poulain, »Die pragmatische Dekonstruktion des Menschen«, in: M. Frank / G. Raulet / W. van Reijen (Hg.), *Die Frage nach dem Subjekt*, a.a.O., S. 247-266.

jektivem und Subjektivem ist, in der das Ich eines möglichen Subjekts nur im Medium seines anderen erscheint.

Die Konstellation eröffnet die Perspektive einer neuen Grammatik des Subjekt-Objekts. Blochs spekulative Hypothese eines »Natursubjekts« kann zwar helfen, die »Dialektik der Aufklärung« aufzuhalten. Sie erfaßt zumindest das Anliegen: Es muß eine neue Logik des Subjekt-Objekts erfunden werden, die das praktische Verhältnis des vermeintlich allmächtigen Subjekts zur Natur von Grund auf verändern würde und so auch auf jene Angst vor dem Verlust der organischen Grundlagen der Lebenswelt antworten würde, die zu den postmodernen Pathologien gehört. Sie reicht aber nicht aus. Aufschlußreicher, weil radikaler, scheint mir die – um sie benjaminisch zu charakterisieren – »positive Barbarei«, die die dialektische Auffassung der Konstellation bestimmt: Weil sich ja die Subjektivierung als Verdinglichung verwirklicht hat, habe die Dialektik nicht mehr beim Subjekt, sondern viel eher beim Objekt anzusetzen. Auf der Seite des Objekts manifestiere sich, trotz oder gerade wegen der Verdinglichung, eine nicht reduzierbare Widerstandsfähigkeit, an der sowohl die herrschende Wissenschaftlichkeit als auch der behauptete Standpunkt eines noch möglichen Subjekt-Objekts scheitern – und deshalb auch der Schimmer einer Utopie. Weil die Verdinglichung die Unmöglichkeit bedeutet, Subjekt und Objekt noch voneinander zu unterscheiden, hat Adornos Forderung eines Vorrangs des Objekts[30] heilsamen Charakter; paradoxerweise ist sie erst recht imstande, das Subjekt zu retten und das Programm zu erfüllen, das Adorno einmal so formuliert hat: »mit der Kraft des Subjekts den Trug konstitutiver Subjektivität zu durchbrechen«.[31] Indem Adorno für das Objekt Partei ergreift, kritisiert er die Subjektkategorie im Namen opferloser Subjektivität. Gegen das »systemstiftende Ichprinzip« schlägt Adorno in der *Negativen Dialektik* vor, »das Objekt selber reden« zu lassen.[32] Wie dieses nun redet: auf diese Frage gibt es keine andere stichhaltige Antwort als die

---

30 Th. W. Adorno, *Negative Dialektik*, a.a.O., S. 184 f.
31 Ebd., S. 10.
32 Ebd., S. 34 u. 36.

Konzeption der Konstellationen bzw. die mit ihr zu verbindende Theorie des Fragments: »Die Dinge verhärten sich als Bruchstücke dessen, was unterjocht ward; seine [des Subjekts] Errettung meint die Liebe zu den Dingen. Aus der Dialektik des Bestehenden ist nicht auszuscheiden, was das Bewußtsein als dinghaft fremd erfährt: negativ Zwang und Heteronomie, doch auch die verunstaltete Figur dessen, was zu lieben der Bann, die Endogamie des Bewußtseins nicht gestattet.«[33]

Dem entspricht – oder zumindest: in diese Richtung geht – die Umkehrung des »Standpunkt des Produzenten« in den »Blick aufs Produkt«, die ich als *die* entscheidende Leistung der Blochschen Philosophie nachzuweisen versucht habe.[34] Mit der Auszugsgestalt hat Bloch meines Erachtens nichts Geringeres angestrebt – und wenn auch nur angedeutet – als eine Alternative zu Lukács' Standpunkt des Proletariats und zur Sackgasse, in die das zwar seiende, aber sich nicht habende und deshalb erst werdende Subjekt im Zuge seines Werdens eben geriet. Die Auszugsgestalt ist eine symbolische Konfiguration, die ihren Sinn in sich selbst hat und diesen, wo ihr dieser Sinn von der historischen Dialektik vorenthalten bleibt, weder aus einer Ontologie noch aus einer Teleologie bezieht. Zweifelsohne hält Bloch an der historischen Dialektik und an der Figur des Subjekt-Objekts fest, aber die Auszugsgestalt kann sich durchaus damit abfinden, ihre Identifikation mit dem Proletariat dahingestellt zu lassen und ihre Abhängigkeit vom letzten Heil zu suspendieren. Wie die Adornosche Konstellation ist sie eine Kristallisation aus Objektivem und Subjektivem, in der das Ich des Subjekts nur im Medium seines anderen zum Zuge kommt. Als solche ist sie zunächst eine ästhetische Rationalität, weiter eine kommunikative Rationalität, in der das Subjekt nur in einem bestimmten »Sprachspiel« existiert, in einer Sprache, deren Grammatik die seiner dialektischen Auseinandersetzung mit der Natur ist. Die Konstellation bzw. die Auszugsgestalt erlaubt es, wie sehr sie auch dem Moment der Arbeit und der Verände-

33 Ebd., S. 189 f.
34 Vgl. schon *Humanisation de la nature, naturalisation de l'Homme*, Paris, Klincksieck 1982.

rung der Welt durch den Menschen Rechnung trägt, nicht mehr von der Macht – und das heißt nun auch: von der Schwäche – des Subjektes auszugehen. In ihr liegt meines Erachtens der entscheidendste und vielleicht der einzige Ansatzpunkt für eine Aktualisierung der Blochschen Philosophie im postmodernen Kontext. Und er liegt eben sehr mittelbar in seiner Subjektphilosophie. Am ehesten kann er gelingen, wenn man ihr wie immer werdendes, doch großgeschriebenes Subjekt in Klammern setzt, um sich der Wirklichkeit seiner Realisierungsformen zuzuwenden.

MANFRED RIEDEL

Krug, Glas und frühe Begegnung

Zum Auftakt von Blochs Philosophie

Es muß im Herbst 1954 gewesen sein. Nach trüben Erfahrungen mit der Philosophie während meiner Schulzeit schrieb ich mich an der Leipziger Universität als Germanistik-Student ein und besuchte nun wöchentlich die Vorlesungen von Hermann August Korff über den *Geist der Goethezeit* und von Hans Mayer über *Deutsche Literatur im 20. Jahrhundert.* Sie fanden im Hörsaal 40 des im Krieg versehrten ›Augusteum‹ statt, neben der fast unversehrten Paulinerkirche, wo Luther gepredigt und Bach Orgel gespielt hatte. Gegenüber, am Eck von Grimmaischer Straße und Ritterstraße, lag die Buchhandlung Genth. (Es gibt sie heute noch, während Kirche und Universität Anfang der 60er Jahre gesprengt wurden.) Dort fand ich im Antiquariat einen alten Band, der die Augen auf sich zog.

Buchdeckel in hellem Grün, der Rücken weiß und darauf in Goldbuchstaben: *Ernst Bloch, Geist der Utopie.* Verlegt bei Paul Cassirer, Berlin 1923, zweite Ausgabe. Eintrag auf der Innenseite: »Dieses Buch liegt hier zum zweiten Mal vor. Es wurde begonnen April 1915, beendet Mai 1917, erschien Sommer 1918. Die damalige Ausgabe ist jedoch lediglich als vorläufige Fixierung, als gedrucktes Konzept zu betrachten. Mit der hier vorliegenden neuen Ausgabe erst erscheint der *Geist der Utopie* in endgültiger, systematischer Form.«. Ein vornehmes Buch, gewidmet »dem immerwährenden Gedenken an Else Bloch von Stritzky«. Druckbuchstaben auf gutem Papier, sorgfältig aufeinander abgestimmt, fast durchkomponiert, das Format den Büchern des George-Kreises nicht unähnlich, die damals noch Regale füllten. Der Preis für einen Studenten im Erstsemester unerschwinglich hoch. So blieb nur das Umblättern.

Welch ein Anfang! »Ich bin. Wir sind. Das ist genug. Nun

haben wir zu beginnen.«¹ Zum Ganzen passend das Leitwort:
Die Selbstbegegnung, sein Auftakt: *Ein alter Krug*. Merkwür-
dig die Zwischenüberschrift: *Zu nahe*, mit einer Frage ohne
Fragezeichen: *Wo ich bin*. Merkwürdig auch zwei längere Pas-
sagen unter dem Titel: *Ein anderes Davor – Der Schlaf und die
Abfahrt nach innen*. Und dann das Merkwürdigste, die Passage:
Das Glas und der Krug.

Wie gebannt las ich Blochs Sätze über den Krug auf einem
Wandbord: »Fremd führt er hinein. Die Wand ist grün, der
Spiegel golden, das Fenster schwarz, die Lampe brennt hell.
Aber er ist nicht nur einfach warm oder gar so fraglos schön wie
die anderen edlen alten Dinge.«² Kein kostbar antikes Exem-
plar also, nicht »glänzend erhalten, enghalsig, bewußt model-
liert, mit vielen Rillen, schön frisiertem Kopf auf dem Hals und
einem Wappen auf dem Bauch«. Sondern Blochs Krug war ein-
farbig braun, ungeschlacht, fast ohne Hals und ländlich einfach, mit der Hand gearbeitet, wie die vielen alten Krüge seit
Urzeiten, der Griechen- und Römerzeit, und von Zeiten sprechend, »da noch der Schlappohr und der feurige Mann auf den
abendlichen Feldern der rheinfränkischen Gegend gesehen worden sein sollen und haben das Alte bäurisch, buchstäblich,
unallegorisch bewahrt«.³

Was da geschrieben stand und im Stehen zu lesen war, flüchtig, es haftete; eine Beschreibung, die sich meinem Gedächtnis
tief einprägte. Schien sie mir doch festzuschreiben, was dem
Buch anhaftete, das mir so zufällig vor Augen kam: Zeichen des
Erlesenen, Ungewöhnlichen unter so viel Büchern; und zugleich
Anzeichen des Gewöhnlichen, das zum Lesen einlud. Ein Dop-
peldeutiges, das dem Phänomen des Kruges selbst innezuwoh-
nen schien und sich meiner frühesten Erinnerung an den Autor
des *Geist der Utopie* tief eingrub. Und ein abgründig Dunkles,
Verrätseltes dazu. War es der Anfang einer Ästhetik, der Lehre
vom Kunstschönen? Oder waren es Anfangsgründe zur Theorie
der Gebrauchskunst, mit Affinitäten zur Werkbundbewegung
und ihrem Programm einer Wiedergeburt der Kunst aus dem

1 Ernst Bloch, *Geist der Utopie*, 2. Ausgabe, Berlin 1923, S. 3.
2 Ebd., S. 11.
3 Ebd.

Geist des Alltags? Aber warum dann seine Überschreitung im *Geist der Utopie*?

Fragen über Fragen! Was mochte es dem Leipziger Nachkriegsstudenten bedeuten, daß während des 1. Weltkriegs und danach ein Denker namens Bloch über Krüge grübelte und herausgefunden hatte, wie es in ihren dunklen, weiträumigen Bäuchen aussähe, das sei schwer zu ergründen? Als gäbe es nichts als Krüge auf der Welt, die doch, wie ein flüchtiger Blick aus dem Fenster der Buchhandlung Genth auf die von Bombenteppichen vergrößerte Rasenfläche vor dem Augusteum lehrte, vollends in Stücke geschlagen war! Als wäre die Welt selbst ein Krug, so wünschte dieser fast kindliche Denker, ihr Dunkel-Weiträumiges »innezuhaben«. Ja, er bekannte sich zu Kinderwünschen und Kinderfragen und stellte kategorisch fest, der Krug sei »dem Kindlichen nahe verwandt«. Kein Wort davon, worauf sich die Verwandtschaft gründe. In diesem Punkt verbarg sich der Horizont des Denkers in einer unbestimmten Ferne. Und aus der Nähe hatte ich bis *dato* keine Krüge betrachtet, das tägliche Trinkglas eingeschlossen: es zum Mund zu führen, Tag für Tag, das genügte.

Die Neugier, über so viel Alltägliches mehr zu erfahren, war geweckt. Und sie war stärker als alle Bedenken. Stracks ging ich von der Buchhandlung über den freien Platz vor dem Augusteum mit dem Leibniz-Denkmal in der Mitte und am ehemaligen Reichsgericht vorbei zur Universitätsbibliothek, um im Katalogsaal nachzuschlagen, was Ernst Bloch außer dem *Geist der Utopie* geschrieben habe. Es war nicht viel verzeichnet, im Herbst 1954: *Erbschaft dieser Zeit* (1934), *Subjekt-Objekt. Erläuterungen zu Hegel* (1951), *Avicenna und die Aristotelische Linke* (1952); und ein Vortrag über den aus Leipzig vertriebenen Rechtsphilosophen Christian Thomasius (*Ein deutscher Gelehrter ohne Misere*, 1953). Bis mir jemand sagte, Ernst Bloch wohne um die Ecke, Wilhelm-Wild-Straße 8, sein Institut befinde sich über der Mensa am Petersteinweg 10. Seither verteilten sich meine Vorlesungsbesuche zwischen dem Hörsaal 40 im Augusteum und einem kleinen Saal im dritten Stock jenes Hauses, wo Ernst Bloch las. (Erst 1955 wechselte er mit seinem Auditorium in den damals größten Universitätshörsaal.)

Freilich: Von Krügen, griechischen Amphoren und anderen kostbaren antiken Exemplaren, wie sie Bloch im ästhetischen Auftakt zum *Geist der Utopie* anschaulich heraufbeschwor, war nicht die Rede. Dafür schien es in jeder Hinsicht zu spät zu sein. Bloch las den Zyklus über Geschichte der Philosophie von den Griechen bis zur Gegenwart. Als ich daran teilzunehmen begann, war er über die spätantike Gnosis beim Neuplatonismus angelangt. Was Gelegenheit gab, im Blick auf Platons erstaunliche Umwertung des Kunstwerks und seiner Beispielfunktion für die Philosophie gegenüber der Platonischen Kunstverachtung sein ästhetisches Ausgangsthema zu berühren. Obwohl Bloch in der Regel nur Theoreme alter Philosophen interpretierte, figurierte und variierte er immer wieder dieses Thema. Er brachte es indirekt zu Gehör, gleichsam korollarhaft: weniger als Zugabe und Anhang zum erläuterten Beweisgang eines überlieferten Lehrstücks, denn als *Zulage (corrolarium)* zum Geschenk der eigenen Lehre, das er gleichsam *gratis* mitbrachte. Und je länger ich Bloch zuhörte, um so mehr lernte ich, sein Eigenstes aus dem Fremden herauszuhören und im fortreißenden Fluß der utopischen Philosophie mitzuschwimmen.

Seit dem Erscheinen der ersten beiden Bände des *Prinzip Hoffnung* (1954-1955) war der Fluß zum Strome angeschwollen. Hier konnte einer leicht abtauchen und versinken. Und mich nur vom Strom treiben lassen, das schien mir zu bequem. Ich vermochte es nicht, seit mich der Leipziger Theologe Emil Fuchs in seiner Standardvorlesung über *Christentum, Existenzialismus, Marxismus* (1955) in Martin Heideggers Denken einführte. Auch der um wenige Jahre jüngere Heidegger, so erfuhr ich zu meinem Erstaunen, hatte sich den Dingen der Alltagswelt zugewandt und das Phänomen des Kruges erörtert. In der Liebe zum eben gefundenen Lehrer drängte sich dem jugendlich unwissenden Ungestüm die Vermutung auf: Heideggers Phänomenologie des Kruges ist vielleicht ein Nachhall zum Auftakt des *Geist der Utopie*? Und jener Auftakt? Vielleicht das Vorspiel zur zeitgenössischen Philosophie. Oder war er selbst nur Spiel? Warum behandelte der späte Bloch sein frühes Thema nur noch beiläufig, den meisten kaum kenntlich, wäh-

rend der späte Heidegger gerade im Ausgang von diesem All-
tags-Ding seinen Weg ins Freie der Begegnung mit dem Sein
fand? Fragen, die früh aufbrachen, ohne eine Antwort zu finden. Bloch bekundete in Leipzig Respekt für Heidegger (»Hier
riecht es dick nach Philosophie.«) Aber niemand wußte von
Berührungspunkten: davon, daß es einen Dritten gab, den
Ideenspender am Aufgang ihres Denkwegs.

Mit dem jungen Heidegger hat sich der junge Bloch in mehr
als einem Punkt getroffen. Da ist einmal die Poesie des unscheinbaren, einfachen Lebens in Knut Hamsuns *Werk (Der
Segen der Erde*, deutsch 1918), das beide liebten. Und beide
verknüpften es mit dem Denken von Emil Lask, seinem bohrenden Blick auf »logisch Nacktes«, Kontingentes, der zuletzt am
bloßen »Daß« des Da-seins anhält, an jenem sprachlich bezeug-
ten »Ich bin«, worin sich das Leben an der Wurzel faßt und die
Möglichkeit an die Hand gibt, sich selbst zu begegnen. Heidegger ergreift sie von Anbeginn im klein geschriebenen »bin« (am
verbal verstandenen »sein«) und dessen zeitlichen Abwandlun-
gen; Bloch an den Großbuchstaben des »Ich« der idealistischen
Subjektphilosophie, die sich noch einmal in seinem Leitsatz
(»Ich bin an mir«) brechen. Und da ist zum anderen das Lob des
Unterwegssein im Spätwerk von Georg Simmel, dem »Viel-
leichtdenker« mit wählerischem Feinsinn für Distinktion und
Scharfblick auf allerlei Nebenbei. Sein Blick fällt vom Krug auf
den Henkel und von dort auf die Ausgußöffnung am Glas; Phänomene, denen sich auf dem Wege der Anschauung der ästhetische Gegenstand enthüllt: die *Vase* als Zier- und Schmuckge-
fäß.[4]

Simmels Wirkungen auf Heidegger und Bloch sind unverkennbar, und es wäre eine eigene Aufgabe, sie im einzelnen
aufzuspüren. Blochs Fall hat Theodor W. Adorno brillant
durchleuchtet, und seinem Vergleich ist nichts hinzuzufügen.[5]
Mit einer Ausnahme: Simmel analysiert den Krug (oder das

4 Georg Simmel, »Der Henkel«, in: *Philosophische Kultur. Gesammelte
Essays*, Leipzig 1919², S. 116 ff.
5 Theodor W. Adorno, »Henkel, Krug und frühe Erfahrung«, in: *Ernst
Bloch zu Ehren. Beiträge zu seinem Werk*, hrsg. von S. Unseld, Frankfurt
am Main 1965, S. 9 ff.

Glas als »Vase«) von seinem »Fassenden« oder dem Gebrauch her; denn der Henkel ist das Glied, woran der Krug ergriffen, gehoben, gekippt wird, und mit ihm ragt er in jene Gebrauchsdimension hinein, die sich Bloch ästhetisch verschließt. Heidegger wird sie öffnen und nach verschiedenen Richtungen hin abschreiten.[6] Und dabei trifft er mit Bloch zusammen in der Abkehr von Simmels ästhetisch gewendeter Zwei-Welten-Lehre, seiner metaphysisch fundierten Lehre vom Kunstschönen an ihrem Ende, wonach das Wirklichkeitsmoment im Werk der Kunst völlig indifferent, gleichsam ästhetizistisch verzehrt sei, während es für den Umgang mit der Vase seine Forderungsrechte erhebe. Eine *Doppelstellung*, die sich nach Simmel »in ihrem Henkel am entschiedensten ausspricht«.[7] Er harmonisiert die beiden Weltkreise, den äußeren Kreis, dessen Anspruch mit ihm an das Gefäß herangreift, und den inneren, die Kunstform, die den Henkel in völliger Autonomie von sich her fordert. Diese Kongruenz macht das unbewußte Kriterium seiner ästhetischen Wirkung aus, die dem Menschenwesen im Leben mit der Gebrauchskunst abverlangt, »seine Rolle in der organischen Geschlossenheit des einen Kreises zu bewahren, indem es zugleich den Zwecken jener weiteren Einheit dienstbar wird und durch solche Dienstbarkeit den engeren Kreis in den umgebenden einordnen hilft«.[8]

In Simmels Analyse der Kunst als einem Kreis aus Kreisen bleibt sich alles gleich nahe, Krug und Glas, Gußöffnung und Henkel, Gebrauchs- und Lebenskunst. Bloch und Heidegger haben alles von allem entfernt und dadurch den Kreis durchbrochen, um im Gang des Denkens über die Metaphysik der Kunst hinauszuschreiten. Und ihr gemeinsamer Ausgangspunkt, das ist die *phänomenologische Grunderfahrung der Nähe*, worin sie allererst erscheinen und füreinander »da« sind:

6 Martin Heidegger, »Der Ursprung des Kunstwerks« (1936), in: *Holzwege*. Frankfurt am Main 1957³. Vgl. dazu meinen Londoner Vortrag: »Überwindung der Ästhetik« (1990), in: S. Glaser/A. M. Kluxen (Hrsg.), *Musis et Litteris. Festschrift für B. Rupprecht zum 65. Geburtstag*. München 1993, S. 551 ff.
7 G. Simmel, »Der Henkel«, a.a.O., S. 117.
8 Ebd., S. 123.

der Krug für das Glas, das Kunstwerk für den Menschen und das Werksein der Kunst überhaupt für menschliches Da-sein, das sich immer schon »nahe« ist und aus dem Nächsten seiner Erfahrung zu verstehen sucht. Ich konzentriere mich auf Blochs Gedankengang, den ich nur gelegentlich mit Heideggers Beschreibung des Kruges als einem uns nächsten »Ding« vergleiche. Nicht immer konstituiert sich das Unvergleichliche aus dem Vergleichbaren,[9] es folgt auch aus dem Zeitenabstand, der um der Sache willen Überbrückungen im nachhinein verbietet.

Mit Heidegger geht Bloch von dem fundierten Phänomen aus, daß sich »Nähe« *nicht unmittelbar erfahren* läßt. Was erfahren wird, ist vielmehr eine Überschärfung der phänomenologischen Grunderfahrung, die sich im Leitwort: »Zu nahe« ausspricht. Während Heidegger von hier aus direkt *auf die Dinge* losgeht, die in der Nähe sind, Krug und Henkel, um dann gegen Simmels kurzschlüssige Angleichungen nach dem »Fassenden« am Krug zu fragen,[10] schlägt Bloch einen Umweg ein. Im Bestreben, darüber hinauszuschreiten, geht er gleichsam in der Schrittfolge idealistischer Subjektphilosophie auf das Fundament des Selbstbewußtseins zurück, das ihm doch nach seiner Grunderfahrung des »Dunkels im gelebten Augenblick« nicht mehr unerschütterlich gewiß und stabil sein kann.

Das zeigt der erste Grundsatz des ›Geist der Utopie‹ in seiner eigentümlich reflexiven Formulierung an: »*Ich bin an mir*«. Und die Erläuterungen halten beides fest, den Ausbruch aus dem Gehäuse der idealistischen Subjekt-Objekt-Philosophie und zugleich das Sichverlaufen in ihrem Labyrinth: »Daß ich gehe, spreche, ist nicht da. Erst unmittelbar nachher kann ich es vor mich hinhalten. Uns selbst darin, während wir leben, sehen wir nicht. Wir fließen dahin. Was also darin geschah, was wir eigentlich darin waren, will sich mit dem, was wir erleben können, nicht decken. Es ist nicht das, was man ist und erst recht

---

9 So die generalisierte These von Theodor W. Adorno, »Henkel, Krug und frühe Erfahrung«, a.a.O., S. 11, die im Fall von Bloch und seinem Lehrer Simmel allerdings ihre geschichtliche Berechtigung hat.

10 M. Heidegger, »Das Ding« (1950), in: *Vorträge und Aufsätze*, Pfullingen 1978⁴, S. 157 ff.

nicht, was man meint.«[11] Daß ich an mir »bin«, ist kein »Sein«, sondern ein Geschehen, das nicht mit demjenigen zusammenfällt, was »man ist« oder zu sein »meint«. Was da geschieht, ist gleichsam ortlos, a-topisch. Sein Topos, so der utopische Denker, der hier sein Eigenstes zu umkreisen anhebt, liegt anderswo: »darunter« und »davor«.

Es ist die Einkreisung der *Hypotopie* des utopischen Gedankens, nach dem zweiten Leitsatz, der den ersten zu »entfalten« scheint: »*Ich aber will mich inne haben.*« Der Satz wird durch Beispiele erläutert, die mir noch heute befremdlich vorkommen, obwohl sie dem Alltag entnommen sind. Der »alte Krug« scheint nur zum Anschauen bestimmt zu sein. So erhält er einen Gefährten, das Trinkglas, woraus der *Ich*-Proband erfährt: »Und doch bin ich noch unter dem Glas, aus dem ich trinke. Indem ich es bewege und das Glas schließlich zum Mund führe, stehe ich freilich darüber, das Glas dient mir. Aber ich halte mich nicht an so reinlichem Ort auf wie das Glas, als welches ich durchaus wenigstens sehe. Indes ich mir, als Trinkendem und jederzeit, so nahe stehe, daß ich immer nur gerade erlebt, noch nicht gesehen bin.«[12]

Die Beispielsätze umschreiben jene Erfahrungen, die in Blochs Sicht der Dürstende am Glas macht: sich weder »da« zu haben noch »da« zu sein. Sie werden ergänzt durch Beschreibungen eines »anderen Davor«, die das Phänomen des Nicht-Habens von sich abfallenden Verhaltensweisen und Fehlhaltungen her erhellen. Bloch analysiert ein mißlungenes Stelldichein, den Fall jenes Mädchens, dem unterwegs ein verspäteter Liebesbrief die Ankunft des Freundes mitteilt. Mit diesem Brief in der Hand tritt sie dem Ankommenden entgegen, ohne dem geschriebenen Wort noch entsprechen, der schriftlichen Liebeserklärung das Leben der Liebe einhauchen zu können: eine Flucht vor dem Liebeserlebnis in die Liebe als Brief. Auch hier wird das Geschehen ortlos, es läßt sich vor lauter Ego-Kadenz nicht »fassen«. Dennoch klingt darin nach Blochs Analyse des vermeintlichen Fehlverhaltens noch ein Tieferes an. Und ich leugne

11 E. Bloch, *Geist der Utopie*, 2. Ausgabe, a.a.O., S. 9.
12 Ebd.

nicht, daß es mich noch heute tief anrührt. Das nackte Erleben, so Bloch, hat sich nicht inne, es blickt sich niemals selber ins Gesicht. Und so gilt: »Erst recht nicht will es sich schon mit dem Hoffen, das darin steckt, mit seinen Bildern bereits decken, und im Traum war's besser.«[13]

Das Zwischenspiel setzt sich in dem Stück ›Der Schlaf und die Abfahrt nach innen‹ fort: »Wer einschläft, kehrt sich ab, kann sein wie einer, der reist.«[14] Es ist nicht ganz leicht, dieses eingeschobene Kabinettstück Blochscher Phänomenanalyse im Gedankengang zu verorten. Die *erste* Fassung des *Geist der Utopie* kannte den Einschub nicht; und die *dritte* – es ist der 3. Band der Werk-Ausgabe letzter Hand – hatte ihn für die Lesegeneration der 68er wieder gestrichen.[15] Zu unrecht, wie mir schien, denn mich hatte Mitte der 50er Jahre gerade diese Passage über Schlaf, Tod und Auferstehung angesprochen, so daß ich in meinem Heidelberger Bloch-Zirkel Anfang der 60er Jahre hier ansetzte. Zeichnete sich doch an dieser Stelle ein überraschendes Zusammentreffen des jungen Bloch mit dem späten Heidegger ab, der seine Krug-Beschreibungen im Ausgang von jenen alten Gegenständen, die »vielleicht einmal unterwegs waren, Dinge zu werden«, in Erfahrungen menschlicher Sterblichkeit und ihren Gegensatz zu den Unsterblichen einmünden ließ – zum Mißvergnügen damaliger Heidegger-Schüler.[16] Sie konnten damit offenbar so wenig etwas »anfangen« wie Blochs Schüler aus der Tübinger Zeit mit Blochs Bemerkungen zum Totenkrug als Grabbeigabe und zur Erwartung »neuer Krüge«, magischer Gefäße im Jenseits, mit Lebenswasser gefüllt.[17]

Dergleichen hatte vor Heidegger und Bloch kein Philosoph zu behaupten gewagt. Blochs Aussagen über Totenkrüge als Unter-

---

13 Ebd.

14 E. Bloch, *Geist der Utopie*, 3. Fassung, in: *Gesamtausgabe* Bd. 3, Frankfurt am Main 1985 (= stw). Es ist nicht auszuschließen, daß Bloch auch Wiederholungen der Passage im ›Beschluß: Einige ethisch-mystische Symbolintentionen, konkret gefaßt‹ vermeiden wollte. Vgl. *Geist der Utopie*, 2. Fassung, a.a.O., S. 254 f.

15 Ebd.

16 Vgl. R. Marten, *Heidegger lesen*, München 1991, S. 126 f.

17 E. Bloch, *Geist der Utopie*, 2. Fassung, a.a.O., S. 11.

pfänder erhoffter Auferstehung und Bürgen der Einheit des Lebendigen mit dem Toten übertreffen an Kühnheit bei weitem Heideggers Denkwagnisse über das »Geschenk des Gusses«, dessen die Sterblichen bedürfen, um daran des »Gevierts« gewahr zu werden, der Einheit von Himmel und Erde, des sterblichen Menschen mit den Unsterblichen.

Unter dem Krugbord an der grünen Wand widerfährt im Blochschen Zwischenstück einem Sterbenden das Wunder, gerettet zu werden, so daß er nun nach dem Abbruch der Reise ins Totenreich erzählen kann: »Ich legte mich der Wand zu und fühlte, also dies da draußen, das im Zimmer, ist nichts, geht mich nichts an, aber hier in der Wand ›ist das Meine zu finden‹.«[18] Womit sich »ein seltsam Garn zu uns herüber« spinnt, eine Märchenerzählung, die Bloch liebte und auch in Diskussionsstunden zu den Leipziger Vorlesungen einzumischen pflegte: wie die Wand aufging und das verwandelte Auge ins funkelnde Innere der Felsen und Berge blickte und wie es dann dem Geheimnisse des kleinen Kästchens nahe trat, dessen Inneres in Wahrheit ein großer, erwärmter, erhellter Saal sei. »Daß wir uns also schlafend ›erholen‹«, so das Fazit der Erzählung, »dies stammt ersichtlich nicht nur aus dem Untertauchen ins erneuernde, dumpf fruchtbare Leibwesen, sondern zutiefst auch aus der Reise in die Wand, aus der Eröffnung der wunderlichsten Grotte, aus dem Flug in ihre tief bestätigende Heimatlichkeit«.

Nach dieser Erzählung ist zu erwarten, daß es mit dem alten Krug an der Wand eine besondere Bewandtnis hat. Und in der Tat mutet ihm Bloch eine ähnlich weitreichende *Utopie* oder Verrückung seines Ortes zu, die ihm auch Heidegger nach dem Durchmessen menschlicher Gebrauchsdimensionen abverlangt.

Was Simmel als »Gefäß« bestimmt hatte, das Fassende am Krug, das sein Boden und die Wand »einfaßt« und der Griff nach dem Henkel »erfaßt«, findet Heideggers phänomenologischer Nahblick letztlich nicht in Wand und Boden, sondern in der Leere dazwischen: an dem, was der Krug in der Nähe ge-

18 Ebd., S. 10.

rade »nicht« ist. In seiner Nähe ist er weder »vorhanden« wie ein Gegenstand noch »zuhanden« wie ein Gebrauchsding, weil er als Krug-Ding allein über die Entfernung des »Nichts« erfahrbar wird. Und in jener phänomenologischen Grunderfahrung von Nähe aus der Ferne wird nach dem Menschen gefragt, der »an« den Krug »denkt«, nicht mehr nach der Hand, die den Henkel faßt, um über die Gußöffnung am Krughals entweder ein- oder auszugießen. In Wahrheit ist das Fassende die Leere des Kruges, die »faßt«, indem sie Eingegossenes »nimmt« und das Aufgenommene so lange zurückhält, bis es wieder ausgegossen oder »geschenkt« wird. In diesem Rhythmus »spielt« das Fassen des Gefäßes das »Geviert« zu, eine Art von pythagoreischer Harmonie, die über die metaphysisch gedachte (platonisch-aristotelische) Zweckordnung der Menschenwelt gerade hinausreicht und das Wesen des Kruges dem Alltäglichen entrückt.[19] Darum spricht der späte Heidegger mit guten Gründen von »Denkerfahrungen«, die wir Heutigen mit G. Vattimo als »schwaches Denken« bezeichnen.[20]

Wir haben Heideggers Darlegungen an dieser Stelle nicht weiter zu erörtern. Es genügt, seinen Ansatz zu kennen und die entfernte Verwandtschaft mit der Prämisse von Blochs Beschreibung des alten Kruges festzuhalten. Ihr Leitsatz lautet: »Ich bin an ihm«.[21] Auch hier steht der Mensch in Frage, freilich mehr in seinem dunklen Drang, sich »inne zu haben«, als vom sichwissenden Bewußtsein her, das sich am Krug seiner selbst zu vergewissern sucht. Denn dem Denken sind Grenzen gesetzt: »Es ist schwer zu ergründen, wie es im dunklen, weiträumigen Bauch dieser Krüge aussieht. Das möchte man hier wohl gerne innehaben«.[22] Bloch verlangt nach Anschauung selbst dort, wo sie nicht möglich ist. Er sieht, daß die Grunderfahrung der Nähe nicht mehr als ein An-denken sein kann. Und zu Recht setzt er voraus, daß dem »Gefäß« ein »Fassendes« von anderer

19 M. Heidegger, »Das Ding«, a.a.O., S. 164 ff.
20 Vgl. dazu meine Darstellung in: *Tradition und Utopie. Ernst Blochs Philosophie im Licht unserer geschichtlichen Denkerfahrung*, Frankfurt am Main 1994, S. 216 ff.
21 E. Bloch, *Geist der Utopie*, a.a.O., S. 11.
22 Ebd., S. 12.

Art korrespondiert, bei dem das »Innere« zu beiden Seiten mitgeht: »... der Krug faßt und hat sein Maß. Aber nur noch der Geruch vermag einen feinen Duft von längst vergessenen Getränken mehr zu erraten als zu empfinden.«[23] Bloch besteht auf Konkretisierungen des An-denkens, so daß er dem Leitsatz seiner am Krug-Beispiel ausgelegten Grunderfahrung der Nähe wie von selbst eine subjektphilosophische Wendung gibt.

»*Ich bin an mir*«, dieser egologisch verwandelte Leitsatz von Blochs Versuch, im Blick auf den Krug nach dem Menschen zu fragen, drückt das Allernächste aus: die einem jeden vertraute Leiberfahrung. »*Ich aber will mich inne haben*«, dieser *zweite* Leitsatz erklärt die seltsam unbestimmte Formulierung jenes Satzes, der den »blinden Fleck« in der Erfahrung von Nähe bezeichnet. Daß ich »an mir bin«, meinem Selbst, gerade dies »habe« ich nicht. Und es fehlt mir auch dann, wenn ich mich einem anderen Selbst zuwende und sage: »Ich bin bei dir«, tröstend oder versichernd. Der einzige Trost, die einzig mögliche (und nötige) Sicherheit, die angesichts dieser gelebten Grunderfahrung der Nähe (»Zu nahe«) zu erlangen wäre, liegt im Übergang von »mir« zu »dir«, nach dem Folgesatz, den Bloch nicht ausdrücklich formuliert: »*Darum begegnen wir uns erst.*«

Es ist das Große am Auftakt von Blochs Philosophie, daß sich dieser Satz zunächst am Werk der Kunst bewährt, und dazu an einem Muster traditionell verachteter Gebrauchskunst. Gewiß: Mensch und Krug gleichen sich nicht. Sie nehmen nicht denselben Ort ein. Aber ebensowenig gehören sie jenen getrennten Welten ästhetischer Autonomie und praktischer Zweckmäßigkeit an, die nach Simmels Deutung einzig sinnfällig am Henkel zu harmonischem Ausgleich gelangen.[24] Blochs Krug hat keinen Henkel. Und er sperrt sich jeder vorherbestimmten Harmonie von Innerem und Äußerem, von Form und Gehalt. »Und dennoch«, so heißt es, wider Erwarten also und ebenso verhalten, was eine anschauliche Erfüllung des An-denkens angeht, »wer den alten Krug lange genug ansieht, trägt seine Farbe und

23 E. Bloch, *Geist der Utopie*, stw, a.a.O., S. 19.
24 G. Simmel, »Der Henkel«, a.a.O., S. 117.

Form mit sich herum. Ich werde nicht mit jeder Pfütze grau und nicht von jeder Schiene mitgebogen, um die Ecke gebogen. Wohl aber kann ich krugmäßig geformt werden, sehe mir als einem Braunen, sonderbar Gewachsenen, nordisch Amphorahaften entgegen, und dieses nicht nur nachahmend oder einfach einfühlend, sondern so, daß ich darum als mein Teil reicher, gegenwärtiger werde, weiter zu mir erzogen an diesem mir teilhaftigen Gebilde.«[25]

Die Kunst, so möchte man mit Nietzsche ausrufen, und nichts als die Kunst! Sie allein erfüllt das Verlangen nach Anschauung des Andenkens. Ja, mehr noch: Sie ist es, die uns auf dem Weg entgegenkommt. Ihre Werke sind einsam und unterwegs, sie brauchen ein Gegenüber: den Menschen, der ihre Einsamkeit teilt. Und so kommen sie uns aus allem entgegen, was jemals liebevoll und notwendig gemacht wurde, in fremde, andere Gegend hineinragend und immer wieder der Begegnung mit dem Anderen entgegenwartend. Jedes Werk führt sein eigenes Leben, von fremdem Gebiet umgeben. Es wartet darauf, »mit uns, wie wir lebend nicht sein könnten«, geformt zurückzukehren, »geschmückt mit einem gewissen, wenn auch noch so schwachen Zeichen, Siegel unseres Selbst«.[26]

In der Begegnung mit dem alten Krug (»Ich bin an ihm«) liegt das Geheimnis der Selbstbegegnung beschlossen. Und in seinem Zeichen beginnt es sich zu lüften: nicht mehr, aber auch nicht weniger. Blochs Schlußsätze lasen sich damals wie ein Versprechen. Und noch heute sind sie mir so gegenwärtig wie vor 40 Jahren, als ich das Buch im Leipziger Antiquariat aufschlug: »Auch hier fühlt man, sich in einem langen sonnenbeschienenen Gang mit einer Tür am Ende hineinzusehen, wie bei einem Kunstwerk. Das ist keines, der alte Krug hat nichts Künstliches an sich, aber mindestens so müßte ein Kunstwerk aussehen, um eines zu sein, und das wäre allerdings schon viel.«[27]

---

25 E. Bloch, *Geist der Utopie*, a.a.O., S. 12.
26 Ebd.
27 Ebd.

OTTO E. RÖSSLER

Ich bin, doch ich habe mich nicht

Zusammenfassung

Der cartesische Weg zur Endophysik wird vorgestellt – an Hand eines Satzes von Ernst Bloch. Es stellt sich heraus, daß dieser »geisteswissenschaftliche« Zugang, der zugleich ein ethischer ist, der adäquatere ist. Der am Ende zu erwartende Effekt ist eine Verbesserung der gegebenen physikalischen Welt. Die ethische Entsprechung ist eine Verbesserung des Wissens über interpersonale Verantwortung. Diese Erkenntnis wird in Form der »Blauen Karte« auf den Punkt gebracht (Anhang).

(24. Mai 1995, 8. Juni 1996)

Einleitung

»Ich bin, aber ich habe mich nicht«, sagte Ernst Bloch in Fortführung eines Satzes von René Descartes. Das heißt, ich befinde mich in der Hand von etwas Fremdem – cartesisch gesprochen, in der Hand der »Traum-gebenden Instanz«. Das erlebte Jetzt habe ich mir nicht gegeben. Es ist darüber hinaus unentrinnbar: Nicht einmal der Freitod stellt einen möglichen Ausweg dar. So ähnlich, wie eine Romanfigur das Buch, in dem sie vorkommt, nicht verbrennen kann, kann mein Körper als ein Bestandteil des »großen Traums des Wacherlebens« nicht benutzt werden, um denselben abzustellen.

Das Gefängnis des Daseins ist deshalb viel unentrinnbarer, als gemeinhin angenommen (befürchtet) wird. Jeder Fluchtweg ist abgeschnitten. Jeder gelungene Versuch des Ausweichens vor einem schlimmen zukünftigen Jetzt – mit Krankheit, Armut, Ehrverlust (um nur Alltäglicheres zu nennen) – führt unweigerlich zur noch schnelleren Ankunft eben jenes schlimmsten Jetzt, vor dem wir uns alle fürchten und das wir doch nicht verhindern können.

Das klingt wie ein mittelalterliches »Memento mori«. Es gibt jedoch die Behauptung einer funktionierenden Rettung durch einige wenige Gestalten der Geschichte. Der älteste im Rahmen der westlichen Überlieferung, der ein Gesicht hat, ist Jakob. Der nächste ist Buddha. Moderne Namen in der Nachfolge Descartes' sind Bloch und Levinas. Die Computer-Kids, die die Frage stellen, ob Software Hardware zerstören kann, sind dem Geheimnis vielleicht am nächsten – wie Baron von Münchhausen, der sich am eigenen Zopf aus dem Sumpf zog. Letztere Parabel geht übrigens offenbar auf Buddhas Vetter Mahanama zurück, der seinen Zopf unter Wasser an einem Baumstrunk festband, um sicherzugehen, daß er nicht auftauchen würde, bevor alle, für die er sich verbürgt hatte, gerettet wären. Der Trick bei allen Genannten liegt, so scheint es, im »Ringen«.

Das Ringen – das die Hoffnung ist – kommt in zwei Formen. Die eine besteht im Denken, Trachten und Erfinden, zum Beispiel in einem Leben als Autor oder als Bäcker. Ich denke hier an den Bäcker bei Wien, von dem Oktay Sinanoglu aus Yale mir erzählt hat. Er war aus dem Osten frisch dorthin gezogen und stand jeden Morgen etwas früher auf als andere Bäcker, buk etwas größere Brötchen als andere Bäcker, gab alten Leuten etwas länger Kredit als andere Bäcker, und als er gestorben war, bildete sich ein riesiger Leichenzug. Das sei islamische Mystik. Die zweite Form des Ringens besteht im Beispringen. Auch dieses ist viel weniger einfach, als gemeinhin angenommen wird.

Unwissen

Als ich meine sterbende Tante im Stich ließ, wußte ich, daß es falsch war. Doch wo der Punkt lag, das war mir verschlossen. Es wurde mir erst im nachhinein klar. Es war falsch gewesen, darauf zu vertrauen, daß ich in einigen Wochen erneut rechtzeitig in die fremde Stadt gerufen würde, während in der Zwischenzeit andere die besucherische Betreuung im Krankenhaus optimal wahrnehmen würden. Letzteres war zwar durchaus der Fall. Aber daß die *Lückenlosigkeit* gewährleistet sein würde: dessen konnte ich nicht sicher sein, das lag in der Hand des

Himmels, das konnte auch schiefgehen. Es ging schief. Ich weiß nicht, was sich abgespielt hat. Aber man erzählte mir, daß sie nach ihrem einsamen Tod in der Nacht ein verzerrtes Gesicht hatte.

Ich erinnere mich noch genau an den Moment der Entscheidung, kurz bevor ich mich verabschiedete, in dem mir trotz Suchens das richtige Argument nicht einfiel. Es kam mir wie verhext vor, daß ich keine Begründung fand, warum ich jetzt dableiben »mußte« und ein Zimmer in der fremden Stadt nehmen ohne Rücksicht auf meinen Beruf und meine Tagespflichten. Es hätte doch eine Begründung geben müssen, die als die selbstverständlichste Sache der Welt von allen akzeptiert worden wäre. Doch sie fiel mir nicht ein. Dabei hatte ich Emmanuel Levinas' Buch »*Die Zeit und der andere*« schon gelesen. Und es war mir viele Jahre zuvor einmal die Erlaubnis, beim Sterben eines Menschen dabei sein zu dürfen, das Wichtigste im Leben gewesen, ohne realisierbar zu sein.

Wenige Monate nach dem Versagen meiner Tante gegenüber machte ich denselben Fehler erneut. Nach dem Autounfall, bei dem auch der kleine Sohn verletzt wurde, kam mir nicht der rettende Gedanke: Ich hätte die freundliche Passantin, die einem der Verletzten – mir – zusprach und ihm ungefragt eine Decke überlegte und so weiter, bitten können, doch an meiner Stelle nicht von der Seite des neben mir im Gras liegenden Kindes (um das sich andere zu kümmern schienen) zu weichen, bis es im Krankenhaus angekommen und über den Berg wäre. Sie hätte es bestimmt getan. Aber der Gedanke kam mir nicht. Er hätte mir, obwohl ich nur sporadisch bei Bewußtsein war, kommen müssen. Der Grund, daß er nicht kam, war, daß ich nicht *wußte*, worauf es ankommt. Zwar hätte ich, wenn man mich gefragt hätte, geantwortet, daß es natürlich möglich ist, einem anderen Menschen – einem Fremden – so viel Verantwortung zu übertragen. Aber ich wußte es nicht in dem Sinn, daß es mir von selbst in seiner Notwendigkeit vor Augen getreten wäre.

Wieder waren die Folgen des Nichtwissens fürchterlich. In diesem Fall weiß ich etwas mehr von den Einzelheiten. Weil niemand aufpaßte, wurde zuerst ein Reifen am Krankenwagen des Kindes gewechselt, während es darin lag mit inneren Blutungen. Dann wurden weitere zwei Stunden an der Unfallstelle vertan in einem – erst nach dem Reifenwechsel angeforderten – zweiten Krankenwagen. Dabei kam es zu einem weiteren Unfall. Ein Passant, der gerne noch Kinderarzt werden wollte, sah eine Gelegenheit zum »Üben« und führte unnötig eine fehlerhafte Intubation durch. Wie ich befürchte, bei vollem Bewußtsein des Kindes. Nach der schließlich durchgeführten zweistündigen Notoperation in dem wenige Hundert Meter entfernten kleinen Krankenhaus (das zuvor telefonisch gebeten hatte, das Kind besser in die nahegelegene moderne Unfallklinik zu bringen) kam es zum Blutsturz aus der Intubationswunde der Luftröhre, da der zweite Unfall dem Operateur von der Besatzung des Krankenwagens verschwiegen worden war.

Natürlich war gar nichts von alledem vorhersehbar. Doch daß man *niemals* die Verantwortung undefiniert aus der Hand geben darf, das hätte der 50jährige Vater wissen müssen. Jonas wollte Erfinder werden und eine Zeitmaschine bauen. Das müssen nun die Lebenden nachholen.

Wissen

Wir kommen zum ersten Punkt unserer nach-cartesischen Meditation. Die *Ethik* ist die erste Philosophie (Levinas). Aus ihr allein kommt das richtige Denken. Dieselbe Falle, in die ich bereits mindestens zweimal in meinem Leben getappt bin, droht immer wieder zuzuschnappen – und vielleicht nicht nur bei mir. Man macht alles falsch, wenn man einen Augenblick lang nicht aufpaßt.

Ich darf mich nicht blind auf andere oder den Himmel verlassen. Ich muß die Verantwortung in der Hand behalten. Unmittelbar nach dem Unfall hatte ich etwas zu Jonas gesagt: »Ich weiß nicht, was der liebe Gott sich dabei gedacht hat«. Man muß einem Kind das Unfaßliche ja faßbar zu machen versuchen. Vielleicht hat er deshalb danach so ruhig dagelegen, daß der Passant ihn für bewußtlos halten konnte. Das Schlimmste kam erst, durch meine Schuld. Ich darf mich nicht auf den

Himmel verlassen, solange ich noch den geringsten Handlungsspielraum habe.

Wer ist es, der mich hat? Die Traum-gebende Instanz, die Jetzt-gebende Instanz, der Geist, das All, das Nichts, das Nicht-Ich. Denn »ich habe mich nicht«. Um es dieser Instanz gegenüber recht zu machen, darf man nicht falsch denken. So ähnlich wie man nach landläufiger Ansicht in der Ethik nicht »falsch handeln« darf. Doch dazu müßte man ja erst wissen, was richtiges Handeln – richtiges Denken – ist. Sie haben es sicher längst vor sich hingesprochen, was mir schwerfällt zu sagen. Das richtige Denken und Handeln heißt: »Die Verantwortung des Himmels mitübernehmen.« Das scheint fast niemand zu wissen.

Exteriorität

Die Macht über das Jetzt, die nicht ich habe, sondern das Nicht-Ich, ist danach auf einmal nicht länger etwas Furchtbares. Trotz des unendlichen Machtunterschieds ist eine »Symmetrie« eingezogen. Die Überwindung des Jetzt und des Todes werden danach ebenso machbar wie nebensächlich.

»Exteriorität« ist Levinas' Wort für die Allmacht dem anderen Menschen gegenüber. Sie bedeutet zugleich Gleichberechtigung gegenüber dem Himmel. Mitleid impliziert Allmacht. Es impliziert Heraustreten aus dem Gefängnis der Welt. Das Mitleid dessen, der sich die Verantwortung nicht rauben läßt, sei es durch Konvention, Autorität oder Unwissen, ist allmächtig.

»Mitleidiges Denken« setzt eine totale Durchsichtigkeit der Welt voraus. Sonst wäre die Klarsichtigkeit des Mitleids – die Distanz, die allein die Liebe gewährt – nicht möglich. Die Exteriorität liefert mir den anderen so aus, als ob ich ihn selbst im Computer programmiert hätte. Diese unendliche Macht nicht zu mißbrauchen, sondern verantwortlich zu benutzen, macht mich ebenbürtig mit der programmierenden Instanz. Sobald ein einziger Mensch das ein einziges Mal getan hat – vernünftig Mitleid gezeigt –, ist die Welt erlöst in dem Sinn, daß sie als gut und in ihrer Unvollkommenheit überwindbar bewiesen ist.

Selbst wenn die vermeintliche Verantwortung nur Einbildung gewesen wäre? Selbst dann. Die hoffnungslos überfordernde Allmachtsituation ist merkwürdigerweise von einer solchen Art, daß ihr Mißbrauch vermieden werden kann. »Es ist überall nichts [nirgendwo etwas] auf der Welt, das ohne Einschränkung gut genannt werden könnte, es sei denn ein guter Wille«, sagte Kant. Jeder Akt des Nichtmißbrauchs von Allmacht erzeugt Himmel.

Wißbarkeit

Die soeben geschilderte »Wißbarkeit« (im Sinne des Rationalisten Gautama Buddha) stammt von Descartes. Descartes stellte große Versprechungen in Aussicht, sobald der Sieg des die eigene Allmacht Erkennens gelungen sei. Der Gedanke der kausalen Konsistenz der Welt ist immer Teil des Mitleids. Aus der Konsistenz folgt die Distanz, die detachierte Allmächtigkeit der Exteriorität. Die Symmetrie mit dem Nicht-Ich wird dadurch eine vollkommene.

Das Wissen-Können – die Gnosis, wie das alte Wort dafür heißt – sitzt bekanntlich zwischen allen institutionellen Stühlen. Sie ist nicht Religion (Metaphysik), aber auch nicht bloße Naturwissenschaft (Physik). Erst recht ist sie nicht Magie. Dennoch ist die rationalistische Gnosis (die irrationalistische ist leider Aberglaube) das, was man sich sowohl bei der Religion wie bei der Wissenschaft schon immer gewünscht hat: sie ist »besser als Magie«.

Die Mitleid-Gnosis eröffnet einen Weg, die technologische Kontrolle über die Welt als ganze zu erwerben – also nicht nur, wie in der gesamten bisherigen Naturwissenschaft und Technik, über Teile der Welt. Wenn aber die Welt als ganze kontrolliert werden kann, ist der Status des Mitschöpfertums erreicht. Das »Paradies« und das »Reine Land« der Erleuchtung werden zugänglich, und sogar die Technik macht dabei mit.

Aschär

Ist das nicht zu viel versprochen? Kann ich etwa doch sagen, »ich bin und ich habe mich«? Nein. Der Satz »Ich bin, *weil* ich bin« (das Wort aschär – »weil« – wird meist irrtümlich mit »der« übersetzt) kann nur die Traum-gebende Instanz selbst von sich sagen. Ihre »Totalität und Unendlichkeit« und die »Exteriorität« des Menschen sind dennoch eins (nach Levinas). Das Mitleid besiegt die Pforten des Himmels. Der Vorhang des Flammenschwerts – der das Paradies von der Welt trennt – wird durchgreifbar.

Jakob bekam den Namen »Isch-ra-El« (Mann kämpft – mit Gott) nach seinem Standhalten am Fluß Jabbok. Das ist die übliche Lesart, das steht so im Text (Genesis 33.29). Das Wort *könnte* allerdings ursprünglich auch statt des Buchstabens »r« (Resch) den – ähnlich geschriebenen – Buchstaben »ch« (Kaf) enthalten haben. Die Antwort auf den Engelsnamen »Wer-ist wie Gott?« (Mi-cha-El) hätte dann ursprünglich gelautet: »Isch-cha-El«, der Mann, der zuvor Jakob hieß.

Dream Machine

Nach diesem Drahtseilakt in der Tradition des René Descartes, der für sein Denken ermordet wurde – siehe Eike Pies, »Der (Mord-)Fall Descartes« (Verlag Dr. G. Brockmann, Köln 1991) – beginnt nun ganz normale Naturwissenschaft in Anlehnung an Einstein und Bohr. Sie handelt von »Komplementarität« und »Relativität«. Das »Interface« (übrigens ein sehr biblischer Begriff; vgl. die obige Textstelle) steht dabei im Mittelpunkt. Die Welt erwirbt dadurch den von Archimedes geforderten Außenstandpunkt. *Wenn* die Welt konsistent ist in ihrer relationalen (kausalen) Struktur, dann folgt daraus die Existenz von Exteriorität – sowohl gegenüber anderen als auch gegenüber der Welt als ganzer.

Ethik und Physik erscheinen dadurch merkwürdig verschränkt. Man erkennt das konkret daran, daß solipsistische Züge der Welt – Eingriffe einer persönlichen Art – physikalisch voraussagbar werden. Das Jetzt, als ein ungeheuer persönlicher Eingriff verstanden, steht plötzlich nicht mehr allein da.

Eine erste Konsequenz der neuen Interface-Physik ist, daß sogenannte POP-Tests (für »Privacy-of-Physics«) möglich werden. Sie sagen voraus, daß die Welt »für mich« gemacht ist – nicht anders als das Jetzt.

Ein Beispiel für eine solche Voraussage wäre: Die (meßbare) sogenannte »absolute Nichtrotation« von supraflüssigem Helium in einem ringförmigen Gefäß – es wird wegen seiner Reibungsfreiheit bekanntlich nicht von der Wand mitgenommen – sollte nicht wirklich »absolut« sein wie bisher angenommen, sondern nur relativ. Das Helium sollte in kovarianter Weise den momentanen Rotationszustand des Beobachters anzeigen, vorausgesetzt, derselbe (ich) rotiert genügend langsam, befindet sich also zum Beispiel in Ruhe auf der sich drehenden Erde. Diese Voraussage – »Mitrotation eines Quanten-Foucault-Pendels mit der Erde« – ist gegenwärtig nur für eine zweidimensionale Modellwelt begründbar, ist aber experimentell überprüfbar.

Wenn sie sich als wahr erweisen würde, wäre das ein Schock. Denn dann wäre die objektive Welt mitsamt meinem Körper und dem ganzen Rest der Welt tatsächlich »mein Traum« – wie von Descartes vorausgesehen. Dennoch wäre die kausale Konsistenz der Welt voll gewahrt. Es wäre wie bei der Farbe »Rot«. Jeder weiß, daß diese »nur für ihn selbst« gemacht ist. Und doch paßt sie nahtlos in die relationale Konsistenz der Welt hinein. Das heißt, was bisher nur für »Qualia« (die Qualitäten der Wahrnehmung) gilt, würde auf einmal auch für »Talia« (das quantitative »So-sein«, die Relationen, die so intersubjektiv sind wie das Jetzt) gelten.

Die zweite Konsequenz ist im Vergleich zur ersten weniger wichtig, obwohl sie aus ihr folgt. Mikroskopische Manipulationen des Interface würden praktisch möglich. Sie hätten eine »kontrafaktuale« (nicht unmittelbar aus den Fakten entnehmbare) Form. Dennoch wäre das Ergebnis beweisbar – ein »Element der physikalischen Realität« im Sinne der berühmten Einsteinschen Definition.

Speziell handelt es sich um Manipulationen des mikroskopischen Zustands des eigenen Gehirns. Diese wären in ihrer Wirkung äquivalent zu einer Manipulation der Welt als ganzer. Die »Geiselnahme des eigenen Gehirns« durch Exteriorität würde diesen Sprung ermöglichen.

Ein kleiner Beleg

Man sieht das alles besser, wenn man von sich selbst und seiner eigenen Welt (in der man ja notwendig befangen ist) vollkommen absieht. Statt dessen bietet sich eine »Welt im Computer« an, zu der man automatisch exterior (draußen vor) ist.

Ich denke an die berühmten im Computer einprogrammierten »Identitätseinheiten« aus Rainer Fassbinders Film »Welt am Draht« von 1973 – nur daß sie mikroskopisch exakt (anstatt nur makroskopisch) simuliert sein müßten. Das vergrößert den Programmieraufwand, so daß alles derzeit noch in den Kinderschuhen steckt. Doch wenn die Welt dieser Einheimischen bis ins Kleinste konsistent (»reversibel«) programmiert ist, dann wird für sie eine »Interface-Welt« entstehen. Mit anderen Worten, die Welt wird für die Identitätseinheiten »objektiv verzerrt« sein. Der Grund: Das Interface ist nicht nur von den Eigenschaften des »Rests der Welt« abhängig (wie wir das immer naiv anzunehmen geneigt sind), sondern ebenso von denen der Identitätseinheit – des Teilsystems der Welt, das sich den Rest anguckt – selbst. Das ist eine natürliche Folge des bereits von Anaximander formulierten »Differenzprinzips«: Das Eine (Ganze) ist nicht erkennbar, sondern nur der in seinem Innern vorliegende Schnitt.

Was haben wir davon, daß wir das Entstehen dieser »Verzerrungen« im Computer verstanden haben? Daß wir sehen können, daß eben diese Verzerrungen vom Innern der Computer-Welt aus »entlarvbar« sind. Die Identitätseinheiten können selbst Experimente anstellen – sobald sie »Verdacht« geschöpft haben –, die den Verdacht bestätigen. Diese Idee – von Daniel F. Galoye in seinem Buch »Welt am Draht« von 1964, das im Originaltitel »Simulacron three« heißt – ist die beste. Wir haben dadurch den Beweis, daß Tests vom POP-Typ auch in unserer eigenen Welt im Prinzip funktionieren können, wenn wir keinen Fehler machen.

Ob der obige Test bereits richtig formuliert wurde, ist nicht mehr ganz so wichtig, nachdem er im Prinzip durch einen besseren ersetzt werden kann. Sobald der erste POP-Test funktioniert, ist die Beobachter-Zentriertheit der Welt entlarvt. Sobald die Welt als beobachter-zentriert entlarvt ist, ist sie auch manipulierbar. Zum Beispiel werden Zeitreisen möglich. Daher wird der obige POP-Test – so ist zu befürchten – »wohl kaum« funktionieren.

Konkreter

Fieber, Erdrotation, durchstimmbares Laserlicht, Tera-Wellen, extrem starke Magnetfelder, extrem hochfrequenter Ultraschall, Neutrinobeschuß (Efim Liberman, persönliche Mitteilung 1994): Das sind nur einige der im Prinzip ausprobierbaren Methoden der reversiblen Manipulation des Mikrozustandes des eigenen Gehirns.

Das hat nichts mit Makro-Manipulation – wie sie zum Beispiel mit Drogen erzielt werden kann – zu tun. Es werden auch nicht, wie in jenem Fall, Illusionen und Halluzinationen erzeugt. Der neue »Konstruktivismus« ist daher radikaler als der sogenannte »radikale Konstruktivismus« von Watzlawick, von Glasersfeld, von Förster und Maturana. Letzerer ist seinem Wesen nach auf den makroskopischen Bereich beschränkt. Beim »mikroskopischen Konstruktivismus« hingegen geht es – statt um die Erzeugung von Illusionen, von subjektiven Wirklichkeiten, die als illusionär entlarvbar sind – um die Erzeugung objektiver physikalischer Wirklichkeit. Diese wäre nicht als illusionär entlarvbar, da sie objektiv wäre.

Das Mikro-Interface ist daher viel subtiler als das Makro-Interface. Nicht nur, daß die Verzerrungen eingreifender sind – sie sind darüber hinaus auch unentrinnbar. Sie sind – zum Beispiel – in ihrer Veränderung von Moment zu Moment nicht erinnerbar. Es hat daher auch wenig Sinn, schon morgen mit dem Experimentieren anzufangen. Es muß zuerst sorgfältig geprüft werden, in welchen Spezialfällen trotz der Kontrafaktualität ein Nachweis (im Sinne der Popperschen Falsifikation) in Frage kommt.

Im positiven Fall würde die klassische Relativität zu einem Spezialfall der »Mikrorelativität«. Ebenso die Quantenmechanik. Diese ist – ebenso wie die Relativität – beobachterspezifisch, wenn man Bohr und Everett glauben darf. Beide Arten von physikalischer Realität wären dann nur noch endoobjektiv, nicht mehr exo-objektiv. Der Minkowskische Schnitt der Relativität würde verallgemeinert. Die Quantenwelt wäre, mit all ihren in ihr festgelegten Meßresultaten, beweisbar »unsichtbaren Veränderungen« unterworfen. Heraklit und Buddha haben Analoges gesagt. Ihre Voraussagen würden daher falsifizierbar.

Die Exteriorität erlaubt es, wie wir sahen, die »Privatheitsfrage« an die Welt zu stellen. Das Mitleid bekommt unerwartete Konsequenzen. Es sieht, wenn man optimistisch ist, derzeit so aus, als ob nur noch eine Annahme – die der Inkonsistenz der Welt – noch vor diesen fremdartigen Konsequenzen schützen könnte. In diesem Fall hätte dann aber auch das Mitleid keine rationale Chance mehr (und würde noch heroischer, da es rational widerlegbar wäre).

Die Solidarität der wenigen, die durch ihr professionelles »Denken-Dürfen« privilegiert waren, wurde von Ernst Cassirer in der dunklen Zeit am meisten vermißt. Wenn sein Kollege Karl von Meyenne heute recht hat (und ich ihn recht verstehe), lag das nicht zuletzt an dem kurz davor in die Naturwissenschaft wie ein Gift eingedrungenen Irrationalismus der Quantenmechanik.

Auch heute noch gelten in der Physik Einsteins frühe Warnungen meist als »Altersstarrsichtigkeit« (wie einer seiner berühmtesten Nachfolger vor drei Jahren schrieb). Und erst vor wenigen Wochen wurde von dem kompetentesten und einschüchterndsten heute lebenden Theoretiker der Versuch der Aufrechterhaltung des cartesischen Rationalismus warnend mit dem Ausdruck »Selbstvergöttlichung« belegt. Man darf sich dieser Gefahr in der Tat nicht verschließen. Demut, Vorsicht und Umsicht sind bewährte Tugenden auch in der Naturwissenschaft. Von »Totalität und Unendlichkeit« zu sprechen, ist maximal unbescheiden. Dennoch ist es im Angesicht der menschlichen Verantwortung gerade in der Wissenschaft die adäquate Haltung. Die alte Erfahrung, daß Tugenden sich gegenseitig nicht behindern, wird auch hier wieder ihre Bestätigung finden.

Schlußbemerkungen

Der »Leibeigene« René Descartes konnte es wagen, sich über die Bedingungen seiner Leibeigenschaft zu informieren. Das heißt, das »Programm« kann den »Programmierer« zum Antworten zwingen. Der Herausgang des Menschen aus seiner selbstverschuldeten Unmündigkeit – das Ziel der Aufklärung nach Kant – geht in diesem Fall um einen großen Schritt vorwärts.

Es ist natürlich nicht gesagt, daß der »ethische Zugang zur Physik« funktioniert. Bei jeder Blickwende schleichen sich unweigerlich Fehler ein. Man wird wieder zum Kind. Der richtige »Cartesianismus« muß erst noch gefunden werden. Nur ein kleiner Anfang ist gemacht.

»Ich bin, aber ich habe mich nicht« ist die vielleicht wichtigste philosophische Aussage. Sie führt zum »Gebet des Haderns« mit der Traum-gebenden Instanz. Sie führt zugleich zum Geschenk des Mitleids. Und zum Geschenk der Kritik. Sie ist ein besonders schwer zu erringendes Gut. Nur »Migranten« (im Sinne von Nils Röllers gleichnamigem Buch im Merve-Verlag Berlin 1995) sind zu ihr fähig.

Ernst Bloch konnte stärker als andere Menschen sagen, »Du mußt«. Ich habe als Schüler in seiner Vorlesung gesessen und gestaunt über seinen Mut zum »Schimpfen«. Es war die Intoleranz gegenüber der Intoleranz. Es war die Intoleranz gegen die eigene Denkschwäche. Niemand sagt einem ja, daß man so mächtig ist, wie man ist. Der Mut, zu sagen, »ich finde keinen Weg, das als richtig Erkannte mir selbst und anderen so zu verkaufen, daß ich dazu stehen kann«, ist ein besonders wichtiger Mut. Denn dann kann einem unerwartet jemand zu Hilfe kommen und klarmachen, daß man gerade »falschherum guckt« und dadurch nicht merkt, daß man allmächtig ist. Denn wer das erkennt, macht von selbst alles richtig. Sogar das richtige Reden ist auf einmal kein Problem mehr. Niemand, der die eigene Allmacht vor Augen hat, kann unfair sein oder sich lumpen lassen. Es gibt ja keine größere Blamage – und keinen größeren Grund zur Dankbarkeit, als wenn sie einem erspart wird. Propheten und Hofnarren hatten früher diese Funktion. Daran erkennt man den Menschen, daß ihm diese Augen geöffnet werden können. Das *scheinbare* Schimpfen – im Interesse desjenigen, der gerade im Begriff ist, etwas furchtbar falsch zu machen – ist in Wahrheit ein Leuchten.

Danksagung

Ich danke Jan Robert Bloch für die Einladung und Siegfried Zielinski, Roland Wais, Jan Philipp Reemtsma, Stephan Meyer, Hans Diebner, Adolf Muschg, Artur Schmidt, Walter Ratjen, Jürgen Jonas und Nathan-Peter und Pnina-Navè Levinson für Anregung. Für J. O. R.

Anhang: Die Blaue Karte

Das Konzept der blauen Karte folgt aus dem oben geschilderten ethisch-philosophisch-naturwissenschaftlichen Ansatz. Wenn es wahr ist, daß die Menschenwürde verlangt, daß Allmacht nicht mißbraucht wird, dann existiert eine neue Wahrheit: Der drohende Mißbrauch von Allmacht ist mitteilenswert. Es gibt keine wichtigere Mitteilung. Das tut die *blue card*.

Alle Vorschulkinder lernen bereits ihren Gebrauch. Jeder Mensch trägt sie in der Tasche. Er braucht nichts zu sagen: Es genügt, sie wortlos zu heben. Wenn das nicht möglich ist, darf sie durch Worte oder Zeichen ersetzt werden (ein »B«, das man mit einer Hand machen kann). Ihre Mißachtung ist strafbar – wie die Mißachtung des Haltegebots beim Vorbeifahren eines Blaulichtkrankenwagens.

Das nackte Gesicht redet, sagt Levinas. Es sagt, »töte mich nicht, laß mich nicht allein in meinem Sterben«. Seine Sprache ist die *Blaue Karte*. Die Blaue Karte ist eine Fortentwicklung der Medizin. Sie trägt den Gedanken der Hilfspflicht aus dem Bereich der medizinischen Profession in den der Gesellschaft. So, wie die Genfer Konvention erfunden wurde, um zum Erstaunen aller eine menschliche Note in den Krieg zu tragen, mit dem Roten Kreuz, so trägt die Blaue Karte den Levinasischen Gedanken der Exteriorität in die Alltagswelt, wo ebenfalls zum Erstaunen aller ein entscheidender Fortschritt möglich wird. Sie macht aus der Vermeidung von Menschenrechtsverletzung ein einklagbares Recht.

Die größte Leistung ist natürlich, wenn die Blaue Karte auch dort erkannt wird, wo sie gar nicht gehoben wird. Dieses Ziel wird aber vielleicht leichter erreichbar, wenn alle wissen, daß es sie gibt und daß sie sie im Notfall selbst benutzen können.

Für Tante Desy.

Koautoren des Anhangs: Andreas Sentker, Holger Krapp.

Einseitigkeit, Innucialität und das Existenzproblem in der Sozialgeschichte

Ernst Bloch bevorzugte, ja, betrieb die Textanfänge mit kurzen Sätzen, je kürzer, um so besser. Das zeigte geradezu Züge einer Manie bei ihm, hatte aber überlegsame und überlegbare Darstellungsmotive in sich. Von diesen spiegeln sich zwei besonders ineinander. Das eine entspricht Horaz, nach dem man, wenn man in etwas einzuführen habe, den Leser mitten hineinversetzen solle. Das sei am besten, fügt Bloch dem hinzu, nämlich in der Sachlage selber zu beginnen, statt in Stellvertretungen zu gleichsam herabgesetztem Preis vorzuschulen und vorzuschulen für Vorschulung. Und die Kürze der Sätze am Anfang unternahm es, das uneingeläutete Hineinversetztwerden zu signalisieren.

Mag sein, daß Didaktiker von heute solches einfach nicht zu akzeptieren bereit sein können, wenn sie wenigstens im geisteswissenschaftlichen Bereich nur noch ein Einführen des Einführens zu Einführungen einräumen mögen, damit Lehre ohne Links- und Rechtsblick zu Erschwerungen auf Prüfungen des abfragbaren Wissens ausschließlich vorbereite. Oder man kann sich ja eine solche Didaktik-Perfektion vorstellen, daß die Verfahrensweise des lehrenden Vermittelns Lehrinhalte wachsend zu erübrigen beginnt. Einer solchen Vorstellung soll das Hineinversetztwerden, signalisiert durch die kurzen Sätze, entgegenwirken.

Ein Zug des Manischen daran läßt sich auch in Blochs übriger Schreibweise spüren, wenn dann schließlich überhaupt die Satzlängen und, über sie hinaus, die Absatzlängen die Wichtigkeitsgrade des Geschriebenen formal-zeichenhaft auszudrücken hätten. Bloch konnte geradezu wie ein Semiotiker Buchstabenzählerei beim Schreiben betreiben, das hatte gleichsam ein Bildhauerisches im Sinn des deutschen Worts an sich: Hier noch ein Stück Buchstabenmenge wegschlagen, dort noch und so. So daß zu den Kurzsätzen der Anfänge sich sagen ließe, daß sie die Unwichtigkeit der Einsätze vertreten oder wenigstens signalisieren sollten. Sie trügen dann die Meinung vor, man könne überall beginnen. In der Tat gehörte es zum lehrenden Empfehlungsschatz von Bloch, für das Verfassen von Aufsätzen oder auch Büchern zu sagen: Wenn einem nicht einfiele, womit man anfangen möge, dann lasse man die Einleitung der Einfachheit halber erst einmal weg, später falle sie einem von selber ein, oder es zeige sich gar, daß sie sich erübrige. Nur für seinen ersten, letzten und einzigen Entwurf zu einem Roman, da entstand ihm nur der erste Satz, blieb ihm aber dafür lebenslang erinnerlich: »Indessen saß Kilian in seiner Hütte«. Weiter ging es nicht – der Fluch perfekter Einleitungssätze hatte den Roman ereilt.

Aber damit ist schon etwas gesagt, das mehr wäre als die Laxheit gegenüber dem Einleitungsproblem. Es wäre auch das Bedeuten des Gegenwartscharakters von Texteinsätzen gemeint, mindestens meinbar, soweit man von der Gegenwart sagen kann, sie habe keinen Anfang und kein Ende. Das eine wäre nämlich Vergangenheit zu ihr und das andere Zukunft, oder auch umgekehrt, insofern man Vergangenheit als das Beendete im Ende auffaßt und den Anfang als den Ansatz zur Zukunft. Unsere Anfänge liegen also alle hinter uns oder erst vor uns, und so viele Enden hat es uns als Beendetheiten schon gegeben. Wir haben die Schule hinter uns und so weiter. Aber manche Enden stehen uns noch aus. Doch so oder so, Anfänge wie Enden entbehren der Gegenwart. Blochs kurze Anfangssätze jedoch versuchen sich dagegen in der Gegenwart festzumachen, sie bemühen sich angestrengt darum, keinen Anfang und kein Ende zu haben.

Wäre das allein schon ihr gesamter Bedeutungsgehalt, dann wäre das sehr wohl schon genügend gegen die kritischen Vorwürfe Leszek Kolakowskis und so manchen Denkers aus den Gegenden des Kritischen Rationalismus, denen zufolge Bloch gerade und besonders in seinen kurzen Anfangssätzen vollmundig Extreme der Banalität strapaziert hätte. Denn gegenüber dem Aufgezeigten des Bemühens um Gegenwart mögen dann die Inhalte der entsprechenden Sätze so banal sein, wie sie wollen. Doch für diese Differenz hat die banale Einstellung eines wegwerfenden Verhältnisses zur Banalität etwa bei Kolakowski und anderen keinen Sinn, so wie ihr stets der Unterschied entgehen muß zwischen vertretener Banalität und der durch Rezitation zur Rede gestellten Banalität. Und das ist nun wahrlich eines der Blochschen Denkanliegen, Philosophieranliegen, das Banale zur Rede zu stellen, weil in ihm die Probleme hausen, die das Banalisieren vertuschen möchte.

Aber nichts glaubt ja schneller, sich vom Banalen befreien oder überhaupt freihalten zu können als das durch und durch Banale, der durch und durch Banale, wie ja auch bekannt ist, daß das Kleinbürgerliche von niemandem stärker nur schlicht beschimpft, statt überlegsam zur Rede gestellt wird als vom Kleinbürger selber. Man kann sich nahezu im Urteil daran halten: Wo immer sich jemand einfach über Kleinbürgerliches erregt, ist es ein Kleinbürger. Genauso verhält sich das mit dem Kitsch: Wo immer sich jemand über ihn einfach erregt, ist es einer von kitschigem Gemüt des Wertens, wenigstens in dieser Frage.

Gleichviel, Blochs Bemühen um die Gegenwärtigkeit der Gegenwart hat engstens zu tun mit dem Mittenhineinversetztwerden, und wie der Zufall so spielt, zeigt sich das erst einmal als das Banale schlechthin, richtig. Banal, unüberwindbar banal ist es aber, das Banale zu fliehen, das immer uns einholen wird, unversehens, wenn man es flieht. Hier tritt nun bei Bloch das andere Motiv ein, das ihn zu den kurzen Anfangssätzen bewog und das sich in dem Mittenhineinversetztwerden spiegelt. Das ist die Unmittelbarkeit, mit allem Hegel schließlich darin. Wir fangen mit allem und in allem, das heißt auch in uns, unmittelbar an, so sehr wir zu allem, in alles und in uns selbst vermittelt wurden. Die unvermeidliche Angelegenheit hat, von außen überlegt, zwei Seiten, die sehr voneinander verschieden sind. Bloch waren beide samt ihrem Unterschied irgendwie erregend bewußt. Trotzdem wollte er beide mit der Kürze seiner Anfänge irgendwie ineins ziehen.

Da gibt es, einmal unabhängig von Blochs Aussagen nachgedacht, die geistestheoretische Seite der Unmittelbarkeit, zum anderen die biologische. Die geistestheoretische Seite schlägt sich nieder in der Einseitigkeit oder Vereinseitigung, die jede

Aussage, jeder Urteilsakt, für sich genommen, wesentlich betreibt und betreiben muß. Es muß sich Denken in einer Aussage oder in einem Urteilsakt äußern, damit überhaupt gedacht wurde. Und sofort stellt sich das Denken in der Äußerung bloß. Will man die Bloßstellung aufs einfachste charakterisieren, dann könnte man behaupten: Auf jede Äußerung des Denkens läßt sich sagen: So einfach geht das nicht, da wurde zu kurz gedacht.

Um nun nicht schon stärker geprüftes, aus sich in sich differenzierendes Aussagen des Denkens in diese unvermeidliche Falle zu locken, wählte Bloch für die Anfänge lieber einfache, einfach, weil überall umgehende Urteilsaussagen, die sozusagen überall auf der Straße herumliegen, wie etwa das »Ich bin«, das sofort korrigiert werden muß, weil es sich, so formuliert, als Totale gibt und doch nur eine Seite ausmacht. Der nächste Satz setzt die positive Aussage über den Übersprung vom Sein zum Haben ins Negativ: »Aber ich habe mich nicht.« Aber das Negativ führt nicht zu einer reinen Verneinung des Positivs, das dann ein völlig falsches Urteil wäre. Sondern eine dritte Aussage öffnet beide vorangegangenen aus dem Hinken ihrer Einseitigkeiten in den Überlegensfortgang, der das Ich so wie dessen Sein und Haben in Frage stellt, ohne selber definitiv oder gar apodiktisch auftreten zu können. Auch ist es die dritte Aussage, die die Angelegenheit an eine andere Adresse verschiebt: »Darum werden wir erst«. Die Selbstverunsicherung des denkenden Aussagens ist gemeint, Selbstverunsicherung gar noch über die Adresse des Anfragens, und sie stellt Bloch so gern unaufhörlich immer wieder in die Textanfänge als ein Memento, durchaus in Entsprechung zum Catonischen »Im übrigen meine ich ...«. Cato allerdings stellte dieses sein Memento an das Ende seiner Reden. Wenn nun Kolakowski gerade in Hinsicht auf unser Paradigma Blochscher Kurzsatzanfänge hier höhnt, daß in solcher tief verheißend klingenden Vollmundigkeit des Raunens nur die Selbstverständlichkeit daherkäme, daß man sich im Zusammenhang mit den Anderen ändere, dann zeigt er, daß er vom Formalen des damit Intendierten nichts begriffen hat, er begegnet derart solchen Texten nur naiv inhaltlich.

Die biologische Seite der Unmittelbarkeit nun, sie hat mit der

Einseitigkeitsfalle des Geistigen nichts zu tun, im Gegenteil. Und doch hat sie Bloch mit seiner Motivation zu den Kurzanfängen auch berührt, wenn er denen abverlangt, so etwas widerzuspiegeln wie ein »In nuce«, in der Nuß, im Konzentrat. Dann wird in der Tat etwas ausgespielt, was, freilich im metaphorischen Abstand, mit dem Keimzellendenken der Genetik zu tun hat: Dichteste Zusammenlegung eines Programms im Kern der Keimzelle, das zur Entfaltung bereitsteht. Gewiß wurde hier Bloch nicht von der biologischen Forschung beeinflußt. Sondern dahinter steht Hegels Ansicht vom Allgemeinbegriff, nach der er sich nicht auf kleinste gemeinsame Nenner verkürze, sondern alle Differenzen des von ihm Zusammengefaßten mitenthalte weiterhin. Zu Hegels Zeiten war die Genetik als strenge Wissenschaft noch nicht sehr weit gediehen. Aber die Erfahrung mit dem Samen und dem Seminalen hatte man schon längstens seit Anbeginn der Landwirtschaft. Und außerdem kannte Hegel den Monadenbegriff des Leibniz selbstverständlich, mit dessen entelechetisch-Aristotelischem im Nacken, lauter metaphorisierbare Vorläufe zum Keim, als hochdifferenziert-komplexes Programm in mikroskopischer Zusammenlegung oder Zusammengelegtheit zwecks verschobener Entfaltung, verschiebbarer Entfaltung zum Großen, dem Programmierten des Programms.

Hier scheiden sich nun auch die Geister der Biologie, ob man die mikroskopische Zusammenlegung des Keimhaften begreift als das Steigern der Möglichkeit, aus kleinsten Abweichungen vom Programm innerhalb des Programms enorm makroskopische Neuigkeiten zu erwirken, oder ob solche Abweichungen als Pannen verstanden werden, während es auf die fehlerfreie Reproduktion der Programme und darin notwendig identische Übertragung ihrer selbst ankäme. In der Frage nach dem Sinn von Leben macht das scheinbar nur eine leichte, eine winzige Akzentverschiebung. Aber ideologisch entsteht und entstand daraus die Konfrontation zwischen den Innovationsbiologen und den Determinationsbiologen, wobei letztere den Rassismen und technologischen Züchterstandpunkten sich gern andienten und andienen, denen geht es ja um unerschütterliche Stabilisation der Programme.

Die reale Evolution des Lebens hat freilich schon über die Angelegenheit entschieden. Es gäbe ja gar keine Evolution des Lebens ohne das Steigern der kleinsten Abweichungsmöglichkeiten, das Leben hätte auf der Stelle getreten ohne Mutation und dann vor allem ständig programmvermischende Sexualität. Wer die kleinste Abweichung als Panne auffaßt und Genetik als die Lehre von der Stabilisation vertritt, der muß die Evolution des Lebens verstehen als einzig katastrophales Versagen des Lebens, weil dieses die ›Frechheit‹ hatte, leben zu wollen, statt nur auf der Stelle zu treten.

Zu Bloch versteht sich von selbst, will man seinen Hang zum »In nuce« bei aller Vorsicht gegenüber den Gefahren des Metaphorisierens sich als eine gewissermaßen bestimmte biologische Einstellung klarmachen, dann nur über die Labilitätsbiologie genetischer Innovativität, nicht über die Stabilisationsbiologie genetischer Exklusiv-Determination. Das ist man dem Philosophen einer »Ontologie des Noch-Nicht-Seins« im Namen des Novum schuldig. Aber so kommt man beidem Sichentsprechenden näher, bei Realität der Evolution des Lebens, und man zeigt, wie doch auch Erfahrungswissenschaftliches Blochs Hauptanliegen abzusichern vermag. Und auf solchen Wegen vertritt das »In nuce« gegen das Vereinseitigende geistestheoretischer Kurzangebundenheit das Ganze in konzentrativem Zusammenschluß aber als Neueinsatz.

Trotzdem hat Bloch in seiner Interessiertheit an dem Allgemeinspruch, Einseitigkeit mache scharf zum Zweck, Sinn gehabt für das angezeigte Vereinseitigen. Doch mahnte er dazu Vorsicht an. Einzig ach so rasch vorübergehende Situationen vermögen eine zum Zweck scharf machende Einseitigkeit zu rechtfertigen.

Nun zu unserem Paradigma hier im Näheren: Es läßt sich auch inhaltlich auslegen, ohne daß man dabei in Kolakowskis Verdikt der Banalität getrieben würde. Das einsetzende »Ich bin« behauptet den Anfang in der Existenz, der eben kein Anfang ist, sondern immer mitgeht. Trotzdem kann man so ungefähr sagen: Alles menschliche Leben beginnt und endet mit der Existenz dazwischen, was auch wiederum, wie zuvor versucht wurde, es anzudeuten, meinen mag, daß Existenz im Jenseits stehe zu Anfang oder Beginn und Ende. Indem im zweiten Satz das Sichnichthaben artikuliert wird, steht dieser Satz für den Umstand, daß alles menschliche Denken beginnt mit dem Sinnproblem der Existenz, hier allerdings kann man nicht umstandslos Beginn und Ende ineins setzen und so zu einem Jenseits von Beginn und Ende gelangen. Aber der dritte Satz, der das mittelbar enthält, enthält auch nun durch das Umschalten auf Wir und Werden einen Übertritt oder vielmehr zwei davon, den von der Existenz zur Sozialität und den vom Sein zur Geschichtlichkeit im Werden. Aber das Darum stellt eine Forderung vor, derzufolge die sozialgeschichtliche Theoriebildung, also Forschung, nur einen Aufgabenausgang und einen Aufgabenhorizont hat, die Lösung des Existenzproblems in Begriffen und Gestalten oder Strukturen.

Mit der sozialtheoretisch-historischen Kehre mitten im Existenzproblem selber wollte Bloch sein Mißtrauen ausdrücken zugleich mit seinem währenden Gefesseltsein. Das Mißtrauen richtete sich gegen das sich verabsolutierende Selbstwertdenken im Existenziellen, das die Unmittelbarkeit nicht mehr als Ausstieg wie Einstieg erfahren möchte, sondern in ihrem Namen alle Vermittlung ablehnt, indem sie, die Vermittlung, entwertet wird als laufendes Verheizen für Anderes, das wieder nur verheizt wird für Anderes. Das verabsolutierte Selbstwertdenken etwa Heideggers aber hebt ab aus den gesellschaftlichen Konfrontationsprozessen und überläßt die Vergesellschaftungen den Automatien, Legitimitäten, Gewalten oder Usurpatoren des Irrationalen fürs angeblich Unwesentliche, innerhalb von deren Konditionen es sein für wesentlich und eigentlich verkündetes Selbstwerterleben einrichtet, feindlich keinem politischen System, außer dem, das es unternimmt, Vergesellschaftung vernünftig zu wollen oder wenigstens rational. Sartre ist diesem Hang des Verabsolutierens von Selbstwertdenken im Existenzialistischen nur dadurch entkommen, daß er das Selbstwerterleben in die gesellschaftlichen Konfrontationen selber verlegte mit dem ihm einzig sinnvollen Selbstwerterleben des Sichbefreiens aus Institutionalisiertsein, Funktionalisiertsein. Später entwickelte er dann Wege eines Begreifens und Beförderns gesellschaftlicher Vermittlung solcher unmittelbaren Selbstwerthaftigkeit, wie sie Bloch in seinem Philosophieren sogleich eingeschlagen hatte, von Anbeginn. Sehr nüchtern objektiv wäre das für Bloch vielleicht so auszudrücken: Er sah in der Unmittelbarkeit nur eine entweder gesetzte oder im folgenden schaltbare Einstellung mit Perspektive, anders artikuliert: eine vage Befindlichkeit oder eine entschiedene Aussicht, die beide wiederum einer ständigen Umschaltbarkeit unterliegen. Erst die Umschaltbarkeit läßt die Unmittelbarkeit riskieren in aller Schwebe ihrer Neigungen zum Verabsolutieren. So kann der Selbstwert auch immer nur auftauchen in Abschlagszahlungen des Schaltens und seines Dazwischen als Vor-Schein von Augenblicksglück, des einzigen Glücks, dessen man sicher zu sein vermag, für einen Augenblick eben des Dazwischens zwischen Vermittlungen. Selbstwert absolut wäre ja auch der Verrat an allem anderen, wie schon das Liebestod-Motiv, im 19. Jahrhundert so geliebt, lehrte. Man ist doch immer ein Mehr als die situationelle Überzeugtheit vom Überfallensein oder gar Besessensein durch Augenblicksglück. Doch in solchem relativistischen Schaltungsperspektivismus hielt Bloch den Selbstwertfaktor des Existenzialen so im Zentrum des philosophischen Fragens nach dem Lebenssinn im Horizont, wie Max Horkheimers *Kritik der instrumentellen Vernunft* das tat, aber ohne dessen Fragen nach einer möglichen Verwerflichkeit alles rational-Instrumentalen. Derartige Denkhaltung ließ ihn, Bloch, textlich, wenn auch nicht stets im Verhalten, während seiner gesamten DDR-Jahre als Dissidenten erscheinen. In der die Vermittlung verabsolutierenden Ideologie des »real existiert habenden Sozialismus« stand er nachhaltig quer, über den überschwenglichen Utopismus hinaus, der dort immer, auch immer wieder in Verrissen gedruckt, veröffentlicht, das erste wie letzte große Ärgernis war an Bloch.

Man muß Bloch hintergründig und in Perspektive als Existenzphilosophen verstehen, dessen Forschungswege durch die vielen Gebiete der Sozialgeschichte in ihrer Auseinandersetzung mit der Natur laufen. Das wesentlich existenzphilosophische Anliegen verläuft sich dabei nicht. Es ist in jedem Satz des umfangreichen Werks mit von der Partie, sonst versteht man Bloch als Bloch nicht. In dem hier paradigmatisch zur Rede gestellten

Kurzanfang des Bloch-Buchs *Tübinger Einleitung in die Philosophie* (1963/64), nach dessen Vorbemerkung den Zugang eröffnend, hat sich also mit Verschränkung innucial sowohl methodisch wie inhaltlich deklariert, was sich im großen Bogen durch das Gesamtwerk als gültig erweist. Das Gesamtwerk richtet sich ausschließlich auf das Existenzproblem des Menschen, es nähert sich diesem Problem sozialgeschichtlich. Daher mußte es so weitschweifend werden. Aber das »Sich-in-Existenz-verstehen-Wollen« aus dem *Geist der Utopie* von 1918 blieb leitend und beharrlich.

WELF SCHRÖTER

Werdendes Wir
jenseits industriellen Arbeitens

Gedanken und Impulse für einen aktualisierenden
Bloch-Diskurs in der post-industriellen Arbeitsgesellschaft

Wenn der scheinbar stabile und geordnet aussehende Alltag von
Menschen erschüttert wird, wenn Fahrpläne und Straßenkarten
des täglichen Lebens aus den Fugen geraten, sich Veränderungs-
prozesse und Wandlungen, Umbrüche und Krisen ankündigen,
stellen sich alsbald die Geschwister Verunsicherung, Angst und
Verweigerung ein. Die Enttäuschungen der alltäglichen privaten
Tagträume sind zumeist zu der Haltung gewachsen, daß unfrei-
willige und nicht beabsichtigte Veränderungen eher mehr hin-
wegzunehmen drohen denn hinzugeben. Lieber ist einem, das
Erreichte zu bewahren, als es einer unklaren Herausforderung
zu opfern.

Anders dagegen jedoch sieht eine nach Enttäuschungen be-
lehrte Hoffnung von öffentlich gewordenen Tagträumen in
einem Veränderungsdruck nicht nur den Zwang zur moderni-
sierten Anpassung, sondern die Chance, Unabgegoltenes wieder
ins Spiel zu bringen, die Chance, Subjekt eines Veränderungs-
prozesses zu werden und die Krise bei den Hörnern zu packen:
Krise wird so nicht nur zur erlittenen Bedrohung. Eine krisenhaft erkennbare Unvollkommenheit des Status quo kann als
Chance gezielter Gestaltung genutzt, Statisches in Bewegung
gebracht werden. Bei letzterem weiß geläuterte Hoffnung allerdings, daß die Richtung des in Bewegung zu Bringenden offen
ist. Ein einzelnes Ich reicht nicht aus. Eher schon ein Wir kann
dem Prozeß eine Richtung geben.

Das Leitmotiv über Ernst Blochs *Spuren* und die gleichnamige Eröffnung der *Tübinger Einleitung in die Philosophie*[1]

---

1 Ernst Bloch, *Tübinger Einleitung in die Philosophie*, *Gesamtausgabe*
Band 13, Frankfurt 1977.

261

könnten spielerisch als Leitmotiv eines Bündels von mehreren »Schlüsselkompetenzen«[2] positiv mißverstanden werden: »Ich bin. Aber ich habe mich nicht. Darum werden wir erst.« Ließe sich diese Zeile mit dem Tiefgang ihres Inhaltes nicht in Beziehung setzen zu den Anforderungen einer schon vorwärtstreibenden »Gestaltungs- und Innovationskompetenz« gesellschaftlicher Akteure[3], einer Krisenbewältigungs- und -überwindungsfähigkeit sozialer Bewegungen, ohne dadurch unzulässige Fragmentierungen«[4] und Verkürzungen des Blochschen Prinzips zu riskieren? Mit anderen Worten: Könnte wohl der wissenschaftlich-methodisch eher unzulässige Ansatz, Verbindungslinien von aktuellen Krisenerfahrungen zum praktischen Werk Blochs unmittelbar herzustellen, zwar möglicherweise falsche Ergebnisse im disziplinären Sinne, dafür aber hochaktuelle neue Fragestellungen an die »Enzyklopädie der Hoffnung«[5] hervorbringen? In Anlehnung an Bert Brechts Gestalt des »Herrn Keuner«, dessen wesentliche Tätigkeit in der Vorbereitung ständig neuer Fehler lag, sollte einem solchen attemptemus[6] Folge geleistet werden können. Für Menschen, die von Kenntnissen Marxscher Schriften nicht freizusprechen sind, wird sich Blochs »Darum werden wir erst« grundsätzlich vor allem auch auf das Thema Dialektik der »Befreiung der Ar-

2 Welf Schröter, »Bildung und Nutzung von Humanressourcen vor dem Hintergrund betrieblicher Umbruchprozesse in Baden-Württemberg«, Gutachten im Auftrag der Akademie für Technikfolgenabschätzung im Rahmen des Projektes »Das Potential erneuerbarer Ressourcen in Baden-Württemberg – Humanressourcen«, Stuttgart Juni 1996.

3 Vgl. Welf Schröter, »The Social Formation of Technologies from a Labour Union Perspective: Towards a Culture of Enlightened Cooperation« in: Gert Schmidt et al. (Hg.), *Cross Cultural Perspectives of Automation – The Impact on Organizational and Workforce Management Practices*, Conference of the Centre for Management and Technology of the National University of Singapore, Singapur 1992.

4 Wolfram Burisch, »Eine philosophische Zwischenwelt und ihre Überwindung«, in: *Bloch-Jahrbuch* 1995/96, Jahrbuch der Ernst-Bloch-Gesellschaft, hg. von Francesca Vidal, Talheim 1996.

5 Eberhard Braun, »Antizipation des Seins wie Utopie«, in: Burghart Schmidt (Hg.), *Zur Philosophie Ernst Blochs*, Frankfurt 1983, S. 127.

6 Lateinisch: Lasset es uns wagen.

beit«[7] beziehen. Die nicht-stalinisierten Interpreten des *Kommunistischen Manifestes*[8] verbindet mit autoritären Exponenten des Marxismus-Leninismus der Standpunkt, daß die Befreiung der entfremdeten Lohnarbeit aus den Abhängigkeitsbeziehungen der kapitalistischen Produktionsweise einen zentralen Faktor in der gesellschaftlichen Emanzipation darstellt. Das Werden des – im Marxschen Sinne – revolutionären Handlungssubjektes ist ohne Zielorientierung auf die Aufhebung des Widerspruches zwischen Lohnarbeit und Kapital hin zu einem schöpferischen Tätig-Werden nicht stimmig. Bloch hatte in seiner Schrift »Stachel der Arbeit« humorvoll die Kehrseite der entfremdeten Arbeit, nämlich die entfremdete Faulheit, zur »Arbeit der Muß«[9] in die Zukunft hinausgestachelt.

Blochs »Darum werden wir erst« bleibt dem Marxschen Grundansatz diesbezüglich fest verhaftet. Ein »Werden« korrespondiert mit dem Werden der Arbeit. Das Blochsche »Wir« korrespondiert mit dem pluralen Subjekt, das nach seiner Sicht welthistorisch mit der Russischen Revolution die Bühne betrat und sich als proletarische Klasse mehr als nur konstituierend bestätigte.

Siebzig Jahre nach der Februarrevolution und dem Russischen Oktoberputsch haben sich die Grundanfragen an die Dialektik der Arbeit verschoben. Marxens wie Blochs Überlegungen fußten notwendigerweise auf dem industriellen Paradigma, das unter anderem konstatierte, daß entfremdete Lohnarbeit von abhängig Beschäftigten unter hierarchischer Organisationsstruktur im Produktionsbetrieb erbracht werde. Die Mehrheit der Gesellschaft wurde dabei mit der Mehrheit der in diesem Sinne Lohnarbeitenden gleichgesetzt. Der Betrieb als zwangsweise sozialisierender Ort erzeugte in seinen Widersprüchen den Wunsch nach Emanzipation der Produzenten. Fabrikräte, Arbeiterräte, Gewerkschaften, Proletariat wurden zu politischen Signets des Prozesses. Das Leitbild der Revolution

7 Ernst Bloch, »Stachel der Arbeit« in: Ernst Bloch, *Spuren*, Gesamtausgabe Band 1, Frankfurt 1977, S. 103.
8 Vgl. Gajo Petrovic, *Wider den autoritären Marxismus*, Frankfurt 1969.
9 Vgl. Anm. 5.

war ein männlicher, muskulöser Proletarier, der abends zur marxistischen Schulung eilte und tagsüber entweder unter Tage oder als Stahlkocher sinnlich greifbare Produkte bewegte. Die tendenzkundig zu befreiende Arbeit ging vom Bild und der Form der betriebsgebundenen Lohnarbeit aus.

Auf ein derartiges Selbstbefreiungsszenario antworteten in den siebziger und achtziger Jahren unseres Jahrhunderts nicht nur die Kreise um André Gorz[10], sondern auch zahlreiche, durchaus nicht gewerkschaftsfeindliche Industriesoziologen mit dem energischen Hinweis, daß die Technisierungsmöglichkeiten der Arbeit deren Bild und Form gravierend zu verändern beginnen. Das Rationalisierungspotential neuer Technologien reduziere die Quantität industrieller Arbeitsplätze, steigere dabei gleichzeitig unermeßlich die Produktivität. Begleitend dazu vollziehe sich ein quantitativer Wandel des Verhältnisses zwischen lohnabhängiger Arbeitstätigkeit des traditionellen Typs und den zunehmenden White-Collar-Beschäftigten. Die Zahl der Angestellten überwog die Zahl der Arbeiter. Soziologisch und real wurde aus dem Symbol des gesellschaftlichen Mehrheitssubjekts der Selbstbefreiung eine große Minderheit. Auffallend an dieser Sicht bleibt ihr unverbrüchliches Verhaftetsein gegenüber dem industriellen Paradigma. Gorzens berechtigte Kritik[11] verließ nicht den Betrieb als Ort des Arbeitens. Er bezog sich positiv oder negativ fixiert darauf. Auch für ihn waren Arbeitslose eben solche, die aus dem Betrieb ausgeschlossen wurden. Die Gorz-Debatte trug noch das Muttermal des Marxschen Arbeitsbegriffes.

In den achtziger und zu Beginn der neunziger Jahre bewirkte die erste Welle von Auswirkungen der Globalisierung der Märkte und der wirtschaftlichen Beziehungen[12] einen beschleu-

---

10 André Gorz, *Abschied vom Proletariat*, Frankfurt 1980.
11 André Gorz, *Wege ins Paradies*, Berlin 1983, S. 56 und S. 123: »Aber das Paradoxe ist, daß viele Techniken (Telematik, Mini-Informatik, Robotik), die die industrialistische Ordnung zur Zeit entwickelt, um ihre Herrschaft zu verewigen, sich leicht gegen diese Ordnung wenden und ihren Zerfall beschleunigen können.«
12 Welf Schröter, »Paradigmenwechsel für den Arbeitsplatz Zukunft«, in:

nigten Prozeß der internen und externen Restrukturierung[13] von Produktionsabläufen. Der Betrieb als Zentrum wandelte sich unter dem Konzept der »lean production« zum »lernenden Unternehmen«, in dem gruppenautonome Inselfertigung unter CIP/KVP-Bedingungen[14] vorangetrieben wurde. Die tiefe industrielle Strukturkrise erzwang die Modernisierung der innerbetrieblichen und zwischenbetrieblichen Infrastrukturen der Arbeit. Weitere größere Entlassungen sicherten vorübergehend die betrieblichen Arbeitsplätze der noch im Normalarbeitsverhältnis sich Befindenden. Das Leitbild des Arbeitenden in der Produktion verschob sich vom Automobile bauenden Facharbeiter hin zum betriebsinternen, Workstation nutzenden, flexiblen Beschäftigten im Gefüge von produktionsnahen Dienstleistungen. Technisierung und Computerisierung trieben die fertigungszentrierte Arbeit hin zu fertigungsvorbereitenden bzw. fertigungsbegleitenden Tätigkeiten. Dennoch zielte alles Denken und Handeln auf den Betrieb als Ort des abhängigen Arbeitens.[15] Darin nicht mehr tätig sein zu dürfen, wurde und wird als Verlust, als sozialer Abstieg, als Deklassierung, als Identitätsschwund und Status-Abbau von den von Entlassung Betroffenen empfunden.

Die zweite Welle der Auswirkungen der Globalisierung beginnt Mitte der neunziger Jahre strukturell das industrielle Paradigma zu durchbrechen. Eine andere Qualität von Arbeit bricht sich Bahn, die zudem neue Wege der »glokalen«[16] Verortung sucht. Mit der tiefgreifenden Infragestellung des Normalarbeitsverhältnisses aktualisiert sich die Prüfung des Unabgegoltenen: Handelt es sich um einen Verlust, eine rückwärtsgewandte Anti-Aufhebung[17] in der Dialektik der Befreiung der

Wem gehört Europa? – Zur Dialektik der Modernisierung, TÜTE-Sonderheft, Tübingen 1993.

13 Peter Binkelmann, Hans-Joachim Braczyk, Rüdiger Seltz (Hg.), *Entwicklung der Gruppenarbeit in Deutschland*, Frankfurt 1993.

14 CIP/KVP: Kontinuierlicher Verbesserungsprozeß.

15 Vgl. Hans-Jürgen Warnecke, *Die Fraktale Fabrik*, Heidelberg 1992.

16 »Glocally – think globally, act locally«

17 »Anti-Aufhebung« ist ein Begriff, den der Belgrader Philosoph Svetozar Stojanovic Ende der siebziger Jahre in die marxistische Debatte

Arbeit, oder um eine befreiende Gestaltungschance, um schrittweise den Fesseln der Lohnarbeit zu entkommen? »Was werden will, ist nicht nur jenes Bin des Ich, sondern das Bin als Etwas, das sich nicht hat, das aussteht. Ein Nichthaben also ist darin, das es deshalb nicht bei sich aushält, aus sich herauswill.«[18]

Oberflächlich besehen könnte man Karl Korschs Marxrezeption[19] folgen und ihm zustimmen, wenn er in den dreißiger Jahren in Erinnerung an die Vorgänge der ursprünglichen Akkumulation als Vorbedingung der bürgerlichen Produktionsweise aus dem »Kommunistischen Manifest« zitiert: »Die Bourgeoisie kann nicht existieren, ohne die Produktionsinstrumente, also die Produktionsverhältnisse, also sämtliche gesellschaftlichen Verhältnisse fortwährend zu revolutionieren. (...) Alle festen, eingerosteten Verhältnisse mit ihrem Gefolge von altehrwürdigen Vorstellungen und Anschauungen werden aufgelöst, alle neugebildeten veralten, ehe sie verknöchern können. Alles Ständische und Stehende verdampft, alles Heilige wird entweiht, und die Menschen sind endlich gezwungen, ihre Lebensstellung, ihre gegenseitigen Beziehungen mit nüchternen Augen zu sehen.«[20] Diese Art Nüchternheit drängt sich in Form einer erlittenen Ernüchterung demjenigen auf, der sich sehenden Auges mit den derzeitig sich vollziehenden, strukturellen »Entweihungen« des Normalarbeitstages befaßt.

In einer bislang noch nicht dagewesenen Weise werden Orientierungen, Leitgedanken und Grundfesten bestehender Arbeitsverhältnisse durch globale Marktmechanismen ent-»knöchert«, ohne daß dabei sichergestellt wäre, daß Unternehmen oder Beschäftigte sich als wirkliche Subjekte des Prozesses identifizieren ließen. Die zweite Welle der Globalisierung löst einen umfassenden Umbruch arbeitsweltlicher Infrastrukturen

einbrachte. Er wollte damit verdeutlichen, daß eine dialektische Synthese nicht nur auf höherer Stufe erfolgen kann sondern auch qualitative unterhalb von These oder Antithese denkbar sein muß.

18 Ernst Bloch, *Experimentum Mundi*, *Gesamtausgabe* Band 15, Frankfurt 1975, S. 11.

19 Karl Korsch, *Karl Marx*, Frankfurt 1967, S. 172.

20 Karl Marx, *Das Kommunistische Manifest*, in: MEW Band 4, S. 465.

in den alten Industriegesellschaften und den Beginn einer Tendenz aus, die wohlweislich als »Entbetrieblichung von Arbeit« bezeichnet werden muß. Die Integration moderner Informations- und Kommunikationstechniken zu verschiedenen Prototypen von »information superhighways« sprengt die betriebsbezogenen Verkehrsbeziehungen und setzt ein globales Netz der Netze als Basisinfrastruktur für jede Form digitalisierbarer Arbeitsleistungen. Der globale »Marktplatz Multimedia«[21] ist nicht nur – wie vordergründiges Marketing anzeigen will – ein Basar für Konsum und Unterhaltung, Shopping und Freizeit. Mit der Implementierung der Telekommunikationstechniken und ihrer interaktiven Anwendungspotentiale wird die Qualität von Arbeit, ihr Inhalt, ihre Organisation, ihre Wertigkeit und die Vorstellungen darüber transformiert. Multimedia-Anwendungen entlang der »Datenautobahnen« können in der Arbeitswelt überall dort greifen, wo die Organisation von Arbeit und Abläufen gefragt ist. Setzt man einmal überall dort, wo in der traditionellen Arbeitswelt das Wort Organisation vorkommt, das Wort Multimedia ein, läßt sich dessen Anwendungsbreite erfassen.[22]

In den G7-Industriestaaten wie auch in den industriellen Schwellenländern des ASEAN-Paktes intensivieren sich die unterschiedlichsten Formen der Telekooperation und der Telearbeit. Kennzeichnend für diesen Strukturwandel sind unter anderem die Bestrebungen, möglichst weitestgehende Ausprägungen von Digitalisierung und De-Materialisierung menschlicher und maschinell-›intelligenter‹ Dienstleistungen zu erzielen. Auf diese Weise wird jedwede diesbezügliche Arbeit betriebs- und standortunabhängig. Sie wird zeitlich und räumlich verlager- und transferierbar. Im Laufe des Anfangs des 21. Jahrhunderts wird es so gut wie keine berufliche Tätigkeit mehr geben, die nicht auf Telearbeitskomponenten fußt oder aber durch diese dominiert bzw. partiell bestimmt wird.

21 Dieter Klumpp, *Marktplatz Multimedia, Praxisorientierte Strategien für die Informationsgesellschaft*, Talheim 1996.
22 Vgl. Welf Schröter, »Bildung und Wissen in der Informationsgesellschaft«, Vortrag(smanuskript) vor dem ersten Bildungstag der Gewerkschaft Erziehung und Wissenschaft, Weimar, September 1996.

Es wäre ein grobes Mißverständnis, wollte man darunter lediglich eine forcierte Rationalisierung oder aber eine erweiterte Form der Subsumption des Faktors Arbeit unter den Kapitalprozeß erkennen. Der Wandel greift das Fundament unseres Verständnisses von Arbeit, von Lohnarbeit, von abhängiger Beschäftigung und vom Normalarbeitsverhältnis an. Es sind schon jetzt Bruchstellen identifizierbar, die aus dem tayloristisch bzw. posttayloristisch abhängig Beschäftigten mehr und mehr einen betriebslosen Selbständigen machen, der nicht mehr einem Arbeitgeber in Abhängigkeit gegenübersteht, sondern unmittelbar in neuen Formen Abhängiger vom globalisierten Markt wird. Zugleich produziert der Umbau zur Telearbeitswelt geradezu dialektisch eine neue Antithese zum materialen Taylorismus:

»Der Tendenz zur Des-Integration des Arbeitslebens durch asynchrone und raumzeitlich reorganisierte Telearbeit steht die Tendenz zur Wiederverknüpfung von Arbeit in sogenannten ›virtuellen Arbeitswelten‹ nahe. Virtualität wird zu einer arbeitsweltlichen Realität. Von der Vernetzung taylorisierter Arbeitsabläufe führt ein Weg zu ganzheitlichen, qualitativ neuen Formen von Arbeitsprozessen, die eine veränderte Weise des Co-Produzierens mit und auf dem Netz erlaubt. Dies bezieht sich nicht nur auf die Entfaltung virtueller Unternehmen, sondern grundlegend auf Wertschöpfungsprozesse, denen eine real-physische Entsprechung fehlt. Die Analyse eines schwäbischen Dienstleistungsunternehmens, das mit dem Schlagwort provoziert ›Die Telearbeit ist tot‹, könnte grundsätzlich recht behalten, denn der Dienstleister betrachtet die tayloristische Telearbeit lediglich als Einstiegsform in die virtualisierte Wirtschaftswelt. Die derzeitig ansetzenden Wandlungsvorgänge legen den Schluß nahe, daß der seit der Industrialisierung hervorgekommene Begriff von Arbeit nicht mehr primär identitätsstiftend mittels Vergegenständlichung der Arbeitskraft wirken kann, sondern daß Identitätsstiftung auf der Basis medialer Flüchtigkeit und trotz medialer Flüchtigkeit erfolgen können muß.«[23]

23 Welf Schröter, »Telearbeit – Erfahrungs- und Praxisbericht«, Exposé für die Enquête-Kommission »Zukunft der Medien in Wirtschaft und

Der Übergang in die Gesellschaften der »virtualisierten Arbeitswelten«[24] eröffnet Perspektiven jenseits alter betriebszentrierter »Kommando-Systeme«. Statt Drill ist Skill gefragt. Statt Autoritätszwänge werden »Sachzwänge« oder deren vermeintliche Präsentation sichtbar. Die neue Generation der »unselbständigen Selbständigen«, wie die moderne Umschreibung des Ex-Proletariers oder Ex-Angestellten lauten kann, nimmt verwundert irritierende Phänomene zur Kenntnis: »Der Druck auf die Beschäftigten soll erhöht werden, indem man den Zwang, dem sie ausgesetzt sind, vermindert. Die Macht des Unternehmers soll erhöht werden, indem der Unternehmer seine direkte Kontrolle vermindert.«[25] Der Anfang vom Ende des Normalarbeitsplatzes und Normalarbeitsverhältnisses wird vom Grundsatz her eingeläutet.[26] Die Zukunft von Arbeit liegt in ihrer relativen Selbständigkeit.

Damit schwindet tendenziell ein entscheidender antithetischer Anlaß, aus dem heraus sich ein »Wir« als Antwort auf betriebliche Kommandohierarchien und -abhängigkeiten her-

Gesellschaft – Deutschlands Weg in die Informationsgesellschaft« des Deutschen Bundestages, Stuttgart 1996.

24 Welf Schröter, »TELEWISA – oder: Mit der Stärkung der Innovations- und Gestaltungskompetenz läßt sich die Angst vor dem Strukturwandel verringern – Thesen aus der Multimedia-Arbeit des Forum Soziale Technikgestaltung«, Vortrag auf der Tagung »Neue Technologien und Arbeitswelt« veranstaltet vom Verband Deutscher Elektrotechniker VDE und der Konrad-Adenauer-Stiftung KAS in Bonn am 28./29. Oktober 1996.

25 Wilfried Glißmann, Betriebsratsvorsitzender der IBM Informationssysteme GmbH und Mitglied des IBM-Gesamtbetriebsrates, faßte in diesen Worten Diskussionen innerhalb der IBM-Beschäftigten zusammen. Vgl. auch: Wilfried Glißmann, »Die neue Organisation der Arbeit – Arbeitnehmer als ›unselbständige Selbständige‹ im Unternehmen & neue Voraussetzungen für kollektives Handeln«, Handout zum Vortrag auf der DGB Arbeitstagung »Gewerkschaftliche Handlungsfelder zur sozialen Gestaltung der Arbeitswelt in der Informationsgesellschaft« am 11./12. Dezember 1996 in Düsseldorf.

26 Michael Sommer, »Zukunft der Arbeit – Arbeit der Zukunft«, Vortrag auf dem INPUT-Forum »Deutschlands Weg in die Informationsgesellschaft – Perspektiven, Probleme, Prioritäten«, Stuttgart, 5. Dezember 1996.

ausbilden konnte. Der gewerkschaftliche Grundgedanke, der Lohnarbeitende durch die Erringung und Verteidigung sozialer Grundrechte schützen wollte, muß reformuliert, transformiert werden. Die Betriebsräte Wilfried Glißmann und Jürgen Laimer verlangen konsequent die Utopie eines neuen Solidaritätsideals: »Die neue Solidarität kann nicht mehr die Solidarität der Abhängigen sein. (...) Sie kann (...) nur eine Solidarität selbständig sein wollender Individuen sein, die begreifen, daß gemeinsame Selbstverständigung und gemeinsames Handeln Voraussetzung dafür sind, daß sie die entscheidende Frage nach dem Unterschied zwischen dem Unternehmenszweck und ihren individuellen Zwecken beantworten können.«[27]

Die Rückkehr zur Frage »Wer bin ich? Warum habe ich mich noch nicht?« ist angesichts der Herausforderungen einer »Virtualisierung des Arbeitslebens« zum notwendigen Prolog für ein erneutes Blochsches »Darum werden wir erst« unabdingbar. Erforderlich ist dabei auch ein Rekurs auf die These von der Entfremdung und ihrer Aufhebung, wie sie unter anderem von Agnes Heller und der Zagreber »Praxis-Gruppe«[28] re-initiiert war.

Die Bruchlinie der Transformation der industriellen Arbeit in ihre post-industriell virtuelle Ausprägung erlaubt die Rückbesinnung auf unerledigte Tagträume, auf unabgegoltene Hoffnungskerne, auf Niederlagen. In Anlehnung an Marx hatte Korsch daran festgehalten, daß ein aufgeklärter Fortschrittsbegriff »einmünden müsse in die Entwicklung der freien Einzelnen in der freien Gesellschaft«[29] Die Rückkehr des demokratischen Citoyen und der Citoyenne sollte als Option gerade in strukturellen Krisen aktualisiert sein.[30] Denn: »Kein Bin geht schon von sich heraus.«[31] Aber es kann, wie die schwäbische

27 Vgl. Anm. 23.
28 Gajo Petrovic, *Wider den autoritären Marxismus*, Frankfurt 1967, S. 138 ff.
29 Karl Korsch, a.a.O., S. 175.
30 Jan Robert Bloch, »Ein alter Tisch aus London« in: Burghart Schmidt (Hg.), *Zur Philosophie Ernst Blochs*, Frankfurt 1983, S. 276.
31 Ernst Bloch, »Das Wecken« in: ders., *Verfremdungen*, Frankfurt 1970, S. 7.

Mundart weiß, fremdeln: »Eine ganz andere mithin, keine ver-
dienerische, sondern eine humanistische Technik müßte kommen ...«[32], um mit Bloch Marx zu zitieren: »Wenn die
Umstände die Menschen bilden, dann müssen die Umstände
menschlich gebildet werden.«[33] Dem Werden des »Wir« muß
dabei aber das Wollen zur Hand gehen: »Die objektiven Faktoren der realen Potentialität allein, so nötig sie sind, stellen eben
keine Garantie des Gelingens, sie sind auf das Vermögen, die
Potenz des realisierenden Subjekts angwiesen.«[34]

Die Virtualisierung und Digitalisierung der Arbeitswelt, die
Spreizung der Betriebskultur hinein in globale Infrastrukturen
lösen Ängste und Sicherheitsbedürfnisse aus, potenzieren den
persönlich empfundenen Leistungsdruck. Vor allem aber verstärkt sich die zwiespältige Tendenz zur Individualisierung.
Dahinter verbirgt sich der bedrohliche Gehalt des Hineingewor-
fenseins in atomisierte Anonymität und negative Vereinzelung.
Zugleich aber entfaltet sich darin die Bedingung zu einem
emanzipativen Ich-Prozeß. In dieser Spannung wird der öffentliche Zugriff auf enzyklopädisches Hoffnungswissen, auf abge-
klärte Erfahrung zum Haltegurt im multimedialen Karussell.
Ein »offenes System des antizipierenden Bewußtseins«[35] kann
und muß hierbei politische Aktualität erweisen. Sie kann die
Grundlagen sichern für ein Herangehen in »konkreter Totalität«[36], die gerade wieder auf einer neuen Stufe[37] einer Dialektik
der Befreiung der Arbeit Anspruch bleiben muß.

32 Ernst Bloch, *Geist der Utopie*, 2. Fassung, *Gesamtausgabe*, Band 3,
   Frankfurt 1977, S. 22.
33 Ernst Bloch, *Tübinger Einleitung in die Philosophie*, *Gesamtausgabe*
   Band 13, Frankfurt 1977, S. 40.
34 Ernst Bloch, *Experimentum Mundi*, Frankfurt 1975, S. 255.
35 Jan Robert Bloch, »Abschied von der Utopie« in: Anne Frommann,
   Welf Schröter (Hg.), *Ich gehe zu jenen, die mich brauchen« – Zum
   85.'Geburtstag von Karola Bloch, Talheim 1991, S. 45.
36 Karel Kosik, *Die Dialektik des Konkreten*, Frankfurt 1966, S. 42.
37 Jan Robert Bloch, *Kristalle der Utopie, Gedanken zur politischen Philosophie Ernst Blochs*, Talheim 1995, S. 222: »Wer besitzt indes jene
   Latenz als Seinsgegebenheit, wer ist der Agent der Geschichte, wenn
   das Kollektivsubjekt Proletariat ausgespielt hat?«

Vor einer Unterschätzung der neuen Dimension menschlich telekommunikativen Arbeitens muß nachdrücklich gewarnt werden. Scheuen sich auch manche klassischen Proletariatstheoretiker noch vor der nüchternen Erkenntnis, daß die »Entbetrieblichung von Arbeit« und deren parallele »Virtualisierung« dominante Faktoren zu werden beginnen, so muß deutlich darauf hingewiesen werden, daß die betriebs- und arbeitskulturellen Entwurzelungen unermeßliche soziale und sozialpsychologische Verwerfungen nach sich ziehen können. Dies gilt, obgleich die humanisierbaren Potentiale ebenso groß sind. Aber noch fehlt ein ausgiebiger gesellschaftlicher Diskurs über die Perspektiven und Gewichtungen eines solcherart pointierten Fortschritts. Letzterem aber könnten gerade re-aktualisierte Schätze des Blochschen Prinzips eine geeignete Richtung weisen.

War es nicht gerade Bloch, der in bewußter Abkehr von poststalinistischer Undemokratie sich bewußt der Ideologisierung des Fortschrittsbegriffes annahm? Entlang der »Erziehung des Subjekts durch das Objekt, des Objekts durchs arbeitende Subjekt«[38], galt es, »keinen Frieden mit der bereits vorhandenen Welt«[39] zu machen. In seinen Thesen zum Fortschrittsbegriff verlangt die Tübinger Einleitung: »1. Der Fortschrittsbegriff ist uns einer der teuersten und wichtigsten. 2. Daher ist der Fortschrittsbegriff jedesmal auf seinen gesellschaftlichen Auftrag, also auf sein Wozu zu beobachten und zu untersuchen; denn er kann auch mißbraucht und gerade kolonial-ideologisch pervertiert werden. (...) 5. Jeder Zielinhalt, auf den der wirkliche Fortschritt sich bezieht, den er befördert, muß ebenfalls als so reich und tief erkannt werden, daß die verschiedenen Völker, Gesellschaften, Kulturen auf der Erde (...) Platz an ihm haben und zu ihm hin. (...) 6. Dieser Zielinhalt ist kein bereits definites, sondern einzig ein noch nicht manifestes, ein konkret-utopisches Humanum. (...) Die vergangenen wie lebenden wie künftigen Kulturen konvergieren einzig in einem noch nirgends zureichend manifesten, wohl aber zureichend antizipierbaren

38 Ernst Bloch, *Tübinger Einleitung in die Philosophie*, a.a.O., S. 66.
39 Ebd., S. 104

Humanum.«[40] Im Hinblick auf die neue Geschwindigkeit in der Dialektik hin zur Befreiung der Arbeit muß ein alter neuer »Stachel der Arbeit« eingedacht werden, den Bloch in seiner Tübinger Ouvertüre so treffend proklamierte: »So vielfach also gibt es noch Zukunft in der Vergangenheit, ›Traum von einer Sache‹, die noch zu vollziehen ist, Tradition als Revolution der Abgeschiedenen, mitten in der Revolution als Tradition der Heraufkommenden.«[41] Rund ein Jahrzehnt später diktiert sein »Materialismusproblem« hinter Kälte- und Wärmestrom: »Das Gärende ist das Subjekt in der Materie...«[42]

Manchmal versteckt sich Gärendes auch hinter »Erfindungen, die nicht bestellt sind«, wie es Brecht in seiner Radiotheorie einmal ausdrückte. Was er im Hinblick auf die Hochzeit von Kunst und Technik sowie mit der »Umfunktionierung des Rundfunks« erhoffte, könnte in der Perspektive interaktiver Virtualität erneut virulent werden: »Der Rundfunk wäre der denkbar großartigste Kommunikationsapparat des öffentlichen Lebens, ein ungeheures Kanalsystem, das heißt, er wäre es, wenn er es verstünde, nicht nur auszusenden, sondern auch zu empfangen, also den Zuhörer nicht nur hören, sondern auch sprechen zu machen und ihn nicht zu isolieren, sondern ihn in Beziehung zu setzen.«[43]

Das Manifest-Werden einer neuen Solidarität der »unselbständigen Selbständigen« gelingt eher mit der Akzentuierung des Kommunikativen als schöpferischer Arbeit im Eingedenken mit der Blochschen »Prozeß-Materie«. Das Blochsche Prinzip[44] mit seiner enzyklopädischen Mannigfaltigkeit wird ein kostbares Werkzeug beim Verlassen des industriellen Paradigmas sein können und sein müssen. Ungleichzeitigkeitskompetenz[45] als

40 Ebd., S. 146/147.
41 Ebd., S. 153.
42 Ernst Bloch, *Das Materialismusproblem, seine Geschichte und Substanz*, Frankfurt 1972, S. 375.
43 Bertolt Brecht, »Der Rundfunk als Kommunikationsapparat«, *Gesammelte Werke* 18, Frankfurt 1967, S. 129.
44 Ernst Bloch, *Das Prinzip Hoffnung, Gesamtausgabe*, Bände 5-7, Frankfurt 1977.
45 Welf Schröter, »Ungleichzeitigkeiten auf dem Weg in die Informations-

Lesehilfe beim Aufspüren abgegoltener und andererseits unerfüllt noch wartender Bausteine für die Brücke zum konkretutopischen »Wir« muß diskursiv erfahrbar und kommunizierbar werden, um Potentialitäten des strukturellen Wandels der Arbeit zu bergen.

»Ich bin. Aber ich habe mich nicht. Darum werden wir erst.« Dieses Blochsche Diktum sollte hin zur eingreifenden Dialektik[46] seinen Latenz-Charakter überschreiten. Es liegt in unserer Verantwortung.

gesellschaft – Prozesse der Virtualisierung menschlichen Arbeitens«, in: Bloch-Jahrbuch 1995/96, Jahrbuch der Ernst-Bloch-Gesellschaft, hg. von Francesca Vidal, Talheim 1996, S. 114: »Der Einstieg in die virtuellen Arbeitsformen kann die Wahrnehmung und das subjektive Erleben der kulturellen Entwurzelung, Vereinzelung, Hilflosigkeit und Orientierungsbedürfnisse erheblich verschärfen. Vermeintliche Sicherheit scheint aus den geordneten Gefügen arbeitsweltlicher Vergangenheit des früheren Taylorismus stärker zu wiegen als die Chance einer Humanisierung der Arbeit und einer Humanisierung der Partizipationswege zum Arbeitsmarkt. Die politischen Implikationen rückwärtsgewandter Stabilitätshoffnungen sind offensichtlich. Sie orientieren sich an sozialen Rahmenbedingungen, die jedoch zunehmend durch soziale Diskontinuitäten geprägt werden. Dem Bruch des tradierten Arbeitsbegriffs folgt der Bruch sozialer Stabilität. Angesichts dieses Szenarios erfährt die Blochsche Kategorie der Ungleichzeitigkeit und der Ansatz eines Denkens in ungleichzeitigen Widersprüchen eine hohe vitale Aktualität.«

46 Karola Bloch, »Denkende Maschinen«, in: Anne Fromann, Welf Schröter (Hg.), *Karola Bloch – Die Sehnsucht des Menschen, ein wirklicher Mensch zu werden*, Talheim 1989, Bd. 2, S. 96.

»Ich bin«

Schon diese Feststellung ist oftmals hinterfragt worden, und dennoch ist ihre Evidenz unbestritten geblieben. Ist das, was nun da von der Geburt bis zum Tod vegetiert, besteht, aus sich heraustritt, in der Immanenz verbleibt, oder wie auch immer, tatsächlich mit einem gleichsam prozessualen »bin« zu bezeichnen? Und verdient diese Montage aus Strebungen dieses Bündel von Perzeptionen (Hume, Locke), dieses lurchähnliche Objekt quantitativer Vermeßbarkeiten (Adorno), diese heterogene »Gruppe«, die ihren Platz, wenn überhaupt, auf einer imaginären Transversale findet (Deleuze/Guattari), einen Namen wie »Ich«? Ist die Grandiosität jenes Ichs, das von Fichte, dem frühen Schelling über Stirner und Nietzsche zu den Subjekt/Objekten zeitgenössischer Narzißmustheorien hinreicht, nicht längst als Kompensation entlarvt – als Kompensation der Tätigkeiten jener in wenn auch zyklischer Permanenz wachsenden Institutionen, welche das Individuum nur noch in insektenhafter Fremdwahrnehmung erscheinen lassen und als Kompensation der Wirkungen dieser Tätigkeiten? Dennoch haben diese Hinterfragungen nicht viel an der angedeuteten Evidenz des »Ich bin« geändert. Noch die elaboriertesten Verleugnungs- und Verdrängungszusammenhänge sind wenig imstande, etwas an einer noch so rudimentären biographischen Geschichte zu ändern, die – und nur darum kann es an dieser Stelle gehen – in der Selbstwahrnehung der je »seienden« »Ichs« eine Rolle spielt. Vor allem aber ist es der Schmerz, der für die Evidenz des »Ichs« eine zentrale Bedeutung konstituiert. Nichts ist so gut geeignet, zu veranschaulichen, daß »ich bin«, wie ein unvermittelt auftretender Anfall von Zahnweh. Es kann auch die Niere sein, der Magen oder gar einer jener Dauerschmerzen, an welchen Millionen Menschen leiden, etwa jene (psychosomatisch wie auch immer vermittelte) Migräne, die augenblicklich eine Trennung des jeweiligen »Ichs« von allen anderen, insbesonders den gerade schmerzfreien »Ichen« eintreten läßt; von gesellschaftlich verursachten Schmerzen, Hunger, sexueller Unerlöstheit, Folter erst gar nicht zu sprechen.

Fließend sind hier die Übergänge des »Ichs« wie des »bin« zu jenem Typus von Schmerz, den einmal Hermann Hesse mit dem Satz charakterisiert hat, jeder Muskel, jeder Zahn würde sich einzeln von einem verabschieden – zu jenem Typus, der Biographie mitkonstituiert in der allmählichen Abnahme eigener Wesenskräfte. Um einzumünden in jenen finalen Schmerz des je eigenen Todes, den es, Rilke zum Trotz, unausweichlich gibt, noch in den Gaskammern, noch in den »killing fields«, noch in den Abstellräumen industrialisierter Medizin, und der das Ende des »Ichs«, das Ende des »bin« anzeigt. Nicht anders als beim Schmerz bei der Lust, die gleichfalls mit Notwendigkeit eine höchst persönliche ist: kein Orgasmus, der, bei allen sexologischen Obsessionen von Gleichtakt, nicht letzen Endes uneinfühlbar wäre; kein Glück (und schon Freud, nicht erst Reich, hat den Orgasmus als Modell für die Wahrnehmung von Glück verwandt), das nicht als je »eigene« Punktualität sich erweist; noch der Geschmack des Entenbratens im Mund des Anderen ist allenfalls aufgrund der Perspektivenverschränkung ein bei weitem sublimierterer Genuß als die unvermittelte »Ich bin«-Einverleibung.

Das »Ich bin« langt nicht. Das »wie also?«: Eine Aufforderung, Verhältnisse herzustellen, in welchen es langen könnte: eine Veränderung, welche »Ich« wie »bin« gleichermaßen mitveränderte. Eine, die über die Phantasmen des »daher bin ich«, deren berühmtestes jenes des Descartes ist, hinausträte. Die der Rückversicherungsmaschinen des »ich denke, daher bin ich«, wie aller ihrer Nachfolgerinnen (»ich trete aus mir heraus, daher...«, »ich lebe sexuelle Beziehungen, daher...«, »ich träume, daher...« etc.) nicht mehr bedürfte. Eine Veränderung, die indes gleichermaßen – schon, wie ich dargelegt zu haben hoffe, weil dies ohnehin nicht geht – das »ich« und dessen »bin«-Prozeß nicht auslöscht. Nicht zufällig sind zum selben Zeitpunkt, in dem Adorno die Rede vom »Ich« durch die Konformisten und Konformistinnen als Invektive behandelt, Therapien entstanden, in denen die Teilnehmenden ermuntert werden, überhaupt erst »ich« zu sagen, vom »Sei Dein eigener Vorsitzender« der Ruth Cohn bis zu den Ich-Übungen« auf dem heißen Stuhl des Fritz Perls.

»Aber ich habe mich nicht.« Dieses Ich, das ich bin, hat sich nicht, es wird gehabt, fremdbestimmt, enteignet, oft genug unterdrückt, körperlich beeinträchtigt, wo nicht ausgelöscht. Ich habe mich nicht, ich bin, wie dies Marx ebenso prägnant wie abstrakt festgestellt hat, das Ensemble meiner gesellschaftlichen Verhältnisse; nicht bloß der ökonomischen zwar, aber doch der gesellschaftlichen: Sozialisation, Geschlechtervorurteile, Rassenvorurteile, Region, Ausbildung(smöglichkeiten), Familienkonstellation, Peer-Groups, Teilkulturen, Subkulturen, Medien, Kriegseinwirkungen, Herkunftsreligion (oder auch Herkunftsatheismus), Möglichkeiten der Migration und der Rückkehr – und mit Sicherheit habe ich bei dieser unsystematischen Aufzählung noch einiges in der Eile vernachlässigt. Ich habe mich also nicht, schon von den äußeren Einflüssen her nicht, von den pränatalen Unbilligkeiten bis hin zu den gesamtgesellschaftlich drohenden Möglichkeiten meines Todes. Die Willensfreiheit, soweit sie nicht von vornherein ein manipulatives Unterdrückungsinstrument ist (»Du hast die Freiheit, das zu wollen, was ich will« – die thomistische Tradition ist nicht allzuweit davon entfernt), hält sich angesichts dieser äußeren Konstitutionsbedingungen arg in Grenzen. Gleichermaßen kann dem Mich-nicht-Haben nicht ohne weiteres einer der vielen mechanischen Determinismen des 19. Jahrhunderts, von Laplace bis Lenin, unterstellt werden. Zu viele Momente sind es, die determinieren, so daß am ehesten das Bild von Michael Schmidt-Salomon (Trier) tragen könnte, der vom »Chaosdeterminismus« gesprochen hat: chaostheoretisch vernetzte, vielfältige Determinismen, die einander unterstützen, einander im Wege stehen, einander aufzuheben geeignet sind, einander nach dem Muster der negativen Rückkoppelung verstärken und so vielfach weiter.

Auch gemäß der Psychoanalyse »habe ich mich nicht«. Das Ich ist, einem berühmten Satz von Sigmund Freud zufolge, »nicht Herr im eigenen Haus« – wenn auch, um vielfältigen Mißverständnissen der vergangenen Jahrzehnte, welche einer prekären Nietzsche-Rezeption entsprangen, vorzubeugen, nicht hauslos. Im eigenen Haus des je-Ichs habe ich mich nicht, dafür sorgen die seitens der Eltern oder auch seitens der gesamtgesellschaftlichen Verhältnisse entsandten Partygäste namens Abwehrmechanismen und autoritärer Charakter, Kastrationsangst und Narzißmus; vom Hausbesitzer symbolische Ordnung, der nicht nur am Monatsersten die sprachliche Miete einzukassieren kommt, ganz abgesehen. Nur zuweilen erscheinen drehpunktpersonelle Elemente, die dem Hausherrn das muntere Treiben der Partygäste, die ihm auf dem Kopf herumtanzen, wenigstens ein Stückchen weit durchsichtig machen: die Fehlleistung und der Nachttraum, der Witz und das zeitweilige Erschrecken beim Erwachen, vielleicht auch zuweilen Tagtraum und sich nicht wissende utopische Intention. Aus einem Stückchen indes, das zudem passager ist, oft genug rasch vorübergehend und schon wieder entschwunden, wenn das Ich – sich verkennenderweise – meint, sich wenigstens momentweise zu haben.

Wie Erich Fromm nicht müde wurde auszuführen, bleibt es für das Ich nicht folgenlos, sich nicht zu haben: es hat/ich habe zwar sich/mich nicht, dafür indes alles mögliche andere. Die übersteigerten Güter des täglichen Bedarfs; jene, die »langlebig« genannt werden, um um so eher wieder zu Ramsch gemacht zu werden, zur höheren Ehre des subjektiven Prestiges und des Profits der Anderen; die toten Objekte, die an die griechische Sage vom König Midas gemahnen, eher elektronische Gadgets denn etwas Nahrhaftes – weshalb denn auch Fromm den an sich hierfür sinnvollen Begriff der Nekrophilie weithin überspannt; schließlich jenes nur noch Gehabte, das gleichfalls ist und sich nicht hat: Beziehungen, Partnerschaften, Psychosomatiken.

»Wir wissen mithin noch nirgends, was wir sind . . .« Die Aggregatform der Vergesellschaftungsweise ändert sich, wenn auch nur grammatikalisch. Das Ich, das sich nicht hat, wird zum Wir, doch wir haben uns gleichermaßen nicht. Indem wir uns nicht haben, nicht Herren in den eigenen Häusern sind, von einem

Gemeinschaftshaus erst gar nicht zu reden, wissen wir uns nicht. Das Wir, gleichsam das Ensemble des Ensembles der gesellschaftlichen Verhältnisse, ist ein unbewußtes, von außen her besetztes. Ein konkurrenzhaftes, ein unsolidarisches. Ein fremdbestimmtes, in dem einzelne die Herrschaftsfunktion übernehmen, ihrerseits fremdbestimmt. Das Wir, das wüßte (das wir wüßten), was wir sind, ist ein utopisches: mithin wissen wir nicht nur nicht, was wir sind, sondern auch noch nirgends, was wir sind. Nicht zufällig ist auch in *Experimentum mundi* Ernst Bloch alles suspekt, was nicht im »noch nirgends« sich abspielt. In der modernen Kunst nimmt er »das zuckende, gärende Dunkel des Jetzt, das gerade Jetzt und gerade Hier« (14) wahr. Zwischen Jetzt und Jetzt liegt als Lücke das Nie (81) – und der gelebte Augenblick ist bekanntlich dunkel, wie das gärende Jetzt in der modernen Kunst (98). Wie das Individuum das Ensemble der gesellschaftlichen Verhältnisse, ist die Gegenwart ein Durchgangsmoment weit verzweigter Vermittlungen (87). Das Wir liegt in der Zukunft, in einer offenen, jener der Offenheit zum Noch-Nicht (28). Die Vergangenheit (ihrerseits ständig umgeschrieben, also halb so »fertig«, wie Ernst Bloch unterstellt) eignet sich als sicherer Aufenhaltsort für den Warencharakter des verdinglichten Denkens (20). In dieser Zukunft läge jenes Wir, als welches wir uns wüßten, als welches wir wüßten, was wir sind. Dies ist keine einfache Vorstellung, zumal wir hier von einem »wir« zu sprechen haben, dem wir aller Voraussicht nach nicht mehr angehören werden, allenfalls, wie Ernst Bloch bereits jetzt, in der imaginären Form, als Aufenthaltsort verdinglichten Denkens, zwischen Buchdeckel gepreßt (wenn überhaupt: für wie viele »uns« gilt nicht einmal dies . . .), als ein fragmentarisch-vergänglicher Anteil an einem ebenso prekären Gattungswesen, das sich derzeit, wenn überhaupt, einig nur wahrnimmt in der Unausweichlichkeit des je eigenen Sterbens. Was wir ansonsten sind, wissen wir, siehe oben, mithin noch nirgends.

Was aber könnten wir sein? Oder, ex negatione, könnten wir nicht sein? Eine Aussage kann Ernst Bloch dazu machen: jedenfalls nicht das, was eine konservative Anthropologie dem »allgemein Menschlichen« zuzuschreiben geneigt ist. Was »der Mensch« »von Natur aus« sei, ist eine unabänderliche Festlegung – und als solche ideologisch. Demgegenüber zitiert Bloch den von Polyphem gefangengehaltenen Odysseus: »Ich bin Niemand« (182). Was auch immer die Lieblingsinstinkte, die Lieblingsprägungen, die Lieblingstriebe, die katholischen Naturrechtslehren und Sozialdarwinismen sein mögen: sie sind historisch gefunden worden, und zwar an den Anschauungsobjekten entfremdeter Menschen, die, als »wir« mithin noch nirgends sind (wenn nicht gar an den Anschauungsobjekten nicht weniger entfremdeter, nämlich projektiv genutzter Tiere, wobei selbstredend jede konservative Anthropologie ihr je eigenes, ihr je besonderes ins Konzept passendes Lieblingstier hat: was für B. F. Skinner die Ratte, ist für Konrad Lorenz die Graugans, und so dutzendfach weiter. Wären All-Sätze nicht so gefährlich, ließe sich geradezu der All-Satz gebrauchen: Sage mir, was Dein »anthropologisches« Lieblingstier ist, und ich sage Dir, welches Konzept Du unter Verweis auf dieses gerne durchsetzen möchtest). Das zentrale Paradox kommt indes dann zum Vorschein, wenn als besonders »allgemein menschliche« Eigenschaft die Flexibilität die Bühne der Anthropologie betritt. Diese indes verfügt über einen Doppelcharakter: Ist zwar gemeinhin mit ihr gemeint, daß man sich bis zur Besinnungslosigkeit an das jeweils hervortretende schlechte Bestehende anpassen möge (wobei »die Natur« als erste überhistorische Anpassungskonstante gebührend herausgestellt zu werden pflegt – nur ungenügend repräsentiert durch die je aktuellen wirtschaftlichen und politischen Machthabenden), so ist wohl jedenfalls nicht ausgeschlossen, daß Flexibilität auch die Erwartung des Novum, die wie auch immer konterkarierte Bewegung zum Noch-Nicht bedeuten mag. Dies übersehen jene, die, wie etwa Joachim Fest, nur noch Schaum vor dem Mund zu bekommen imstande sind, wenn irgendwo die Metapher vom »neuen Menschen« erwähnt wird. Wobei der Doppelcharakter auch gleichzeitig auf den materiellen Kern dieser fraglos ideologischen Wut verweist.

»... Zuviel ist voll vom Etwas, das fehlt.« (Blochs Dialektik ist durchkonstruiert. Das verwundert nicht, da es ja um die Einleitung eines Buches sich handelt, das nichts Geringeres beansprucht, als eine alternative philosophische Kategorienlehre darzustellen: wollen die Kategorien in Fluß gehalten werden, bedarf es hierzu jener Dialektik, die ein Gerinnen zur festen Form vorneweg wenigstens bedeutend erschwert. Nun hat, wir wissen dies seit der Erfahrung mit der mechanischen Exklusiv»dialektik« Stalins (und ihren verheerend-mörderischen Folgen), Dialektik die verschiedensten Formen (die hier auch nur zu skizzieren den Rahmen vorliegender Kommentierungen bei weitem sprengen würde), und es muß auch nicht alles »dialektisch« sein. Bloch selbst warnt an einer späteren Stelle davor, nicht auch noch in jede undialektische Negation »Geschichte als Lokomotive des Fortschritts« hineinzuinterpretieren, und nennt als Beispiele den Peloponnesischen Krieg, den Dreißigjährigen Krieg und den Zweiten Weltkrieg (146). Diese waren, um es in Alltagssprache zu sagen, katastrophal und sonst nichts. (Daß eine unreflektierte Postmoderne vom Typ Lyotard dem Stalinschen Pandialektizismus einen ebenso schematischen Antidialektizismus, geradezu ein Dialektikverbot, entgegenstellt, kann hier ebenfalls nicht weiter ausgeführt werden. Dabei müßte gerade postmodernes Philosophieren damit passabel leben können, daß manche Prozesse dialektisch verlaufen – und andere eben nicht.)

Blochs Dialektik ist, ich knüpfe nach den Exkursen wieder am Anfang des obigen Absatzes an, durchkonstruiert – und, zum anderen, nicht pandialektizistisch. An dieser Stelle wird Dialektik zugunsten einer anderen Form sistiert: der des Paradoxes. Mit anderen Worten: während Dialektik die Bedingung der Möglichkeit einer wie auch immer erfolgenden prozessualen Bewegungsform zur Darstellung bringt (sei es durch die Konfrontation von sich ergebenden Widersprüchen, sei es durch das Oszillieren um ein notwendig imaginär bleibendes Gleichgewicht), verharrt die Darstellung des Paradoxes auf der Ebene einer bewußt vorgebrachten Aporie. Wie bei Bertolt Brechts ausgesparter dritter Strophe (eine Variante dazu bildet der

Schluß des »Guten Menschen von Sezuan«), ist die rezipierende Person gehalten, den Ausgang aus der Aporie selbst zu finden: sei es durch geduldige eichhörnchenhafte Sammeltätigkeit, sei es durch – eher sprunghafte – Reflexion, sei es durch die Nutzung der Ressourcen des Unbewußten in der Meditation, sei es – vor allem – durch praktisches Handeln. Mit anderen Worten: ». . . zuviel ist voll vom Etwas, das fehlt« erinnert mehr an einen Zenkoan oder an jene Worte des Jesus von Nazareth, die mit einem »Wer es fassen kann, fasse es« abgeschlossen zu werden pflegen, oder, philosophisch gewendet, eher an Kierkegaard oder Meister Eckhart, denn an schulphilosophische Dialektik in der Marxschen Tradition.

Daß »etwas fehlt«, stammt aus Brecht/Weills *Aufstieg und Fall der Stadt Mahagonny* (Bloch nennt diese Quelle auch: 198) und verweist im übrigen geradezu auf das Gegenteil des hier Intendierten; was sich als fehlend herausstellt, ist jene kapitalistische Warenhölle, in welcher auf Geldmangel Todesstrafe steht. Indes davon abgesehen: etwas fehlt immer. Auch dieser Umstand kann wiederum ontologisiert werden: Sartre beginnt nicht zufällig seine *Kritik der dialektischen Vernunft* mit der Kategorie des Mangels, und Lacans »Objekt ›a‹« gerät geradezu zu einer Art subjektiven Mangels an sich. Gegen diese Konzeptionen haben bekanntlich Deleuze/Guattari im *Anti-Ödipus* polemisiert: am Anfang war ihnen nicht der Mangel, sondern der Wunsch, und (in Art einer »negativen Kybernetik« die mit Einschnitten versehene Verkettung) die Wunschmaschine. Die hegemoniale Nationalökonomie versteht seit Jahrhunderten sich als Wissenschaft vom Umgang mit knappen, also weithin fehlenden Gütern.

Das Blochsche Paradox entsteht indes nicht daraus, daß etwas fehlt (oder auch, daß Etwas fehlt – ein Etwas allerdings, von dem sogleich, »wie gar«, gefragt werden wird, was es denn sei, und von dem in der Folge die Rede sein wird, das Bin wird dieses ausstehende Etwas werden wollen). Es entsteht durch die unmittelbare Konfrontation mit zwei Begriffen des metaphorischen Überflusses: »Zuviel ist voll . . .« Was angesprochen wird, ist gleichsam die Fülle an Leere, bzw. (um idealistische Fehldeutungen zu vermeiden) die Fülle an Mangel.

Die Fülle an Leere, die Fülle an Mangel. Unschwer wäre es nun möglich, diese Lücke mit einer Flut von antizipatorischen Notaten zu füllen, und mehrmals die Woche geschieht dies in den utopischen Phasen einer Vielzahl von Zukunftswerkstätten ohnehin. Konjunktivisch deshalb, weil die Gefahr, die in diesem Paradox steckt, allzu offensichtlich ist: so zu tun, als ob diese Füllung bereits durch Bins (und sei es, hier, auch das Bin Rolf Schwendter) erfolgte, die sich indes schon hätten, die sich schon irgendwo wüßten, schon wüßten, was sie seien. Das Fehlende wäre allenfalls in vorscheinhafter Metaphorik zu skizzieren (und Bloch hat solche Skizzen aus Kunst und Wissenschaft im *Prinzip Hoffnung* ja auch über Hunderte Seiten aufeinander bezogen reflektiert), in »überschießenden« Abstraktionen wie Menschenrechten, genossenschaftliches Leben, wie Solidaritäten. Wo es konkret würde, verfiele es dem Sich-nicht-Gehabten, dem Eindringen der Partikularität und Immanenz des Alltagslebens in die phantasmatische Fülle.

Das »Fehlen von Etwas« wird ja späterhin, soweit dies in einer schlank gefaßten alternativen Kategorienlehre möglich ist, noch etwas detaillierter: der Hunger. Marcel Proust. Walter Benjamin, Einige Mikrologien (165). Nehmen wir exemplarisch den Hunger, weil er nicht nur historisch (das heißt, in jenem Vermittlungsgeflecht, das als Gegenwart erscheint) ein authentisches ist, sondern auch subjektiv am nachvollziehbarsten. So gibt es etwa das Bild des »den Magen nach außen Stülpens«: die fehlende Nahrung suggeriert eine Fülle, die das mit diesem Fehlen befaßte Organ gleichsam als nicht mehr zu diesem Körper gehörig halluziniert. Die »Fülle« Charles Chaplins im *Goldrausch* manifestiert sich in imaginären Wunscherfüllungen (nichts anderes sind ja Träume, Sigmund Freud zufolge), die ein jedes auch nur äußerlich ähnliche Objekt (sei es einen Schnürsenkel oder Schuhnagel, sei es den zum Huhn werdenden Kumpel-Goldgräber) als Materiatur dieses Wunsches ausbeutet.

Wie ich dies eingangs am Beispiel jenes Zahnschmerzes aufgezeigt habe, der jedes Bin, das sich philosophisch als »Ich«, »Nicht-Ich« oder irgend etwas dazwischen zu reflektieren neigt, auf die unvermittelte Existenz je seines (wenn auch, und gar in dieser Situation, sich nicht habenden) Ichs zurückwirft, ist auch der Hunger (zumal der nicht ephemere, eine halbe Stunde vor der je nächsten Mahlzeit, der lange andauernde, der das Bewußtsein gründlich eintrübende) geeignet, durch das Überwältigende des wahrnehmbaren Mangelgefühls, der durchdringenden Empfindung schmerzhafter Leere, den Eindruck jenes Zuviel herzustellen, das voll von Etwas sei, welches fehle. (Gegen das Völlegefühl einer Fülle, die nicht von fehlender, sondern von allzu vieler Nahrung herrührte, reichte hingegen eine Pfauenfeder). Nicht zufällig haben meditative Verfahren, abgerichtet selbstredend durch die jederzeitige Verfügbarkeit angemessener Nahrungsmittel im Krisenfalle, auf diesem Klavier zu spielen unternommen: daß die Fülle an Leere die fortlaufende ideelle Produktion erleichtere, und sei es durch deren Abwesenheit. Noch jedes »Fasten«, das sich einigermaßen ernst nimmt, hat Züge davon: obwohl das ihm als je »fehlend« Unterstellte selten jenes »Zuviel« überschreitet, welches dieses instand setzte, auch an den Hunger, den unfreiwilligen, Anderer zu denken, gar erst an gesamtgesellschaftliche Maßnahmen, diesen abzustellen. Wie auch immer phantasmatisch umkleidet: die »Fülle der Leere« war schon längst eine bedeutende spirituelle Metapher geworden – wenn auch eine, die, gerade wenn das sich habende Ich zu ihren Zielvorstellungen gehörte (und sei es in der Erscheinungsform jenes Ichs, das, indem es sich hatte, erlöschen sollte), jenes wir, das irgendwo wissen möge, was wir seien, geradezu systematisch verfehlte.

Auch wenn es Übergänge gibt (ich selbst erlebte einmal, 1965, unfreiwillig einen solchen, als ich vom mehrtägigen Nichts-Essen armutshalber unverhofft high wurde): dies wird dem Chaplinschen Goldsucher ebensowenig zum Trost gereichen wie dem chronisch unterernährten Wohnungslosen, dessen Tage darin vergehen, seine Schritte von Klostersuppe zu Klostersuppe zu lenken, noch gar den Erwerbslosen der Favelas oder den Ausgedörrten (vielleicht durch Blumenkonzerne Vertriebenen) der Sahel-Zone.

»Bin ich aber ich?« »Bin i's oder bin i's ned?«, fragt schon eines der alten Wiener Lieder, die ihren Charme aus der drogeninduzierten Bewußtseinsspaltung beziehen, und sei es aus jener der Wiener Lieblingsdroge, dem Alkohol in der Formbestimmung Wein. Myriaden literarischer Manifestationen haben indes ihr Interesse aus dieser Ungewißheit, ob die unterstellte Identität auch eine sei, gezogen – und dies um so mehr, als kontrafaktischerweise eine möglichst unaufgeteilte, wenigstens für die je unmittelbare Umwelt transparent gewordene, Identität zu den Grundlagen gesamtgesellschaftlicher Normen gehört hat. Dr. Jekyll und Mister Hyde; der unauffällige Untermieter, der von Zeit zu Zeit zum unberechenbaren Kindermörder wird (in Fritz Langs »M«); die Zwillingsmetaphorik bei Plautus oder Shakespeare; die Werwölfe in den periodisch anbrechenden Vollmondnächten. Noch jeder bessere Kriminalroman erzielt seine Effekte daraus, daß gegen Schluß das Unerwartete eintritt, jene Person also zur Verhaftung vorzusehen ist, welcher das zentrale Delikt am wenigsten zuzutrauen gewesen wäre. Seit der Kenntnis der Abwehrmechanismen in der Folge der Forschungen von Vater und Tochter Freud tritt als Variante die Abspaltung in den Mittelpunkt: erwähnt sei die Figur des institutionell legalisierten Massenmörders, der seine Kinder liebt, seine Schäferhunde streichelt und/oder an Streichquartetten teilnimmt. Zur Spaltung, Aufteilung, Pulverisierung von Identität bedarf es somit keineswegs der Psychose oder der Drogenabhängigkeit, wenn auch diese gleichsam ihren Idealtypus vorsehen, und noch nicht einmal der romantisch geprägten Literatur. Es scheint so (und naheliegenderweise wäre auch Ernst Bloch so zu lesen, zumal »der Warencharakter des verdinglichten Denkens«, wenn auch in anderem Kontext, nur 9 Seiten später auftritt), daß die institutionalisierte Spaltung von Persönlichkeit, Bewußtsein, Identität ... (und wie die Ich/Bin-Versatzstücke alle noch genannt worden sein mögen) den entfremdeten Gesellschaftsordnungen gleichsam vorneweg eingeschrieben worden ist.

Die kapitalistische Gesellschaftsordnung, von der hier exemplarisch die Rede sein soll (nur der Form nach anders verhielt sich dies in der feudalen Gesellschaft, in der die Abspaltung des Bösen, des Teufels etc. eine durchaus ähnliche Funktion erfüllte, oder in der verblichenen realsozialistischen, welche »Zwiedeschen« à la George Orwell, öffentliche Anpassung bei privater mikrologischer Widersetzlichkeit, Bürokratenprivilegien bei offiziell verordneter Gleichheit etc. kannte), konstituiert ihr »Bin ich aber ich?«, indem sie strukturell durchgehend an sämtliche ihr unterworfenen Individuen miteinander so gut wie unvereinbare normative Anforderungen stellt. Sie sollen etwas Nützliches unternehmen, gleichzeitig soll es aber (im doppelten Sinne der Wortfigur: um jeden Preis) verwertbar sein. Sie sollen die Teamarbeit möglichst effizient praktizieren, gleichzeitig aber in ständiger Konkurrenz zueinander stehen. Sie sollen mit den Unternehmenden »in einem Boot sitzen«, gleichzeitig indes von den ersteren in jedem Moment ausbootbar sein (Gerhard Vinnai hat dies einmal den »gesamtgesellschaftlichen Double-Bind« genannt). Mit den zumeist wenigen verfügbaren Geldern sollen sie Vorsorge treiben (schon um der Alterssicherung möglichst wenig zur Last zu fallen), gleichzeitig jedoch auf Teufel komm raus konsumieren, damit nicht der nächste konjunkturelle Einbruch sich noch mehr verschärft. Die traditionellen Werte sollen geachtet werden (und sei es in Wellenbewegungen) –, und zwar von Individuen, die gleichzeitig gefälligst, als *homines oeconomici*, auf ihren Vorteil achten sollen. Auf die Verwertbarkeit jeder einzelnen erworbenen Qualifikation soll alles abgerichtet sein (alle, die Philosophie oder Vergleichbares je studiert haben, wissen ein Lied davon zu singen), aber eine Planung erforderlicher Qualifikationen steht gleichzeitig im Geruche des Realsozialismus und ist daher streng verboten. Der Staat ist gleichzeitig über Gebühr anzuerkennen und nach Kräften zu hintergehen. Und so endlos weiter. (Manche werden hier einwenden, ich würde in dieser Passage ein Bild zeichnen, das nur dem Manchester-Kapitalismus des 19. Jahrhunderts entspräche und längst nicht mehr aktuell sei. Jedoch verstärkt sich von Jahr zu Jahr und von Sparpaket zu Sparpaket der Eindruck, daß Keynes, Sozialstaat, Sozialpartnerschaft etc. vom kapitalistischen Gesichtspunkt aus nur Gadgets gewesen seien für Zeiten struktureller Aufschwünge und kurzer konjunktureller Tiefs, vor allem aber für Zeiten eines vorhandenen realsozialistischen Gegenblocks, dem die passable Lage der eigenen Arbeiterschaft vor Augen zu führen gewesen war. Kaum deutet sich dessen Entschwinden im Verein mit einer langfristigen strukturellen Weltwirtschaftskrise an — und naturwüchsig neigt der real existierende Kapitalismus dazu, zu jenem des 19. Jahrhunderts zu konvergieren. Klaus Ottomeyer hat schon in den siebziger Jahren das passende sozialpsychologische Scenario dieser strukturellen Differenzen, zwischen welchen die Iche zerrieben werden, aufgezeigt. Von hier zu den je individuellen Neurosen, Süchten, Psychosen sind es nur wenige Schritte, und daß diese sich im tagtäglichen Umgang mit den Individuen untereinander noch gegenseitig aufschaukeln, ist nur ein weiterer.)

Das Ich, das sich nicht nur noch nicht hat, sondern sich auch noch fragen muß, ob es aber ich sei, resultiert indes noch aus einer weiteren Facette des unglücklichen Alltagslebens, das mit ersterer sicherlich vermittelt, nicht aber unbedingt identisch ist. Gemeint ist jene Verfaßtheit der Arbeitsteilung, die nur die »treibhausmäßige Spezialisierung« (Marx) gelten läßt, und sei es auch jedes Jahrfünft eine andere. Verstärkt durch Medien, die außerstande sind (sich auch nicht die geringste Mühe geben), eine Person anders wahrzunehmen als gerade als Kochbuchautor, Liedermacher, Bindestrichwissenschaftler, Theatermenschen etc., nur bloß nicht als all dies zusammengenommen (man/frau sieht, daß ich hier aus eigener Erfahrung schreibe), gibt es die allermeisten Subjekte als Momentaufnahmen ihres gerade je (so halbwegs) verwertbaren Ichs, in welchem diese selbstredend nicht aufzugehen pflegen. Daraus resultiert, wie gesagt, eine weitere Betonung innerhalb jener Frage, ob ich aber nun ich sei.

Zu den markantesten Beobachtungen in Sachen Arbeitsteilung zählt diese, wie sich, zumal unter medialer Beobachtung, Gestalt und Hintergrund der verschiedenen Tätigkeiten verschieben. Jeder Sammler (meist sind es ja Männer), der im Fernsehen gezeigt wird, sammle er nun Münzen, Bierdeckel, Beigabenbildchen, Zigarrenbinden oder Zigarettenschachteln, mit angestrebter Eintragung ins *Guiness' Buch der Rekorde*, läßt den Eindruck entstehen, daß dies der eigentliche Schwerpunkt seiner Aktivitäten sei – nebenher erfahren wir zumeist, daß es sich um einen Postbeamten, Sparkassenangestellten, hauptamtlichen Feuerwehrmann (oder was auch immer) handelt, wovon sich die betreffende Person wohl reproduziert. Nicht anders bei der jungen Frau, die alles, sagen wir, über die Kelly Family weiß, oder gar bei jenen Plastizierenden, die aus abgebrannten Streichhölzern den Stephansdom aufbauen – solcherorts Zeugnis davon ablegend, wieviel verschüttete Kreativität wohl gesamtgesellschaftlich noch vorhanden ist, abgedrängt in die frustrierende Folgenlosigkeit der Hobbies. »Bin ich aber ich?«: Nie kann ich mich der Frage enthalten, wie es wohl aussähe, wenn eines Tages die betreffende Person zum Kustos des Bierdeckelmuseums, zur Geschäftsführerin des Kelly-Family-Merchandising, zum Streichholz-Plastik-Tourismusbeauftragten erhöht würde. Ob nicht nah drei, vier Jahre Facetten der ehemaligen brotberuflichen Tätigkeit unverhofft in den Vordergrund träten – oder noch eine ganze andere, vordem nicht gekannte. Am meisten fiel mir dies auf, als in einer deutschen Universitätsstadt zu Beginn der siebziger Jahre bekannt wurde, daß ein Universitätsprofessor (zudem gerade zum Vizepräsidenten aufgestiegen) nichts mehr sich ersehnte, als als Lokführer zu fungieren. Die vor Ort hegemoniale maoistische Kleinpartei, naturgemäß boshaft, kommentierte dies mit der Aussicht auf die Segnungen der kommenden Kulturrevolution: da könne der (mithin dann ehemalige) Universitätsprofessor dann als Lokführer arbeiten, solange er dies wolle ... Vollständig bin ich davon überzeugt, daß diese Perspektive (so fiktiv sie auch war) dem Betroffenen überhaupt nicht gepaßt hätte.

»... und wie gar, was ist ein Etwas?« Die Subjekt-Objekt-Problematik hat Bloch sein Leben lang beschäftigt, bis hin zu jener *natura naturans*, die, außer in negativer Form vom Blitzschlag bis zu den ausschwärmenden Killerbienen, so überaus schwer vorstellbar ist. Zum anderen werden, etwa in der Marxschen Tradition, die unter das Kapital subsumierten Menschen zu Objekten der hegemonialen Ökonomie, und Freud schreibt gar, ebenso konsistent wie ausdauernd, vom »Liebesobjekt« – wenn denn je Liebe zu sich selbst käme, ein Widerspruch in sich selbst, längst übertroffen indes von jenen Eispanzern im Stile Niklas Luhmanns, denen Liebe nicht mehr ist als eine immaterielle Münze aus einer geistigen *token-box*. Alles kann zur Ware werden, alles kann also ein Etwas sein. Das Etwas, das Bloch hier meint, mußte allerdings, um stringent zu bleiben, am obigen Etwas anknüpfen, d. h. am fehlenden Etwas – oder, um dies im Jargon zu sagen, am realutopischen Subjekt-Objekt. (Dies wird unten noch skizziert werden.) Allerdings ist Vorsicht am Platz: die Übergänge sind fließender, als dies auf den ersten Blick erscheint. Gerade wenn, worauf Bloch bis an sein Lebensende insistiert hat, die utopische Intention schon beim schäbigsten Tagtraum beginnt, kann in der Fülle des universell fehlenden Etwas alles zu letzterem werden: das Würstchen im Märchen von den drei Wünschen, die Partnerschaft fürs (vorläufige) Happy-End, das Häuschen im Grünen mit erschlossener Infrastruktur, die wirbelnde Banknotenmenge im Windkanal. Jenes fehlende Etwas in Fülle, nach dem hier gefragt wird, kann jedoch bei diesen nicht verharren: es wird unten als »Bin als Etwas, das … aussteht« bezeichnet werden, ein Etwas als das noch ganz Andere, das bislang Uneingelöste, das auf dem Wege Ankommende.

»Wie rasch geht alles vorbei, und wenn es bleibt, wie schal, fast wie zu bekannt kann es dreinsehen, verhüllend …« Das Würstchen ist gegessen (oder auf die Nase der Partnerin und von dieser wieder herunter praktiziert), und die Wünsche der Fee sind vorbei: Die Partnerschaft erlahmt, erstarrt im Alltag, Glück verwandelt sich allmählich in Horror, wird allenfalls getrennt. Das Häuschen im Grünen erfordert Grundsteuer, die Infrastruktur TÜV und Automobilreparaturen. Die Banknoten sind ausgegeben. Das Glück, ohnehin bereits bei Freud als eine Art Emphase von äußerster Flüchtigkeit definiert, bleibt allenfalls als eine längst substantiell enteilte Momentaufnahme präsent: eine Fotografie, ein Andenken, ein Kaufvertrag, vielleicht auch nur ein Engramm, das ausnahmsweise nicht traumatisiert. Dieses Nebeneinander von rasendem Vorbeigehen und bleibender Schalheit hat niemand so exemplarisch auf den Begriff gebracht wie Goethe in jenem »Verweile doch, Du bist so schön«, das in seiner durch Hunderte von Seiten durchgehaltenen Abwesenheit nicht zufällig zu einem europäischen (und zwischenzeitlich wohl: europäisch-US-amerikanisch-japanischen) Symbol geworden ist. Wer das rasch Vorbeigehende verweigert, das schal-allzubekannt-verhüllend Bleibende anstrebt, den (und wohl auch trotz Goethe: die) holt der Teufel. Was eine Metapher für – Goethe stand ja diesem nahe – saint-simonistisch-industrielle Dynamik, für die Permanenz der kapitalistischen Akkumulation (seit Rosa Luxemburg: die Permanenz der ursprünglichen durchaus inbegriffen), für säkulare Kommunikationslosigkeit und Bindungsunfähigkeit, für auf Knopfdruck entstehende und vergehende Simulacra (wovon ja, Baudrillard wird es ihm danken, der 2. Teil des »Faust« übervoll ist), für die Erscheinungen medialer Echtzeit, welche schattenlos wieder verschwinden, ist, kann eine Erfüllung jenseits von traditionalistischem Mief nicht aufkommen lassen: zwischenzeitlich geht nicht nur alles rasch vorbei, sondern auch möglichst spurenlos. Zum anderen persistierte das dystopische *déjà vu*: das Dunkel am Ende der Treppe, wo die Schlafzimmer liegen (William Inge), die Erbstreitigkeiten hinter den Gartenzwergkolonien, die lieblose Herzenshärtigkeit hinter Feuerwehrfesten, Fronleichnamsprozessionen und Blumencorsi (die allerdings auch schon »rasch vorbeigegangen« sind), aber ebenso jener demnächst auch noch genmanipulatorische Gesamtfetisch (vom Konsum über Körper bis Leistung), der längst begonnen hat, die Grenze zur einstmals als Dystopie gemeinten Huxleyschen »Schönen neuen Welt« zu überschreiten.

»… was werden will, ist nicht nur jenes Bin des Ich, sondern das Bin als Etwas, das sich nicht hat, das aussteht.« Ein Nichthaben also ist darin, das es deshalb nicht bei sich aushält, aus sich herauswill: In dieser Coda kulminiert, gleichsam zusammenfassend, Blochs Prolog zu *Experimentum mundi*. In jenen Passagen, die ich hier ausgelassen habe, schreibt Bloch, wir kennen dies, vom Überschießen-Wollen, das aber nicht herauskommt und damit unzufrieden ist, was zum utopischen Überschuß in allen Gestaltungen führt. Dies ist in der Coda in den beiden Begriffen von »ausstehen« und vom »aus sich heraus wollen« enthalten. An späteren Stellen findet Bloch den »Zuschuß von alten Archetypen« auf, der »unabgegolten« geblieben sei: die Bastille, Orpheus, Prometheus (152), und dem letzteren sind auch Jesus von Nazareth (208) oder auch die Figuren Shakespeares zu vergleichen, Gleichzeitigkeiten von Archetyp und Naturalkategorie (199). Wie ein guter Dramatiker geht Bloch hier außerordentlich ökonomisch mit seinen Figuren um: unschwer wäre es möglich gewesen, noch gut die Hälfte des weiteren Personariums des *Prinzips Hoffnung* hier mit zu versammeln.

Das Nichthaben hält es also nicht bei sich aus, will aus sich heraus, um als Bin zum ausstehenden Etwas werden zu wollen. Noch in der schlechtesten Zukunftswerkstatt, in der beschränktesten Selbsterfahrungsgruppe, ja selbst in den höchstvergüteten New-Age-Exerzitien findet sich jenes Gefühl vor, das aus der imaginären Haut herausfahren will, zu einer neuen, ganz anderen, die nicht gleichzeitig als Panzer des Schalen und Verhüllenden fungieren müßte. Warum dies, und sei es nach zwei oder drei zunächst hoffnungsvollen Wochen, so nicht läuft, hat – wenn auch in gebotener Abstraktion, in welcher die Gesamtheit der alternativen Kategorienlehre gehalten ist – Bloch zwei Seiten später in einem Satz zum Ausdruck gebracht. Diesen werde ich in die vorliegenden Ausführungen miteinbeziehen, auch wenn er nicht im Prolog steht:

»... das Bin hat sich nicht, wir leben es nur dahin.« (13) Wiewohl dieser Satz nicht im Prolog der Seite 11 enthalten ist, erscheint er mir als eine zentrale Festellung Ernst Blochs, gleichsam als Zusammenfassung und Zuspitzung des ersteren. Mag auch sein, daß hier auch mein Focus eine Rolle spielt, habe ich doch gerade (*Von Tag zu Tag*, Hamburg 1996) ein Buch geschrieben, in welchem 350 Seiten lang so gut wie ausschließlich von dem die Rede ist, was »wir nur dahinleben« – von der Steuererklärung bis zum Technischen Überwachungs-Verein, von den Ritualen, um das routinisiert vorzeitige Aufstehen am

Morgen überhaupt erst erträglich zu machen, bis zum abendlichen Medienkonsum, von der widersprüchlichen Einheit von Langeweile und Überstreß im Beruf (bzw. der Apathie im Falle der Erwerbslosigkeit) bis zum »keeping up with the Joneses«, jenem dahinlebenden bin, das sich nicht hat, par excellence. Wie viel hier in dieser Sphäre des Alltagslebens voll vom Etwas, das fehlt, ist, wird an wenigem so ersichtlich wie an den periodisch aufkommenden und wieder abebbenden Diskussionen um Arbeitsteilungen, seien es klassen(strömungs-)mäßig oder geschlechtsspezifisch bestimmte. Die Aporie läßt sich in jenen beiden Aussagen festmachen, die, wäre es nicht so tragisch, geradezu zu einem Paradox Karl Valentinschen Ausmaßes sich verbinden: Einige Bins haben sich etwas mehr, weil andere »wir« um so stärker dahinleben müssen – leben aufgrund alternativer Aufteilungen der Arbeiten wir alle nur dahin, entsteht nicht einmal jener minimale Überschuß mehr, der die Bedingung der Möglichkeit des sich habenden Bin setzte. Jeder Wissenschaftler, jede Künstlerin, kennt die Situation, in der der Mangel an Infrastruktur, das heißt, des verfügbaren Dahinlebens der Anderen, seine/ihre Tätigkeit entscheidend beeinträchtigt. Berühmt wurde die Fallgeschichte während der chinesischen Kulturrevolution, als eine Kompanie von Ballettanzenden aufs Land zur Feldarbeit verschickt worden war. Trefflich läßt sich darüber streiten, inwieweit Feldarbeit (überschritte sie denn ein symbolisches Ausmaß) geeignet ist, die Fähigkeit zum Ballettanzen nachhaltig zu beeinträchtigen; trefflich läßt sich darüber streiten, inwieweit letztere einen Grund hat, gegenüber dem radikalen Nur-Dahinleben der Feldarbeit legitimiert zu sein.

Auch ich, selbstredend weit davon entfernt, »mich zu haben«, wäre wohl außerstande, vorliegende minimale Selbstreflexion vom Bin, das sich nicht hat, abzuliefern, gäbe es nicht in jedem Wiener Kaffeehaus, in dem ich dies zu tun mich anstrenge, Kellner, die mich gegen Bezahlung mit Kaffee und Essen versorgen und die kein Mensch fragt, ob sie deshalb ihr Bin nur dahinleben. (Manchmal macht einer eine fragmentarische Anmerkung darüber, was von den Kunden mit Stirnrunzeln quittiert wird.

Aber dies eignete sich dann eher zu einer Kommentierung Walter Benjamins als zu einer Ernst Blochs). Die meisten jener Spaltungen der »Hauptklassen« in Klassenströmungen, die in so disparater Weise historisch authentisch geworden sind, verlaufen entlang jener Linie zwischen einem mikrologischen Mehr an sich habenden Bin einerseits, einem Mehr des um so stärker Dahinlebens andererseits: geistige Arbeit und bürgerliche Arbeit, leitende Arbeit und ausführende Arbeit, Lohnarbeit und Hausarbeit, Facharbeit und Massenarbeit. Vor allem die Hausfrauen beklagen, zu Recht, das ihnen hegemonial zugeschriebene Nur-Dahinleben, womöglich noch kombiniert mit jenem Nur-Dahinleben im Beruf, das, kumuliert, in einer saftigen Doppelbelastung resultiert. Zum anderen (und dies ist an den »neuen Vätern«, wo diese denn mehr als ein Mediensimulacrum sein sollten, also an den real existierenden Einzelfällen ebenso zu sehen wie im Falle einer juristischen Verregelung verallgemeinert zu erwarten) wäre das mikrologische sich habende Bin (Bloch würde von »Vorschein« gesprochen haben) wahrscheinlich vollends ausgelöscht, würde es sich nicht um mehr handeln als um jene Verallgemeinerung von Mehrfachbelastung, die eine Universalisierung des Nur-Dahinlebens nach sich zöge. Indes wird, um einen Eindruck davon zu bekommen, die Hausarbeit oft gar nicht benötigt. Allein jener infrastrukturelle Mangel, der imstande ist, Hochschullehrende zu den höchstbezahlten Briefumschlageinheftenden der Republik zu machen, gibt einen Geschmack davon, wie eine Verallgemeinerung des Nur-Dahinlebens aussehen könnte (wobei es selbstredend um nichts besser wird, im Gegenteil, wenn andere nur mit Einheften von Briefumschlägen ihr Bin dahinleben) – nicht zu reden von den wochentötenden Selbstbefreiungsversuchen aus den Fallstricken der diversen Personal Computer.

Und hierin wird, ich kehre zur Coda des Prologs zurück, deutlich, worin derzeit das Problem dieser brillanten Einführung zu liegen scheint: Die Verstrickung ins Alltagsleben erscheint als allumfassend, eine meisterhaft-barbarische »Verhüllung«. Das »schade, fast wie zu Bekannte« hat das »rasch Vorbeigehende« umfaßt, mit einbezogen. Das Nichthaben, das es nicht bei sich aushält, aus sich heraus will, findet derzeit schon an der nächstbesten benachbarten Klassenströmung ihre Grenze, zerfließt demgemäß in Gadgets. Die Sehnsucht steigt, die Machtlosigkeit auch (und wie wir dies aus der Geschichte schon kennen: die Erwartung des Messias im jüdischen Schtetl; die christlichen Urgemeinden; die Millenarier zweier Jahrtausende; Furiers mittägliches Warten auf den Millionär; die Anarchisten im 19. Jahrhundert . . .). Abgesehen davon, daß das, was vor 1989 mächtig erschien, kein Marxismus war (Bloch wußte das), ist derzeit der Marxismus nicht »allmächtig, weil er wahr ist« (250 f): da derzeit kein Mensch weiß, wie die gesellschaftliche Synthesis Dutzender abhängiger Klassenströmungen vor sich gehen könnte, ist wenig so deutlich ersichtlich wie die Ohnmacht der Wahrheit. Das Bin hat sich weiterhin nicht, das Etwas steht von Tag zu Tag mehr aus. Gleichzeitig werden in Zentraleuropa sicherlich (allein schon in den Zukunftswerkstätten) pro Woche mehrere Dutzend Utopien produziert.

Um den Widerspruch wiederum in einer Blochschen Terminologie, die im Prolog nicht vorkommt, darzulegen: die Latenz steigt an, bis zum Siedepunkt – von der Tendenz ist allerdings derzeit nicht viel zu sehen. Der Wärmestrom fließt zu Genossenschaften, Grundsicherungsideen, Selbsthilfegesellschaften (Runge/Vilmar) – der Kältestrom verharrt bei Börsenkursen. Fast scheint es mir, als könnte ich mich hinter Ernst Bloch in die Schlange beim globalen Lieferanteneingang anstellen: als Lieferant unabgegoltener Überschüsse. Kein Grund zur Resignation gewiß: das Große manifestiert sich oft genug als »außerordentlich Unscheinbares« (210) – und an diesem haben wir wahrscheinlich erfreulicherweise genug, wenn auch noch nicht genug zur Tendenz. Aber ich habe mich immer noch nicht.

Barbara Strohschein

Stat sua cuique dies

Eine Reise durch den Tag

Es ist Sonnabendmittag. Die Geschichte geht vorbei. Es klopft. Werde ich öffnen? Hoffentlich liegen nicht wieder Leichen vor der Tür. Ich warte, blicke auf die Zeit. In die Zeitung. In Haft wegen Verdunkelungsgefahr. Die Mutter bringt ihr Kind um. In der Innenstadt ging eine Bombe hoch. Strommärkte werden eröffnet. Zehn Prozent Wettbewerb. Unwetter ließ Flüsse über die Ufer treten. Nukleare Zweiklassengesellschaft. Der Krieg ist noch nicht beendet. Kämpfe an der Front. Vom Fenster aus sehe ich in die Massen. Die Geschäfte sind geöffnet. Unten ist Markt. Der Fortschritt hat die Wahl verloren. Was regen wir uns auf. Auf meinem Tisch steht eine Tasse, liegt ein halbes Brot. Es klopft schon wieder. Diesmal öffne ich nicht. Ich bin hier. Aber ich habe nichts. Was soll nur aus uns werden, mein Herr, sagte mein Nachbar heute früh. Bald wird auch dieses Haus verkauft. Und dann fiel er fast die Treppe hinab. Es ist kurz vor ein Uhr. Rasieren in der Spiegelscherbe? Oder nicht mehr aus dem Haus gehen? Ich werde dieses Zimmer heute nicht verlassen. Ich bin, und hier bleibe ich. So erübrigt sich alles weitere. Ohne aus der Tür zu gehen, kennt man die Welt. Ohne aus dem Fenster zu schauen, sieht man den Sinn des Himmels. Je weiter einer hinausgeht, desto geringer wird sein Wissen. Warum sich fortbewegen? Nachdenken im Zimmer. Der Mensch ist sichtlich geschaffen, um zu denken; darin besteht seine Würde; sein Verdienst und seine Pflicht ist es, zu denken, wie es sich gehört. Nun liegt es in der Ordnung des Denkens, daß man bei sich selbst beginne. Und woran denkt die Welt? Niemals hieran, sondern daran, sich zu amüsieren, sich zu schlagen, Kanzler zu werden, ohne zu bedenken, was es heißt, Kanzler zu sein und Mensch zu sein. Es spricht viel dafür, sich nicht in die Menschenmenge zu begeben. Sie wühlen in Waren, sind voller Eifer, und das nach zweitausend Jahren oder mehr. Die Gesten, die

Mienenspiele und Worte sprechen immer den gleichen Text. Ich zähle, was mir noch in der Kasse blieb. Nicht besser träumen, sondern aufwachen. Es ist nichts vorhanden, was greifbar wäre. Unten dort Passanten, Kinder und Paare, Händler und Spieler. Was wollen sie? Sie gewinnen gewiß nicht durch den Schein, wenn ihre Träume auf der Strecke bleiben. Was ist in diesem Gedränge außer Unruhe zu finden? Wenn ich mich mitunter daran gemacht habe, die vielfältige Geschäftigkeit der Menschen zu betrachten, die Gefahren und Mühsale, denen sie sich aussetzen, in der Regierung, im Krieg, am Markt, woraus so viele Streitereien erwachsen, so viel Leidenschaften, so viele verwegene und oft schlimme Unternehmungen usw., habe ich entdeckt, daß alles Unglück der Menschen von einem Einzigen herkommt: daß sie es nämlich nicht verstehen in Ruhe in einem Zimmer zu bleiben. Dabei könnten sie sich dort manche Not ersparen. Vor den Marktständen streiten sie, sie stoßen sich, handeln miteinander, sie schreien, versuchen sich zu überbieten, treten sich, lachen, wüten, versuchen, um das Letzte noch zu feilschen. Sie sorgen sich um den nächsten Tag, wollen Ereignis, um der Langeweile zu entfliehen. Und was mache ich? Wer bin ich, daß ich mir gestatten könnte, so zu reden? Mein Schrank ist leer, ich habe nichts. Oder fast nichts. Das sollte mich bekümmern. Ich sitze am Fenster und wende mich ab. Wie wird die Leere voll? Wie werden die leeren Schränke gefüllt? Wie kommt Halt, Unterhalt und Unterhaltung in das Zimmer, in dem sich nichts bewegt außer mir und den Gedanken, die nicht zu sehen sind? Was wird morgen sein? Nichts. Und übermorgen? Ist wieder Montag, und Mühsal beginnt und endet wieder an einem Abend. So verrinnt das ganze Leben: man sucht die Ruhe, in dem man einige Hindernisse bekämpft; und wenn man sie überwunden hat, wird die Ruhe unerträglich; denn entweder denkt man an das Elend, das man hat, oder an das, was uns droht. Es könnten bessere Zeiten kommen. Mietpreise senken, Brotpreise senken. Löhne heben, Angst aufheben, Aufruhr gegen Gewohnheit im Blick, gegen Gewalt, gegen die Lüge, ein Aufbruch. Doch was dann? Ein Aufstand bringt Tote, nicht Sieg. Wir bilden uns eine bessere Welt ein. Der Wahn ist der Herr des Irrtums und des Falschen, und um so arglistiger ist er, weil er es nicht immer ist. Denn er wäre untrügliches Kennzeichen der Wahrheit, wenn er das untrügliche Kennzeichen der Lüge sein würde. Denn obgleich er meist falsch ist, gibt es kein Merkmal seines Wesens, da das Wahre und das Falsche das gleiche Zeichen tragen. Ich denke nicht daran, daran zu denken. Immer die gleichen Fehlschaltungen im Kopf. Ohne Einbildung nach vorne sehen, nach vorne hoffen, nach vorne denken. Aber wo ist vorn? Schön ist es auch anderswo, und hier bin ich sowieso. Gestern war es nicht anders. Dieser unbestimmte Tag läßt den morgigen nicht genauer werden. Wir denken immer rückwärts und vorwärts. Wir halten uns niemals an die Gegenwart. Wir nehmen die Zukunft vorweg, als käme sie zu langsam, als müßten wir ihren Lauf beschleunigen; oder wir rufen die Vergangenheit zurück, um sie anzuhalten, als entschwände sie zu rasch: so dumm sind wir, daß wir in den Zeiten umherirren, die nicht unser sind, und nicht an die einzige denken, die uns gehört; und so eitel, daß wir an die Zeiten denken, die nicht mehr sind, und ohne Überlegung der einzigen entfliehen, die besteht. So tun wir, weil die Gegenwart uns gemeinhin verletzt. Wir verbergen sie vor unserem Blick, weil sie uns quält; und wenn sie uns angenehm ist, beklagen wir es, sie entgleiten zu sehen. Wir versuchen, sie durch die Zukunft zu stützen, und denken daran, über Dinge zu verfügen, die nicht in unserer Macht sind, auf eine Zeit hin, die zu erreichen wir keinerlei Sicherheit haben. Wir wünschen die Wahrheit und finden in uns nur Ungewißheit. Wir wollen nicht jetzt sein, wir wollen woandershin werden. Nichts sehnlicher hoffen wir, als daß der Traum, der keinen Beweis fordert, die Wunde Gegenwart, die Unsicherheit des Daseins zu heilen versteht. Wir fürchten den nächsten Tag und hoffen auf Besserung. Kann Hoffnung Geschichte schreiben? Hebt das Verliebtsein in das Gelingen die Furcht auf? Hoffnung und Furcht begleiten Gefühle, die als Nothelfer den Mangel überspringen. Und der Leerraum bestimmt fast jeden Augenblick. An etwas mangelt es immer, und nichts ist so, wie es werden könnte. Aber was wird? Ich hatte im Sinn, ein Buch zu schreiben, das sollte ein Viertel Papier stark sein und ›Adam‹ heißen, und es sollte darin stehen der ganze Mensch. Das sagte Rabbi Bunam. Dann aber habe ich mich besonnen, es sei besser, dieses Buch nicht zu schreiben. Die Dinge haben verschiedene Eigenschaften, und die Seele hat verschiedene Neigungen; denn nichts von dem, was sich der Seele darbietet, ist einfach, und niemals bietet sich die Seele irgendeinem Gegenstand einfach dar. Ich spreche von Seele, doch wovon rede ich. Ein Wort für viele Zustände, aneinander gereihte Buchstaben für etwas, was niemand gesehen hat. Nichts scheint einfach. Alles wankt, verändert sich. Was gestern war, zählt nicht mehr. Ein Lichteinfall verwandelt die Stimmung, Verfassungen schwanken. Kein Moment gleicht dem anderen, ohne daß wir immer uns selbst Fremde wären. Heute früh, als die Sonne kurz zwischen die Vorhänge schien, war ein guter Tag zu erwarten. Jetzt, in Anbetracht der Tagesmitte und in Erwartung eines Abends, dessen Ende offenbleibt, weiß ich nicht mehr, was dieser Tag mir bedeutet. Ginge ich auf die Straßen, verlöre ich mich in einer Vielzahl von Eindrücken. Die Gesichter der Vorübergehenden, fallende Blätter, Wortfetzen, Aufheulen der Motoren, ein Geruch, Farben und Bewegungen. In eine Sehnsucht, ein Warten, ein Deuten. Bleibe ich hier, versinke ich in ein Nachdenken ohne Boden, ohne Grund. Ein Einfall, ein Gedanke, eine Stimmung. Eine Erinnerung. Bewegt wie ein Fluß, unregelmäßige Strömung, deren Verlauf unvorhersehbar ist. Wir brennen vor Begier, einen festen Stand und eine letzte, beständige Grundlage zu finden, um darauf einen Turm zu erbauen, der sich ins Unendliche erhebe; aber unser ganzes Fundament birst, und die Erde öffnet sich bis zu den Abgründen. Doch selbst der Fallende kennt die Lust, die Lust des Fallens, wenn er nicht in sich selbst den Abgrund vermutet. Hineinfallen, hinunterfallen, sich fallen lassen. Und sei es von dem Turm, der kurz nach dem Bau zusammenstürzt. Das köstliche Gefühl, für Sekunden zu schweben, nach einem heftigen Anlauf. Nicht die Tiefe im Blick, sondern den Himmel, der den Schwebenden hält. Wir rennen sorglos in den Abgrund, nachdem wir irgend etwas vor uns hingestellt haben, um uns daran zu hindern, ihn zu sehen. Warum laufen, eilen, schweben, vorwärtsdrängen? Fragen? Weiterwollen? Bis an die Klippen? Bis an den Rand des Kraters? Mit den Flügeln am Rücken, die in der Sonne zerschmelzen?   Unbewegt saß Belacqua, der Lautenmacher aus

Florenz, vor dem Eingang der Hölle, als ihn Vergil fragte, was tust du hier. Wer sitzt und ruht, wird weise, war Belacquas Antwort. Es schien ihm gleich zu sein, ob ihn das Purgatorium oder das Paradies erwartete. Dulcinea war nicht im Bild. Beatrice stand nicht an der Brücke. Wie Belacqua davongekommen ist, wir wissen es nicht. Vielleicht war er kein Mensch, sondern nur ein Gedanke. Denn nichts ist dem Menschen so unerträglich, wie in einer völligen Ruhe zu sein, ohne Leidenschaften, ohne Geschäfte, ohne Zerstreuung, ohne Hingabe. Dann wird ihm sein Nichts bewußt, seine Verlassenheit, Unzulänglichkeit, Abhängigkeit, Ohnmacht und Leere. Unverzüglich wird aus dem Grunde seiner Seele die Langeweile aufsteigen, die Düsterkeit, die Traurigkeit, der Kummer, der Verdruß, die Verzweiflung.   Ein Lichtstrahl fällt auf die Seite fünfzehn der Zeitung. Rubrik *Aus aller Welt*. Bier in See gekippt. Mückenattacke beim Staatsbesuch. Maus löst in Hochspannungsanlage Kettenreaktion aus. Kaputte Zähne durch Zitronenlimonade. Liebesgrüße aus Moskau unter strenger Kontrolle. Nachrichten, jeden Tag Nachrichten. Da die Menschen den Tod, das Elend, die Unwissenheit nicht heilen konnten, sind sie, um sich glücklich zu machen, darauf verfallen, nicht daran zu denken.   Das Licht blendet, ich ziehe die Vorhänge zu. Die Katze räkelt sich vorn auf dem Sessel. Wer weiß nicht, daß der Anblick von Katzen, Ratten, das Zerfallen einer Kohle in der Glut die Vernunft aus den Angeln hebt? Was kann die Vernunft schon ausrichten gegen die Wandelbarkeit des Gemüts. Wie kalt ist mir geworden. Der Ofen brennt nicht mehr. Ich könnte mehr aus meiner Lage machen. Eingreifen, einheizen, Bewegung und vorwärts. Den Tag weiter müßig zu verbringen, widerspräche jeder Notwendigkeit. Aber wer bin ich, daß ich von mir annehmen kann, vernünftig zu sein? Die Vernunft predigt umsonst. Sie kann den Wert der Dinge nicht bestimmen. Stört nicht schon der kleinste Luftzug, das gute Befinden, *conditio sine qua non* für einen vernünftigen Akt? Oder gilt genau das Gegenteil? Leiten Mangel, Schmerz und Kälte zur vernünftigen Veränderung der Ursachen an? Oder ist es etwa das Wohlbefinden, was unvernünftig macht, weil es das nötige Denken verhindert? Wie ich nicht weiß, woher ich komme, so weiß ich auch nicht, wohin ich gehe; und ich weiß nur, daß ich, wenn ich aus dieser Welt gehe, für immer entweder in das Nichts oder in die Hände eines erzürnten Gottes falle, ohne zu wissen, welcher dieser beiden Zustände mein Teil sein soll. Aber wer ist Gott? Was haben wir mit ihm im Sinn? Sich des eigenen Denkens zu bemächtigen, heißt, vor göttlicher Allmacht nicht mehr zurückzuschrecken. Wo kein Gott ist, herrschen weder Zorn noch Strafe.   Was ist aus dem Denken geworden, nachdem Gott aus dem Spiel ausschied? Gott ist eine faustgrobe Antwort, eine Undelikatesse gegen uns Denker – im Grunde bloß ein faustgrobes Verbot an uns: ihr sollt nicht denken! Aber was habe ich ohne Gott zu denken gelernt, vor allem, als ich bemerkte, daß nichts so kam oder blieb, wie ich es erwartete und hoffte? Was geschah, als ich entdeckte, wie Schein und Sein auseinanderfielen?   Der Stein fällt noch immer im freien Fall. Aber die Bewegung der Atome unterliegt anderen Gesetzen. War das, was wir heute wissen, angelegt, schuf es sich selbst, bis es erforscht war? Wurde es durch das Wissen erzeugt? Wie wird das verändert, was wird? Oder welches ist die Veränderung des Werdens? Dieser Gedanke setzt voraus, daß Werden und Verändern zweierlei sei. Der Fall scheint verwickelt und fordert Genauigkeit. Was aus uns wird, meint etwas anderes als das, worin wir uns verändern. Dieses zu konstatieren, scheint verblüffend simpel zu sein, auf den ersten Blick. Doch das zweite Hinsehen läßt uns vielleicht gewahr werden, wie leichtfertig die Fäden des Werdens und Veränderns miteinander verwechselt werden, obgleich es darauf ankäme, sie voneinander getrennt zu betrachten. Alle andere Veränderung setzt voraus, daß das, mit dem die Veränderung vorgeht, da ist, selbst wenn die Veränderung zum Aufhören des Daseins führt. Verändern kann sich nur das, was existiert. Nicht so geschieht es mit dem Werden. Denn wenn ein Werdendes nicht in sich selbst unverändert bleibt in der Veränderung des Werdens, so ist das Werdende nicht *dies* Werdende, sondern ein anderes. Das Werdende wird, was aber nicht bedeutet, daß es sich in seinem Werden verändert. Zu diesem Schluß muß ich kommen. Und die Frage macht sich einem Übergang in eine andere Begriffsschicht schuldig, indem der Fragende in dem gegebenen Falle entweder mit der Veränderung des Werdens eine andere sieht, die ihm die Frage stört – oder er sieht fehl in bezug auf das Werdende und wird daher nicht instand gesetzt zu fragen. Gehen wir von einem Plan aus, den sich ein Mensch vorgenommen hat: Wenn ein Plan, indem er wird, sich in sich selbst verändert, dann ist es nicht dieser Plan, der wird; wird er dagegen, ohne sich zu verändern, was ist dann die Veränderung des Werdens? Diese Veränderung geschieht also nicht im Wesen, sondern im Sein und geschieht vom Nichtsein also zum Sein. Sollte dieser Gedankengang den Schluß zulassen, daß alles, was wird, aus sich heraus wird – und daher die Frage nach dem Verändern hinfällig wäre? Daß alles, was sich verändert, einmal anders war, ohne daß es strenggenommen ein Werden war? Kann das Notwendige werden? Werden ist eine Veränderung, aber das Notwendige kann überhaupt nicht verändert werden, da es sich stets zu sich selbst verhält. Alles Werden ist *Leiden*, und das Notwendige kann nicht leiden, nicht das Leiden der Wirklichkeit leiden, welches dieses ist, daß das Mögliche sich als nichts erweist in dem Augenblick, da es wirklich wird; denn durch die Wirklichkeit ist die Möglichkeit *vernichtet*. Alles, was da wird, beweist gerade durch das Werden, daß es nicht notwendig ist! Denn das einzige, das nicht werden kann, ist das Notwendige, weil das Notwendige ist.   Warum das alles denken? Ich war anders, und trotzdem bin ich mir immer gleich. Was bin ich geworden? Was hat sich verändert? Was ist notwendig? Bin ich notwendig? Das, was wird, ist nicht notwendig? Das scheint mir paradox. Denn das würde bedeuten, daß das Notwendige statisch und unbewegt wäre und sich dadurch als notwendig erweist.   Ich komme nicht weiter, weiß die Antwort nicht. Die Natur der Eigenliebe und dieses menschlichen Ichs besteht darin, nur sich selbst zu lieben und nur sich selbst zu achten. Aber was soll der Mensch tun? Er kann es nicht verhindern, daß dieses Wesen, das er liebt, voller Mängel und Elend ist. Er will groß sein und sieht sich klein. Er will glücklich sein und sieht sich elend. Er will vollkommen sein und sieht sich voller Unvollkommenheit. Er will von den Menschen geliebt und geachtet sein und erlebt, daß seine Mängel nur ihre Abneigung und Verachtung verdienen. Wie soll er sich selbst als notwendig empfinden? So verdeckt er seine Mängel und will sie nicht mehr wahrhaben. Genauso will er die Mängel der Wirklichkeit nicht sehen und sich mit dem Traum, der Einbildung und dem Wunsch über alles hinwegtäuschen.   Der Kaffee ist kalt. Die Marktstände werden abgeräumt. Vom oberen Stockwerk höre ich Schritte und Rhythmen. Wer stört? Wer rumort in diesem Haus herum? Ich hatte einen Traum. Oder war es ein Wunsch? Nichts als Ruhe. Kein Wollen, kein Anderssein, kein Anderswosein. Ohne Hoffnung und ohne Furcht kommt die Freiheit. Aber das will leicht gesagt sein. Das sind Worte, die die Unruhen, die Zweifel, das Fragen, die strapazierten Sinne keineswegs und nicht ohne weiteres in ein Gleichgewicht bringen. Wie ließe es sich leben, ohne Hoffnung, ohne Furcht?   Als Rabbi Bunam im Sterben lag, weinte seine Frau. Er sprach: Was weinst du? All mein Leben war ja nur dazu, daß ich sterben lerne.   Es ist halb zwei. Die andere Hälfte des Tages und die Nacht stehen mir bevor. Was bin ich bis zum Ende? Was habe ich? Und was stelle ich vor?   Was ich habe und was ich vorstelle, scheint allenfalls für das Leben außerhalb dieses Zimmers von Bedeutung zu sein. Da ich aber heute hier bin und hier bleiben werde, lasse ich das Haben und Vorstellen außer Betracht – und wende mich der Frage zu: wer bin ich.   Was heißt: ich bin. Wer ist das Ich, das fragt, und was ist *das Sein,* was *das Bin* bedeutet. Ich weiß nicht, was *das Ich* ist. Darüber habe ich mit offenem Ausgang bereits nachgedacht. Und werde kein Buch über Adam schreiben. Ich weiß nicht, was das Sein an sich ist, und jeder Versuch, es abstrakt zu umschreiben, scheint mir sinnlos.   Wer will nur *sein?* Die meisten wollen mehr. Warum nicht auch ich? Aber wer bin ich, und wie kann ich werden, damit ich nicht nur bin? Ich frage für alle, die vom Leben Gelingen verlangen und mehr wollen als nur Vegetieren. Wer bin ich, daß ich meiner und des Lebens froh werden kann? Ich fürchte und meine, ich kann nicht mehr sein und werden, was ich bin. Das scheint ein Zirkelschluß. Aber vielleicht wird hieraus klar, wie sehr unser Glück abhängt von dem, was wir sind, von unserer Individualität; während man meistens nur unser Schicksal, nur das, was wir haben oder was wir vorstellen, in Anschlag bringt. Die objektive Hälfte der Gegenwart und Wirklichkeit liegt in der Hand des Schicksals und ist demnach veränderlich: die subjektive sind wir selbst; daher sie im wesentlichen unveränderlich ist. Demgemäß trägt das Leben jedes Menschen, trotz aller Abwechslung von außen, durchgängig denselben Charakter und ist mit einer Reihe Variationen auf ein Thema zu vergleichen. Aus seiner Individualität kann keiner heraus. Das könnte furchtbar wie wunderbar sein. Ein geistreicher Mensch hat, in gänzlicher Einsamkeit, an seinen Gedanken und Phantasien vortreffliche Unterhaltung, während von einem stumpfen Menschen die fortwährende Abwechslung von Gesellschaften, Schauspiel, Ausflügen und Lustbarkeiten die marternde Langeweile nicht abzuwehren vermag. Nach Vergnügungen dieser Art hat es mich nie gelüstet. Abgesehen davon, sah ich mich nie verführt, je daran eine Freude zu finden. Denn je mehr einer an sich selber hat, desto weniger bedarf er von außen und desto weniger auch können die übrigen ihm sein. Wenn ich mich habe, bei mir bin, muß ich nicht anders und außen sein. Da seufzt der Tropf in Purpur unter der unabwälzbaren Last einer armseligen Individualität; während der Hochbegabte die ödeste Umgebung mit seinen Gedanken belebt und bevölkert. Damit ich nicht mißverstanden werde: ich meine dies ganz allgemein und auf niemanden in concreto bezogen. Festhalten will ich lediglich: Nicht was die Dinge objektiv und wirklich sind, sondern was sie für uns, in unseren Auffassungen, sind, macht uns glücklich oder unglücklich. Denn man hat in der Welt nicht viel mehr als die Wahl zwischen Einsamkeit und Gemeinheit. Wer kann es mir verdenken, daß ich einen Tag in Abgeschiedenheit und Ruhe, jetzt, wo der Nachmittag beginnt, jeder Betriebsamkeit vorziehe? Das Beste und meiste muß jeder also in sich selber sein. Je mehr nun dieses ist und je mehr demzufolge er die Quellen seiner Genüsse in sich selber findet, desto glücklicher wird er sein. Für unser Lebensglück ist demnach das, was wir sind, die Persönlichkeit, durchaus das erste und wesentlichste; schon weil sie beständig und unter allen Umständen wirksam ist.   Ganz abgesehen davon ist in Betracht zu ziehen, daß ein Mensch durch das, was er ist, sich selbst die größten Fallen stellen kann. Wie verhindern wir, ließe sich fragen, daß wir durch das, was wir sind, unglücklich werden? Oder von anderer Perspektive: wie können wir mit dem, was wir sind, am besten vorankommen? Indem wir uns in dem Zustand, in dem wir sind, bewahren. Folglich sollten wir vor allem bestrebt sein, uns den hohen Grad vollkommener Gesundheit zu erhalten, als dessen Höhepunkt die Heiterkeit sich einstellt. Die Mittel hierzu sind bekanntlich die Vermeidung aller Exzesse und Ausschweifungen, aller heftigen und unangenehmen Gemütsbewegungen, auch aller zu großen oder zu anhaltenden Geistesanstrengungen, täglich wenigstens zwei Stunden rascher Bewegung in freier Luft, viel kaltes Baden und ähnlich diätetische Maßregeln. Ohne tägliche gehörige Bewegung kann man nicht gesund bleiben: alle Lebensprozesse erfordern, um gehörig vollzogen zu werden, Bewegung. Man muß keine Nerven haben, man muß einen fröhlichen Unterleib haben. Keine Zwischenmahlzeiten, keinen Kaffee, Kaffee verdüstert. Tee nur morgens zuträglich... So wenig als möglich sitzen und keinem Gedanken Glauben schenken, der nicht im Freien geboren ist... Aber das deutete ich bereits an. Und frühmorgens bei Anbruch des Tags, in aller Frische, in der Morgenröte seiner Kraft ein Buch lesen – das nenne ich lasterhaft. Ich kann gar nicht umhin, mir die Fragen, die das *ich bin* und *das Sein* schlechthin betreffen, mit Lebensregeln zu beantworten. In jedem *ich bin* steckt zwangsläufig auch ein *ich werde*, was im Sinn einer Erhaltung des Seins in Betracht gezogen werden muß. Die Zeit, die vergeht, läßt ein Werden unausweichlich sein. An dieser Stelle ist nicht mehr zu umgehn, die eigentliche Antwort auf die Frage, *wie man wird, was man ist,* zu geben. Und damit berühre ich das Meisterstück in der Kunst der Selbsterhaltung – der *Selbstsucht*... Angenommen nämlich, daß die Aufgabe, die Bestimmung, das *Schicksal* der Aufgabe über ein durchschnittliches Maß bedeutend hinausliegt, so würde keine Gefahr größer sein, als sich selbst *mit* dieser Aufgabe zu Gesicht zu bekommen. Daß man wird, was man ist, setzt voraus, daß man nicht im entferntesten ahnt, *was* man ist. An dieser Stelle wäre somit gar nicht weiter zu fragen. Aus diesem Gesichtspunkte haben selbst die *Fehlgriffe* des Lebens ihren eignen Sinn und Wert, die zeitweiligen Nebenwege und Abwege, die Verzögerungen, die Bescheidenheiten, der Ernst, auf Aufgaben verschwendet, die jenseits *der* Aufgabe liegen. Darin kommt eine große

Klugheit, sogar die oberste Klugheit zum Ausdruck: wo *nosce te ipsum* das Rezept zum Untergang wäre, wird Sich-Vergessen, Sich-*Mißverstehen*, Sich-Verkleinern – Verengern –, Vermittel-mäßigen zur Vernunft selber. Ein ungemein beruhigender Gedanke, der die Selbstzweifel vermindert, das heftige Wünschen aufhebt, das unheilvoll vorwärtstreibt. Etwas wollen, nach etwas streben, einen Zweck, einen Wunsch im Auge haben – das kenne ich eigentlich alles nicht aus Erfahrung. Noch in diesem Augenblick sehe ich auf meine Zukunft – eine *weite* Zukunft! – wie auf ein glattes Meer hinaus: kein Verlangen kräuselt sich auf ihm. Ich will nicht im geringsten, daß etwas anders wird, als es ist: ich selber will nicht anders werden. Sich selbst wie ein Fatum nehmen, nicht sich anders wollen – das ist in solchen Zuständen die *große Vernunft* selbst. Ja, man hat versucht, aus der Überwindung, aus dem Zwang zum Besseren, eine Zukunft zu phantasieren, und dabei die Wirklichkeit, die Gegenwart, das was ist und nicht wird, vollends aus dem Blick verloren. Gewiß, der Blick auf die Wirklichkeit macht traurig. Aber den Träumen nachzuhängen, sich das Paradies auszumalen, hat selten zum idealen Leben geführt. Man hat die Realität in dem Grade um ihren Wert, ihren Sinn, ihre Wahrhaftigkeit gebracht, als man eine ideale Welt erlog. Die Einbildung verfügt über alles. Sie macht keinen Narren weise. Sie macht die Schönheit, die Gerechtigkeit und das Glück, das alles in der Welt ist... Das etwa sind die Wirkungen dieser trügerischen Fähigkeit, die uns ausdrücklich dazu gegeben scheint, uns in einen notwendigen Irrtum hineinzuführen. Meine Formel für die Größe am Menschen ist *amor fati*: daß man nichts anders haben will, vorwärts nicht, rückwärts nicht, in alle Ewigkeit nicht. Das Notwendige nicht bloß ertragen, noch weniger verhehlen – aller Idealismus ist Verlogenheit vor dem Notwendigen –, sondern es *lieben*... Das, was notwendig ist, muß nicht gewollt werden, als vielmehr akzeptiert sein. So erweist sich die Unterscheidung zwischen Außen und Innen, zwischen Ich und Welt, zwischen dem Notwendigen und Sein als hinfällig und ungesund. Denn ich bin in einer Welt, die in mir ist. Das bringt mir die entscheidende Erkenntnis, daß es Dinge in der Seele gibt, die nicht ich mache, sondern die sich selber machen und ihr eigenes Leben haben. Leben gliche demnach einem Rhizom, einem Wurzel-stock, der alle Energien in sich speichert. Und was aus ihm wird und erwächst, ereignet sich in einem Wechselspiel verschiedener Kräfte mit offenem Ausgang. Oder ist er vorherbestimmt? Mit anderen Worten: Folgt das Leben in seiner Entwicklung einem vorbestimmten Weg? Oder reagiert und agiert es aus sich selbst, unvorhersehbar? Schwankend, instabil, offen nach allen Richtungen? Dieses innere Ungleichgewicht, die glorreiche Un-vollkommenheit des Lebens, ist möglicherweise das Wirksam-keitsprinzip aller Entwicklung. Gibt das Werden, dem wir nicht entgehen, Sinn oder Leere? Was das Leben hervorgebracht hat, ist im Grunde nichts anderes als eine Steigerung dessen, womit es begonnen hat. Beim Rhizom geht es um alle Arten des Wer-dens zugleich, also um eine Art Sicherung durch Intensität. Das Rhizom hebt die historische Zeit auf, nicht, weil es aus ihr her-ausfiele, sondern weil es sie macht. Es wirkt der lebendige Geist der Menschheit in sich ständig erneuernden Beziehungen, stän-dig wechselndem Ausdruck. Lebendige Ordnung bildet sich von selbst, wenn Prozesse sich ausleben können. Leere und Sinn erweisen sich als falsche Gegensätze. Leben bringt Leben her-vor. Und daran läge Sinn. *Ich bin* bringt hervor, was *ich werde*, ohne daß dem Werden ein Wollen vorausgeht. Diese Be-trachtungsweise versetzt uns zweifellos in eine kreisförmige Situation, die ein ähnliches Schwindelgefühl bei uns hervorru-fen mag wie die Betrachtung von Eschers Bild, auf dem zeich-nende Hände Hände hervorbringen. Dieses Schwindelgefühl rührt daher, daß wir keinen festen Bezugspunkt haben, an dem wir unsere Beschreibung verankern können. Setzen wir eine Welt unabhängig von uns voraus, müssen wir fragen, wie wir sie mit unseren Sinnen erkennen und mit welchen Mitteln wir ihre Gesetzmäßigkeit erfassen können. Gehen wir aber davon aus, daß keine von uns unabhängige Welt existiert, sondern wir ständig selbst Teil des Geschehens sind, wird alles Wahrnehmen und Erkennen relativ. Das kann aber nicht bedeuten, daß alles unregelmäßig oder beliebig wäre. Oder doch? Vielleicht sollte ich aufhören, daran zu denken, daß das, *was ist* und *was wird*, das Innen und Außen, das Sein und das Werden, das Indivi-duum und seine Umgebung, das Objekt und Subjekt, voneinander getrennte Einheiten sind. Diese trennende Differenzierung dient im Vorstadium der eigentlichen Erkenntnis dazu, zu unterscheiden, um dann zusammenzufügen. Der Prozeß der Erzeugung unserer selbst als Beschreiber und Beobachter sagt uns doch, daß unsere Welt – als die Welt, die wir im Zusammenleben mit anderen hervorbringen – immer genau jene Mischung von Regelmäßigkeit und Veränderlichkeit aufweisen wird, jene Festigkeit und Flüchtigkeit, die so typisch ist für menschliche Erfahrung, wenn wir sie genau unter die Lupe nehmen. Ich bin, weil ich werde, ob ich will oder nicht. Kommt es darauf an, aus diesem Grund in einem Zimmer zu bleiben? Kommt es darauf an, deshalb das Hoffen zu lernen? Oder lehrt das Werden vielmehr das Fürchten? Oder ist die Paradoxie zu begreifen, daß alles sich wandelt, ohne sich zu verändern, ohne seine tiefen Grundsätze, Gesetze und Rhythmen aufzugeben? Erzeugt sich alles Lebendige selbst? Bleibt das Lebendige lebendig, weil es das Neue und Unerwartete aufnimmt oder gar in sich selbst enthält? Unterliegt alles Lebendige dem Wandel, dem Aufstieg, dem Niedergang und dem Aufstieg?   Es klopft wieder, nachdem soviel Zeit vergangen ist. Ich weiß nicht, wer vor der Tür steht. Ich höre es pochen, atmen. Oder bin ich es selbst? Der Tag ist noch nicht vergangen. Ein Fremder? Eine Fremde? Ich erwarte niemanden, den ich kenne. Es wird ein Unbekannter sein, dem die Tür geöffnet wird.

Anmerkungen

Die Überschrift *Stat sua cuique dies* (Jedem steht sein Tag bevor) stammt von *Vergil*, aus *Aeneis*, 10, 467.
In diesen inneren Monolog sind außer Ernst Blochs Gedanken Reflexionen und Sätze (zum Teil leicht abgewandelt, ohne den Inhalt zu verändern) von folgenden Philosophen und Naturwissenschaftlern aufgenommen:
Laotse, aus: *Vom Sinn und Leben*, Düsseldorf, Köln: Diederichs 1957.
Pascal, Blaise, aus: *Pensées*, Stuttgart: Reclam 1956.
Buber, Martin, aus: *Die Erzählungen der Chassidim*, Zürich: Manesse 1990.
Dante Alighieri, aus: *Die göttliche Komödie*, Berlin: Rothgiesser und Possekel 1924.

Kierkegaard, Sören, aus: *Philosophische Brocken*, Frankfurt a. M.: Syndikat 1984.

Schopenhauer, Arthur, aus: *Aphorismen zur Lebensweisheit*, Frankfurt a. M.: Insel 1976.

Nietzsche, Friedrich, aus: *Ecce homo*, München: Hanser o. A.

Jantsch, Erich, aus: *Selbstorganisation des Universums*, München: Deutscher Taschenbuch Verlag 1988.

Maturana, Humberto R./Varela, Francisco J., aus: *Der Baum der Erkenntnis*, Bern, München: Scherz Verlag 1987.

FRANCESCA VIDAL

Europa: Hoffnung auf organisierte Mündigkeit?

> »... man braucht das stärkste Fernrohr, das
> des geschliffenen utopischen Bewußtseins, um
> gerade die nächste Nähe zu durchdringen.«
> Ernst Bloch, *Das Prinzip Hoffnung*

In Christa Wolfs 1968 erstmals erschienenem Roman *Nachdenken über Christa T.*[1] erinnert die Erzählerin an eine Frau, die in ihrem Innern die Hoffnung hegt, sie sei, so wie sie ist, im historischen Prozeß notwendig, damit Utopie konkret werden könne, und die dadurch motiviert nach den Bedingungen fragt, die ein gesellschaftliches Zusammenleben vertretbar werden lassen. Deshalb wagt sie den Blick vom Ich hinaus auf die Außenwelt, und auch wenn sie feststellen muß, daß sie den anderen verschlossen bleibt, erfährt sie, daß der Weg zu sich selbst erst über das Außen möglich wird. In den Worten von Ernst Bloch zur Erläuterung seines Diktums »Ich bin. Aber ich habe mich nicht. Darum werden wir erst.« am Beginn der Tübinger Einleitung: »So merkt sich alles Innen erst über das Außen; gewiß nicht, um sich dadurch zu veräußerlichen, wohl aber, um sich überhaupt zu äußern.«[2] Im Roman wird dieser »lange, nicht enden wollende Weg zu sich selbst« benannt als die »Schwierigkeit, ›ich‹ zu sagen«.[3]

Wenn die Autorin es sich nun zur Aufgabe macht, über diesen Weg nachzudenken, dann eignet ihrer Erinnerung ein utopisches Moment, da sie über das Noch-nicht-Gewordene im Vergangenen nachdenkt, also wissen will, was war, um sich so dem nähern zu können, was wird oder werden könnte. Selbst wenn diese Zukunft der Protagonistin Christa T. aufgrund ihres frühen Todes verschlossen bleibt, ist ihre Frage nach der Zu-

---

1 Christa Wolf, *Nachdenken über Christa T.*, Darmstadt und Neuwied: Luchterhand 1981.
2 Ernst Bloch, *Tübinger Einleitung in die Philosophie*, Frankfurt am Main: Suhrkamp 1975, S. 12.
3 Wolf, a.a.O., S. 170.

kunft, über ihren Tod hinaus, für die Erzählerin das Motiv, grundsätzlich nach dem Subjekt und seinen Möglichkeiten zu fragen. Andreas Huyssen, der die Nähe dieses Romans zur Philosophie von Ernst Bloch untersucht hat[4], verdeutlicht das utopische Moment der Erinnerung, mithin den Versuch, durch Nachdenken über das Vergangene in den gegenwärtigen Prozeß einzugreifen, durch die Blochsche Erklärung, daß das fortgeschrittenste Bewußtsein auch in der Erinnerung in einem offenen Raum des Prozesses und seiner Front arbeitet.[5] Christa Wolf gibt dem Ausdruck, wenn sie gleich zu Beginn des Romans die Erzählerin reflektieren läßt, daß es ihr nicht um eine individuelle Rückschau zu tun ist, schon gar nicht im Sinne eines letzten Gedenkens, sondern um die Zukunft, denn: »Ein für allemal: Sie braucht uns nicht. Halten wir also fest, es ist unseretwegen, denn es scheint, wir brauchen sie.«[6]

Mit dem Roman gelingt es ihr, die Widersprüche der Politik in der Deutschen Demokratischen Republik am Beispiel der Widersprüchlichkeit eines einzelnen aufzuzeigen; Widersprüche, deren Chance zur Auflösung die Autorin im Sozialismus sieht. In diesem Sinne begreift sie ihr Nachdenken als Hinweis für die Gesellschaft der DDR, im Erinnern einen Weg zu einer Gesellschaft, in der Selbstverwirklichung des einzelnen möglich ist, zu finden. Huyssen betont diese Erkenntnis als Ergebnis des Schreibprozesses. »Im Erinnern entdeckt sie schreibend das Noch-Nicht-Gewordene in sich selbst als ein Noch-Nicht-Gewordenes sozialistischer Gesellschaft. Der Erinnerungsroman wird zum Zukunftsroman. Aus subjektivem Antrieb, einen Roman über die zu früh verstorbene Freundin zu schreiben, wird objektive Forderung an die Gesellschaft.«[7] Daß die Gesellschaft der DDR eine solche Mahnung nur abzuweisen verstand, zeigte sich damals schon in der Art der Rezeption, mit der der Autorin

4 Andreas Huyssen, »Auf den Spuren Ernst Blochs«, in: Klaus Sauer (Hg.), *Christa Wolf. Materialienbuch*, Darmstadt und Neuwied: Luchterhand 1985, S. 99-114.
5 Vgl. Ernst Bloch, *Das Prinzip Hoffnung*, Frankfurt am Main: Suhrkamp 1985, S. 160.
6 Wolf, *Nachdenken über Christa T.*, a.a.O., S. 8.
7 Huyssen, »Auf den Spuren Ernst Blochs«, a.a.O., S. 110.

Verherrlichung der Innerlichkeit, Pessimismus und eine fragwürdige Ästhetik vorgeworfen wurde.[8]

Aber die damalige Unreife der DDR und auch ihre absehbare weitere Entwicklung soll hier nicht das Thema sein. Vielmehr geht es darum, wie die Autorin den Gedanken eines möglichen Werdens zukünftiger Gesellschaft durch die Hervorhebung der Bedeutung des geschichtlichen Gedächtnisses exemplarisch vermittelt hat. Getragen vom Leitbild des Sozialismus erinnert der Roman an den Versuch einer Entwicklung vom Ich zum Wir, in der das Ich im Wir sich selbst haben kann. Zum entscheidenden Punkt, auf den Utopie sich richtet, wird dabei das Noch-nicht-Gewordene in der Gesellschaft. Im Roman wird dies metaphorisch veranschaulicht durch den Wunsch von Christa T. nach einem Haus, das ihr die Möglichkeit geben soll, sie selbst zu sein, und an dessen Entwicklung sie die Erfahrung ableitet, »daß man die Dinge, solange sie im Werden sind, unerschütterlich vorwärtstreiben muß«.[9]

Die Hausmetapher gehört zum Grundbestand der Alltagskommunikation und findet sich zudem sowohl in der philosophischen, poetischen und politischen Sprache. Dabei wird sie zumeist in einem dynamischen Sinne gebraucht, der von den Vorstellungen des Planens, Bauens und Einrichtens geprägt ist. Für Ernst Bloch ist es das Zuhause, das symbolischen Wert besitzt. So schreibt er etwa in *Prinzip Hoffnung*: »Das Haus ist selber ein Symbol, und zwar bei aller Geschlossenheit ein offenes; es hat als Hintergrund die Zielhoffnung des Heimatsymbols, das sich durch die meisten Wunschträume durcherhält und am Ende aller steht.«[10] Gerade die Hausmetapher ist es daher, die zeigen läßt, daß es Christa Wolf in ihrem Roman nicht um die Wünsche eines einzelnen geht, persönliches Glück zu erreichen, sondern um das Streben einer Gesellschaft, in der das Wir-Werden das Inne-Werden des Ichs erst ermöglicht, denn

---

8 Vgl. hierzu die Hinweise bei Huyssen, ebd., S. 99, und die Sammlung von Rezensionen und ersten Reaktionen auf das Buch von Manfred Behn (Hg.), *Wirkungsgeschichte von Christa Wolfs ›Nachdenken über Christa T.‹*, Königstein / Ts.: Athenäum 1978.

9 Wolf, *Nachdenken über Christa T.*, a.a.O., S. 155.

10 Bloch, *Das Prinzip Hoffnung*, a.a.O., S. 379.

was hier im Wunschtraum der Protagonistin deutlich wird, geht auf in dem, was Bloch als Zielinhalt der Hoffnung ausmacht.

Auch wenn Christa Wolf sich nie auf Ernst Bloch berufen hat, ist ihr Roman ein Beispiel dafür, das Blochsche Diktum mit Bezug auf gegenwärtige alltägliche Erfahrungen zu interpretieren, um derart kenntlich zu machen, daß Zielinhalte solange nicht in gesellschaftliche Praxis umzusetzen sind, wie sie im gesellschaftlichen Bewußtsein nicht als zu vollziehender Prozeß internalisiert worden sind.

> »Herrn K. wurde vorgehalten, bei ihm sei allzu häufig der Wunsch Vater des Gedankens. Herr K. antwortete: ›Es gab niemals einen Gedanken, dessen Vater kein Wunsch war. Nur darüber kann man sich streiten: Welcher Wunsch? Man kann nicht argwöhnen, daß ein Kind gar keinen Vater haben könnte, um zu argwöhnen: die Feststellung der Vaterschaft sei schwer.‹«
> Bertolt Brecht,
> *Geschichten von Herrn Keuner*

Gegenwärtig läßt sich die von Christa Wolf thematisierte Problematik übertragen auf die Idee der »Vereinigten Staaten von Europa«, deren erforderliche Grundlage und Zielsetzung zugleich der mündige Bürger ist und deren Relevanz neuerdings mit der aus der Sprache Gorbatschows kommenden Metapher »Unser gemeinsames europäisches Haus«[11] zu vermitteln versucht wird. Die Metapher spielt dabei auf die Notwendigkeit an, daß es zur Konstituierung einer »Politischen Union« genau des Gemeinschafts- und Verantwortungsbewußtseins der Bürger bedarf, das erst geschaffen werden soll, daß das Haus sich also quasi im Bau befindet und dabei die Mitarbeit der zukünf-

---

11 Vgl. zur Analyse der Metapher Rolf Bachem / Kathleen Battke, »Unser gemeinsames Haus Europa – Zum Handlungspotential einer Metapher im öffentlichen Meinungsstreit«, in: *Muttersprache* 99 (1989), S. 110-126.

tigen Einwohner nötig ist. Aber auch wenn die Bürger europäischer Staaten durch ihren Paß als Bürger Europas charakterisiert sind, ist das Bewußtsein einer Unionsbürgerschaft noch keine Selbstverständlichkeit geworden. Diese Spannung im Zusammenhang mit Blochs Diktum darlegen zu wollen, setzt an bei einem Verständnis von Politik als bewußte Geschichtsbildung, eine, die im Wissen um die sich jeweils im Moment vollziehende Geschichte, diese auf das wünschbar Mögliche hin zu steuern bestrebt ist.[12]

Richtunggebend ist für Bloch ein antizipierbares Wohin, das Ausdruck findet in Leitfiguren und Leittafeln, in der Sprache des Romans von Wolf in der Frage, wie gesellschaftliches Leben möglich werden kann. Es ist dies eine Frage nach der Fähigkeit, den Raum der Öffentlichkeit zu konstituieren, also indirekt die nach dem Bewußtsein der Bürger. Nicht allein die Umsetzung formaler Verfahrensregeln ist zur Konstituierung von Gesellschaft notwendig, sondern es bedarf – so Wolfram Burisch im Rekurs auf Georg Simmels Essay »Wie ist Gesellschaft möglich« – »zugleich eines manifesten Bewußtseins davon, nach verinnerlichter Maßgabe dieser Verfahrensregeln miteinander zu kommunizieren und umzugehen, sowie der manifestierten Bereitschaft, den Regulativen und Bewußtseinsinhalten anderer die gleiche Achtung wie den jeweilig eigenen zukommen zu lassen«.[13] Solche Bewußtseinsbildung orientiert sich nach Bloch an Wertpersonen, die sich in verschiedenen Zeiten als vorbildlich herausgebildet haben, deren Tugenden sich um eine zen-

---

12 In diesem Sinne hatte Bloch 1962 Tübinger Studenten zu vermitteln versucht, daß wahre Politik sich in Übereinstimmung mit der Tendenz zeigt und auf die Problematik bezogen ist, »Wohin will denn das eigentlich laufen, wie kann ich die unheilvollen Möglichkeiten, die in der Tendenz stehen, bremsen oder verhindern? Wie kann ich die günstigen, für uns Menschen günstigen Möglichkeiten, wie kann ich die fördern?« Bloch, »Über Politik als Kunst des Möglichen« ›in: *Politische Messungen, Pestzeit, Vormärz*, Frankfurt am Main: Suhrkamp 1985, S. 410.

13 Wolfram Burisch, »Der föderale Gedanke und das subsidiäre Prinzip in Europa«,in: Josef Langer / Wolfgang Pöllauer (Hg.), *Kleine Staaten in großer Gesellschaft. – Small States in the Emerging New Europe*, Eisenstadt: Verlag für Soziologie und Humanethologie 1995, S. 181-194, hier S. 183.

trale gruppieren, die er als Leittafel kennzeichnet, wie etwa im antiken Griechenland die Besonnenheit. »Der suchende, in ganz anderem Sinn elitäre Wertbegriff Mensch setzt ein mit den dazugehörigen Leitbildern und Leittafeln des richtigen menschlichen Verhaltens. Die Antwortsuche geht von Leitbildern aus, von den Utopien, ob auch oft schiefer, vager beliebiger Art, aber immer darauf gerichtet, wie innerhalb einer normativen Gebietskategorie Mensch der rechte Mensch aussehen könnte.«[14]

Demokratisches Handeln ist motiviert durch solche Leitbilder und Leittafeln, die mit der erfahrenen Welt korrespondieren oder in Kontrast zu ihr stehen. Verkörpern sie ein Ideal, sind sie auf Zukunft orientiert, es eignet ihnen das Moment von Veränderung, mithin Verbesserung des Ist-Zustandes. Sie können aber auch auf die Bewältigung aktueller Situationen gerichtet sein, quasi als Regulativ zur Gegenstandswelt, und sie können Bilder des Prozesses selbst sein, im Sinne des Entwurfes. Dabei ist ihre Dynamik bedingt durch Verknüpfungen und Spannungen zwischen den verschiedenen Formen.[15] Das für die Zukunft bedeutendste Leitbild ist Bloch der Citoyen der Französischen Revolution, dem als »Zeichen seiner Leittafel die Trikolore Freiheit, Gleichheit, Brüderlichkeit inhärent aufgegeben« ist. Das Bild des Citoyen war ein bis zur Französischen Revolution gegen den Adel gerichtetes Ideal, in dem aber schon ein später aufscheinender Gegensatz zwischen Citoyen und Bourgeois kenntlich wurde, deutlich gemacht bei Schiller, Hölderlin und Shelley. Marx habe Gegensatz und Einheit im revolutionär gewesenen Bürgertum hervorgehoben, eine Einheit, die im Idealbild idealistischer Dichter, die die Differenz zwischen Ideal und Leben thematisierten, zerriß. »Von daher also das so gesteigert

14 Bloch, *Experimentum Mundi*, Frankfurt am Main: Suhrkamp 1975, S. 183.
15 Vgl. zur ausführlicheren Darlegung der Funktion von Leitbildern im gesellschaftlichen Handeln Heinrich Schneider, *Leitbilder der Europapolitik 1 – Der Weg zur Integration*, Bonn: Europa Union Verlag 1977, S. 20-43. Zu beachten ist dabei allerdings, daß bei Schneider der Begriff des Leitbildes eher dem der Blochschen Leittafel entspricht, der nicht von vorbildhaften Persönlichkeiten ausgeht.

dargestellte Idealbild; es ist die Citoyenseite des Bürgers oder das humanistische Leitbild der revolutionären Bourgeoisie, das sich im Widerspruch zur entstandenen bürgerlichen Gesellschaft erfaßt.«[16]

Der Citoyen ist eine Utopie, deren Erfüllung Bloch als erst in der klassenlosen Gesellschaft möglich postuliert, ein auf Zukunft gerichtetes Ideal, das gleichwohl das politische Handeln bestimmen kann, wenn es als Erbe aufgefaßt wird.[17] Die fortwirkende Kraft der Ideen von 1789 fordert jedoch, so Gérard Raulet in seiner aufschlußreichen Studie über die Bedeutung der Ideale für Blochs eigenen antifaschistischen Widerstand in den dreißiger Jahren, daß »sich die Ideale umsehen und sich sowohl gegen ihren Untergang als auch gegen ihren pervertierten Abglanz wehren, der freilich noch auf negative Weise von ihrer Verbindlichkeit zeugt«.[18] Gefordert ist damit eine ideologiekritische Sichtung der Ideale selbst, die nicht hätten mißbraucht werden können, wenn sie eindeutig mit der Idee der klassenlosen Gesellschaft verbunden gewesen wären. Die Aktualisierung der Ideale muß sich demnach messen an den konkreten Bedingungen, so auch an dem »immer bedrohten Ausnahmezustand Demokratie«.[19]

Daß eine solche Problematik aktuell geblieben ist, zeigt sich gegenwärtig an der Debatte, mit welcher Perspektive, also unter welcher theoretischen Konzeption für den Prozeß des Zusammenschlusses, das Ziel »Europa der Bürger« umzusetzen sei;

16 Bloch, *Das Prinzip Hoffnung*, Frankfurt am Main: Suhrkamp 1985, S. 1558.

17 Vgl. Bloch, »Ideale in der Moral ohne Eigentum«, in: *Experimentum Mundi*, a.a.O., S. 188 ff.

18 Raulet, »Wiederkehr der Ideale. Die ›Ideen von 1789‹ in Ernst Blochs antifaschistischem Kampf«, in: *Bloch – Almanach* 12 (1992), Periodicum des Ernst-Bloch-Archivs, hg. v. Karlheinz Weigand, Baden-Baden: Nomos 1992, S. 111-130, hier S. 113. Vgl. hierzu auch Bloch, »Aporien und Erbe an der Trikolore: Freiheit, Gleichheit, Brüderlichkeit«, in: *Naturrecht und menschliche Würde*, Frankfurt am Main: Suhrkamp 1985, S. 175-206.

19 Vgl. Bloch, »Demokratie als Ausnahme« (April 1939), in: Ders., *Vom Hasard zur Katastrophe. Politische Aufsätze aus den Jahren 1934-1939*, Frankfurt am Main: Suhrkamp 1972, S. 397-403.

eine Debatte, die einsetzte, nachdem die zwölf Mitgliedstaaten der Europäischen Gemeinschaft am 7. Februar 1992 die Vertragstexte von Maastricht unterzeichneten. Auch wenn der Vertrag den Unterzeichnern als Umsetzung des Leitbildes »Europäische Union« galt, für das Churchills Plädoyer für die Schaffung der »Vereinigten Staaten von Europa« von 1946[20] zur Formel für den Weg zu einem föderalen Europa werden sollte, ist er zugleich ein Hinweis darauf, daß die Gestaltungsprinzipien der Politik der Europäischen Union nicht mehr als unumstritten gelten, die Formel Churchills daher zur Zeit eher auf Unbehagen stößt.[21] Der schwelende Konflikt zwischen »Föderalisten« und »Unionisten« äußert sich im Maastrichter Vertrag dadurch, daß die Präambel einerseits ein Plädoyer für eine bundesstaatliche Einigung beinhaltet, andererseits aber auch die »Union der Völker Europas« nennt, eine Formulierung, die an de Gaulles »Europa der Vaterländer« erinnert und damit an

20 Winston Churchill, »The Tragedy of Europe«, Rede am 19. September 1946 in der Universität Zürich, in: *His Complete Speeches 1897-1963*, London 1974.

21 Angedeutet wird dieses Unbehagen u. a. durch einen Begriffswechsel in den Reden von Bundeskanzler Helmut Kohl, der als Verfechter eines bundesstaatlichen Europamodells gilt. Während er in einer Erklärung über den Vertrag im April 1993 den föderalen Charakter durch Churchills Formel hervorhob, zieht er sich schon einen Monat später gezwungen, dies zu korrigieren. Im April hieß es euphorisch: »Der Vertrag über die Europäische Union leitet eine neue, entscheidende Etappe des europäischen Einigungswerkes ein, die in wenigen Jahren dazu führen wird, das zu schaffen, was die Gründungsväter des modernen Europa nach dem letzten Kriege erträumt haben: die Vereinigten Staaten von Europa.« (Helmut Kohl am 3. April 1993 in Königswinter, zit. n. Heinrich Schneider / Wolfgang Wessels, »Föderales Europa im Widerstreit – Einführung und Übersicht«, in: Dies. (Hg.), *Föderale Union – Europas Zukunft? Analysen, Kontroversen, Perspektiven*, München: Beck 1994, S. 7) Einen Monat später revidierte er diese Formel und erklärte: »Ich habe diese Formel jahrzehntelang gebraucht, aber ich habe lernen müssen, daß die Formel in die Irre führt, weil jeder, der diese Formel hört ... sofort an die Vereinigten Staaten von Amerika denkt.« (Kohl, »Die einigende Kraft des kulturellen Erbes im zusammenwachsenden Europa«, in: *Bulletin des Presse- und Informationsamtes der Bundesregierung* 39, 17. Mai 1993, S. 343)

das Konzept der intergouvernementalen Zusammenarbeit souveräner Staaten.[22]

Wichtigste Entscheidung für die Gestaltung aber ist die Festlegung der Unionsbürgerschaft, woraus folgt, daß in der Europapolitik geklärt werden muß, was unter dem Begriff des europäischen Bürgers gefaßt werden soll und welche Auswirkungen dies auf die Konzeption der Europäischen Union haben wird, durchaus im Sinne einer ideologiekritischen Sichtung des Leitbildes »Citoyen«. Momentan hat es den Anschein, »daß die Durchsetzung des europäischen Staatsbürgertums eher auf dem Gebiet der Polizeikontrollen und der Einschränkung des Asylrechts (Schengen, Dublin) ansetzt als an einer erweiterten demokratischen Teilhabe«, meint Étienne Balibar, der erörtert hat, inwieweit es ein europäisches Staatsbürgertum überhaupt geben kann.[23] Dabei gibt es unter den politisch Verantwortlichen allemal die Überzeugung, daß die Zukunft Europas abhängig ist vom Demokratiebewußtsein seiner Bürger. Derart zeigte sich in der Erleichterung, mit der die Regierungen der Europäischen Gemeinschaft auf die Ratifizierung des Vertrags von Maastricht in der Bundesrepublik nach dem Urteil des Bundesverfassungsgerichtes reagierten, daß auch gegenwärtig Demokratie als Ausnahmezustand angesehen wird. Der europäische Einigungsprozeß an sich steht für dieses Wissen, stand er doch von Beginn an unter dem Ziel, die Grundzüge zu überwinden, die als ursächlich für die vorausgegangenen Katastrophen angesehen wurden. Zum einen war dies die ökonomische Konkurrenz, die weder auf gesellschaftliche Lebensbereiche noch auf die Ökosphäre Rücksicht nahm, sowie zum anderen der Hang zum nationalen Wertpathos, der immer in Unmündigkeit und Autoritarismus geführt hatte. Die Ängste, die mit einem möglichen Scheitern der Anerkennung des Maastrichtvertrages

22 Vgl. *Europäische Union – Europäische Gemeinschaft*, Die Vertragstexte von Maastricht mit den deutschen Begleittexten, bearbeitet und eingeleitet von Thomas Läufer, Bonn: Europa Union Verlag 1994.
23 Étienne Balibar, »Kann es ein europäisches Staatsbürgertum geben?«, in: *Das Argument*. Zeitschrift für Philosophie und Sozialwissenschaften Nr. 206, Ethik und Staat: Zivilgesellschaft (1994), S. 621-638, hier S. 636.

einhergehen, lassen zumindest vermuten, daß diese Gefahren nicht als überwunden gelten.[24]

> »Die Geschichte wiederholt sich nicht, doch wo etwas nicht Geschichte wurde und Geschichte nicht gemacht hat, wiederholt sie sich durchaus.«
> Ernst Bloch, *Ein altes Lied*

Der Ausgangspunkt der Befürchtungen, die Entwicklung zu einer politischen Union könne stagnieren oder gar aufgehalten werden, findet sich in der Frage, wie dieses Europa zu einem der Bürger werden kann, anders gesagt, wie es erreicht werden kann, daß die Bürger der Europäischen Union sich mit dieser identifizieren, also zu solchen erst werden, indem sie dieses politische Leitbild verinnerlichen. Daß Europa nur in einer geistig-kulturellen Föderation und in einer ökonomischen Kooperation seine Zukunft finden könne, so das Motiv der Gründungsväter, ist erst dann Realität, wenn es sich vom Ideal zum Allgemeinplatz gewandelt hat. Dabei hatte für die Gestaltung der Europapolitik das Leitbild des Citoyen von Anfang an entscheidende Bedeutung, auch wenn die klassenlose Gesellschaft nicht zur Zielvorstellung der Gründungsväter der europäischen Einigung gehörte, woran sich dann auch Gründe der ungleichzeitig verlaufenden Entwicklung zeigen ließen.

Die Zielaussagen der Gründer der europäischen Gemeinschaft bündeln sich in der Zielrichtung Integration[25], die verschiedene theoretische Konzeptionen für den Prozeß des Zusammenschlusses berücksichtigt. Der von den europapolitischen Wirtschaftsvorstellungen der Amerikaner geprägte Begriff wurde in den fünfziger Jahren von prominenten europäischen Politikern verwendet, um den Aufbau überstaatlicher

---

24 Vgl. Burisch, »Der föderale Gedanke und das subsidiäre Prinzip in Europa«, a.a.O.

25 Zur Entwicklung des Begriffs Integration hin zum Ausdruck für die Zielvorstellungen des Einigungsprozesses vgl. Heinrich Schneider, »Das neue Leitwort: ›Integration‹«, in: Ders., *Föderale Union – Europas Zukunft? Analysen, Kontroversen, Perspektiven*, a.a.O., S. 225-270.

Strukturen einzuleiten, deren »Grundmuster auf die Straßburger Formel von der Autorität mit begrenzten Funktionen, aber echten Befugnissen zurückging. ... Eben dieser Sprachgebrauch setzt sich durch, so daß er wenige Jahre später bei Diskussionen über die politischen Strukturprobleme des westeuropäischen Zusammenschlusses als unumstritten vorausgesetzt werden kann.«[26]

Am Ziel Integration lassen sich sowohl die Motive der Akteure als auch eine Standortbestimmung des Prozesses verdeutlichen. Die Frage, wie dieses Ziel auf konkrete Handlungskonzepte bezogen mit Inhalt gefüllt wird, ist abhängig von den zugrunde liegenden Demokratievorstellungen, denn welcher Stellenwert der Demokratie zugesprochen wird, entscheidet über die Zukunft der Union. Auswirkungen hat das etwa auf die Aufnahmekriterien von Staaten in die Union, da ein Bekenntnis zu einer föderalen Strukturierung ein demokratisch-konstitutionelles Leitbild politischer Willensbildung und Legitimierung voraussetzt.[27] Ob das aber zugleich besagen muß, daß die Mitgliedstaaten sich nicht nur durch eine Affinität zum Prozeß der Aufklärung auszeichnen müssen, sondern auch durch die vormalige Zugehörigkeit zum karolingischen Reich mit römisch-katholischer Prägung, so wie es die Gründungsväter Adenauer, Schumann und de Gasperi vorsahen[28], erlangt aufgrund der Veränderung der weltpolitischen Konstellation durch die Befreiung osteuropäischer Staaten aus sowjetischer Vormundschaft und der dann folgenden Aufnahmebegehren einiger dieser Staaten neue Aktualität. Zum einen stellt sich die Frage, wie die Europäische Union deutlich zu machen vermag, inwieweit das Bekenntnis zur Demokratie dieser Staaten die

26 Ebd., S. 228 f.
27 Vgl. ebd., S. 26 f.
28 Vgl. Burisch, »Der föderale Gedanke und das subsidiäre Prinzip in Europa«, a.a.O. Eine derartige Sichtweise von Europa hatte lange vor der nach dem 2. Weltkrieg einsetzenden Europapolitik die verschiedensten Konzepte, friedlicher und auch kriegerischer Art, eines möglichen Zusammenschlusses bestimmt. Vgl. zur ausführlichen historischen Darlegung Richard Faber, *Abendland – Ein politischer Kampfbegriff*, Hildesheim: Gerstenberg 1979.

Union zur Abkehr von einer westeuropäischen Orientierung bewegen kann, zum anderen aber wie sie sich zur Wiederkehr der Nationalismen in osteuropäischen Ländern verhält. Der Maastricht-Vertrag und auch die seit 1996 tagende Kommission zur Revision desselben hinterlassen in dieser Frage den Eindruck von Stagnation, da einem Trend zur Renationalisierung nachgegeben zu werden scheint.

Dieser Trend hat zudem entscheidenden Einfluß auf die Rolle des Bürgers bei der Gestaltung der zukünftigen Union, die in der Bundesrepublik durch das Urteil des Bundesverfassungsgerichts unter bestimmte Bedingungen gestellt wurde.[29] Laut Urteil ist die Union ein auf dynamische Entwicklung angelegter Verbund demokratischer Staaten, der hoheitliche Aufgaben wahrnimmt, der aber »keinen sich auf ein europäisches Staatsvolk stützenden Staat«[30] darstellt, die Unabhängigkeit und Souveränität der Mitgliedstaaten demnach nicht antastet, sondern die Legitimation der Gemeinschaftsgewalt an die demokratischen Instanzen der Mitgliedstaaten bindet. Trotzdem sind die Bürger der Mitgliedstaaten durch die Unionsbürgerschaft rechtlich verbunden, d. h., daß die von den Unionsbürgern ausgehende Einflußnahme sehr wohl in eine demokratische Legitimation der europäischen Institutionen münden kann. Wohin der europäische Integrationsprozeß hinausläuft, ist auch durch das Urteil weiterhin offengehalten, es ist demnach entscheidend, wie die Zielbestimmung »Integration« durch die Mitentscheidung der Bürger inhaltlich ausgefüllt wird. Nur darin liegt die Chance, daß das Ziel Europa von seinen Bürgern im Prozeß des Aufbaus internalisiert wird.

Dazu gehört allerdings auch, vorab zu klären, inwieweit die rechtliche Verbundenheit der Unionsbürger es ermöglicht, zu

---

29 Vgl. Bundesverfassungsgericht, Urteil vom 12. 10. 1992, abgedruckt in: *Europa-Archiv*, 48. Jg., Nr. 22 (1993), D 460-476. Zur Erläuterung des Urteils vergleiche u. a. Heribert Prantl, »Die Vereinigten Staaten von Europa sind noch in weiter Ferne. Bundesverfassungsgericht setzt Wegweiser und Grenzpfähle«, in: *Süddeutsche Zeitung* Nr. 238, Donnerstag, 14. Oktober 1993, S. 11.

30 Bundesverfassungsgericht, Urteil vom 12. 10. 1993, a.a.O., D 461 (8. Leitsatz zum Urteil des Zweiten Senats vom 12. Oktober 1993).

einem Begriff von Staatsbürgerschaft zu gelangen, der nicht mehr an die Grenzen des Nationalstaates gebunden ist, wie es der französische Begriff der Citoyenneté beinhaltet. Bei der Verwirklichung eines solchen Leitbildes geht es nicht allein um die juristische und deduktive Behandlung des Themas, also um Verordnungswege und vorausgesetzte Konzepte, sondern nachgerade auch um den Begriff der Verfassungsordnung. Nun führten aber weder die politischen Einigungen im Vertrag von Maastricht noch die tiefgreifenden Veränderungen in Osteuropa zu einer Debatte über die Verfassungsordnung, obwohl der Vertrag den Boden bereitet, um von einer wirtschaftspolitischen Vereinigung zur politischen Union zu gelangen. Dem im Grunde widersprechend wird in ganz Europa die Souveränität der einzelnen Mitgliedstaaten gegenüber einer möglichen Einigung hervorgehoben, als stände diese tatsächlich in Gefahr, was sich dann überdeutlich in der Beschwörung einer Renaissance des Nationalstaates äußert. Tatsächlich geht es weniger um die Frage, ob Bundesstaat oder Staatenbund, als vielmehr darum, eine föderale Gestaltung zu entwickeln, die sich als umfassendes politisches Gemeinwesen charakterisieren läßt.[31] Das neuerliche Infragestellen der Einigungsbemühungen ist jedoch nicht allein aus der Europapolitik heraus zu interpretieren, sondern ist vor allem darin begründet, auf die deutlich werdenden veränderten Existenzbedingungen des Staates reagieren zu wollen. In diesem Sinne erklärt Balibar: »Bevor man über eine neue Art von Beziehungen zwischen den kollektiven Verhaltensweisen und der Organisation der öffentlichen Gewalten debattiert, die die supranationale Konstruktion verlangt, muß man verstehen, warum die Wende der europäischen Geschichte mit einer Krise des Begriffs des Bürgers (citoyen) selbst zusammenfällt, die in gewisser Weise dessen ganze Geschichte umwälzt. Die aktuellen Debatten sind getrieben von der Suche nach einem

31 In einem ähnlichen Sinn hatte Alfred Weber schon 1925 die Frage gestellt, ob es möglich ist, zu einem regulativen und konstruktiven Begrenzungsprinzip nationalen Handelns zu gelangen, um ein Europa zu errichten, »das ... alle Nationalitäten in sich schließend nach einem neuen Prinzip leben kann?«, in: Alfred Weber, *Die Krise des modernen Staatsgedankens in Europa*, Stuttgart 1925, S. 151.

Paradigma, in dem der kulturelle Pluralismus nicht mehr eine Restgröße oder ein untergeordnetes Phänomen, sondern konstitutiv ist. Sie sind sich auf unklare Weise der Notwendigkeit bewußt, die Gleichung Staatsbürgertum – Nationalität in allem, was sie impliziert und rechtfertigt, zu überprüfen. Aber auch dann, wenn diese Gleichung nicht mehr allseits als sakrosankt gilt, ist sie für die Organisation der Bürgerrechte immer noch grundlegend und beherrscht gerade die Perspektive einer Entwicklung. Oft genug hat die Idee des supranationalen Staatsbürgertums keinen anderen Inhalt, als daß sie die Merkmale des nationalen Staatsbürgertums auf eine ›höhere‹ Ebene verschiebt.«[32]

Um so wichtiger ist es, festzuhalten, daß die Geschichte des Begriffs Nation belegt, daß Staatsbürgerschaft und nationale Identität unabhängig voneinander zu denken sind, Staatsbürgerschaft sich durch demokratische Teilhabe begründet und nicht durch eine Abstammungsgemeinschaft, da in dem Konzept der Staatsbürgerschaft der Begriff der Selbstbestimmung enthalten ist.[33] Dagegen zeigt die Geschichte, insbesondere die deutsche, daß die Idee der Nation allzuoft durch Elemente der Ausschließung sich kennzeichnen ließ, deren Potentiale Aggressivität und Unterdrückung von Demokratie und Freiheit waren. Darin liegt die Relevanz der Mahnung von Jürgen Habermas, daß in der Bundesrepublik nach 1989 aufgekommene Vorstellungen, die BRD sei endlich wieder ein »normaler« Nationalstaat, der zudem noch an die Spitze des europäischen Staatenbundes zu setzen wäre, als Lebenslüge entlarvt werden müssen.[34] Es ist dies die Warnung, daß ein derartiges künstlich erzeugtes Gemeinschaftsgefühl nur zur Regression und zur Aufgabe der bürgerlichen Ideale führen kann, ebenso wie eine nur

32 Balibar a.a.O., S. 623.
33 Vgl. Jürgen Habermas, »Staatsbürgerschaft und nationale Identität«, in: Ders., *Faktizität und Geltung. Beiträge zur Diskurstheorie des Rechts und des demokratischen Rechtsstaats*, Frankfurt am Main: Suhrkamp 1992, S. 632-660.
34 Vgl. Jürgen Habermas, »Die zweite Lebenslüge der Bundesrepublik: Wir sind wieder ›normal‹ geworden«, in: *Die Zeit* Nr. 51, 11.12.1992, S. 48.

auf nationalstaatlicher Ebene vollzogene politische Integration die Möglichkeiten der Einflußnahme der Bürger begrenzt.

Daß es nicht reicht, Europa als Summe der bestehenden nationalen Staaten zu bestimmen, so daß nationale Staatsbürgerschaften ineinander aufgehen, wird derweise deutlich durch die Problematik des Umgangs mit Immigranten. Wie wird es möglich, die Staatsbürgerschaft der Union zu erhalten und so an den Rechten und Pflichten des politischen Gemeinwesens teilnehmen zu können? Da das Unionsbürgerrecht momentan ein Folgerecht der Staatsbürgerschaft eines Mitgliedstaates ist, werden damit automatisch deren Ausschließungsregeln übernommen. Jürgen Habermas betont gerade deshalb die Bedeutung der Loslösung von nationalstaatlichem Denken für die Konstituierung einer europäischen Gemeinschaft und fordert dabei die Einhaltung der Ideale des Citoyen. »Auch in einem künftigen europäischen Bundesstaat müssen *dieselben* Rechtsprinzipien aus den Perspektiven *verschiedener* nationaler Überlieferungen, verschiedener nationaler Geschichten interpretiert werden. Die eigene Tradition muß jeweils aus einer an den Perspektiven der anderen relativierten Sicht so angeeignet werden, daß sie in eine übernational geteilte westeuropäische Verfassungskultur eingebracht werden kann. Eine partikularistische Verankerung *dieser* Art würde der Volkssouveränität und den Menschenrechten keinen Deut von ihrem universalistischen Sinn nehmen. Es bleibt dabei: Die demokratische Staatsbürgerschaft braucht nicht in der nationalen Identität eines Volkes verwurzelt zu sein; unangesehen der Vielfalt verschiedener kultureller Lebensformen, verlangt sie aber die Sozialisation aller Staatsbürger in einer gemeinsamen politischen Kultur.«[35] Darin enthalten ist die Forderung, daß alle Einwohner eines zukünftigen europäischen Hauses an den Grundfreiheiten der Union teilhaben können. Anzeichen für eine solche Wirkungsabsicht finden sich im Schlagwort des »Europa der Bürger«, das jedoch bisher vorrangig dazu dient, das negative Image der Union abzubauen und demgegenüber eine Identifikationsmöglichkeit

35 Jürgen Habermas, »Staatsbürgerschaft und nationale Identität«, a.a.O., S. 643.

auszuweisen. In hervorragender Weise zeigt dieses Schlagwort, wie ein bestimmtes Europabild in die Öffentlichkeit getragen werden soll, indem sogenannte bürgernahe Aktionen auf die Stimmung für die gesamte Europapolitik wirken sollen. Im Unionsvertrag mündet dieses Ziel in den Erläuterungen zum Prinzip der Subsidiarität, mit dem durch Dezentralisierung von Entscheidungsebenen Bürgernähe erreicht werden soll. Über den öffentlichkeitswirksamen Effekt hinaus läßt sich am Schlagwort »Europa der Bürger« aufzeigen, daß die weitere Entwicklung einhergeht mit einer allgemeinen Emanzipation zur Mündigkeit, das Schlagwort gleichsam nur zum Leitbild werden kann, wenn es die Utopie des Citoyen beinhaltet, Gesellschaft demnach nicht als Zwangsverband angesehen wird, sondern als eine Möglichkeit subjektiver Entfaltung.

Konkret auf die Bundesrepublik bezogen, heißt das, Europa als eine kulturell überschreitende Intention erfordert den Mut zur Erinnerungsarbeit. Erinnerung daran, wohin nationaler Pathos in der Geschichte geführt hat, aber auch Erinnerung daran, daß mit der projektiven Nivellierung fremder kultureller Eigenheiten nur die eigene Kulturbefähigung verhindert wird. Und es bedeutet den ständigen Versuch zu vermitteln, daß die Eingliederung der Bundesrepublik in Europa getragen war von der Vorstellung, »die ihrer imaginierten Übermächtigkeit entkleideten Deutschen durch Einbindung in die Geschichte des europäischen Befreiungsgedankens von der Faszination kapitalistischer Goldsuche und ergreifender Fortschrittsdämonie aus Erfahrung zu schützen. Zugleich war damit die praktische Vorstellung vermittelt, nicht wieder in ein ›nationales Selbstmitleid‹ zu verfallen, sondern aus den nicht zuletzt durch dieses aufgeschütteten Trümmern den zeitgerechten Citoyen werden zu lassen.«[36] Um heute zu einem notwendigen Reifungsprozeß der Gesellschaft zu gelangen, bedarf es weiterhin dieses Citoyen, der erst werden will. Die Zukunft der europäischen Entwicklung wird dadurch

36 Wolfram Burisch, »Freispruch wegen vorsätzlicher Unmündigkeit? Analytische Skizzen zur politischen Kultur des ›Deutschen‹«, in: *Störfaktor* 14 (1990), Heft 2, Jg. 4, Zeitschrift kritischer Psychologinnen und Psychologen, S. 52-70, hier S. 58 f.

bestimmt, ob von allen Bürgern verinnerlicht wird, daß deren Mündigkeit die Qualität des Prozesses ausmacht, es darum geht, zu einer Gesellschaft zu gelangen, in der der einzelne ein gesellschaftliches Leben vertretbar werden läßt, da seine Subjektivität den Kern des Wir ausmacht.

> »Item: bisher sind weder echte Iche noch ein echtes Wir ins Leben getreten. Für beide kam noch keine blühende Zeit, und kommt sie, dann werden mit dem neuen Inhalt auch die bisherigen Formen verändert sein.«
> Ernst Bloch, *Das Prinzip Hoffnung*

Die Bedeutung der Entwicklung eines zeitgerechten Citoyen auch heute schlägt den Bogen zu Ernst Blochs Diktum. Soll das zukünftige Europa eines seiner Bürger werden, dann ist genau das gefordert, was seit der Französischen Revolution die Voraussetzung demokratischer Legitimation ausmacht, Mitentscheidung. Konkret aber heißt das, es geht um die politischen Leitbilder und Zielvorstellungen des Projektes Europa und damit um die Hervorhebung der europäischen Tradition von Demokratie und Menschenrechten.

Wenn Bloch auf diese Tradition zu sprechen kommt, dann zumeist mit Rückgriff auf Immanuel Kant, um mit ihm nach den Gesetzmäßigkeiten zu fragen, die in der Sache selbst ihre Voraussetzungen haben, somit nach den formalen Regeln der Vernunft. Die Sittlichkeit dieser Regeln manifestiert sich in der Antizipation einer Gesellschaft gleichberechtigter Bürger, die Regeln der Vernunft implizieren das Versprechen des mündigen Bürgers. Um dies als Aufgabe formulieren zu können, bedarf es der Erinnerung an Blochs Satz: »Das Richtige eines Verbindens von Leitbildern mit Leittafeln auf die Erbfrage übertragen, so ist das der Zukunft am stärksten vorgreifende, für Zukunft am stärksten offene Leitbild der Citoyen der Französischen Revolution, und ihm ist als Zeichen seiner Leittafel die Trikolore Freiheit, Gleichheit, Brüderlichkeit inhärent aufgegeben.«[37]

37 Bloch, *Experimentum Mundi*, a.a.O., S. 189.

Damit dies aber Prinzip allgemeiner Gesetzgebung werden kann, betont er: »Erst in einer klassenlos gewordenen Gesellschaft hätte der kategorische Imperativ seine ideologiefreie Wahrheit.«[38]

Solche Erkenntnis aber befreit nicht von der Verpflichtung, die Leittafel in praktisches gesellschaftliches Handeln umzusetzen und auf die geschichtlichen Tendenzen hin auf ein möglich Besseres zu achten. Wenn es den Traum von einer Sache, die man noch nicht besitzt, geben soll, dann weder aus Leugnung des Erbes heraus noch durch Rückzug aus den politischen Konfigurationen. Damit das Ich-Werden im Wir möglich ist, muß jeder einzelne Einfluß auf die Entwicklung des sozialen Ganzen haben, das Gemeinwohl im demokratischen Prozeß erst zu konstituieren. Blochs Diktum »Ich bin. Aber ich habe mich nicht. Darum werden wir erst« ist Hinweis auf die Bedeutung des Rahmens, den es zu konstituieren gilt. Eine gesellschaftliche Struktur, in der das Wir sich nicht gegen das Ich richtet, sondern das Wir dem Ich die Möglichkeit zur Entfaltung bietet.

38 Ebd., S. 190.

EDGAR WEISS

Ernst Bloch und das Problem der konkreten Utopie

Denken heißt »Überschreiten«[1], auch dasjenige der willkürlich gezogenen Gebietsgrenzen. Nicht leicht dürften sich Theorie- und Praxis-Bereiche benennen lassen, die von den explorativen Streifzügen Blochschen Denkens gänzlich unberührt geblieben wären. Tagträume, Mythen und Märchen werden so gut wie Religionen, Kunst, Literatur und Musik zum Thema, sozial- und ideengeschichtliche Entwicklungen so gut wie naturwissenschaftliche Errungenschaften. Stets vom »Arbeitsproblem«[2] der »docta spes« inspiriert, spürt Bloch allenthalben utopische Gehalte auf, findet er überall Zukunft in der Vergangenheit. Vom ersten Buch, dem messianisch-eschatologisch geprägten *Geist der Utopie* (1918), über *Thomas Münzer* (1921), *Spuren* (1930) und das in den amerikanischen Emigrationsjahren 1938-47 abgefaßte Hauptwerk *Das Prinzip Hoffnung* bis hin zu *Atheismus im Christentum* (1968) und dem philosophischen Vermächtnis *Experimentum Mundi* (1975) wird die Grundidee durchgehalten, daß das Sein des Menschen, der Gesellschaft und der Welt noch nicht adäquat herausgekommen, noch erst unzureichend bestimmt, noch nicht identisch mit sich selbst sei. In der Formel »S ist noch nicht P«[3] fand Bloch die Abbreviatur dessen, was er in seinem voluminösen Opus in unverwechselbar prophetisch-expressionistischem Stil meist aphoristisch und essayistisch mit großer Detailfreude als Enzyklopädie entfaltet hat: Das Subjekt hat das ihm adäquate Inhalts-Prädikat noch nicht gefunden, ist

---

1 Ernst Bloch, *Atheismus im Christentum. Zur Religion des Exodus und des Reichs*, Frankfurt a. M.: Suhrkamp 1980, S. 15.
2 Ernst Bloch, »Curriculum vitae«, in: L. J. Pongratz (Hg.), *Philosophie in Selbstdarstellungen*, Bd. I, Hamburg: Meiner 1975, S. 2 f.
3 Ebd., S. 9. – Ernst Bloch, *Tübinger Einleitung in die Philosophie*, Frankfurt a. M.: Suhrkamp 1970, S. 164, 219, 374. – Ernst Bloch, *Subjekt-Objekt. Erläuterungen zu Hegel*, Frankfurt a. M.: Suhrkamp 1977, S. 37.

daher umfassend noch nicht identifizierbar, der »substantielle Tragekern der Welt« steht im Zeitmodus der Zukunft. Schon in der bloßen Unmittelbarkeit aber, im »Dunkel des gelebten Augenblicks«[4], waltet letzte Utopie, vernehmen wir unaushaltbaren Mangel, Hunger, latenten, uns nach außen, zum Bezug auf ein Da treibenden Impuls. Er zielt auf die traumbildhaft und antizipatorisch immer schon aufscheinende Reduktion der Spannung zwischen S und P, auf die letztlich alles menschliche Bestreben gerichtet ist. So gibt es für uns von Beginn an keine Richtungslosigkeit, sondern immer schon antreibende Wunsch-, Hoffnungs- und Zieltendenz, die der Mangelüberwindung, besserem Leben, dem Herausprozessieren des *homo absconditus*, der möglichen Menschlichkeit des Menschen, wahrer Heimat, menschlicher Selbstverwirklichung in einem erhofften »Reich der Freiheit« gilt.

Daß das eigentliche Humanum allererst gärt und noch heraus- und heraufgebracht werden will, hat Bloch wiederholt in die Sentenz gekleidet: »Ich bin. Aber ich habe mich nicht. Darum werden wir erst.«[5] Dieser Blochsche »Schlüsselsatz«[6] bringt nicht nur zum Ausdruck, daß der Mensch vom bloß dahingelebten, suchenden Bin an noch erst unterwegs ist, seines eigentlichen Wesens *habhaft* zu werden. Der bemerkenswerte Übergang vom Singular zum Plural zeigt auch an, daß menschliches Identischwerden nur im Kollektiv möglich ist, und zwar in einer Vereinzelung produktiv aufhebenden, in entscheidender Hinsicht gleichsinnigen und solidarischen Menschengemeinschaft.[7] Auf sie ist Hoffnung, deren Absenz das dem Menschen

4 Ernst Bloch, *Geist der Utopie*, Frankfurt a. M.: Suhrkamp 1964, S. 237 ff., 251 ff.
5 Ernst Bloch, *Spuren*, Frankfurt a. M.: Suhrkamp 1985, Motto. – Ernst Bloch, *Experimentum Mundi. Frage, Kategorien des Herausbringens, Praxis*, Frankfurt a. M.: Suhrkamp 1975, S. 11. – E. Bloch, *Tübinger Einleitung*, a.a.O., S. 13, 217.
6 Karl Heinz Stahl, »Philosophie als Gewissen des Morgen«, in: K. Bloch/A. Reif (Hg.), »*Denken heißt Überschreiten*«. In memoriam Ernst Bloch 1885-1977, Köln/Frankfurt a. M.: EVA 1978, S. 56.
7 Vgl. dazu E. Bloch, *Spuren*, a.a.O., S. 11. – E. Bloch, *Experimentum Mundi*, a.a.O., S. 195.

schlechthin »Unerträgliche« ist[8], allemal gerichtet. Ihre Antizipation allerdings vermag die kämpferische Anstrengung um ihre Realisierung nicht zu ersetzen. Nur als eine Klassenherrschaft überwindende ist sie denkbar, weshalb es für Bloch keine tragfähige Zukunftshoffnung ohne marxistische Einsichten gibt, – »... wer der *Wahrheit* nach will«, heißt es in der suggestiv-lapidaren Sprache der Leipziger Antrittsvorlesung, »muß in das mit Marx eröffnete Reich; es gibt sonst keine Wahrheit mehr, es gibt keine *andere*.«[9]

In seinem *Abriß der Sozialutopien*[10] gelangt Bloch zur prinzipiellen Koinzidenz mit Engels' Einschätzung des vormarxistischen Sozialismus[11]: zur Würdigung der »utopischen« Sozialisten bei gleichzeitiger Kritik ihres »Utopismus«, d.h. ihrer »überschießenden Bilder«, ihrer en detail ausgemalten Visionen und ihrer Zuversicht hinsichtlich moralischer Appelle an die Herrschenden. Zugleich aber korrigiert Bloch Engels' strikte Entgegensetzung von Utopie und Wissenschaft. Der immer wieder herangezogene Marx-Brief an Ruge von 1843, demzufolge »die Welt längst den Traum von einer Sache besitzt, von der sie nur noch das Bewußtsein besitzen muß, um sie wirklich zu besitzen«[12], verweist exemplarisch auf ein utopisches Movens auch im Marxschen Denken, das Bloch zu dem Fazit veranlaßt: »So ist denn Marxismus nicht keine Utopie, sondern das Novum einer konkreten Utopie.«[13]

Konkrete unterscheidet sich im Blochschen Verständnis von abstrakter Utopie dadurch, daß sie nicht historisch-aktuell un-

---

8 Ernst Bloch, *Das Prinzip Hoffnung*, Frankfurt a. M.: Suhrkamp ³1976, 1. Bd., S. 3.

9 Ernst Bloch, *Pädagogica*, Frankfurt a. M.: Suhrkamp ²1972, S. 58.

10 E. Bloch, *Das Prinzip Hoffnung*, a.a.O., 2. Bd., S. 547 ff.

11 Friedrich Engels, Die Entwicklung des Sozialismus von der Utopie zur Wissenschaft, in: *Marx-Engels-Werke* (MEW), Berlin: Dietz 1956 ff., Bd. 19, S. 177-228.

12 MEW, Bd. 1, S. 346. – Vgl. E. Bloch, *Das Prinzip Hoffnung*, a.a.O., 1. Bd., S. 177. – E. Bloch, *Tübinger Einleitung*, a.a.O., S. 150. – E. Bloch, *Atheismus im Christentum*, a.a.O., S. 345 f. – E. Bloch, *Experimentum Mundi*, a.a.O., S. 66.

13 E. Bloch, *Experimentum Mundi*, a.a.O., S. 188.

vermittelte Fortschrittsträume repräsentiert, sondern dem Entwicklungsprozeß der Produktivkräfte parallelläuft, an vorhandene gesellschaftliche Tendenz anknüpft.[14] Entgegen einer – von Marx und Engels verschiedentlich selbst nahegelegten – Marxinterpretation, die den »Selbstlauf« des Fortschritts behauptet (und letzteren dadurch zu erschweren geeignet ist), ist der historische Prozeß menschlicher Selbstwerdung für Bloch nicht linear, sondern ein dauerndes »Herausproben, Modellgestalten, Gestaltmodellieren des ausstehend wahren Seins«.[15] Das Gelingen dieses Prozesses ist vom objektiven Faktor der realen Möglichkeit, nicht weniger aber vom subjektiven Faktor des Willens und der revolutionär eingreifenden Tathandlung der Menschen abhängig und durchaus »vereitelbar« – konkrete Utopie bleibt ein »offenes System«.[16]

Die weitreichenden Wirkungen der hier nur in überaus knappem Umriß skizzierbaren Philosophie Blochs stehen außer Zweifel. Aus der Geschichte des Marxismus, für die seine Bedeutung freilich sehr unterschiedlich bewertet worden ist[17], ist Bloch als innovativer, vulgärmaterialistischem Ökonomismus opponierender, auf »ungleichzeitige« gesellschaftliche Widersprüche und folgenreiche Versäumnisse der Linken hinweisender, dem Kältestrom der Analyse den Wärmestrom der Hoffnungen zur Seite stellender und der Philosophie gegenüber fragwürdigen »Aufhebungs«-Verständnissen die Treue bewahrender Theoretiker nicht wegzudenken. Neben seinem »Jugendfreund« Lukács, von dem er sich insbesondere durch seine

14 Vgl. etwa E. Bloch, *Tübinger Einleitung*, a.a.O., S. 153. – E. Bloch, *Erbschaft dieser Zeit*. Erweiterte Ausgabe, Frankfurt a. M.: Suhrkamp ²1992, S. 151.

15 E. Bloch, *Tübinger Einleitung*, a.a.O., S. 120, 117.

16 E. Bloch, *Experimentum Mundi*, a.a.O., S. 254 f., 28. – E. Bloch, *Subjekt-Objekt*, a.a.O., S. 470. – Ernst Bloch, »Das Zeitalter des Systems ist abgelaufen«, in: K. Bloch/A. Reif (Hg.), »*Denken heißt Überschreiten*«, a.a.O., S. 20.

17 Vgl. etwa Predrag Vranicki, *Geschichte des Marxismus*. Zweiter Band, Frankfurt a. M.: Suhrkamp 1974, S. 818 ff. – Leszek Kolakowski, *Die Hauptströmungen des Marxismus. Entstehung – Entwicklung – Zerfall*, 3. Bd., München/Zürich: Piper 1979, S. 458 ff.

Position in der Expressionismus-Debatte und seinen Einbezug der Natur in den dialektischen Materialismus unterscheidet, kann er als »Gründungsvater« des »Westlichen Marxismus« gelten.[18] Daß er von parteioffiziösen Dogmatikern des Ostens als Häretiker, Revisionist und Jugendverführer gebrandmarkt wurde und Konservativen des Westens vielfach als *persona ingrata* galt, belegt seine Bedeutung als Repräsentant eines *kritischen* Marxismus, gegen dessen Protagonisten sich üblicherweise allenthalben vergleichbare unheilige Allianzen zu bilden pflegten. Nichtsdestoweniger: Will man der Aktualität Blochschen Denkens heute – rund acht Jahrzehnte nach dessen erster literarischer Ausgestaltung und zwei Jahrzehnte, nachdem die »härteste Gegen-Utopie« den Utopieforscher ereilt hat – nachfragen, kann über problematische Elemente dieses Denkens nicht geschwiegen werden und dessen Konfrontation mit prinzipiellen Obsoleszenz-Verdikten schwerlich ausbleiben.

Vielbeachtete Theoretiker der atomaren Bedrohung und der ökologischen Krise haben das *Prinzip Hoffnung* als ein der Zeit des drohenden Geno- und Ökozids nicht mehr gemäßes desavouiert. Günther Anders konzediert Bloch zwar, der Mensch habe sich in der Tat als zur Entsagung der Hoffnung unfähig erwiesen, gerade dies aber sei angesichts der permanenten – seit der Herstellung nuklearer Genozidmaschinen prinzipiell nicht rückgängig zu machenden – atomaren Gefahr ein ernstzunehmender Defekt. Entgegen der »Hofferei« seines Freundes Bloch, der diese Situation naiv ignoriert habe, gelte es, die gleichwohl zu bekämpfende Apokalypse insofern ernstzunehmen, als die Möglichkeit des »Zeitenendes« jederzeit als alarmierende Existenzbedrohung bewußt gehalten werden müsse. Das *Prinzip Hoffnung* solle durch das »Prinzip Trotz« ersetzt werden, das allein dem notwendigen, aber notwendig auch völlig illusionslosen Kampf gegen die globale Vernichtungsgefahr entsprechen könne.[19]

18 Martin Jay, »Lukács, Bloch und der Kampf um eine marxistische Totalitätskonzeption«, in: A. Münster u. a. (Hg.), *Verdinglichung und Utopie. Ernst Bloch und Georg Lukács zum 100. Geburtstag*, Frankfurt a. M.: Sendler 1987, S. 298.

19 Günther Anders, »Brecht konnte mich nicht riechen« (Gespräch mit

Hans Jonas hat dem *Prinzip Hoffnung* unterdessen das *Prinzip Verantwortung* entgegengestellt, um unter expliziter Abgrenzung gegen Bloch die »als Pflicht anerkannte *Sorge*« um ein bedrohtes Sein ins Zentrum der Aufmerksamkeit zu rücken.[20] Er akzeptiert zwar die Hoffnung als Bedingung allen menschlichen Handelns, reduziert sie jedoch betont utopiekritisch und bringt sie insbesondere mit der Notwendigkeit gegenwärtigen und künftigen Entfaltungsverzichts in Verbindung. Zu Jonas' Hoffnungen gehört es, »daß auch in Zukunft jede Zufriedenheit ihre Unzufriedenheit... – ja, jedes Glück sein Unglück gebiert«, und die von Bloch ausgiebig thematisierte Utopie der Überwindung des Todes stößt bei ihm lediglich auf entschiedene Antipathie.[21]

Solche Positionen vermögen – so notwendig ihre Thematisierung der globalen Gefährdungen durch Technikidolatrie und Wachstumsfetischismus, so berechtigt ihre Kritik an der auch an Bloch verschiedentlich exemplifizierbaren Fortschrittsgläubigkeit vieler marxistischer Ansätze ist – nicht zu überzeugen. Denn der Hoffnung im Sinne einer »Parteilichkeit für die Zukunft«[22] vermag faktisch auch Anders' ansonsten plausible Attacke gegen gängige Apokalypseblindheit nicht zu entsagen, und Jonas' »postmarxistisch«-ökodiktatorisches Plädoyer für eine Überlebenssicherung durch Askese verkennt die zentralen Marxschen und Blochschen Intentionen, deren Zukunftshoffnungen keineswegs mit uneingeschränkter Naturausbeutung und hemmungslosem Konsum, sondern mit einer qualitativ neuen, nicht-entfremdeten Beziehung des Menschen zu seiner inneren wie zur äußeren Natur verbunden waren. Bereits 1974

Fritz J. Raddatz), in: *Die Zeit*, Nr. 13, 22. März 1985, S. 65, 67. – Günther Anders, *Die atomare Drohung. Radikale Überlegungen*, München: Beck ²1981, S. 94.

20 Hans Jonas, *Das Prinzip Verantwortung. Versuch einer Ethik für die technologische Zivilisation*, Frankfurt a. M.: Suhrkamp 1984, S. 390 f.

21 Ebd., S. 382. – Hans Jonas, »Im Zweifel für die Freiheit?« Interview, in: *Nachrichten aus Chemie, Technik und Laboratorium*, Bd. 29, 1981, S. 437.

22 E. Bloch, *Das Prinzip Hoffnung*, a.a.O., 1. Bd., S. 5.

hat Heinz-Joachim Heydorn in einer luziden Studie überzeugend deutlich gemacht, daß Überleben einerseits und Befreiung des Menschen zu sich selbst andererseits *interdependente Ziele* darstellen.[23] Bloßes, erfüllungsloses, »entmenschlichtes« Überleben widerruft sich demnach tendenziell selbst; es enthält, weil ihm die Gleichgültigkeit gegenüber der Menschenwürde innewohnt, immer schon die Keime zur Selbstdestruktion, weshalb der Appell an den nackten Überlebenskampf der Spezies geeignet ist, ungewollt jene Gefahren zu begünstigen, deren Bekämpfung er gelten soll. Hoffnungs- und Verantwortungsprinzip gehören somit, recht verstanden, unlösbar zusammen, hoffnungsasketische Empfehlungen hingegen tragen eine resignations- und apathieförderliche, kontraproduktive Eignung in sich.[24]

Aber nicht nur die aktuellen Gefahren einer Selbstvernichtung der menschlichen Gattung sind zum Anlaß genommen worden, das von Marx apostrophierte Ziel der klassenlosen Gesellschaft als eine unter obwaltenden Umständen luxuriöse und unzeitgemäße Ambition zu verabschieden. Insbesondere nach dem Niedergang der bürokratischen Staatssozialismen des Ostens, der – als seien Ceacescu und Honecker die legitimen Marx-Erben gewesen – weithin als endgültiger Bankrott des Marxismus gewertet wird, scheinen die Zeichen für eine kritisch-konstruktive Rezeption marxistischer Theorieansätze nicht sonderlich günstig zu stehen. Gleichwohl haben keineswegs nur staatssozialistische Machteliten, denen ungeachtet ihrer Selbstetikettierungen mit guten Gründen das Attribut marxistisch abzusprechen ist, zu solcher Diffamierung Anlaß gegeben. Auch unter Denkern, denen gewiß das Attribut gebührt, war man sich keineswegs immer klar darüber, daß der

23 Heinz-Joachim Heydorn, Überleben durch Bildung, in: Ders., *Ungleichheit für alle. Zur Neufassung des Bildungsbegriffs. Bildungstheoretische Schriften* 3, Frankfurt a. M.: Syndikat 1980, S. 282-301.

24 Vgl. dazu: Iring Fetscher, »Die Vereinbarkeit des ›Prinzips Hoffnung‹ mit dem ›Prinzip Verantwortung‹«, in: M. Löwy u. a. (Hg.), *Verdinglichung und Utopie*, a.a.O., S. 219-225. – Karl-Otto Apel, *Diskurs und Verantwortung. Das Problem des Übergangs zur postkonventionellen Moral*, Frankfurt a. M.: Suhrkamp 1988, S. 182 ff.

kategorische Imperativ, »*alle Verhältnisse umzuwerfen*, in denen der Mensch ein erniedrigtes, ein geknechtetes... Wesen ist«[25], entschiedenen Widerstand gegen den seinerzeit real existierenden Sozialismus verlangte. Auch Bloch kann – trotz seines Protestes gegen die sowjetische Niederschlagung des Ungarn-Aufstandes, trotz Ächtung und Lehrverbot der fünfziger Jahre, trotz seines Exodus von 1961 – davon bekanntlich nicht freigesprochen werden.

Der »deutsche Philosoph der Oktoberrevolution« (Negt), dem Lenin noch 1918 in von entschiedener Affirmation einstweilen freien Urteilen als »roter Zar« galt, verlor bald die gebotene kritische Distanz zu den Vorgängen in der Sowjetunion, die er erst nach dem XX. Parteitag der KPdSU wiedergewann. Noch 1949, nach Wellen systematisch organisierter Massenmorde und anderer stalinistischer Verbrechen noch immer der Überzeugung, sinnvoll zum Aufbau eines unter unveränderten Vorzeichen stehenden östlichen Nachkriegssozialismus beitragen zu können, pries er die »allemal kühnbesonnene, offen-konkrete Weisheit Lenins und Stalins«.[26] Bloch hat das stalinistische Marxismusverständnis nicht übernommen, er hat sich aber während der Säuberungen und Moskauer Schauprozesse der dreißiger Jahre entschieden auf Stalins Seite gestellt, Repressalien, Deportationen und Liquidierungen gerechtfertigt und Nachrichten über den Moskauer Terror und erzwungene Geständnisse verharmlost. Die Verfolgung der Trotzkisten erschien ihm als legitime Verteidigung der Sowjetunion gegen deren Transformation in ein kapitalistisches und faschistisches Land, daß Bucharin und Rykow »Verbündete des faschistischen Teufels« seien, galt ihm als ausgemacht.[27] Die in diesem Kontext erfolgten Stellungnahmen lassen sich nicht

25 Karl Marx, *Zur Kritik der Hegelschen Rechtsphilosophie*. Einleitung, in: MEW, Bd. 1, S. 385.
26 Ernst Bloch, *Kampf, nicht Krieg. Politische Schriften 1917-1919*, Frankfurt a. M.: Suhrkamp 1985 (hg. von M. Korol), S. 196 ff. – E. Bloch, *Pädagogica*, a.a.O., S. 76.
27 Ernst Bloch, *Vom Hazard zur Katastrophe. Politische Aufsätze aus den Jahren 1934-1939*, Frankfurt a. M.: Suhrkamp 1972, S. 175 ff., 230 ff., 351 ff.

durch den Hinweis kuvrieren, daß Bloch seinerzeit im Kontext antifaschistischer Volksfronthoffnungen jegliche Kritik an der Sowjetunion für eine faktische Unterstützung Hitler-Deutschlands gehalten hat.[28] So sehr sie dem nach positiver Identität und politischer Heimat suchenden Emigranten selbst als Ausdruck wohlmeinender progressiver Parteilichkeit und des – als moralisch eindeutige Kategorie seither fragwürdig gewordenen – aufrechten Ganges[29] erschienen sind, so offenkundig bleiben seine Ignoranz und Uminterpretation gegenläufiger Informationen, so unverzichtbar bleibt Negts unzweideutige Feststellung: »Nichts von dem, was Bloch Apologetisches über die Moskauer Prozesse, über stalinistischen Terror, über die Liquidierung der altbolschewistischen Garde... gesagt hat, läßt sich rechtfertigen.«[30] Vergleichsweise spät wich Blochs Apologie der östlichen Systeme deren nachdrücklicher Kritik, die schließlich Züge einer linken Variante der oft zu Unrecht nur als westliche Selbstaufwertungsideologie wahrgenommenen Totalitarismustheorie annahm: Nach seiner Übersiedlung nach Tübingen stellte Bloch ohne Preisgabe seines marxistischen Selbstverständnisses fest, daß im Osten »*der faschistische Todfeind... in Gestalt seines Bekämpfers aufgetreten ist*«.[31]

Auf die Widersprüchlichkeit zwischen Blochs Zugeständnissen an den Stalinismus und der humanen Grundrichtung seiner Gesamtphilosophie hat man ebenso hingewiesen wie auf »an

28 Ebd., S. 287 f. – Hans Heinz Holz, *Logos spermatikos. Ernst Blochs Philosophie der unfertigen Welt*, Darmstadt/Neuwied: Luchterhand 1975, S. 13.

29 Vgl. dazu: Jan Robert Bloch, »Wie können wir verstehen, daß zum aufrechten Gang Verbeugungen gehörten?«, in: *Bloch-Almanach*, 9. Folge, Ludwigshafen 1989, S. 73-113.

30 Oskar Negt, »Ernst Bloch – der deutsche Philosoph der Oktoberrevolution. Ein politisches Nachwort«, in: E. Bloch, *Vom Hazard zur Katastrophe*, a.a.O., S. 432. – Gleichwohl treffend bleibt die Bemerkung von Joachim Schumacher, »Angedenken und Weiterwirken«, in: K. Bloch/A. Reif (Hg.), »Denken heißt Überschreiten«, a.a.O., S. 219: »Bloch hatte sich geirrt, und zwar völlig uneigennützig und mit Überzeugungsmut noch in der Falschdiagnose.«

31 Ernst Bloch, *Widerstand und Friede. Aufsätze zur Politik*, Frankfurt a. M.: Suhrkamp ²1969, S. 68.

Totalitäres« grenzende Elemente seines Denkens.[32] Aufs Ganze gesehen können diesbezügliche Ambivalenzen – Fürsprachen demokratisch-sozialistischen wie undemokratisch-sozialistischen Zuschnitts – nicht bestritten werden.[33] Der liberal geprägte »Morus-Typus« sozialistischer Utopie, in dessen Traditionslinie *das Ziel* konkreter Utopie gehört, schien Bloch wirkliche Chancen nur nach einem Durchgang durch Phasen eines vom »Campanella-Typus« beherrschten zentralistisch-autoritären Sozialismus zu haben[34], ohne daß entschieden transparent gemacht worden wäre, daß die Verwirklichungsziele in den Mitteln der Zielverwirklichung bei allem Noch-Nicht des »Wahren« doch schon durchgängig erkennbar sein müssen. Das Diskussionsdefizit hinsichtlich einer Vermittelbarkeit der Pole von Freiheit und Ordnung für die Strecke des Unterwegs-Seins zum wirklichen Geschichtsbeginn im Marxschen Sinne weist m. E. auf die prinzipielle Problematik zurück, die der Theorie der konkreten Utopie zuzeigen ist.

Bloch war sich der Paradoxie dieses Begriffs, der das Ortlose orten, Utopie als irgendwie dinghaft oder wirklich fassen will, gewiß bewußt, sah in ihr aber keinen schlechten, sondern einen dialektisch fortlaufend aufhebbaren Widerspruch. Was bei Bloch m. E. aber problematisch bleibt, ist eine letztlich nicht aufgelöste Spannung zwischen Nichtidentifizierbarkeits- und Offenheitspostulaten einerseits und teleologischen, finalistischen und entelechischen Formulierungen andererseits. Als definitiv abgeschlossene kann konkrete Utopie jedenfalls schwerlich je realisiert werden. Ist das Hoffen eine anthropologische Konstante, so wäre der Mensch auch in einem künftigen »Reich der Freiheit« nur als hoffendes, zur fortwährenden Daseinsgestaltung genötigtes, auf Zukunft ausgerichtetes, stets aufs neue noch erst werdendes Wesen vorstellbar – in diesem Sinne gilt, daß »*die wirkliche Genesis... nicht am Anfang, sondern am*

---

32 O. Negt, »Ernst Bloch«, a.a.O., S. 436. – Jürgen Habermas, »Ernst Bloch. Ein marxistischer Schelling«, in: Ders., *Philosophisch-politische Profile*, Frankfurt a. M.: Suhrkamp ³1981, S. 156.
33 J. R. Bloch, »Wie können wir verstehen, daß zum aufrechten Gang Verbeugungen gehörten?«, a.a.O., S. 106.
34 E. Bloch, *Das Prinzip Hoffnung*, a.a.O., 2. Bd., S. 621.

Ende« liegt.[35] Wollte man andernfalls der Unabgeschlossenheit des Menschen auch die Möglichkeit einer Entwicklung zu einem nicht mehr hoffend-zukunftsbezogenen Wesen zurechnen, so käme dies notwendig der Antizipation eines finalen Triumphs der »härtesten Anti-Utopie«[36] gleich: einer Menschheit ohne Zukunft entspräche der Tod der Gattung. Gewiß ist dessen Möglichkeit nicht ausschließbar, aber mit ihrem Eintritt wäre konkrete Utopie auch unter Berücksichtigung des Umstandes vereitelt, daß das noch nicht Herausgebrachte »exterritorial zum Seinvernichtenden des Todes«[37] bleibt: unausgelöscht wie ungefunden, weil noch nicht Seiendes nicht gleichermaßen wie Seiendes vergehen kann. Solange aber die Systemoffenheit emendativer Bemühungen und Hoffnung zusammengedacht werden, kann auch konkret-utopisches Hoffen nicht als historisch abschließbares vorgestellt werden – das Ziel utopischen Denkens kann offenbar trotz diesbezüglicher Uneindeutigkeit bei Bloch in der Tat prinzipiell nur »Grenzbegriff gegen das Unendliche«[38] sein.

Nie einen Zweifel jedoch hat Bloch daran gelassen, daß die konkrete Utopie vom Werden des Wir nach seinem Begriffsverständnis auf klassenlose Gesellschaft zielt. Diese darf – darin ist er einig mit Marx wie mit der Frankfurter Schule – nicht »ausgepinselt« werden, d.h. konkrete Utopie darf nicht in dem Sinne »konkret« sein, daß sie über die Forderung nach Beseitigung konkreter Herrschafts-/Knechtschaftsverhältnisse hinaus inhaltlich präzisierte Lebenspraktiken präjudiziert.[39] Zugleich aber sollte konkrete Utopie mit den jeweils objektiv-realen Möglichkeiten vereinbar sein. Bloch wollte den Einsatz für eine

35 Ebd., 3. Bd., S. 1628.

36 Ebd., 1. Bd., S. 15; 3. Bd., S. 1297 ff. – E. Bloch, *Atheismus im Christentum*, a.a.O., S. 125.

37 Ebd., S. 341.

38 Hans Heinz Holz, »Unterwegs zum möglichen Menschen«, in: K. Bloch/A. Reif (Hg.), »*Denken heißt Überschreiten*«, a.a.O., S. 113.

39 Ernst Bloch, »Etwas fehlt – Glück und Utopie.« Ein Gespräch mit Theodor W. Adorno, moderiert von Horst Krüger, in: K.-O. Apel u. a. (Hg.), *Praktische Philosophie/Ethik 1*, Frankfurt a. M.: Fischer 1980, S. 411 ff.

sozialistische Zukunft nicht primär auf Ethik gründen – darin hätte er ein Kriterium abstrakter Utopie gesehen –, sondern hob das Wissen um Latenz und Tendenz, das »Mitwissen mit dem Gang der objektiven Realität«, hervor.[40] Damit blieb er – trotz Betonung des subjektiven Faktors und energischer Kritik des Glaubens an einen historisch-deterministischen Quasi-Automatismus – partiell einem Sozialismus-Verständnis verhaftet, das sich mit der historischen Tendenz im Bunde wähnte. Daran lassen sich freilich verschiedene kritische Fragen anknüpfen, etwa die folgenden: Deutet nicht eine rigide Dichotomisierung von »konkreter« und »abstrakter« Utopie letztlich auf ein Defizit an Dialektik hin? Kann nicht das Wissen um objektiv-reale Möglichkeit, um gegebene Utopieverwirklichungsbedingungen, vorab immer nur ein lediglich vorläufiges sein, das selbst allenfalls in Zukunft, nach faktischen Realisierungsproben, umfassend zugänglich zu werden vermag, womit konkrete Utopie aber überhaupt erst a posteriori als solche identifizierbar wäre? Verweisen nicht gerade Blochs Einsichten in die Notwendigkeit mehrdimensionaler Dialektik auf die Möglichkeit miteinander unversöhnbar konfligierender Latenzen und Tendenzen, vor deren Hintergrund eine Verpflichtung der Utopie auf Latenz- und Tendenzgemäßheit als unzureichend erscheint, weil auf progressive Humanisierung gerichtete Hoffnungen dann keineswegs nur latenz- und tendenz-analog zu sein hätten, sondern in anderer Hinsicht zugleich immer auch latenz- und tendenzwidrig zur Geltung gebracht werden müßten?

Es dürfte durchaus einiges für die Bejahung solcher Fragen sprechen, und das heißt auch: für die Überzeugung, daß Blochs Konzept einer konkreten Utopie in mancher Hinsicht marxistischer Orthodoxie, genauer: ihrer selbstgewissen Bezugnahme auf die jeweilige Wirkung historischer Entwicklungs-»Gesetzmäßigkeiten«, allzusehr verhaftet blieb und die bloße Forderung nach Latenz- und Tendenzgemäßheit für eine Bestimmung qualitativer Differenzen im Rahmen einer Typologie der Utopien kaum hinreichend sein kann. Daß Bloch mit dieser Forderung mitunter notabene durchaus arbiträr verfuhr, zeigen

---

40 E. Bloch, »Curriculum vitae«, a.a.O., S. 5.

Äußerungen, in denen faßbare Tendenz prinzipiell als »überholbar« erscheint – die revolutionäre Offensive Lenins, der nicht wartete, bis »die Bedingungen in Rußland überall die Erlaubnis zum Sozialismus gaben«, galt ihm diesbezüglich als positives Beispiel.[41]

Sind die vorstehenden Bedenken schlüssig, so dürften sie die Frage nach Vorschlägen provozieren, wie Blochs Denken unter Wahrung seiner zentralen Ambitionen bei gleichzeitiger Überwindung seiner problematischen Gehalte rekonstruiert werden könnte. Aussichtsreich scheint mir diesbezüglich ein Rekurs auf Theorieansätze zu sein, die im Umkreis Kritischer Theorie entfaltet worden sind. Dabei wiederum ist weniger an die »Väter« der Frankfurter Schule gedacht – die nicht unkomplizierte Freundschaft und theoretischen Nähen und Dissonanzen zwischen Bloch und Adorno sowie die enttäuschten Hoffnungen des Emigranten Bloch auf Unterstützung durch das Horkheimer-Institut können daher im vorliegenden Zusammenhang unthematisiert bleiben[42] – als vielmehr an die kommunikationstheoretisch erneuerte Kritische Theorie, an die »Neo-Frankfurter Schule«[43], vor allem an den transzendentalpragmatisch begründeten Ansatz Karl-Otto Apels.

Apel hat – über weite Strecken in Übereinstimmung mit Habermas, aber mit deutlich stärkeren transzendentalphilosophischen Ansprüchen als dieser – im Rahmen einer sprachanalytisch aufgeklärten Kant-Transformation m. E. überzeugend gezeigt, daß der ethisch gehaltvolle und an Voraussetzungen idealer, unverzerrter, nicht-strategischer Kommunikation gebundene, auf zwanglosen Konsens abstellende argumentative Diskurs als rational unhintergehbare Erkenntnisinstanz zu begreifen ist.[44] In allem Denken und Verständlichkeit beanspru-

---

41 E. Bloch, *Das Prinzip Hoffnung*, a.a.O., 2. Bd., S. 677.

42 Vgl dazu etwa Ernst Bloch, *Briefe 1903-1975*. Zweiter Band, Frankfurt a. M.: Suhrkamp 1985 (hg. von K. Bloch u. a.), S. 408 ff., 669 ff. – Helmut Reinicke (Hg.), *Revolution der Utopie. Texte von und über Ernst Bloch*, Frankfurt a. M./New York: Syndikat 1979.

43 K.-O. Apel, *Diskurs und Verantwortung*, a.a.O., S. 169.

44 Karl-Otto Apel, *Transformation der Philosophie*, Frankfurt a. M.: Suhrkamp 1973, vor allem Bd. II.

chenden Handeln muß der Diskurs demnach unweigerlich kontrafaktisch antizipiert, nur um den Preis eines schlechten Selbstwiderspruchs könnte er als Bezugsgröße bestritten werden. Kontrafaktisch antizipieren heißt unterdessen »gewissermaßen die formale Struktur einer Alternativ- oder Gegen-Welt zur bestehenden Realität unterstellen«.[45] Denn der unter Idealbedingungen stehende Diskurs ist mit Repressionen, der Ausgrenzung möglicher Diskursteilnehmerinnen und -teilnehmer, vermeidbarer Chancenungleichheit der faktischen und potentiellen Beteiligten usw. seiner Idee nach unvereinbar, er impliziert das Interesse an kollektiver Verständigung und Erkenntnisbildung, an umfassender Demokratisierung und Überwindung der für Klassengesellschaften charakteristischen sozialen Asymmetrien. Die damit umschriebene und als *rational* unhintergehbar behauptete regulative Idee einer idealen Kommunikationsgemeinschaft ist zwar per definitionem nie vollends realisierbar, weil sie letztlich den Einbezug des gesamten menschheitsgeschichtlich möglichen Argumentationspotentials fordert, die nicht mehr und noch nicht Lebenden aber immer nur anamnetisch und advokatorisch, nicht aber leibhaftig am Prozeß der Selbstverständigung und -verwirklichung der Gattung beteiligt werden können. Die historisch ausstehende Verwirklichung der *idealen* in der *realen Kommunikationsgemeinschaft* aber ist damit als vernunftethisch geboten ausgewiesen, mit »der denknotwendigen Antizipation des Ideals ist zugleich die *Pflicht* der langfristigen Aufhebung des Widerspruchs zwischen Realität und Ideal begründet«.[46]

Die regulative Idee der idealen Kommunikationsgemeinschaft impliziert eine »quasi-utopische Dimension der Antizipation«, die zugleich kontrafaktisch immer schon als erfüllt unterstellt werden muß, jedoch weder mit einer geschichtsphilosophischen Prognose noch mit einer konkret-fiktionalen, inhaltlich identifizierten Vorstellung einer möglichen besseren

45 Karl-Otto Apel, »Ist die Kommunikationsgemeinschaft eine Utopie?«, in: W. Voßkamp (Hg.), *Utopieforschung. Interdisziplinäre Studien zur neuzeitlichen Utopie*, Bd. 1, Frankfurt a. M.: Suhrkamp 1985, S. 345.
46 Ebd., S. 344.

Welt verbunden ist.[47] Geschlossen-autoritäre »Ordnungs-Uto-
pien« und technokratische Planungsmodelle haben in dieser
Perspektive keinen Platz, Diskursethik orientiert sich an der lediglich auf die ethischen Implikationen zwangloser Kommunikation verpflichteten Zielstrategie, radikaldemokratischen Be-
ratungen zur Institutionalisierung und Wirksamkeit zu verhel-
fen. Sie bleibt insofern »abstrakt-utopisch«, als sie vernunftethisch fundiert ist und lediglich formale Stukturen eines Ideals
sowie mit ihm prinzipiell inkompatible Verhältnisse bezeichnet.
Das ist durchaus vereinbar mit dem *Prinzip Hoffnung* (wie
auch mit dem von der Diskursethik explizit geforderten, jedoch
in Auseinandersetzung mit Jonas kritisch reformulierten *Prinzip Verantwortung*), das ist vereinbar mit Blochs Offenheitspostulaten, seiner Akzeptanz des zukunftsbezogenen »Bilder-
verbots« und seinem Engagement für eine sozialistische Gesellschaft. Erst mit dem Diskurs wird das unmittelbare Bin
überhaupt in einen konsequenten kollektiven Prozeß des Hab-
haftwerdens des verborgenen Humanum überführt, der zugleich
Vorschein der normativen Bedingungen eines würdigen Zusam-
menlebens ist. In diesem Sinne wird hier die Arbeit am Werden
des Wir gleichsam formal konkret. Sozialismus allerdings ist im
Kontext der neomarxistischen[48] Diskurstheorien nurmehr der
»Inbegriff notwendiger Bedingungen für emanzipierte Lebensformen..., über die sich die Beteiligten selbst erst verständigen
müssen«[49], womit der Begriff ein betont undogmatisches Ge-
präge erhält, das Bloch so kaum gebilligt hätte, auf das aber die
Wir-Bezogenheit werdender menschlicher Selbstidentifikation
bei ihm implizit vorverweist und das zur Vermeidung von Mißverständnissen und zur Abgrenzung eines humanen gegen einen

47 Ebd., S. 326.
48 Bloch hätte den »Neo-Frankfurtern« ein solches Selbstverständnis frei-
    lich streitig gemacht. Zumindest Habermas — wie schon Horkheimer
    und Adorno — hat er die Zuschreibung »marxistisch« verweigert. Vgl.
    Blochs Gespräch mit Reinicke, in: H. Reinicke (Hg.), *Revolution der
    Utopie*, a.a.O., S. 80, 85.
49 Jürgen Habermas, *Faktizität und Geltung. Beiträge zur Diskurstheorie
    des Rechts und des demokratischen Rechtsstaats*, Frankfurt a.M.:
    Suhrkamp 1992, S. 12.

repressiven Sozialismus gerade auch vor dem Hintergrund der bisherigen Realgeschichte sozialistischer Bewegungen geboten sein dürfte.

Der transzendentalpragmatischen Diskurstheorie wohnt weder die Annahme einer historischen Fortschrittsnotwendigkeit noch überhaupt eine teleologische Geschichtsphilosophie inne. Gleichwohl ist die gewissermaßen in aller Kommunikation schon zu ortende Utopie der idealen Kommunikationsgemeinschaft nicht geschichtsvergessen-utopistisch. Ist sie einerseits — mit ihrem formalethischen Charakter bzw. als regulative Idee — im Blochschen Sinne gewiß abstrakt, so trägt sie andererseits durchaus jener Berücksichtigung der gegebenen Realbedingungen Rechnung, die Bloch mit seinem Begriff der konkreten Utopie zur Geltung bringen wollte. Die langfristige Verwirklichung der idealen in der realen Kommunikationsgemeinschaft nämlich erfordert eine *»geschichtsbezogene* Anwendung« des Diskursprinzips[50], denn solange die Verwirklichung idealer Kommunikationsbedingungen aussteht, kann diese nur um den Preis ihrer Selbstgefährdung naiv als gegeben unterstellt werden. Für die Interimszeit kann auf strategisches Handeln bzw. auf eine illusionsfreie Reduktion der Idealverwirklichung nicht verzichtet werden. Diese Reduktion kann unterdessen nicht als eine beliebige, sondern nur ihrerseits unter antizipatorischem Bezug auf die ideale Kommunikationsgemeinschaft gerechtfertigt werden, und sie steht fortwährend unter dem Gebot ihrer Selbstüberwindung entsprechend den jeweils reflexiv faßbaren realen Möglichkeiten. Apel hat daher die Vermittlung eines an der Sicherung der historisch bereits errungenen Voraussetzungen diskursiver Willensbildung orientierten »Erhaltungsprinzips« mit einem an fortschreitender Idealverwirklichung orientierten »Veränderungsprinzip« gefordert.[51] Damit ist auch einer »zwischenzeitlichen« Akzeptanz beliebig autoritärer Ordnungsstrategien im Interesse einer vermeintlich besseren Zukunft deutlich widersprochen, während Bloch — gewiß auch unter Abkehr von Marx' Verständnis der bei ihm faktisch stets

---

50 K.-O. Apel, *Diskurs und Verantwortung*, a.a.O., S. 11.
51 Ebd., S. 145 ff.

als Mehrheitsdemokratie konzipierten »Diktatur des Proletariats« – zumindest vor dem XX. Parteitag der KPdSU eine solche Akzeptanz formuliert hatte.

Im dargelegten Sinne »abstrakt« aber muß Utopie bleiben, wie sie andererseits – wiederum im dargelegten Sinne – gewiß auch »konkret« sein muß: Weder der rational begründeten regulativen Idee noch der Geschichtsbezogenheit kann sie entsagen, wenn sie einerseits vor dem Umschlag in inhumane Repression, andererseits aber vor utopistischer Schwärmerei gefeit sein soll. Auch Blochs »konkrete« Utopie behielt – was seine begriffliche Dichotomisierung verbarg – letztlich stets »abstrakte«, vom Gegenständlichen absehende Elemente. Ihr konsequenterer Ausbau, insbesondere eine stärkere Bemühung um eine humanem Sozialismus entsprechende Ethik, hätte vielleicht dazu beitragen können, Bloch vor einigen schweren politischen Fehlurteilen zu bewahren. Nichtsdestoweniger bestätigt sich an ihm selbst der auf Hegel gemünzte Satz: »Noch wo ein Meister irrt, ist er lehrreich.«[52]

52 E. Bloch, *Subjekt-Objekt*, a.a.O., S. 484.

BRIGITTE WORMBS

Spuren im Garten

Gärten eröffnen ein ebenso geläufiges wie schwieriges Terrain
für literarische und philosophische Erkundungen von Werde-
gang, Sinn und Deutung menschlichen Daseins, ob mit Blick auf
die Geschichte im allgemeinen oder auf das Besondere eines
einzelnen Lebens. Nicht selten berichtet ein schreibendes Ich
von seiner ersten bewußten Begegnung mit sich an einem dieser
tiefgründigen und nach oben offenen Orte, wo Erinnerungen
nicht bis an die Wurzeln reichen und Erwartungen sich leicht ins
Unbegrenzte aufmachen können.

Die Spuren verweisen zwar zunächst auf ein Innen; aber
darin verlieren sie sich noch im Dunkeln. »Spüre mich leicht
atmen, hin und her, koche leise, merkte auch, daß ich taste,
schrie, hörte aber nichts. Manchmal ist noch alles danach, so
flüchtig und warm, weder hier noch dort.«[1]

Mit dem Wort Ich fangen die Schwierigkeiten an. Ich taste,
schrie. Aber dann zieht sich das Ich, als faßte es sich noch nicht,
hinter das allgemeine Subjekt des Geschehens zurück, das bald
schon sichtbar draußen vor der Tür in Erscheinung tritt, wo das
Tageslicht auch den Aufnahmen entgegenkommt, die als ge-
bannter Blick anderer die eigene Lebensgeschichte im Familien-
album illustrieren: »Wird es heller, so kommt das Kriechen
oder man kauerte herum. Vor den Ritzen im roten Sandstein
und den rennenden Ameisen. Sonst ist nichts da. Sonderbar
werden die Ritzen kleiner, sobald man wächst, die Hand deckt
zuviel von ihnen zu. Andres steigt auf, Büsche, der Garten hin-
term Haus, sehr verwildert; man wagt sich überall hin, der
Wind in den Blättern.«[2]

Die auffrischende Brise, die das feste Land des »man« zum
flüssigen umwühlt, läßt auch einen anderen, halb versunkenen
Garten wieder aus der Erinnerung auftauchen. Drumherum ist

1 Ernst Bloch, *Spuren*, Frankfurt am Main: Suhrkamp 1969, S. 61.
2 Ebd., S. 61.

noch alles wie Nebel auf wärmerem Gewässer; nur die Insel des Gartens leuchtet deutlich erkennbar auf, erscheint im nachhinein wie ein in sich ruhender kleiner Morgen. Ich liege tief unten auf dem Grund der ungemähten Wiese und guck aus dem Kranz zitternder Gräser in die Luft und auf die Wolken, die da oben treiben, unbegreiflich viel höher als der silbrig flimmernde Wipfel der Pappel, die wie ein Fingerzeig ins Blaue aus der Mitte des Gartens ragt. Eine leicht, vielleicht schon ohne Worte verständliche Geste. Aber wer außer dem Ich weiß, was die Dinge ihm am eigenen Leib wortlos zu verstehen geben?

Es scheint so, als wäre dieses Ich, um das sich der Garten gruppiert, hier Mittelpunkt eines Umkreises gewesen, der sich in konzentrischen Ringen um es auszubreiten begann, immer weiter und weiter, bis sich die Kreise in der Weite verloren und das Ich auf die Seite geriet, von wo sich die frühere Umgebung als Gegenüber, als »Gegend« und Gegenstand des Betrachtens, Begreifens und Benennens ausnimmt. Das dunkle Weder-hier-noch-Dort früher Verbundenheit mit der umgebenden Welt klärt sich auf zum Ort der ersten Unterscheidung zwischen einem Ich, das sich als dieses Ich spürt, »von dem man nie mehr loskommt, so schrecklich wie wunderbar«[3], und einer Außenwelt, in die es aus sich hinaussieht. Ich bin. Aber wer bin ich? Und wo bin ich?

Die Welt, die der Garten erst ist und noch nicht bedeutet, zeigt sich als eine Welt, die ihrerseits Schreckeinflößendes enthält und ans Wunderbare grenzt. Das Kind wagt sich überall hin, folgt allerlei Verlockungen des Wegrands, wobei es manchmal den Boden unter den Füßen verliert. Fällt es in den Graben, so kommt es unversehens an das Ende der Welt, wo sie mit anderen Augen betrachtet wird und das eben erst seiner selbst inne gewordene Ich merklich außer sich gerät.

In wie vielen Gärten wie vieler Kindheiten spielt sich nicht immer wieder ähnlich Irritierendes ab, wie es Alice im Wunderland erlebte. Auf dem abenteuerlichen Weg durch das hohe Gras zu dem schönen Garten mit den bunten Blumenbeeten und den kühlenden Springbrunnen sah sie plötzlich den Blick einer

3 Ebd., S. 64.

großen blauen Raupe unverwandt auf sich gerichtet. »Wer bist denn du ?« fragte die Raupe, und Alice erwiderte: »Ich – ich weiß es selbst kaum, nach alldem – das heißt, wer ich w a r, heute früh beim Aufstehen, das weiß ich schon, aber ich muß seither wohl mehrere Male vertauscht worden sein.« Und als Erklärung dafür, daß sie sich nicht besser erklären konnte, fügte sie hinzu: »Ich bin gar nicht ich, sehen Sie.« Aber die Raupe sah es natürlich nicht. Überhaupt schien ihr Alices Problem völlig fremd zu sein. Verschiedene Größen und Gestalten im Lauf eines Lebens annehmen, sich verpuppen und danach zu einem Schmetterling werden – das war für die Raupe ganz und gar nicht ungewöhnlich. Aber »für mich wäre das sehr sonderbar«, meinte Alice, und die Raupe bestätigte: »Für dich!« Dann wiederholte sie noch einmal ihre erste Frage: »Wer bist denn d u?«[4]

Wieder an seinem Anfang angelangt, hat der Dialog bei aller Verwirrung jedenfalls eines klargemacht: Ich ist, wer von anderen Du genannt wird. Ich bin. Aber ich habe mich nicht. Erst im Blick anderer Augen kommt so ein Ich dahinter, wen es in der eigenen Person vor sich hat.

Im Wunderland tauscht das Kind die Bezeichnung Ich jedoch nicht mit seinesgleichen, sondern mit ganz andersartigen, nichtmenschlichen Wesen, die hier zwar seine Sprache sprechen, aber dennoch unüberschreitbar verschieden von ihm sind: die Raupe, die auf dem Pilzhut sitzt; das Kaninchen, das in seinem Bau verschwindet; die rennenden Ameisen auf der Sandsteinmauer, der befreundete Hund im Hof und der fremde Vogel auf dem Wipfel der Pappel.

Der Garten als Teil, aber auch schon Grenzgebiet der fürsorglichen Welt des bürgerlichen Elternhauses ließ dank seiner Einfriedung die erste wagemutige Annäherung an Unbekanntes zu, die ersten selbständigen Erfahrungen mit dem Andersartigen, das erst viel später unter dem Namen »Natur« zusammengefaßt wurde. Hier, wo das Kind in Gesellschaft von Tieren anfing, vom Baum der Erkenntnis zu essen, schuf es sich mit

4 Lewis Caroll, *Alice im Wunderland*, Frankfurt am Main: Insel Verlag 1963.

ihrer Hilfe die Welt, in der es verwandelt werden und verwandeln konnte. Erlebte es das, wovon es sich beim Heranwachsen gründlich zu unterscheiden lernte, auch leibhaftig und nicht semantisch, so muß mit den sinnlichen Erfahrungen doch schon der Sinn, der den Dingen im Lauf der Geschichte verliehen worden ist, ins Spiel gekommen sein; auch und gerade da, wo ein Ich so etwas wie eine ganz eigene Welt für sich suchte.

Das größer gewordene Kind sah sich nach unbesetztem Terrain um, fand es in den weniger kultivierten Randzonen des elterlichen Territoriums; entdeckte im verwilderten Gebüsch die Sickergrube des Badebassins und machte daraus einen seerosenbewachsenen Teich als Zentrum eines weltabgeschiedenen und zugleich allumfassenden Gartenreichs, aus dem sich unter herabhängenden Weidenzweigen lange Blicke flußabwärts in fern angrenzende Wunschlandschaften werfen ließen. Vor ihm scheinbar weit offener Horizont, aber dahinter Gedanken.

Gleichzeitig isoliert und transparent, verschwiegen und beredt, sinnfällig und bedeutungsträchtig, war das vermeintlich entlegene Gartenreich in Wirklichkeit ein Tummelplatz geläufiger Ideen, Ideale und Illusionen. Am Übergang von der Kindheit zur Erwachsenenwelt mischten sie sich in Erinnerung und Erwartung mit Bildern von etwas ein, das dem Ich jetzt unter dem Namen »Natur« als Ursprung aller Dinge und Ziel seiner Wünsche erschien. Schließlich wollte sich das Ich nicht mehr nur in der Nähe des Hauses aufhalten; wie so viele vor ihm, suchte es das Weite eines nicht »aus der Welt nur ausgesparten, sondern aus ihr selber erforschten«[5], bislang noch in ihr verborgenen Gartens. Aber wie und wo ist er zu finden?

Die Spuren führen immer wieder zu legendären oder imaginären Gärten im Morgen- und Abendland. Sie verdichten sich an einer Stelle, wo die Beziehungen zu dem, was Natur genannt wird, in ihrem geschichtlichen Wandel besonders deutlich zum Ausdruck gekommen sind. Aus dem privaten Garten der Kindheit in den veröffentlichten einstiger Feudalherrschaft gelangt, suchte auch der »Geist, der sich erst bildet«, schon Heilung von

5 Ernst Bloch, *Zur Ontologie des Noch-Nicht-Seins*, Frankfurt am Main: Suhrkamp 1961, S. 40.

dem Druck, den »eine kleine, aber dauernde Lebenslast«[6] auf die »junge Brust« ausübte, angesichts einer Naturschönheit, in der Kunstschönes als fortgesetzter Sonntag unterschwellig Einfluß nahm: »Kurz, es gab fast keinen Alltag in dieser Zeit, jenseits der Schule; alles war übertrieben oder wurde gänzlich still, in der ersten Liebe, an den Wassern des Rokokogartens, im Rausch der ersten spekulativen Bücher. Bis zu Schmerzen waren wir in die Schönheit von Bäumen, Wolken, den Abendhimmel hineingezogen, mit einem Leid der Sprachlosigkeit davor, das fast zu Halluzinationen trieb. Wir Burschen am Ufer fühlten leibhaftig Nymphen, Baumgötter an sonderbaren Abenden, wenn die Rheinwellen wie Glas standen.«[7]

Mit dem Wort Wir nehmen die Schwierigkeiten, die mit dem Wort Ich angefangen haben, eine vertrackte Wendung. Unter »seinesgleichen, wodurch ein Ich bin, als nicht mehr an sich, zu einem Wir wird«[8], stößt das erweiterte Subjekt in den Grenzen seiner Sprache schmerzhaft an die Grenzen seiner Welt. Es ist nicht – wie Pan – alles; aber in eine unbestimmte Ganzheit gesehnt, empfinden die an diesem Wir beteiligten Ichs, jedes für sich, eine Unzulänglichkeit, die sie miteinander verbindet und zugleich von etwas, das diese Verbindung erst vollkommen machen würde, trennt. Ich bin. Aber ich habe mich nicht. Darum werden wir erst.

Was war das unterdessen für ein Wir, das beim Anblick von Bäumen, Wolken und Himmel an den Rand kollektiver Sinnestäuschung geriet und leibhaftig Nymphen und Baumgötter fühlte? An den Wassern des Rokokogartens konnte es jedenfalls in einen Spiegel blicken, der ihm sein schwankendes Bild in wechselnden Konturen, aber immer riesengroß vor Augen führte, da es ja – ähnlich, wie es Proust am Ende seiner »wiedergefundenen Zeit« an einzelnen Menschen bemerkte – auch als etwas Verbundenes, in die Tiefe der Jahrhunderte getaucht, ganz weit auseinanderliegende Epochen streifte.

Als der Schwetzinger Garten auf dem Terrain des ehemaligen

6 Ders., *Spuren*, a.a.O., S. 67.
7 Ebd., S. 70.
8 Ernst Bloch, *Tübinger Einleitung in die Philosophie*, Frankfurt am Main: Suhrkamp 1970, S. 13.

kurfürstlichen Jagdgeheges mit dem großen Zirkel im Zentrum Gestalt anzunehmen begann, wurden auf dieser Baustelle schon die Störungen der Kreise irdisch-überirdischer Vollkommenheit in aller Schärfe philosophisch-literarisch dargestellt. Welche Passagen des »Candide« mag Voltaire seinem Gastgeber, dem Kurfürsten Karl Theodor, in jenem Sommer des Jahres 1758 vorgelesen haben? Drei Jahre nach dem Erdbeben von Lissabon, zur Zeit des siebenjährigen Krieges in Europa und der weltweit betriebenen Sklaverei hielt er seinen Zeitgenossen indes nicht nur den Spiegel vor, sondern ließ sie gewissermaßen auch einen Blick dahinter in eine zum Glück ganz und gar verkehrte Welt werfen.

Nach der Vertreibung aus seinem angestammten irdischen Paradies sah sich Candide auf dem gefahrvollen Weg durch die angeblich beste aller Welten, an dessen Ende ihn wiederum ein Garten erwarten sollte, auf dem fremden Kontinent von einem reißenden Fluß durch eine dunkle Felsenklamm in ein »ganz anderes Land« verschlagen, wo ihn überaus erstaunliche Harmonie empfing.

»Das Reich, worin wir uns befinden, ist der Stammsitz der Inka«, erklärte ihm ein alter Einheimischer. »Um einen anderen Weltteil zu unterjochen, verließen sie es höchst unweislich und wurden von den Spaniern ganz aufgerieben. Die Fürsten, die in ihrem Vaterlande blieben, waren weiser; sie ließen die Verordnung ergehen, daß kein Einwohner je unser kleines Reich verlassen sollte; ein jedweder hat sich danach gefügt, und eben darum besitzen wir unsere Unschuld und Glückseligkeit noch völlig. Die Spanier haben von diesem Land einen dunklen Begriff gehabt und es Eldorado genannt.«[9]

Von unüberwindbar hohen Felsen und tiefen Abgründen umringt, blieb dieses Wunderland vor der »Raubgier der europäischen Nationen« bewahrt, die auf das von den Einheimischen wie Dreck behandelte Gold »ganz außerordentliche Begierde haben und imstande wären, uns alle umzubringen, um nur des Bettels habhaft zu werden.«[10]

9 Voltaire, *Candide*, Düsseldorf: Droste Verlag 1962, S. 61.
10 Ebd., S. 62.

In der Unterhaltung über Land und Leute, Regierungsform, Sitten, Kunst und Religion staunte der Gastgeber in Eldorado mehr und mehr über die kuriose Wißbegier seiner Besucher. »Wahrlich! Ihr Leute vom anderen Weltteil fragt manchmal ganz sonderbar.« Und Candide, seinerseits durch die Antworten des Alten in die »äußerste, freudigste Verwunderung« versetzt, zog das Fazit: »Ha! ein ganz ander Ding als unser Westfalen und unser Donnerstrunkshausen! Hätte Freund Panglos Eldorado gesehen, er würde gewiß nicht behauptet haben, es gäbe nichts Vortrefflicheres auf Gottes Erdboden als jenen Rittersitz! Reisen muß man oder man kommt hinter nichts.«[11]

Wieder am Ausgangspunkt gegenläufiger Wege zum Glück angelangt, hat der Dialog bei aller Verdrehung jedenfalls eines klargemacht: Wir ist, wer von anderen Ihr genannt wird. Im Vis-à-vis mit anderen Gemeinwesen kann so ein Wir dahinterkommen, wen es in der eigenen Gesellschaft vor sich hat.

In Eldorado tauschten die Bezeichnung Wir indes Mitglieder verschiedener Gesellschaften, die – obgleich hier wie da von menschlichen Wesen gebildet – einander diametral entgegengesetzt waren. Nicht nur, daß die einen als Dreck verwarfen, was die anderen als Gold rafften; Einigkeit und Nächstenliebe vor allem unterschied das letzte Refugium irdischer Glückseligkeit vom anderen Teil der Welt, wo sich die Menschen selbst die größten Plagen sind.

Was nicht gut ist, kann jedoch – so deutet Candides »Optimismus mit Trauerflor«[12] an – möglicherweise gut werden. Woran aber sollte sich das dazu notwendige Hand-Anlegen an der besseren Zukunft orientieren? Setzte Voltaire trotz allem auf Vernunft und Gerechtigkeitssinn des Menschen, so bauten Zeitgenossen wie Rousseau lieber auf etwas, das sich unter dem Namen Natur gesellschaftlich bedingter Verdorbenheit des Menschen entgegensetzen ließ. Innenwelt und Außenwelt suchte man nach dem Bild solcher Natur zu formen. Der Garten vor allem, der die Welt bedeutete, sollte dieses Bild anschaulich vor Augen führen.

11 Ebd., S. 62.
12 Ernst Bloch, *Zur Ontologie des Noch-Nicht-Seins*, a.a.O., S. 40.

Nach Europa zurückgekehrt, besuchte Candide den prächtigen, nach allen bisherigen Regeln der Kunst angelegten Garten des venezianischen Nobile Pococuranté. Er lobte seine Schönheiten, aber der Garteneigner wies ihn zurecht: »Das nennen Sie Schönheiten? Ist nichts als lauter Flitter- und Klipperkram. Doch nur Geduld, morgen liegt der ganze Bettel hier in einem Klumpen, und aus dem Schutt und Graus soll ein gar ander Ding auferstehen. Wo man hintritt, wo man hinriecht und hinsieht, soll einem Natur entgegenwittern...«[13]

Als Voltaire diese Sätze an den Wassern des Rokokgartens schrieb, folgte das dort begonnene Projekt noch barocken Leitlinien. Wenig später änderten sich jedoch Formensprache und ideologisches Programm. Wurde auch nicht alles Gold zugunsten von Natur verworfen, so erhielten die alten Götter und Nymphen hier doch neue Weisung. In den Randzonen des Gartens, abseits des großen Zirkels mit seinen vergoldeten Statuen und dem Achsenkreuz der ihn durchschneidenden Alleen, der heute wie damals die Besucher empfängt, rückten die Tempel ins aufklärerische Licht. Die Weisheit gab – wie das Relief am Tempel der Minerva zeigt – den Befehl zur Anlage des Gartens; über das Ergebnis staunte selbst die Meisterin, »die es sich versagt hatte, die große Mutter der Dinge, die Natur«. So huldigt die Inschrift auf dem Gedenkstein im Boskett übermenschlicher Autorität und menschlichem Leistungsvermögen zugleich.

Ein geschwungener Weg führt entlang sanft gewellter Wiesen durch das in lockeren Gruppen gepflanzte »lebendige Baumlexikon« des Arboretums zum Tempel der Botanik. Darin hat sich Ceres, Göttin der Erde, des Wachstums und der Fruchtbarkeit, der neuzeitlichen Wissenschaft von der Natur angenommen; statt ihres Ährenbündels trägt sie einen Bogen Papier mit der Aufschrift: »Caroli Linnei Sistema Plantarum.«

Zuversicht in den Sieg der Aufklärung über das Irrational-Dunkle bestimmte als Leitmotiv die Anlagen des Parks von der Moschee im Südosten über den weithin sichtbaren Apollo-Tempel auf dem Berg mit dem finsteren Grotten-Labyrinth in seiner Tiefe bis hin zum abgelegenen Badhaus, worin Aurora die

---

13 Voltaire, *Candide*, a.a.O., S. 101.

Schatten der Nacht vertreibt. Ambivalente Deutungen weckt dagegen der intime Separatgarten im äußersten Winkel, wo das gemalte Perspektiv am Ende des schattigen Laubengangs seine Grenzen aufzulösen scheint. Dem Blick öffnet sich eine lichte, weit bis zum fernen Horizont blaßblauer Hügel sich ausdehnende, von mäandrierenden Gewässern durchzogene Landschaft, die nicht nur ihrem Namen nach an St. Preux' Ausruf beim Anblick des Elysiums der *Nouvelle Héloïse* erinnert: »O Tinian! O San Fernandez! Das Ende der Welt, Julie, liegt vor Ihrer Türe!«[14]

Brach sich hier mit dem imaginären Raum schon illusionäre Flucht aus der Geschichte Bahn? Dem *tromp d'œil* der gemalten Perpektive folgte ein halbes Jahrhundert später der reale Umbau einer Hauptszenerie des Parks nach dem Vorbild jener Natur, die Julie zur Inszenierung ihrer Wildnis mit ein wenig Vortäuschung und Gewalt herbeizitiert hatte: Wo einst die Symmetrieachse des Gartens in dem großen, rechteckigen Bassin ihren geometrischen Abschluß gefunden hatte, lagern heute die steinernen Flußgötter auf den überspülten Postamenten einer untergegangenen Epoche inmitten der zum »natürlichen« See verwandelten Wasserfläche, als hätten die Rheinwellen selbst die alten Hoheiten endgültig entthront.

Nicht mehr Kultivierung des Gartens, wie sie Candide im Sinn gehabt hatte, war jetzt oberstes Gebot, sondern die Weisung, jede Spur menschlicher Arbeit sorgfältig zu verwischen, der die *Nouvelle Héloïse* gefolgt war. Der Hauslehrer St. Preux floh zwar noch vor den Bedrängnissen des Ancien régime, als er »mit der Ungeduld eines Kindes« davonstürmte, um sich in Julies Elysium einzuschließen, jenem einsamen Ort, »wo der süße Anblick der reinen Natur alle jene künstlichen gesellschaftlichen Ordnungen«, die ihn so unglücklich gemacht hatten, aus seinem »Gedächtnisse vertreiben mußte«.[15] Doch das Ideal der menschenleeren Wildnis – schon vor, erst recht nach der Etablierung bürgerlicher Gesellschaft Ziel menschlicher Sehn-

14 Jean Jacques Rousseau, *Julie oder die neue Héloïse*, München: Deutscher Taschenbuch Verlag 1988, S. 492.
15 Ebd., S. 507.

süchte und Vorbild irdischer Paradiese – schloß auch das Wir, das sich zur Emanzipation von feudaler Herrrschaft auf eine universale Natur berufen hatte, aus seiner als Totalität verkannten Teilwelt aus.

In andächtig betrachtetes Ideal und technisch bearbeitetes Material gespaltene Natur teilte schließlich auch das Individuum, das sich allein in freier Natur zu Hause fühlt, aber zu Hause nicht frei angesichts der bedrückenden Folgen seiner Taten, worin es seine Taten nicht erkennt. Die Stadt, Ursprungsort des bürgerlichen Individuums, war schon längst zur vielgescholtenen Fremde geworden, als wenige Jahrzehnte nach dem romantischen Umbau des Rokokogartens am gegenüberliegenden Ufer des begradigten Rheins die ersten Fabrikschornsteine auftauchten, die das aktive Verhalten der Menschen zur Natur weithin sichtbar signalisieren. Aber wer spricht angesichts der Badischen Anilin- und Soda-Fabrik noch von Natur?

Dieses mit sich und seinen Werken zerfallene Subjekt der Geschichte, gespalten im Zuge der Ausbeutung einer Natur, deren verinnerlichter Spur es zu folgen sucht seit seinen Kindertagen, mehr solitaire als solidaire – immer wieder baut es auf etwas, das unter dem Namen Natur das Fundament der besseren Zukunft legen soll, deren Gründer doch letztlich »die sich selber ohne Entfremdung erfassenden Menschen sind«.[16] Ohne »jenes Mit-uns, das nicht Man, sondern Wir heißt«[17], führt wohl kein Weg zu jenem größeren, nicht aus der Welt nur ausgesparten, sondern in ihr aufzutreibenden Garten.

16 Ernst Bloch, *Zur Ontologie des Noch-Nicht-Seins*, a.a.O., S. 40.
17 Ernst Bloch, *Tübinger Einleitung in die Philosophie*, a.a.O., S. 13.

DORIS ZEILINGER

Makrokosmos im Mikrokosmos:
Die Philosophie Ernst Blochs in drei Sätzen

Der Einstieg

»Mitten hinein versetzt zu werden, ist am besten.«[1] Diese Maxime befolgt Ernst Bloch und beginnt seine *Tübinger Einleitung in die Philosophie* mit den drei Sätzen:

Ich bin. Aber ich habe mich nicht. Darum werden wir erst.

Bloch legt, nachdem er sich entschlossen hatte, nicht in die DDR zurückzukehren, sondern in Tübingen zu leben und dann auch zu lehren, 1963/64 eine erste zusammenfassende Darstellung seines Denkens vor. Zwar gibt er ihr den Titel *Einleitung in die Philosophie*, jedoch handelt es sich nicht um eine Einführung im herkömmlichen Sinn – er präsentiert *seine* Philosophie. Wesensfremd ist ihm jener »unausgebildete eigene Standort«, der »zwar eine Art neutraler Kenntnisnahme ermöglichen« kann, jedoch früheren Verfassern propädeutischer Schriften »allzu oft nur als Ersatz dafür diente(n), daß ihrer Einleitung keine Philosophie nachfolgte«[2]. Davon kann bei Bloch, nach annähernd 60jährigem Philosophieren, keine Rede sein. Die Hauptabschnitte der Tübinger Einleitung heißen *Weisungen utopischen Inhalts*, *Substrat auf dialektischem Feuer*, *Logikum/Zur Ontologie des Noch-Nicht-Seins* und *Selbstproblem des Sinns* – die Blochsche Handschrift ist unverkennbar.

Ich bin. Die These. Aber ich habe mich nicht. Die Antithese. Darum werden wir erst. Die Synthese. Ein Dreiklang zu Beginn, eine erste deutliche Markierung – Bloch ist ein dialektischer Denker.

1 Ernst Bloch, *Tübinger Einleitung in die Philosophie*, Gesamtausgabe *13*, Frankfurt am Main 1977, S. 11.
2 Ebd.

Auch wenn im Lauf der Zeit einem solche und ähnliche Sätze geläufig geworden sind – bei jeder neuerlichen Begegnung meint man, sie schon einmal gelesen zu haben –, so haftet ihnen doch etwas Mysteriöses an. Vermutlich fehlt die letzte Gewißheit, diese Sätze wirklich verstanden zu haben. Trotz der vermeintlichen Einfachheit, trotz ihrer Prägnanz bleibt ein Rest Unsicherheit, hält sich die vage Empfindung, es verberge sich in ihnen etwas, was noch zu entdecken wäre. Meines Erachtens ist diese Reaktion durchaus dem Sachverhalt angemessen, denn in den drei Sätzen, so meine These, ist der ganze Kosmos der Philosophie des Noch-Nicht, der Philosophie der Hoffnung enthalten. Das von Bloch öfter zitierte Bild der Verschlingung von Makrokosmos und Mikrokosmos findet hier eine Entsprechung seine eigene Philosophie betreffend. Bei Paracelsus z. B., so Bloch, sei der Mensch die Welt im Kleinen, »eine Abbreviatur des Kosmos«, so wie die Welt der Mensch im großen, »eine Elongatur des Menschen«[3] sei. Analog wäre die Satzreihe »Ich bin. Aber ich habe mich nicht. Darum werden wir erst« die Blochsche Philosophie im kleinen, so wie die Blochsche Philosophie die Explikation dieser Satzreihe im großen ist.

Wie kommt Bloch zu diesen Aussagen? Kein Staunen, das doch die ersten philosophischen Schritte tun läßt, führt ein, kein Fragen ist hier am Werk – mit drei dezidierten Aussagen beginnt Bloch die Darstellung seiner Philosophie. Was hier ausgesagt wird, scheint Gültigkeit beanspruchen zu können. Doch bleibt die Frage zunächst noch unbeantwortet, was das denn sei, was derart feststeht und sicher gewußt werden kann. Einerseits klingen die drei Sätze merkwürdig exakt, andererseits wirken sie wie Chiffren, was den Eindruck einer, die Contradictio in adjecto sei hier erlaubt, verschleierten Klarheit hinterläßt – und am Ende so doch die Frage birgt.

3 Ernst Bloch, *Christliche Philosophie des Mittelalters und der Renaissance. Leipziger Vorlesungen zur Geschichte der Philosophie Band 2*, Frankfurt am Main 1985, S. 174.

Zunächst wird ein einfaches Fundament gelegt, worauf gebaut werden kann, wovon auf jeden Fall auszugehen ist. Es lautet: Ich bin. Komplizierter ist der zweite Schritt: Aber ich habe mich nicht. Erst einmal ist dies eine Negation, und zwar die Negation eines neuen Prädikats, welches das Subjekt beider Sätze, das Ich, partial verneint. Während das *Ich bin* als evident hingenommen werden kann, liegt die Bedeutung des *Sich-Habens*, das hier dem Subjekt abgesprochen wird, keineswegs auf der Hand. Vollends kompliziert wird die Lage mit dem dritten Satz: Darum werden wir erst. Eine verzwickte Kausalität wird behauptet, im Zeitmodus der Zukunft steht diese Aussage, der Singular wandelt sich zum Plural. Warum werden wir erst? Weil ich zwar bin, das Ich sich aber nicht hat?

Vielleicht ist die Aura des Rätselhaften in erster Linie auf diesen dritten Satz zurückzuführen, der ein Versprechen enthält, das Versprechen, daß etwas werden kann – nämlich daß *wir* werden können. Ein großes Versprechen. *Wir* auch nur zu denken läßt zurückschrecken, ist nahezu ein Tabu, geschuldet den falschen Verwirklichungsversuchen kollektiver Gesellschaftsordnungen, die endgültig als gescheitert gelten. Die historischen Erfahrungen sind jedenfalls nicht unbedingt geeignet, den Wunsch nach Gemeinschaft unbefangen erneut zu artikulieren. Zweifellos bleibt aber auch richtig, daß es der Mensch mit sich allein nicht aushält, er nicht nur sein *alter ego* zeitlebens sucht, sondern auch ein Zoon politikon (Aristoteles), ein gesellschaftliches Wesen (Marx) ist. Zu klären wäre somit auch, welches Wir Bloch im Sinn hat.

Die Textkomposition

Bloch hat seine Werke strengen Kompositionsregeln unterworfen. Durch die Werkreihe hindurch haben die Einsätze den gleichen Charakter wie der Beginn der *Tübinger Einleitung*: Sie führen unmittelbar in die Sache hinein, und es ist im Grunde immer dieselbe Sache: Ein Sein, ein Nicht-Haben, ein Werden-Wollen.

Bei einer Durchsicht der Werkanfänge fällt auf, daß zunächst das Wir dominiert. Interessant daher die Frage, wann das Ich bei Bloch zuerst auftaucht. Im *Geist der Utopie*, in jener ersten Fassung, die in den Jahren 1915 bis 1917 geschrieben wurde, ist in sehr auffälliger Weise vom Wir die Rede. Sowohl der Anfang »Wie nun? Es ist genug. Nun haben wir zu beginnen. In unsere Hände ist das Leben gegeben.« als auch das Ende »Denn wir sind mächtig; nur die Bösen bestehen durch ihren Gott, aber die Gerechten – da besteht Gott durch sie...«[4] stehen im Plural, der späterhin doch als die *zukünftige* Personalform definiert wird. Auch die Abschnitte *Die Erzeugung des Ornaments* (»Wir sind plötzlich streng geworden.«), *Philosophie der Musik* (»Wir hören uns nur selber.«), auch derjenige über *Die Gestalt der unkonstruierbaren Frage* (»Es hat sich draußen grau und kalt um uns zugezogen.«) beschwören mit expressionistischem Pathos die Gemeinschaft der Menschen.

Die zweite Fassung, die von 1923, in späteren Auflagen gewidmet *Dem immerwährenden Gedenken an Else Bloch-von Stritzky*, also die Fassung, die nach dem Tod der geliebten Frau erschienen ist (ihr war auch die erste Fassung gewidmet), beginnt mit den beiden Sätzen: »Ich bin. Wir sind.«[5] Spricht hier ein neues Ego? Vielleicht geben folgende Sätze einen Aufschluß. Im *Gedenkbuch für Else Bloch-von Stritzky*[6] notiert Bloch am 16. Februar 1921:

> »...ohne Else hätte ich, vordem wenig inwendig, sondern prunkvoll und objektiv, auf subjektlose Objektivitäten gerichtet, das Selbstbegegnende, Metaphysische, die Gestalt der unkonstruierbaren Frage nicht sehen, ahnen können. Noch 1914, als ich Antiquitäten für unser Haus einkaufte (Else lag schon lange Monate zu Bett und ich besorgte das alles allein), standen am Schluß in unserem Haus nur Dinge für die Wand, zum Sehen, Objektives, Truhen, Kommoden und donnernde Schränke – die Stühle, Kanapees, Diwans, die

---

4 Ernst Bloch, *Geist der Utopie, Gesamtausgabe 16*, Frankfurt am Main 1977, S. 9 und S. 445.

5 Ernst Bloch, *Geist der Utopie. Zweite Fassung, Gesamtausgabe 3*, Frankfurt am Main 1977, S. 11.

6 In: Ernst Bloch, *Tendenz – Latenz – Utopie, Werkausgabe Ergänzungsband*, Frankfurt am Main 1985.

»Subjektivitäten« also hatte ich genau so vergessen, wie mir die Händelsche Erzmusik damals näher lag als der inwendige, tiefe Bach. Hier aber hat Elses beständiger Einfluß mich verwandelt, mehr noch als ich den Blick auf das »Sich selbst in Existenz Verstehen« Kierkegaard und Lukács zu verdanken habe.«[7]

Bloch ist hier sein eigener Psychologe, der scharfsinnig ein treffendes Psychogramm zeichnet, eingespannt in die Koordinaten Else und Lukács, christliche Mystik und Existenzphilosophie. Dem prunkvollen und objektiven Dreißigjährigen eröffnen zwei Menschen eine neue Dimension des Seins, Tiefe und Innerlichkeit. Den Verlust beider, wenn auch sicherlich nicht vergleichbar in der Intensität des Schmerzes, muß Bloch verkraften: Else stirbt am 2. Januar 1921 nach Jahren schwerer Krankheit. Auch die innige Freundschaft mit Lukács kühlt sich damals merklich ab. Die »letzten Wimpel der Freundschaft« zwischen Bloch und Lukács wehten also Anfang der 20er Jahre nur mehr schwach«, schreibt Blochs Biograph Peter Zudeick, »so daß Walter Benjamin eine für Bloch recht schmerzliche Lücke füllte, auch was gemeinsame Unternehmungen nicht philosophischer Art betrifft.«[8]

Jedoch füllt weder Walter Benjamin die von Lukács hinterlassene Lücke, noch ist die überstürzte Heirat mit Linda Oppenheimer geeignet, ihn wirklich zu trösten. Die Erfahrung von Trauer und Verlassensein prägt wohl Blochs Persönlichkeit in jenen Jahren, jedoch überwältigt sie ihn nicht. Das Rebellierende in seinem Wesen setzt sich durch gegen Angst und Verlorenheit. Bezeichnenderweise hat sein nächstes Buch, das noch 1921 erscheint, den Rebell in Christo, Thomas Münzer, zum Gegenstand. Die Diktion ist noch unverkennbar die des Geists der Utopie: »Wir wollen immer nur bei uns sein«, lautet in dieser Schrift der erste Satz, »Wir haben genug Weltgeschichte gehabt«[9], so beginnt der letzte.

7 Ebd., S. 17 f.
8 Peter Zudeick, *Der Hintern des Teufels. Ernst Bloch – Leben und Werk*, Bühl-Moos 1985, S. 108.
9 Ernst Bloch, *Thomas Münzer als Theologe der Revolution, Gesamtausgabe 2*, Frankfurt am Main 1977.

Doch wann festigt sich bei Bloch die Einsicht, daß die Existenz zwar als Mangel erfahren wird, daß der Mangel jedoch nicht hingenommen werden kann? Symptomatisch dafür sind die einleitenden Sätze der *Spuren*, zuerst 1930 erschienen: »Man ist mit sich allein. Mit den anderen zusammen sind es die meisten auch ohne sich. Aus beidem muß man heraus.«[10]

Auch diese Einleitungssätze sind bei näherem Hinsehen keineswegs eindeutig und klar. Daß man mit sich allein ist, scheint zunächst keiner weiteren Erklärung zu bedürfen. Deutlich zeigt sich die Crux erst im zweiten Satz: Auch mit den anderen zusammen ist man allein – ohne sich. Was bedeutet Mit-sich-Sein bzw. Ohne-sich-Sein? Mit sich ist man allein – ergänzt werden könnte, was meist dazugedacht wird: Mit sich und seinen Problemen ist man allein. In diesem »mit sich« ist jedoch ein gewisser Grad an Selbstgewißheit insofern enthalten, als die Situation, in der das Ich sich befindet, als unbefriedigend empfunden wird. Ohne-sich-Sein, das könnte heißen Zerstreuung, Verdrängen der Probleme, die das Mit-sich-Sein kennzeichnen. Daher gelten alle Arten gemeinschaftlicher Unternehmungen als legitimes und probates Mittel der Ablenkung – institutionalisiert vom Verein bis hinauf zu Kirchen und politischen Parteien –, doch bleibt auch bei gelingender Aktivität für das Individuum ein Rest existentieller Not, ein Auf-sich-selbst-verwiesen-Sein, das derartige Identifizierungsversuche relativiert. Unüberhörbar nun bei Bloch die Auflehnung dagegen: Nicht mehr mit sich und seinen Angelegenheiten allein sein zu wollen, sondern im Gegenteil, der Wunsch nach Identität und zugleich gelingender Identifizierung mit anderen spricht aus den zitierten Sätzen.

In den nächsten Werken pointiert Bloch das Nicht-Haben.

---

10 Ernst Bloch, *Spuren, Gesamtausgabe* 1, Frankfurt am Main 1977. Als Motto findet sich in der Ausgabe: »ZUVOR. Wie nun? Ich bin. Aber ich habe mich nicht. Darum werden wir erst.« Ob dies nachträglich von Ernst Bloch für die Werkausgabe eingefügt wurde, ist mir nicht bekannt, scheint aber schlüssig. Ebenso waren die Einleitungssätze vor Erscheinen der Werkausgabe unveröffentlicht, stammen möglicherweise auch nicht aus dem Entstehungszeitraum der *Spuren*.

Das Prinzip Hoffnung setzt so ein: »Ich rege mich. Von früh auf sucht man. Ist ganz und gar begehrlich, schreit. Hat nicht, was man will.« *Das Materialismusproblem* beginnt mit den Sätzen: »Mit fast nichts fangen wir an. Das treibt uns, will mehr spüren. Sieht sich danach um, tastet und greift«, ähnlich die *Literarischen Aufsätze*: »Man ist. Das ist zu wenig, ja das wenigste.« Und die *Politischen Messungen*: »Wie lange noch? Man ist hier. Aber wenige sind darin zu Hause«. Ausgefeilter dann der Auftakt im systematischen Hauptwerk *Experimentum Mundi*: »Zuvor: Wie also? Ich bin. Aber ich habe mich noch nicht. Wir wissen mithin noch nirgends, was wir sind, zuviel ist voll vom Etwas, das fehlt.« Bloch stellt seiner Kategorienlehre eine Analyse voran, aus der für ihn eine Aufgabe resultiert, zu der Philosophie Wesentliches beizutragen hat. Durchaus beachtenswert sind die beiden unscheinbaren Wörter »noch nicht«, das ist neu. Eingeschränkt werden frühere euphorische Aussagen zum Wir, zu dem gewordenen, noch unechten Wir zugunsten eines erwünschten, erhofften erst werdenden Wir, von dem wir »mithin« noch nichts wissen. Im *Experimentum Mundi* kommt ausdrücklich mehr Welt hinein, es kommt Brechts »Etwas fehlt«, zuviel Mangel, falsche Füllungen sind im Angebot, zu wenig Erfüllung wird erlebt. Hier findet sich auch der Hinweis, wie Nicht-Haben zu überwinden sei: Am Ende der Werkreihe[11] vereinigen sich sozusagen der objektive Bloch und der subjektive Bloch der frühen Werke: Nicht nur, wer wir sind, sondern was wir sind, ist in erster Linie noch unbeantwortet und muß zunächst beantwortet werden. Erst diese Antwort erlaubt den nächsten Schritt in Richtung einer Bestimmung dessen, wer wir sein könnten. Darin klingt an Vergegenständlichung, Objektivation – zunächst geht der geheimnisvolle Weg nach außen.

---

11 Es folgt 1978 noch der Ergänzungsband *Tendenz – Latenz – Utopie*.

Ich bin.

Die Blochsche Philosophie hat eine existentielle Dimension. Die Existenz in ihrer Bedürftigkeit ist Ausgangspunkt des Philosophierens und bleibt hinfort Bezugspunkt. Anders als die Existenzphilosophie, die von der Faktizität des Daseins gewissermaßen überwältigt wird, so daß das Dasein sich schließlich reduziert auf ein Sein-zum-Tode (Heidegger), stellt Bloch die Faktizität durchaus in Frage. Die Welt ist nicht dicht, die sogenannten Tatsachen sind verdinglichte Prozeßmomente, die Welt ist zwar bedingt, aber nur partial, sie ist insofern auch offen. Zwar ist nicht alles jederzeit möglich, doch ist mehr möglich, als gemeinhin angenommen. Die Kategorie Möglichkeit bildet einen Eckpfeiler Blochschen Philosophierens. Ausgehend von Aristoteles' Unterscheidung vom In-Möglichkeit-Sein und Nach-Möglichkeit-Sein entwickelt Bloch im *Prinzip Hoffnung* die vier Schichten der Kategorie Möglichkeit, vom rein *formal Möglichen* über das *sachlich-objektiv Mögliche* und *sachhaft-objektgemäß Mögliche* bis hin zum für alles Tun und sein Gelingen entscheidenden *objektiv-real Möglichen*. Es gibt ein Hingespanntsein, der Existenz wohnt eine *Tendenz* inne, allerdings nicht nur die zum Tod, sondern auch – dies ist gemeint mit der Kategorie *Latenz* – zu möglicher Erfüllung. Dadurch wird der Tod nicht aus der Welt geschafft, wobei selbst diese Aussage keine endgültige sein muß, wie das folgende Zitat, das *Erbschaft dieser Zeit* beschließt, nahelegt: »Je mehr der Alltag stimmen wird, desto fragwürdiger bleibt der Tod, der ins Leben hereinfällt und seine Ziele bleicht; desto vermittlungswerter der Raum, worin menschliches Leben emportreibt.«[12] Ein gelingendes Leben, ein gelingendes alltägliches Leben soll den Tod relativieren können. In dem Gespräch mit Siegfried Unseld *Über Tod, Unsterblichkeit, Fortdauer* von 1969 läßt Bloch anklingen, was *er* unter »existentiell« verstanden wissen will, nämlich die »ursprünglichste Frage« sei hier betroffen, was denn geschehe mit *meinem* Sterben, mit *meiner* Intensität, mit

12 Ernst Bloch, *Erbschaft dieser Zeit. Erweiterte Ausgabe, Gesamtausgabe 4*, Frankfurt am Main 1977, S. 408.

meinen Erfahrungen: »Wir selbst, nicht ich als Individuum, das wäre noch besonders privatkapitalistisch geheizt, nein, wir selbst, wir sollen weiterleben und wollen bei dem, was kommt, noch dabei sein. Das ist ein wichtiges Motiv. Das ganze Haus der Menschheit muß erleuchtet stehen, mit allen seinen Fenstern, da geht's nicht nur um die Herrschaften, die zufällig im ungeheuren Jahr des eschatologischen Glücks auf der Erde anwesend sind. Was wäre das für eine Unverschämtheit gegen uns, und wie sehr würden wir dabei benachteiligt und alle, die mit uns das Pech haben, eine Generation zu früh geboren zu sein. Warum sollten wir vom Glück des Eschaton und des Dabeiseins ausgeschlossen werden?« Unschwer ist hier jüdisch-christliche Heilserwartung eingeflossen, ein Transzendieren, allerdings ohne Transzendenz, wie Bloch an anderer Stelle sagt. Auf Erden soll die neue Welt entstehen, ein Abenteuer der Immanenz – Spinoza sei sein Bruder in der Philosophie, schrieb Bloch einmal an Lowe, und jeder von uns, nämlich du und ich, wir wollen dabei sein. Erstaunlich, ja, für manchen aufgeklärten Menschen gar befremdlich, jedoch im Zusammenhang des Blochschen Novum-Denkens eine noch mögliche Grenzaussage: »Wir finden hier noch keine wissenschaftlichen Motive, aber stark emotionale, menschliche. Doch die Wissenschaftlichkeit der Antwort ist damit noch nicht von vornherein ausgeschlossen, weil unser Interesse derart stark an solchen Fragen hängt oder vielleicht wieder stärker als heute daran hängen wird.«[13]

Ich bin. Das Bin ist innen, das Bin ist dunkel, das Bin ist intensiv, drängend, ist Kraft und Wille. Das Bin lebt. Das Bin meldet sich jeden Augenblick, stößt an, setzt immer wieder neu ein. Mit solchen und ähnlichen Redewendungen qualifiziert Bloch das Bin. Dem Ausgangspunkt, dem »dunkle(n) Zustand des Insich«[14] korrespondiert, noch vorkategorial, das Meinen: »Das Meinen selber wird gefühlt, nicht gedacht, es ist willenshaft, ist ein erscheinendes Wollen.«[15]

---

13 Ernst Bloch, *Tendenz – Latenz – Utopie*, Frankfurt am Main 1978, S. 314 f.
14 Ebd, S. 121.
15 Ebd.

Entscheidend ist, daß das Bin nach außen drängt: »Das Bin, das in uns Menschen als ein Ich-bin treibt, ist kein Haben, sondern noch einzig jenes Nicht an Haben, das es nicht bei sich aushält. Eben deshalb ist es meinend, suchend, unruhig, befindet sich als hungrig und bedürftig.«[16] So findet es außerhalb seiner etwas vor, muß aber feststellen, daß dieses Angetroffene ihm fremd ist. Zwar ist sein Inhalt g*emeint*, der Drang zu ihm hin ist Beleg dafür, sonst würde dieses Außen gar nicht wahrgenommen, doch der Fund ist noch ein fremdes Etwas, das Empfundene liegt außerhalb des Ich. Das Empfinden dieses Etwas ist das erste Stadium der Erkenntnis. Was die Empfindung besonders auszeichnet, ist die Intensität, Stärke, Kraft. Obwohl sich der sinnlichen Stärke keine entsprechende sinnliche Klarheit zugesellt, macht insbesondere die Nähe zum Daß, zu diesem leider noch unerhellten Movens im Prozeß, seine Bedeutung aus. Denn im Empfundenen erscheint zwar noch nicht das eigene Daß, jenes, das zur Ruhe kommen ließe, wohl aber gibt es ein Daßhaftes im Außen, ja, ein »gemeinsam Daßhafte(s) am fremden Nicht-Ich«[17]. Diese Bestimmung in der Blochschen Ontologie verdient besondere Aufmerksamkeit. Die menschliche Sinnlichkeit ist von Anfang an entschieden auf ein Außen gerichtet, weil sie mit diesem Außen verbunden ist durch ein Gemeinsames, durch das Daß, das sowohl im Subjekt als auch im Objekt auf sein Was zielt und somit die Prozeßspannung herstellt: »Von daher das Aufgedrängte des Empfindungsinhalts, von daher aber auch der eigentlich erkenntnistheoretische Charakter seiner Stärke und Intensität: das durchdringend Seiende.«[18]

16 Ernst Bloch, *Experimentum Mundi. Frage, Kategorien des Herausbringens, Praxis, Gesamtausgabe 15,* Frankfurt am Main 1977, S. 49.
17 Ernst Bloch, *Tendenz – Latenz – Utopie,* a.a.O., S. 123.
18 Ebd., S. 123 f.

Ich habe mich nicht.

Der Übergang vom *Ich bin* zum *Ich habe mich nicht* wird markiert vom Wollen eines Etwas, ohne daß schon genau gewußt würde, von was. Das leere, dumpfe *Ich bin* geht auf ein Außen, bezieht sich auf ein Außen, »... alles Beziehen hebt das unmittelbare Insich auf, ist das Dazwischen, ohne das kein Ort und kein Etwas für das Bin sichtbar wird.«[19] Das gilt ab ovo, bereits Grundtriebe wie der Hunger können nur befriedigt werden durch ein Sich-Beziehen auf die Außenwelt.

Nun ist aber die Triebebene nicht die spezifisch menschliche. Das Sich-Haben setzt voraus, daß zum Empfinden das Denken hinzukommt. Ausgangspunkt ist die Praxis, denn die notwendigen Entscheidungen, die getroffen werden müssen, sind Anforderungen, wie sie die Praxis, in der wir immer uns befinden, an uns stellt. Bei diesen Entscheidungen setzt das Denken ein. Das Denken stellt einen anderen Weltbezug her als das Empfinden: »Am Empfundenen kommen die Kategorien in Gang«, denn das Empfundene selber ist nicht mehr vorkategorial wie das unmittelbare Fühlen, wenn es auch noch »undeutliche(n) Kategorien«[20] sind. Die in der Empfindung in Gang gekommenen Kategorien langen an im Denken und gewinnen darin möglichste Deutlichkeit, Bestimmtheit.

In welchem Verhältnis stehen Sinnlichkeit und Gedanke? Ist der Gedanke abgeleitet aus den sinnlichen Erfahrungen? Hat er eine gewisse Eigenständigkeit? Ohne Idealist sein zu wollen, stellt sich Bloch bei der Beantwortung der zentralen philosophischen Frage nach dem Status der Empfindung auch in die dialektische Tradition Platons und Hegels. Gegen den Machismus, aber auch gegen Intuitionismus und Phänomenologie unterstreicht Bloch, daß die Empfindungen keineswegs eindeutig seien, vielmehr zeichneten sie sich durch Unklarheit, ja, durch Aporien aus: »Wird wahrgenommen, daß derselbe Ge-

19 Ernst Bloch, *Experimentum Mundi*, a.a.O., S. 49.
20 Ernst Bloch, *Tendenz – Latenz – Utopie*, a.a.O., S. 124. Auch Raum und Zeit sind für Bloch anderes als angebliche Formen der Anschauung; »sie sind naturwissenschaftlich, historisch variiert und folglich eine viel spätere Entfaltung, eine des Denkens und prozessualen Da-Seins«.

genstand dick oder dünn ist, je nach dem, womit er verglichen wird, so ruft diese Wahrnehmung den Verstand zu Hilfe.«[21] Die sinnliche Wahrnehmung muß sich so einer Kritik des Verstandes unterziehen – für Bloch sind die Aporien der Sinnlichkeit die »Geburtsstätte der Dialektik«.[22]

Subjekt und Objekt sind getrennt und waren nie eins – das wollen sie erst werden, und anders als Kant, der die Frage stellte, wie das Subjekt zum Objekt komme, auch anders noch als Schelling, der den Spieß bekanntermaßen umdrehte und dagegenhielt, wie denn das Objekt zum Subjekt komme, interessiert Bloch an der gegebenen Subjekt-Objekt-Konstellation in erster Linie, wie sich in der Praxis das Verhältnis bestimmt und welche Rolle dabei das Denken, die Theorie, die Philosophie spielen kann. Erinnert sei an seine Formel aus dem *Experimentum Mundi*: »Prius der Theorie, Primat der Praxis« – die Theorie ist der Generalstab der Revolution, doch nur um des Gelingens der Revolution willen.

Das heißt, daß das Denken, das richtige Denken, eine zentrale Rolle spielt bei dem Versuch der Verwirklichung eines gelingenden Lebens. Der Gedanke liegt nicht wie das Empfundene außerhalb des Ich, sondern wieder innerhalb wie jenes intensive Meinen, ist jedoch in viel höherem Maße als dieses selbstbestimmt und bestimmbar. Bloch gebraucht einen sehr eingängigen Vergleich, um das Verhältnis von Empfindung und Gedanke zu veranschaulichen: »Der Vorgang des Empfindens, der Apparat der Sinnlichkeit führt ... nach außen; auch der Fund setzt zwar eine innere Tätigkeit voraus, doch er liegt ganz deutlich nicht in ihr selbst, er wird vom Meinen empfangen, er wird nicht erzeugt. Das Empfundene ist deshalb, zum Unterschied vom Gedachten, stark abgehoben, von vornherein außerhalb des Ich gelagert, auch der eigene Leib ist in diesem erkenntnistheoretischen Sinn ein Nicht-Ich. Diese Stärke steht fest, sie ist die von Ölfarben; während der Gedanke, das Bewußtsein als Gedanke, auch dort – bestenfalls – als Aquarell erscheint, wo es sich mit dem ἐν ἐτεῇ ὄν, mit dem wahrhaft

21 Ebd., S. 123.
22 Ebd.

Seienden idealistischerweise für identisch hält.«[23] Das noch einmal als Kritik am Idealismus, aber sicherlich ist es Blochs Anliegen, dem zarten Aquarell mehr Farbe zu verleihen, damit es eine Chance habe, sich zu behaupten neben den Ölfarben.

Wie gesagt, dieses so Seiende ist alles andere als klar, das Empfundene ist zwar *primär Wirkliches*, wie Bloch sagt, »von Widersprüchen beladenes, ja in lauter Widersprüche noch eingewickeltes Wirkliches: aber das Sein ist Empfindung, die Empfindung ist unmittelbar geäußertes Sein«.[24] Diese Gegebenheit findet Eingang in die Blochsche Erkenntnistheorie, ist aber nur ein Stadium innerhalb derselben.

Nach den Bestimmungen zum *Ich bin* kann der Versuch, sich haben zu wollen, im ersten Schritt einzig in dem Nach-außen-Gehen bestehen. Denn das Sein, bestimmt durch das unmittelbare Hier und Jetzt, die Nähe, das Dunkel, das Insich, schließt Bewußtsein und Erkenntnis aus. Erst das Verlassen des Unmittelbaren, die Drehung, was eine gleichzeitige Hebung bedeutet, aus dem Unmittelbaren heraus ermöglicht ein reflexives Verhältnis: »Die objektive Drehung aus dem Unmittelbaren heraus, die all unser Sehen und Erkennen ausmacht«[25], so Bloch, ist Voraussetzung, daß erkannt und erlebt werden kann, und so liegt darin die Möglichkeit der menschlichen Identitätsbildung begründet.

Das Nach-außen-Gehen wird ein qualitativ anderes, wenn es nicht nur einen Fund auftut, wie im Empfinden, sondern wenn es sich die Welt zum Gegenstand macht, mit den »Gegenständlichkeitsformen, die erst das Denken antrifft«[26]. Bloch steht hier ganz in Marxscher Tradition, der in seinen Frühschriften, insbesondere in den Pariser Manuskripten von 1844 und in den sogenannten Feuerbachthesen das menschliche Wesen als gegenständliches bestimmt. In Auseinandersetzung mit Hegel, für den letztendlich der Mensch sein Selbstbewußtsein ist und bei

23 Ebd., S. 124 f.
24 Ebd., S. 124.
25 Ernst Bloch, *Experimentum Mundi*, a.a.O., S. 16.
26 Ebd.

dem der Selbsterzeugungs- und Selbstvergegenständlichungsakt immer formell und abstrakt bleibt, ist für Marx der Vergegenständlichungsakt ein praktischer: »Daß der Mensch ein *leibliches*, naturkräftiges, lebendiges, wirkliches, sinnliches, gegenständliches Wesen ist, heißt, daß er *wirkliche, sinnliche Gegenstände* zum Gegenstand seines Wesens, seiner Lebensäußerung hat oder daß er nur an wirklichen, sinnlichen Gegenständen sein Leben *äußern* kann. Gegenständlich, natürlich, sinnlich *sein* und sowohl Gegenstand, Natur, Sinn für ein drittes sein ist identisch.«[27]

In seiner Interpretation der Thesen im Prinzip Hoffnung, *Weltveränderung oder die Elf Thesen von Marx über Feuerbach*, folgt Bloch dieser Argumentation und begreift Vergegenständlichung als praktische, als sinnlich-menschliche Tätigkeit.[28] Etwas handfest ausgedrückt heißt das, daß es jenseits aller historisch geprägten Arbeitsformen, die Arbeitsdruck, Ausbeutung und Profittrieb einschließen und deshalb abzuschaffen seien, es »zu unserer Entelechie gehört, daß man in die Hand spuckt und was schafft. Sonst kommt die Langeweile, das ist vielleicht schon ein Vorspiel von Todesangst, die lähmende Langeweile.«[29]

Bei Bloch steht das Sich-nicht-Haben für den andauernden Prozeß der Subjektwerdung des Menschen durch den Vergegenständlichungsakt. Dieser Vergegenständlichungsakt ist kein abstrakter, sondern ein konkreter. Nicht fehlen sollte hier der Hinweis auf die große Nähe des Blochschen Materialismus und seiner Naturphilosophie zu den entsprechenden Implikationen in den Pariser Manuskripten. Marx hat den neuen, trotz Ökobewegung noch immer unabgegoltenen Gedanken auf die eingängige Formel gebracht: Naturalisierung des Menschen, Humanisierung der Natur. Wenn der Mensch auch Naturwesen ist, so bedeutet das nicht, daß mit einem »natürlichen« Verhalten alles erledigt wäre. Offenbar liegt dem doch ein Prozeßdenken

---

27 Karl Marx, *Ökonomisch-philosophische Manuskripte (1844)*, in: *Marx Engels Werke, Ergänzungsband 1. Teil*, Berlin 1977, S. 578.
28 Siehe dazu: Ernst Bloch, *Das Prinzip Hoffnung, Gesamtausgabe 5*, Frankfurt am Main 1977, S. 295 ff.
29 Ernst Bloch, *Tendenz – Latenz – Utopie*, a.a.O., S. 329.

zugrunde, das Menschen und Natur als unfertig setzt. Das heißt, sowohl die Anthropologie, die Psychologie und verwandte Wissenschaften als auch die engeren Naturwissenschaften finden kein abgeschlossenes Material vor, sondern ein sich veränderndes. Dieses Denken steht quer – quer zu aktuellen esoterischen Strömungen, die den Menschen auf ein reines Naturwesen reduzieren und die Natur vergöttlichen, quer aber auch zu sozialphilosophischen Traditionen, z. B. zu weiten Teilen der Frankfurter Schule, aber auch zu Lukács (zur Ontologie des *gesellschaftlichen* Seins, Hervorhebung D. Z.), die Prozeß, Entwicklung und Veränderung auf die gesellschaftliche Dimension beschränken.

Wie Marx das Mensch-Natur-Verhältnis faßt, sei anhand eines weiteren Zitats aus den Pariser Manuskripten demonstriert: »Weder sind also die *menschlichen* Gegenstände die Naturgegenstände, wie sie sich unmittelbar bieten, noch ist der *menschliche Sinn*, wie er unmittelbar *ist,* gegenständlich ist, *menschliche* Sinnlichkeit, menschliche Gegenständlichkeit. Weder die Natur – objektiv – noch die Natur subjektiv ist unmittelbar dem *menschlichen* Wesen adäquat vorhanden.«[30]

Sicherlich liegt bei Marx nur ein abgeschwächtes eschatologisches Motiv vor, was Bloch auch die kupierte Finalität im Marxismus nannte. Was bei Bloch nur denkbar ist als Bezug des Daß zum Was, der Existenz zur Essenz – wobei er die philosophische Tradition von Aristoteles übers Mittelalter bis zu Schelling als Kronzeugen bemüht –, der Bezug, der sich äußert als Prozeßspannung, als Tendenz, insofern etwas anliegt, das verwirklicht werden will, mit Latenzen, die positive Inhalte transportieren, ist bei Marx nicht in vergleichbarer philosophischer Tiefe ausgearbeitet. Jedoch sind Intention und Ansatz kommensurabel.

Warum gelingt die Vergegenständlichung nicht? Warum bleibt das Problem der Melancholie der Erfüllung, die Scheu, den Augenblick verewigen zu wollen? Für Bloch sind dies Hinweise, daß die Menschen, eben *wir* noch nicht angelangt sind.

30 Karl Marx, *Ökonomisch-philosophische Manuskripte*, a.a.O., S. 579.

Was allerdings vollkommen klar und kein Rätsel ist, ist die Vereitelung konkreter Möglichkeiten, die den Menschen gegenwärtig aufgezwungen wird. Zwar ist oftmals sicherlich mehr möglich, nämlich objektiv möglich, als realisiert wird, doch gibt es Grenzen, die durch die jeweilige historische Gesellschaftsform gezogen sind. Übereinstimmend fassen Hegel, Marx und auch Bloch den Selbsterzeugungsprozeß des Menschen im Kapitalismus primär als Arbeit. Während Hegel aber nur die positive Seite der Arbeit heraushebt, setzt Marx hier die entscheidende Kritik an. Die Art und Weise, wie sich das menschliche Tätigsein als Arbeit im Kapitalismus vergegenständlicht, beinhaltet die Entfremdung. Daß die Vergegenständlichung entfremdet passiert, ist ein Grundübel, ohne dessen Überwindung weder das Blochsche Sich-Haben, geschweige denn das Wir-werden-Sein eine Chance hat.

Was bedeutet Entfremdung? Marx arbeitet drei Bestimmungen heraus, sie betreffen das Verhältnis des Arbeiters oder der Arbeiterin zum Produkt der Arbeit, das Verhältnis zur eigenen Tätigkeit als dem Akt der Produktion innerhalb der Arbeit und die Bestimmung des Menschen als Gattungswesen. Wenn das Produkt der Arbeit ein fremder, ein übermächtiger Gegenstand wird, so führt das nicht nur zu einer Entfremdung von dem produzierten Gegenstand, von der Sache, sondern dieses Verhältnis prägt zugleich das Verhältnis zur sinnlichen Außenwelt, zu den Naturgegenständen als fremden. Wird des weiteren die eigene Tätigkeit als fremde, als nicht der Person angehörige, als Leiden, Ohnmacht erfahren, als eine gegen sich selbst gewendete, so führt dies zur Selbstentfremdung. Die aus diesen beiden Bestimmungen resultierende dritte Bestimmung beruht auf der Marxschen Prämisse, die freie bewußte Tätigkeit sei der Gattungscharakter des Menschen. Trifft dies zu, so folgt daraus, daß die kapitalistische Erwerbsarbeit, die eben nicht selbstbestimmt ist, den Menschen auch seiner Gattung entfremdet. Aus diesen drei Bestimmungen resultiert schließlich die tiefgreifendste Form der Entfremdung, die Entfremdung der Menschen untereinander: »Die Entfremdung des Menschen, überhaupt jedes Verhältnis, in dem der Mensch zu sich selbst steht, ist erst verwirklicht, drückt sich aus in dem Verhältnis, in welchem der

Mensch zu dem andren Menschen steht.«[31] Wie aber kann dieses Verhältnis unter gegebenen Bedingungen aussehen?

Darum werden wir erst.

Diese Stelle markiert den Übergang zum Wir. Die Marxschen Ausführungen erhellen, warum der Zustand des *Ich habe mich nicht* ein *Wir sind* weder logisch noch real zulassen kann. Das entfremdete Leben, in dem Vergesellschaftung nur über Warenproduktion und Warentausch erfolgt, bedingt zwar nicht total, aber doch weitgehend eine mangelnde Ausprägung des menschlichen Wesens, der Mensch befindet sich im Zustand des Noch-Nicht. Dazu berichtet Adolph Lowe, Blochs Freund und engagierter Kenner seines Werkes, von folgender Episode während eines gemeinsamen Aufenthalts in Südtirol im Sommer 1964: An einem Spätnachmittag im August saßen beide am Teetisch und blickten hinüber zum Schlern, als ihr Gastgeber folgende Frage an Bloch richtete: »Es war immer das Merkzeichen großer Philosophen, daß der Kern ihrer Lehre in einem Satz zusammengefaßt werden konnte. Was also ist Ihr Fundamentalsatz?«[32] Bloch mag diese Haltung gefallen haben, denn auch er war der Ansicht, daß Verständlichkeit und Klarheit große Philosophie auszeichne. Seine Antwort lautete laut Lowe folgendermaßen: »Aus dieser Schlinge komme ich nicht heil heraus. Antworte ich, so gebärde ich mich als großer Philosoph. Schweige ich, so sieht es aus, als hätte ich vieles, aber nicht viel zu sagen. Da spiele ich lieber den Frechen als den Dummen und antworte: S ist noch nicht P.«[33] Jedoch bedeutet das nicht, daß uns die Erfahrung des anderen, zu erstrebenden Lebens gänzlich verwehrt wäre, daß der Entfremdungszusammenhang total wäre. Adolph Lowe stellte Ernst Bloch zwei Fragen, die erste zielt genau auf das hier aufgeworfene Problem: »Zuerst: wie

31 Ebd., S. 518
32 Adolph Lowe, *S ist noch nicht P. Eine Frage an Ernst Bloch*, in: Siegfried Unseld, *Ernst Bloch zu ehren*, Frankfurt am Main 1965, S. 135 ff.
33 Ebd.

können wir wissen, was P ist, da es doch nicht *ist* und nie und nimmer ist gewesen? Und wenn wir es wissen, welches sind dann die Mächte, die S aus dem Stande des Noch-Nicht-P-Seins in den Stand des P-Seins überführen können?«[34] Neben dem Ahnungswissen und dessen eigener Evidenz, die Lowe konzediert, sei bei dem Versuch zu antworten verwiesen auf den zentralen Blochschen Begriff des Vor-Scheins, wie er besonders in Musik, Malerei und Dichtung ein werkgewordenes Gelingen vorweist. Weitere Erscheinungsweisen des Vor-Scheins finden sich in bestimmten moralischen und religiösen Leitbildern, aber auch in der Natur, wie sie z. B. in Naturlyrik vorgeführt wird. Die Versuche, die Welt zum Besseren hin zu verändern, Versuche, die zumindest die Invariante der Richtung aufweisen, auch wenn sie schließlich gescheitert sind, hat Bloch enzyklopädisch gesammelt – darauf baut die Philosophie der Utopie und der Hoffnung. Für Bloch steht auch fest – darin enthalten ist einiges bezüglich der zweiten Lowe-Frage –, daß die Aufhebung der Entfremdung nur eine praktische sein kann. Darin ist er zuallererst Marxist. Die Überschrift des weiter oben öfter zitierten Aufsatzes von 1930 lautet: Empfindung – Gedanke – Praxis nicht antithetisch, sondern als Stadien der Erkenntnis. Alles Denken muß hinauslaufen auf Verwirklichung in der Praxis, muß zurückkehren zur Nähe, aber zur Nähe als einer neuen, einer echten, in der es auszuhalten ist, ein echtes Hier und Jetzt, welches »sinngemäß das Unsere wäre, worauf es ankommt, worin die Nähe ankommt. Werden heißt ja, wenn es etwas taugt, zum unseren kommen, es haben.«[35]

Noch nicht erledigt

Wie lautet der Schluß der *Tübinger Einleitung in die Philosophie*? »Sich aufrichtender Mensch und noch nicht ausdeterminierte reale Möglichkeit, das sind für die Entwicklung unseres Lebens, unserer Literatur, Philosophie, Praxis sicher die unab-

34 Ebd., S. 136.
35 Ernst Bloch, *Experimentum Mundi*, a.a.O., S. 15 f.

dingbarsten Kategorien. Sie offen zu halten, das möchte diese Einleitung in etwas gezeigt haben, im Experiment Mensch, Experiment Welt. Nicht ohne die Mahnung des alten Spruchs: Principiis obsta, das ist, Treue zum Anfang, der seine Genesis erst noch hat.«[36]

Etwas nachlässig komponiert scheint mir der Schluß im Vergleich zu der Wucht des Anfangs – wieso führt Bloch an dieser Stelle ausgerechnet die Literatur an? – aber er sagt, worum es ging bei dem, was er auf fast 400 Seiten ausführte: um den *sich aufrichtenden Menschen* und die *noch nicht ausdeterminierte reale Möglichkeit* – seine Philosophie will dies *offenhalten*, will auf den Menschen und die Welt als einen Versuch, allerdings ein Laboratorium auch möglichen Gelingens hinweisen.

Gesellschaftliche Utopien haben heutzutage keine Konjunktur. Beim Nachdenken – sei es in Form wissenschaftlicher Analyse, sei es eher mit dem sogenannten gesunden Menschenverstand – fällt den Heutigen nur mehr wenig ein. Selbst der Traum von der Sache, von der besseren Gesellschaft, scheint ausgeträumt zu sein. Blochs antizipierendes Bewußtsein, auch das überschreitende Denken scheinen gegenwärtig lahmgelegt zu sein. Auch wenn solche Phasen mitunter Zweifel und Resignation aufkommen lassen, so deutet sich doch auch neue Bewegung an. Vielleicht tut Selbstkritik der Intellektuellen not. Man lese die Berichte über das Schicksal der Emigranten und Emigrantinnen im Faschismus. Toni Oelsner z. B., die linke jüdische Sozialwissenschaftlerin aus Frankfurt, hörte sich in New York, völlig mittellos und krank, einen Vortrag Ernst Blochs über die Träume vom besseren Leben an und schrieb darüber einen Bericht für den *Aufbau* und die *New Yorker Staatszeitung*.[37] In Europa stand das Überleben der zivilisierten Gesellschaft auf dem Spiel, welches weit mehr gefährdet war als heutzutage – hoffentlich. Es gibt einen Raum, in dem menschliches Leben gedeihen könnte, aber: »Er kann entsetzlich leicht

36 Ernst Bloch, *Tübinger Einleitung in die Philosophie*, a.a.O., S. 376.
37 Siehe dazu: »Bloch hielt einen Vortrag über Träume vom besseren Leben.« Gespräch mit Toni Oelsner, in: Mathias Greffrath, *Die Zerstörung einer Zukunft. Gespräche mit emigrierten Sozialwissenschaftlern*, Frankfurt am Main 1989.

verfehlt werden, ja, hier haben sich nicht nur namentlich-fascistische Molochs aufgetan. Daher die Losung, kraft des utopischen Gewissens und Wissens, das auf der Wacht steht, dem Abgezielten immer wieder seinen unverwechselbaren Weg zu beziehen, den dialektischen zum menschlichen Haus, das sich dem Weg selber unabdinglich mitteilt, damit er einer sei. Davon kann aber nicht nur moralisch, sondern im gleichen Zug metaphysisch nicht groß genug gedacht werden, genau in Ansehung des Glaubens ohne Lüge, des Wozu, das ebenso in die exakte Phantasie greift. Mit jener alten Aufklärung, die den Menschen am wenigsten ausließ, und jener neuen, endlich fälligen, die sich beim Licht gerade auch aufs Latente versteht, ohne Auslassung seiner dunkleren Tiefen. Es gibt riesige Täuschung der Unwissenheit, Betrug an falscher Phantasie, Weihrauch über durchschaubaren Gefühlen. Doch es gibt auch rote Geheimnisse in der Welt, ja nur rote.«[38]

38 Ernst Bloch, *Erbschaft dieser Zeit*, a.a.O., S. 408 f.

RAINER E. ZIMMERMANN

Vom Sein zum Werden
oder Auf der Suche nach dem Goldenen Vlies[1]

'Αρχόμενος σέο, Φοῖβε,
παλαιγενέων κλέα φωτῶν μνήσομαι,
οἵ Πόντοιο κατὰ στόμα καὶ διὰ πέτρας
Κυανέας βασιλῆος ἐφημοσύνῃ Πελίαο
χρύσειον μετὰ κῶας ἐύζυγον ἤλασαν Ἀργώ.
Apoll. v. Rhodos: Argonautika, I 1-4.[2]

1

In einem der programmatischen, einem Leitmotiv gleich sich
durch das Gesamtwerk ziehenden »Struktursätze« seines Philosophierens formuliert Ernst Bloch das dynamische Grundprin-
zip menschlicher Verfaßtheit – somit seinen ganzheitlichen
Ansatz auf ein existentialphilosophisches Fundament stellend.

Ich bin. Aber ich habe mich nicht.[3]

1 Der Obertitel »Vom Sein zum Werden« versteht sich als Bezugnahme auf
   das gleichnamige Buch Prigogines, von diesem 1977 veröffentlicht, in
   dem Jahr, in dem ihm der Nobelpreis für Chemie verliehen wurde. Der
   Originaltitel lautet: *From Being to Becoming. Time and Complexity in
   Physical Sciences.* Die deutsche Fassung erschien 1979 bei Piper, München. Als Motto dieses Buches (und auch des vorliegenden Aufsatzes)
   kann die Kernaussage des Vorworts gesehen werden, wo es nach dem
   Hinweis auf die Vielfalt des Welthaften heißt: »Dennoch leben wir in
   einer einzigen Welt.«
2 Apollonios von Rhodos: *Argonautika*, I 1-4: »Beginnend mit dir, Phoi-
   bos, will ich an die Ruhmestaten jener alten Heroen erinnern, die die
   gutgefügte Argo durch die Meerenge des Pontos und zwischen den Kya-
   nischen Felsen hindurchruderten, um auf Weisung des Königs Pelias das
   Goldene Vlies zu erringen.«
3 Zitiert werden die Werke Blochs mit definierter Sigle und Seitenangabe
   gemäß der *Ernst-Bloch-Werkausgabe*, 16 Bde. und ein Erg.bd., Frankfurt am Main: Suhrkamp 1985, text- und seitenidentisch mit der Ge-

So beginnt das Philosophieren überhaupt mit der Insichtnahme des welthaft Vorhandenen, je aus der Perspektive des Individuums heraus, dieses dabei in der Welt positionierend. Auf diese Weise ist es allemal Orientierung inmitten des Welthaften. Aber die Insichtnahme macht von vornherein einen Abstand zu jenem notwendig, das in Sicht genommen werden soll, denn »(das) Bin ist innen. Alles Innen (aber) ist an sich dunkel.«[4] Innen ist der Mensch *an sich*, und in diesem Sinne ist er sich zu *nahe*. Zwar weiß er immer schon, *daß* er ist (Sartre sagt: »... so wie Jourdain Prosa macht«[5]), aber »(um) sich zu sehen und gar was um es [d. Innen] ist, muß es [d. Innen] aus sich heraus«.[6] Und insofern gilt es dem Menschen auch zu wissen, was er ist. Und in eben diesem Sinne folgt die Essenz der Existenz nach.[7] Jedes Ich ist sich freilich zu nahe; es empfindet sein Dasein lediglich als ein Verrinnendes; es kann sich nicht innehaben (es kann seiner nicht inne werden), denn dafür müßte es sich vor sich hinhalten. Und das kann es nicht, denn es hat keinen Abstand zu sich, insofern es noch reines Ansich ist.[8] Das »Ich bin« ist allenfalls genug, um zu beginnen[9], aber es muß aus sich heraus, es muß zum Existieren kommen.[10] Oder – was das gleiche bedeutet –: Ansich muß Fürsich werden. Das »Ich bin« ist somit notwendige, aber nicht zureichende Bedingung für die Existenz.

samtausgabe, ibd. 1969. Hier: Motto zu E. Bloch, *Spuren* (Bd. 1 = Sp), S. 1; ebenfalls: *Tübinger Einleitung in die Philosophie* (Band 13 = TE), S. 13.

4 TE, ibd.

5 J.-P. Sartre, *Conscience de soi et connaissance de soi*, Soc. Fr. Phil. (2.6.1947), deutsch: *Bewußtsein und Selbsterkenntnis*, Reinbek: Rowohlt 1973, S. 9 (These 6). Cf. zur Distanz: Ibd. S. 7 (Thesen 1 & 2) sowie: *L'Être et le néant*, Paris: Gallimard 1943, deutsch: *Das Sein und das Nichts*, Reinbek: Rowohlt, Neuübersetzung von 1991, S. 171.

6 TE, op. cit.

7 Sartre, *Bewußtsein und Selbsterkenntnis*, op. cit., S. 65.

8 E. Bloch, *Geist der Utopie* (2. Fassung) (Band 3 = GU), S. 17.

9 GU, S. 11.

10 Von: ex-sisto, exstiti – herauskommen, hervorgehen (aus) – nämlich aus dem Grundentwurf heraus, auch: auftauchen, erscheinen, entstehen: *ent*-stehen.

Insofern es (das Ich) ist, *hat* es sich also nicht. Es kann sich nur haben, insofern es *nicht* ist: Es ergreift sich in seinem Nichtsein und *wird, um* sich zu haben. Daher sucht der Mensch »(von) früh auf«, und er »(hat) nicht, was (er) will.«[11] An sich selbst ist er noch leer[12]; es ermangelt ihm an zureichendem Sein. »Sich haben« bedeutet deshalb wesentlich: die Trennung von Ansich und Fürsich aufheben, auf eine neue Einheit (auf ein Ansich-Fürsich) hin überschreiten. Das Ich entbehrt dieses vollständige (ganze) Sein, und seine Bewegung auf das Entbehrte hin begründet seinen individuellen »Ent-wurf« (sein Projekt)[13]: »Daß man entbehrt, dies also geht zuerst auf.«[14]

Der Mensch ist also nicht, sondern er wird. Und zu diesem Werden ist er (gleichsam im Sinne einer anthropologischen Definition, die zunächst festlegt, was der Mensch überhaupt seiner Seinsweise gemäß sei) verurteilt[15], denn, wenn er nur wäre, aber nicht werden würde, so wäre er kein Mensch, sondern reines, positives Ansich, also dinghaftes Objekt. Seine produktive Subjektivität begründet sich gerade auf die Dynamik seiner Existenz im Werden.

Darum werden wir erst.

Allein jedoch, im reinen Fürsich, gelingt dem Menschen das Werden schwerlich: »Man ist mit sich allein. Mit den Anderen zusammen sind es die meisten auch ohne sich. Aus beidem muß man heraus.«[16] So ist das existierende Individuum zwar Fürsich, aber es ist zugleich mit allen anderen Individuen vermittelt, es ist auch »Für-Andere«. Mein Ich erscheint dem Anderen als je meine, freie Subjektivität, und ich beobachte und interpre-

11 E. Bloch, *Das Prinzip Hoffnung* (Band 5 = PH), S. 21.
12 Sp, S. 11.
13 J.-P. Sartre, *Das Sein und das Nichts*, op. cit., S. 798 ff. et passim. Cf. a. id., *Question de méthode*, Paris: Gallimard 1960, deutsch: *Marxismus und Existentialismus*, Reinbek: Rowohlt 1964, S. 123.
14 TE, S. 14.
15 Sartresch: Er ist zur Freiheit (des Entwurfes) verurteilt. »Er wird« ist hier im Sinne von »est été« zu sehen (er wird gewesen, er ist am Werden).
16 Sp, S. 11.

tiere bei den Anderen, wie ich ihnen erscheine (d. h. wie sie mich beobachten und interpretieren). So erkennt das Ich sich selbst durch die Vermittlung mit den Anderen hindurch, es erfaßt sich dabei als reflektierendes *Selbst*. Und insofern ist es nicht mehr das identische Ich; es ist bereits ein geteiltes: Es ist das Selbst, das vom Sich Abstand genommen hat, das sich in Distanz *zu* sich befindet. Schon Hölderlin[17] weist auf diesen Abstand hin, insofern er zeigt, daß in der Identität des Selbstbewußtseins, die in dem formalen (Fichteschen) Satz »Ich bin ich« ausgedrückt wird, das erste »Ich« ein anderes ist als das zweite (nämlich einmal Subjekt und einmal Objekt). Die Kopula (=) zeigt dabei den Übergang an, der die Distanz zwischen beiden begründet, und damit zugleich den Einsatz der Zeitlichkeit, die das Selbstbewußtsein charakterisiert und den Entwurf des Individuums dynamisch strukturiert. In diesem Sinne ist Selbstbewußtsein die Fähigkeit, die Distanz wahrzunehmen, die das reflektierende Selbst vom (prä-reflexiven) Ich trennt, sie aber auch als epistemische Ausdrucksform einer ontologischen Identität zu erkennen, auf die die Teilung von vornherein hindeutet.

Das gilt sinngemäß zugleich für das soziale Kollektiv: Das heißt, wenn ich den je Anderen, den ich als Differenz wahrnehme, als solche anerkenne und »stehenlasse«, ihn aber gleichwohl unter der Prämisse primordialer (somit: ontologischer) Identität sehe, kann ich am Angebot des Verhaltens-Spielraums partizipieren, den er mir darbietet; ich erweitere mich also selbst *mit Blick* auf den Anderen. Das ist die Voraussetzung für jede solidarische Bewegung. Nur durch sie werden wir erst.

Bei Bloch ist die Hölderlinsche Identität nicht voll durchgeführt, denn bei ihm ist das Ich-Objekt wesentlich *offen* auf Künftiges hin: deshalb »Ich bin« statt »Ich bin ich«. Denn um letzteres feststellen zu können, muß man sich seiner selbst innehaben. Und das hat man eben nicht. Während somit bei Hölderlin die Dynamik des Entwurfs in der Hauptsache im Übergang der Kopula ausgedrückt wird, ist bei Bloch der Übergang nicht zu Ende geführt, denn das »Ziel-Objekt« ist noch

---

17 F. Hölderlin, *Urtheil & Seyn* (1795), in: *Sämtliche Werke und Briefe*, Darmstadt: WBG ⁵1989, 2 Bde., Bd. I, S. 840 f.

weitgehend undefiniert. Es bestimmt sich zunächst nur als Mangel (also ex negativo).[18] Und dieser Mangel kann nicht im einzelnen aufgelöst werden, sondern nur im Kollektiv.

2

Bloch ist in dem Sinne nicht in der orthodoxen, marxistischen Tradition verblieben, insofern er es nicht dabei bewenden läßt, auf die Utopie nur vorauszuweisen. Traditionell wird nämlich die konkrete Struktur des künftigen »Reichs der Freiheit« nicht thematisiert (mit dem Argument, hierüber könne nichts ausgesagt werden, da es sich doch um einen neuen Status des Welthaften handle, dessen neue Qualität zwar aus dem vorhandenen Welthaften zu emergieren habe, von hier aus aber nicht erfaßbar sei).

Bloch deutet dagegen die konkrete Struktur des absoluten Novum im Sinne des Vor-Scheins an, d. h. als etwas Belegbares, das gleichwohl fragmentarisch verbleibt. Das Grundproblem der Utopie besteht aber auch für Bloch weiterhin: Schon der Name *U-Topos* (οὗ τόπος) birgt dessen Unerreichbarkeit bereits in sich, denn es gibt diesen Ort nicht nur nicht, sondern es kann ihn auch nicht geben – leitet sich (οὗ τόπος) doch von Nichts (οὐκ ὄν) ab, also von dem, das nicht ist, aber auch nicht sein kann (also vom Unmöglichen) – im Gegensatz zum Nichtsein (μὴ ὄν), das auch nicht ist, aber sein kann (also dem Möglichen).

Wenn demnach eine Utopie faktisch nicht erreichbar ist, sondern allenfalls fragmentarisch vorzuscheinen vermag, so kommt es offenbar auf das Erreichen des Ziels gar nicht an, sondern eher auf die Ausrichtung *am* Ziel (oder: auf das Ziel hin). Es kommt darauf an, sich auf den Weg zum Ziel hin zu begeben, und *gerade dadurch* wird Positives im Sinne des Ziels produziert und in der Praxis erreichbar. Das heißt: Eine Utopie kann von vornherein nicht realisiert werden[19], wohl aber eine

18 J.-P. Sartre, *Das Sein und das Nichts*, op. cit., S. 184. f.
19 – gleichfalls eine Hölderlinsche Thematik.

Metopie, insofern also ein Ort besetzt werden kann, der auf dem Weg zur Utopie hin lokalisiert wird. Auf diese Weise eröffnet das Anstreben einer Utopie neue Spielräume, in denen innovative Praxis sich entfalten kann, die als neue gegen mangelhafte, gegenwärtig vorfindbare, abgegrenzt wird.[20]

Hierauf zielt Bloch ab, wenn er in verschiedenen Formulierungen auf den Unterschied zwischen Nichtsein/Sein einerseits und Nichtsein/Nichts andererseits Bezug nimmt. So führt er etwa in seiner *Tübinger Einleitung* unter der Überschrift »Nicht als unterschieden von Nichts« (Abschnitt 2.4. Logikum/Zur Ontologie des Noch-nicht-seins) aus: »Zum Nicht gehört es, daß es hungert und sich füllen will ... Es ist nicht Etwas, nicht Erscheinung, aber es zieht dazu hin, setzt sie auf dem Weg zu seinem Was, das es nicht hat, heraus. ... Das *Nichts* dagegen verhält sich zum Etwas und zu Erscheinendem fremd ... Logisch tritt das Nichts (Nihil) nicht wie das Nicht (Non) in dem verneinenden ... Urteil auf, sondern im schiefen Verhältnis zu jeder sinnvollen Aussage überhaupt.«[21]

Das setzt die besprochene Argumentationslinie fort, obwohl am Ende Unbehagen darüber verbleibt, inwiefern das Nichts (als das Andere des Nichtseins und das ganz Andere des Seins) »im schiefen Verhältnis zu jeder sinnvollen« (nicht nur: zu jeder logischen) Aussage auftritt. Beispielsweise zielt jede seriöse (wenn auch stets spekulative) Ästhetikproduktion darauf, das Verhältnis von Nichtsein und Nichts auf eine mögliche Erweiterung des ersteren zuungunsten des letzteren hin zu untersuchen. In diesem Zusammenhang kann das Nichts wohl gedacht (aber nicht realisiert) werden. Das der Ästhetikproduktion vorangehende Denken ist insofern aber sinnvoll, als es sinn-produzierend ist.

Problematisch werden daher die der oben zitierten Passage nachfolgenden Ausführungen Blochs, wenn er nach dem Ursprung des Nichts fragt und diesen im Nicht-Haben lokalisiert.[22] Man kann dieser Sichtweise zwar zustimmen, wenn hierbei implizit auf die Imagination Bezug genommen wird:

---

20 Also: Utopie als offener Prozeß-Raum – cf. weiter unten.
21 TE, S. 250.
22 Ibd., S. 252.

Das Nicht-Haben als jenes, das die existentielle Dynamik des Entwurfs vorantreibt, kann dann als Grund des »Gebärens (von) Nichts« gesehen werden. Das heißt, die Imagination überwindet antizipativ den durch das Nicht-Haben empfundenen Seinsmangel, und im Abwägen künftiger Entwürfe (der möglichen gegen die unmöglichen) steht das faktische Nichtsein gegen das imaginierte Nichts. Die Abarbeitung des einen am anderen (gleichbedeutend mit der Einführung von Reflexion in Imagination als »kataleptische Phantasie« bewirkend, auf »docta spes« sich stützend[23]) kann in dem Sinne zur Erweiterung praktischer Spielräume beitragen, als dem Nichts Raum abgerungen wird, in dem Nichtsein sich formiert.

Dagegen steht die Blochsche Formulierung: »Hier erst also, in der *verdinglichten Isolierung* des Nicht am Nicht-Haben ist der Anfang des Nichts.«[24] Diese paßt nicht ins oben beschriebene Bild, denn nun wird das Nichts mit einer Konnotation von Entfremdung aufgeladen, die die der Ästhetikproduktion unterliegende Imagination als entfremdete Tätigkeit zu denunzieren unternimmt.[25]

Orientieren wir uns jedoch eher am Rest der Blochschen Aussagen, so schält sich das Konzept der Reflexion heraus, als wesentliches Instrument für die »Schärfung der Existenz« auf dem Weg zum Haben. Wie Freud formuliert, soll aus »Es ... Ich werden« (oder aus Ansich sich im Für-Andere wiedererkennendes Fürsich). Bloch faßt diese dynamische Figur in einem anderen Struktursatz zusammen: »S ist noch nicht P.«[26] So wie für

23 E. Bloch, *Experimentum Mundi* (Band 15 = EM), S. 56 nebst PH, S. 5.

24 TE, S. 254.

25 Da der Text um 1963/64 entstanden ist, könnte das zeitlich mit einer Rezeption der ersten deutschen Übersetzung von *Das Sein und das Nichts* zusammenstimmen und somit auf eine implizite Sartre-Kritik deuten, wenn es zudem heißt: »Die Ontologie des Nichts braucht keinen eigenen Ungrund ...« (TE, S. 253). Dabei muß aber bedacht werden, daß »néant« tatsächlich »Nichtsein« bedeutet, so daß es eigentlich heißen müßte: »Das Sein und das Nichtsein«, durchaus in Shakespearescher Konnotation, die bereits existentialistische Bezüge frühzeitig vorwegnimmt.

26 PH, S. 357; EM, S. 41.

Hölderlin gilt in Blochscher Transformation: »Ich bin noch nicht ich.«

Dann aber ist letztlich »Utopie ... ein sich erst bildender Raum, als Prozeßraum der Zukunft ...«[27] – also doch wesentlich Me-topie.

Es ist auffällig, daß Bloch bereits im *Prinzip Hoffnung* einer in der Hauptsache klaren Linie folgt, wenn er das Nicht gegen das Nichts abzugrenzen sucht, aber schon hier auch auf eine erste Unklarheit stößt, die sich sogar semantisch niederschlägt: So wird nämlich das Unmittelbare im Daß-Anstoß von Beginn an mit dem »Keim des Nicht« kontaminiert. (Das ist noch eine idealistische Grundfigur bei der Lösung der Frage, warum es überhaupt etwas gibt und nicht vielmehr nichts.) Bloch schreibt: »Was an sich und unmittelbar als Jetzt vor sich geht, ist noch leer. Das Daß im Jetzt ist hohl ... als ein gärend Nicht.« Die Entwurfsdynamik bestimmt sich dann konsequent aus der Seinsart des Nicht selbst, das »nicht einfach Nicht, sondern zugleich das Nicht-Da« ist und es »(als) solches ... bei sich nicht« aushält und deshalb auf das »Da eines Etwas treibend« bezogen wird. Als Anfang existentieller Bewegung (aus seiner Mangelstruktur heraus auf etwas hin) ist es somit wohlunterschieden vom Nichts. Zwischen Nicht und Nichts liegt »das ganze Abenteuer der Bestimmung.«[28]

Das Nicht erscheint also als »intensiver Ursprung (als das Daßhaft-Realisierende) von allem«, das Noch-Nicht im engeren Sinne als »Tendenz im materiellen Prozeß, als des sich herausprozessierenden, zur Manifestation seines Inhalts tendierenden Ursprungs.« Das Nichts aber erscheint als »die Latenz in dieser Tendenz.«[29] Dabei setzt aber Bloch ausdrücklich dem Nichts hinzu: »... oder aber das Alles«, und das ist zumindest erstaunlich, ist doch bei ihm das Alles die »Identität des zu sich gekommenen Menschen mit seiner für ihn gelungenen Welt.«[30] Dann wäre das Nichts letztlich das Scheitern (also die Kehr-

27 TE, S. 279.
28 PH, S. 356 f.
29 PH, S. 357 f.
30 PH, S. 264.

seite) des Alles und insofern von negativer Qualität. Das ist aber wiederum unbefriedigend, weil das Nichts (wie wir gesehen haben) wenigstens imaginiert werden kann und schon dadurch Aufschluß über die Abgrenzung von Nichtsein und Nichts gibt. Und diese Erkenntnis kann nicht negativ bewertet werden, denn sie stützt sich allein auf einen ontologischen Sachverhalt!

Es scheint hier um eine unaufgeklärte Vermischung von Ethik und Moral zu gehen (vielleicht einem Zug der Vereinfachung im Denken des überkommenen, orthodoxen Marxismus geschuldet): Das Blochsche Programm, durch Einführung von Reflexion in Imagination das Erfassen der Welt durch kataleptische Phantasie zu verbessern, dient in erster Linie auch der Verbesserung der Angemessenheit von Erkenntnis. Schon im Sinne der stoischen Denkweise sichert diese Angemessenheit (des Erkennens der Welt) zugleich die Ausübung angemessenen Verhaltens (in der Welt). Das heißt, un-angemessenes Verhalten ist stets Folge mangelnder Erkenntnis. Wie aber Spinoza schon detailliert ausgeführt hat, läßt die (ethische) Feststellung von Angemessenheit keine (moralische) Bewertung zu, denn die Ethik richtet sich auf die Erfassung der Welt *realiter*, die Moral nur auf deren Erfassung *modaliter*.[31]

Anders gesagt: Die Seinsweise des Nichts kann nicht Gegenstand der Moral sein, sondern nur der Ethik. Deshalb muß die Blochsche »Dialektik durch Nichts« zumindest in Frage gestellt werden, wenn es heißt, daß »alles noch ungelungen Seiende (!) den Keim seines Vergehens in sich selbst« trage.[32] Bezeichnenderweise zielt die letztere Formulierung auch nur auf das Ontische (das durch mein Ausrufungszeichen hervorgehobene (modale) »Seiende«, nicht aber auf das Ontologische. Gleichwohl wird auch hier nicht konsequent verfahren, insofern zwar die Utopie schließlich als »Wille zum Sein des Alles« bezeichnet wird[33], zugleich aber als eine eingeführt wird, die neben dem Noch-Nicht (also der Tendenz) auch die »Dialektisierung des Nichts *in der Welt*« erfasse (H. v. m.), dabei im Real-Möglichen

31 *Ethik*, IV prop., S. 18 ff.
32 PH, S. 362.
33 PH, S. 363 f.

»ebensowenig die offene Alternative zwischen absolutem Nichts und absolutem Alles« unterschlagend.[34]

Wenn wir dagegen unterstellen, daß das »treibende Daß« selbst, jene »allerdunkelste Kernglut jedes Intendierens im Existere«[35] den Grund für den existentiellen Prozeß legt, auf daß dieser sein Was-Wesen prozessierend heraussetze, befinden wir uns auf der sicheren Seite der Interpretation. Dann ist auch das Objektiv-Reale inmitten des Welthaften derart beschaffen, daß es »in seinem Sein die Möglichkeit eines Seins wie Utopie« enthält, »das es gewiß noch nicht gibt, doch es gibt den fundierten, fundierbaren Vor-Schein davon und dessen utopisch-prinzipiellen Begriff ...«[36]

3

Wir sind heute in der Lage, das Blochsche Programm fortzuführen: Zunächst einmal ist zwischenzeitlich durch Sartre weiter aufgeklärt worden, was Reflexion praktisch bedeuten kann. In der von ihm vollzogenen »praktischen Wendung« Husserlscher epoché (ἐποχή) ist gezeigt worden, daß die Würdigung eines Individuums inmitten des sozialen Kollektivs, dem es angehört – unter expliziter Nutzung alles zu einer Zeit Wißbaren – dazu dienen kann, die Totalität einer sozial vermittelten (historischen) Situation in Sicht zu nehmen, um ihren Sinn herauszuarbeiten.[37] Die Frage etwa, »was man heute über einen Menschen wissen« könne[38], trägt auf diese Weise dazu bei, in der Enthüllung des Sinnes einer einzelnen Existenz zugleich den sozialen Sinn eines Kollektivs offenzulegen. Reflexion wird somit (bei

34 Das geht bis zur an Augustinus angelehnten Schlußsequenz des *Experimentum Mundi*, in der es heißt: »Natura naturata (nicht: naturans) nos ipsi erimus.« (EM, S. 264.)
35 TE, S. 258.
36 EM, S. 238.
37 J.-P. Sartre, *Das Sein und das Nichts*, op. cit., S. 85-90.
38 J.-P. Sartre, *L'Idiot de la famille*, Paris: Gallimard, 1971 f., deutsch: *Der Idiot der Familie*, Reinbek: Rowohlt 1977/1986, 4 Bde., Bd. I, S. 7.

Sartre in durchaus Fichtescher Tradition) unmittelbar an den Erkenntnisstand einer Zeit (an das allgemeine Wissen) angebunden. In die sozialphilosophische und psychoanalytische Deutung wird ein wissenschaftstheoretischer Aspekt eingeführt.

Zum anderen ist Philosophie nunmehr als eine Tätigkeit in Sicht genommen worden, die jeder Wissenschaft nachgängig ist; die insofern nicht mehr den Grund für die wissenschaftliche Erfassung des Welthaften liefert, sondern in der Nachfolge zur Sichtung des Erkenntnisstandes einer Zeit Grundlinien der Orientierung anbietet, die das Bereitgestellte in einen Gesamtzusammenhang integriert und dadurch einen Sinn der Existenz produziert.[39]

Insofern steht heutiges Philosophieren in der Nähe zur Ästhetikproduktion, und in der Tat läßt sich der Orientierungsaspekt der Wissenschaft nachgängiger Philosophie auch als Vermittlungsmöglichkeit zwischen den Disziplinen fassen, namentlich als eine Instrumentierung auf dem Weg dazu, in der Wechselseitigkeit von Wissenschaft und Kunst eine neue Herangehensweise an die Erfassung von Welthaftem zu leisten.

' Beide Aspekte deuten jedenfalls darauf hin, daß eine Fortentwicklung des Blochschen Ansatzes mit der einigenden Zusammenführung dessen verbunden sein wird, was durch neuere wissenschaftliche Paradigmen bereitgestellt ist. Es sind im einzelnen tatsächlich die neueren Theorien der Selbstorganisation und Strukturbildung, des »determinierten« Chaos, der modernen Kosmologie, der kognitiven Wissenschaften u. a., die uns nunmehr in die Lage versetzen, dieser Konzeption näherzutreten. Wenn auch Ernst Bloch schon wesentliche Wendungen im systematischen und methodischen Vorgehen des Philosophierens vollzogen hat und damit eine lange Entwicklungslinie in der Philosophie (die bis auf die Stoa zurückgeht, modern bei Spinoza anhebt und schließlich bei Schelling auf das Neueste vorausweist[40]) zum Abschluß bringt (dabei einzelwissenschaft-

39 M. Theunissen, »Möglichkeiten des Philosophierens heute«, in: *Negative Theologie der Zeit*, Frankfurt a. M.: Suhrkamp 1991, S. 13-36.

40 R. E. Zimmermann, »Axiomatische Systemdialektik als Differenzphi-

liche Exkurse nicht scheuend – bis hinauf auf den aktuellen Stand der Physik seiner Zeit) –, so führt doch die Anerkennung der Philosophie als nachgängiger »Wissenschaft vom Gesamtzusammenhang« (H. H. Holz) zu einer eigenständigen und Bloch durchaus überschreitenden innovativen Insichtnahme des Welthaften. Das kann an einem allgemeinen Beispiel auf folgende Weise verdeutlicht werden:

Wenn sich nämlich Philosophie zunächst an den Ergebnissen der Physik (als elementarer Naturwissenschaft) zu orientieren hat, um einen Einstieg in die Rekonstruktion des gegenwärtigen Weltbildes zu ermöglichen, so ist der jeweils erreichte, physikalische Erkenntnisstand samt seiner eigenen Fundierung erstes Thema für einen solchen Beginn. Diesen aber regelt die Physik der Kosmologie, die in der Lage ist, aufgrund eines ihrer Hauptsätze axiomatischen Charakters (des »Kosmologischen Prinzips«, das im wesentlichen sicherstellt, daß überall im Universum die Physik die gleiche ist), eine verbindliche Aussage über die Rekonstruktion der Geschichte des Universums (also des Ganzen der Welt) zu treffen (die man als »das Standardmodell« bezeichnet).[41]

Eine konkrete, philosophische Folgerung aus diesem ansonsten rein physikalischen Vorgehen ist zweifellos die bedeutsame Erkenntnis, daß somit *Denken* (d. h. reflektierendes Denken im Sinne einer Definitionseigenschaft von Menschen) nichts weiter ist als eine im Rahmen welthafter Evolution vergleichsweise spät entwickelte *Materieform.* Anders gesagt: Denken (als Voraussetzung der Erforschung des Welthaften durch denkende Lebewesen und daher auch der Akkumulation von Wissen) ist qualitativ von derselben Seinsweise wie alles andere, was es in der Welt gibt. Die ontologisch begründete, vorhandene Welt wird somit nicht eigentlich epistemisch in Sicht genommen (bei der Erforschung), sondern sie ist vielmehr von vornherein *onto-*

losophie. Zur Denklinie Spinoza, Schelling, Bloch«. In: id. (ed.), *System und Struktur, Neue Aufsätze zur spekulativen Physik*, Cuxhaven: Junghans 1992, S. 31-64.

41 R. E. Zimmermann, *Selbstreferenz und poetische Praxis*, Cuxhaven: Junghans 1991, S. 56 ff.

epistemisch verfaßt[42]: Insbesondere ist *Erkennen* nichts weiter als die dem Menschen gemäße *Seinsweise*, und insofern der Mensch vor allem die Welt erkennt, von der er selbst ein Teil ist, unterscheidet sich diese Seinsweise ihrem Wesen nach nicht von der Seinsweise nicht-lebender, nicht-erkennender Materie, denn ersteres ist lediglich ein Produkt der letzteren. Insofern kann man sagen, daß es dasselbe ist, ob die Welt durch den Menschen erforscht wird ober ob die Welt durch sich selbst erforscht wird (bzw. sich selbst erforscht).[43] Wenn das Universum sich selbst entfaltet, indem es seinen eigenen Grund entfaltet[44] und eine »intrinsische Bewegung« dazu den Antrieb gibt[45] (die selbst wiederum die Seinsweise des Universums audrückt), dann wird die Erforschung des Universums zur *narrativen* Rekonstruktion seiner Geschichte – insofern nämlich das Universum sich selbst seine eigene Geschichte erzählt (die aber erst gewußt werden kann, wenn sie studiert wird, solange sie noch abläuft[46]). Die im Rahmen fester, methodischer und kommunikativer (d. h. konventioneller) Vorgaben stattfindende Forschung läßt diese Narration *exakt* werden, in dem Sinne, in dem man von »exakter (kataleptischer) Phantasie« spricht.

Erster Kandidat für den Beginn einer solchen »exakten Narration« als Geschichte eines sich selbst entfaltenden Universums ist das Blochsche *Experimentum Mundi*: In einer systematischen Zusammenführung der Disziplinen wird die Totalisie-

42 R. E. Zimmermann, *The Onto-Epistemic Perspective of the World*, Cambridge: Proc. ANPA 16, 1994/95, S. 137-165. – Der Begriff »Onto-Epistemologie« geht auf H. J. Sandkühler zurück. Cf. seinen Beitrag in: id. (ed.), *Europäische Enzyklopädie zu Philosophie und Wissenschaften*, Hamburg: Meiner 1990, Bd. 3, S. 608-615.

43 R. E. Zimmermann, »Emergenz und Exakte Narration des Welthaften. Zur Naturdialektik aus heutiger Sicht«. In: *System & Struktur* III/1 (Sonderband: Naturdialektik heute), 1995, S. 139-169.

44 R. E. Zimmermann, »The Origin of Causality. A Philosophical Explication of Initial Emergence«. In: Th. Dorfmüller, K. Mainzer, A. Müller (eds.), *Causality, Self-Organization and Computability*, ZIF Bielefeld 1995, in press (Vieweg).

45 Ibd. – wobei dann, wie gezeigt werden kann, Denken naheliegend mit (propositionaler) Sprache ineinsgesetzt wird.

46 R. E. Zimmermann (Anm. 43), op. cit., S. 163.

rung des Wißbaren in Aussicht gestellt, auf dem Wege, das »Sanskrit der Natur«[47] zu entziffern und zu erfassen und in einer »Musik der Vernunft«[48] auszudrücken (was heute fast schon durch die Implikationen der Superstring-Theorie eingeholt erscheint). Psychoanalyse als rekonstruierte wird in diesem Sinne Narration der persönlichen Projektstruktur des reflektierenden Individuums, Sozialphilosophie Narration der Geschichte des zugehörigen sozialen Kollektivs – Naturphilosophie aber wird Narration der Welt im ganzen und ihres Grundes.[49]

Diese Narration kann als ein all-umfassender »Gesang der Zeiten« aufgefaßt werden, von geradezu Kempowskischen Ausmaßen[50], ein Sprechgesang[51], der seine innovativen Strukturen im »Neubetonen taktmäßig unbetonter Stellen« neu heraussetzt.[52] Es handelt sich um einen sich selbst überlagernden Gesang, der synkopische Rhythmen und akkordische Polyphonie aneinanderbindet[53], im Streben nach der Harmonie aber doch untertauchend, »von den anderen Stimmen . . . reich überflutet im wechselseitig verflochtenen Spiel.«[54]

47 GU, S. 156.
48 P. Zudeick, »Im eigenen Saft. Sprache und Komposition bei Ernst Bloch«. In: *Bloch-Almanach* 1, Ludwigshafen 1981, S. 69-90.
49 R. E. Zimmermann, »Das Experimentum Mundi als narrative Rekonstruktion«, in: id., G. Koch (eds.), *U-Topoi. Experimentum Mundi, Ästhetik und politische Praxis bei Ernst Bloch* (Tagung am Literaturforum im Brecht-Haus Berlin, 22.-23. 9. 1995), Talheimer, Mössingen-Talheim 1996, S. 42-58.
50 W. Kempowski, *Das Echolot*, München: Knaus 1993, 4 Bde.
51 GU, S. 100 f. – In einem Interview bezeichnete Kempowski sein Projekt als ». . . eine Art gedruckten Gesang . . . als ständiges, eindringliches Murmeln . . . wie der Gesang der tibetanischen Mönche.« (D. Bolesch, Weltschmerz eines Erinnerungsfanatikers, SZ vom 10. 3. 1995, S. 15.)
52 GU, S. 101.
53 Ibd., S. 105.
54 Ibd., S. 101.

Es steht nicht zu erwarten, daß das positiv Metopische nicht auch scheitern kann, trotz aller Bemühung. Hans Blumenberg hat zu Recht darauf hingewiesen, daß der »Schiffbruch«, der im Scheitern erlitten wird, treffendes Paradigma einer Daseinsmetapher ist, die Seefahrt von jeher als Grenzverletzung auffaßt, als Überschreitung des Gegebenen, auch des im Rahmen eines Feldes von Möglichkeiten Gegebenen, dabei das private Dasein des Individuums ebenso thematisierend wie die Geschicke des »Staatsschiffes« (ursprünglich ein von Horaz stammender Ausdruck).[55]

In diesem Zusammenhang fällt auf, daß im Sinne moderner Psychoanalyse das Meer metaphorisch auch für das Unbewußte stehen kann, also für jene produktive Latenz des »Ich bin«, die alle existentielle Dynamik antreibt. Somit ist der bei Blumenberg zitierte Satz des Diogenes Laertius (»Erst als Schiffbrüchiger bin ich glücklich zur See gefahren«) von bedeutsamer Relevanz: Insofern der Mensch permanent wird, ist er ständig unterwegs auf der Suche nach seiner verlorenen (aber nicht mehr einholbaren) Identität, deren Verlust sich in eigener Zeitlichkeit offenbart.[56] Durch die permanente Verbesserung der Reflexion versucht er, trotz aller widrigen Umstände, zum Ursprung zurückzufinden (indem er versucht, ihn auf höherer [aufgehobener], nämlich auf reflexiv rekonstruierter, Ebene neu zu schaffen). Reflexion ist letztlich Schiffbau aus dem Schiffbruch, etwas wie »bricolage« im Sinne von Lévi-Strauss, also doch experimentierender Entwurf.[57]

---

55 H. Blumenberg, *Schiffbruch mit Zuschauer*, Frankfurt a. M.: Suhrkamp 1979, S. 9-12.

56 Die Ironie der Existenz besteht darin, daß über den Verlust der initialen Identität auch das Bewußtsein von der eigenen Zeitlichkeit verlorengeht, falls die Reflexion nicht gezielt an ihm arbeitet. Insofern kann die Suche nach der verlorenen Zeit mit der Einigung des menschlichen Entwurfs gleichgesetzt werden.

57 H. Blumenberg, op. cit., S. 70. – Bloch zeigt in diesem Zusammenhang Ähnliches, wenn er die Wechselseitigkeit von Daß-Grund und Was-Wesen diskutiert und am Beispiel des »Rechtsgrundes der Verschlin-

Der Mensch befindet sich zugleich auf der permanenten Suche nach dem Goldenen Vlies, das ihm die Erlösung vom dynamischen Existieren (als Differenz), d. h. die statische Ruhe der Selbst-Identität bringen soll. Das Goldene Vlies kann somit als *Patmos-Aspekt* existentiellen Strebens, als Hoffnungselement in aller Vision, aufgefaßt werden: Dieser ist letztlich fiktiv (weil das Streben nach erfüllter Identität nur als scheinbare Aufgabe zum Vorwand dient, vom Wesen der eigenen Existenz abzulenken, die immer auf Differenz abzielt und somit auf dynamische Unruhe – also auf den Hintern des Teufels.[58])

Andererseits aber ist er auch real-konkret (weil der Vorwand faktische Realität bewirkt – in ihrer Antizipation – und dabei konkrete Metopien zu erzeugen imstande ist). Die Menschen sind somit »Argonauten des Universums« – in einem über den theoretischen Gehalt des vorliegenden Textes durchaus hinausführenden, praktischen Sinne[59] –, die Erde (eigentlich das Sonnensystem) ist Ἀργὼ πᾶσι μέλουσα, die allbekannte Argo.[60]

Allein, weil »(nicht) alle ... im selben Jetzt da« sind[61], gibt es auf der Argo noch zu viele »Städtezerstörer« (πτολῐπορθοι), die nicht das Format des Odysseus besitzen. Es mangelt noch an der Erkenntnis, daß das »rettende Element« in der Bewegung we-

gung von Renovation und Novum« ausführt: »Er liegt *einzig* in der letzthinnigen Einheit des spätesten Was-Gehalts mit der ursprünglichen Daß-Intensität des Weltseins. (i. O. h.) Die Substanz des Was ist in der Tat das gleiche wie die – am »Ende der Geschichte« – aufgeschlossene Intensität des Daß ...« (TE, S. 366.)

58 E. Bloch an G. Lukács, 12. 7. 1911, in: E. Bloch, *Briefe*, 2 Bde., Frankfurt a. M.: Suhrkamp 1985, Bd. I, S. 41.

59 Ich habe an anderer Stelle darauf hingewiesen, wie beispielsweise in der Raumfahrt sinnvolle Metopien erzeugt werden können, die menschliche Projekte mit poetischem Potential aufladen (und in diesem Sinne als »praktische Utopie« faßbar werden). Cf. R. E. Zimmermann, The Utopian Function of Art and Literature in the Philosophy of Ernst Bloch. A Topic Revisited. (The 1994 Eastbourne Lectures), *Bloch-Almanach* 15, 1996, Ludwigshafen, S. 33-73.

60 *Odyssee* 12, 70.

61 E. Bloch, *Erbschaft dieser Zeit* (Band 4), S. 104.

sentlich auf die Vermittlung der Liebe sich stützt[62], wofür Medea als ein Zeichen, wenn auch nicht als unbewaffnetes, gesehen werden kann. (Im übrigen war die durchaus wehrhafte Athene Beschützerin nicht nur der Argo, sondern auch des Odysseus.)

In die Begrifflichkeit aktueller, sozialer Praxis übersetzt, heißt daher das Schlüsselwort: *Interkulturelle Interdisziplinarität.* Nur im gleichberechtigten, weltweiten Zusammenwirken auf eine objektive Erfassung des Universums im ganzen hin – auf der Grundlage der vielfältigen Facetten des gegenwärtig Wißbaren[63] –, in der gemeinsamen, aktiven Bemühung um die Herausarbeitung einer konkreten Vision für die ganze Menschheit[64], kann es gelingen, »metopische Spielräume« zu eröffnen, die den richtungweisenden Vor-Schein auf das faktische Novum (als dem zu Erhoffenden) zu verstärken imstande sind.

62 – nämlich im Sinne von: »Selbsterhaltung als Selbsterweiterung«, somit »durch die Anderen hindurch«, also doch auf eine Form von Solidarität zielend. H. Gekle stellt hier einen unmittelbaren Bezug zum platonischen »Symposion« her (in: *Wunsch und Wirklichkeit*, Frankfurt a. M.: Suhrkamp 1986, S. 21), namentlich auf Symp. 199c ff. anspielend. Dieser Bezug scheint mir allerdings fraglich, weil die Eros-Diskussion Platons am konkreten Was-Gehalt sozialer Praxis wesentlich vorbeigeht.

63 – wovon große Kongresse wie »Tuscon II« und auch kleinere Konferenzen wie jene kürzlichen in Aspen oder Cambridge immer häufiger Zeugnis ablegen. Cf. Anonym.: »Zombies, Dolphins and Blindsight (Towards a Science of Consciousness)«, *New Scientist* 2028, Mai 1996, S. 20-27, sowie: M. Mukerjee: »Explaining Everything«, *Scientific American*, Januar 1996, S. 88-94, und: S. Hawking, R. Penrose, *The Nature of Space and Time*, Princeton University Press 1996.

64 Eine solche Vision ist etwa dargestellt bei J. v. Puttkamer: *Jahrtausendprojekt Mars.* München: Langen Müller 1996.

FRIEDHELM ZUBKE

Die Kunst des Fragens

> »Alles was man verzeichnet, enthält ein Körn-
> chen Hoffnung, es mag noch so sehr der Ver-
> zweiflung entstammen.«[1]

Für Thomas Egermann

1. Fragen

Ursprung der Philosophie, lehrte Platon, sei das Erstaunen. Dieses drängt zur Frage, zum Zweifel am bisher Für-wahr-Gehal-
tenen. Bei der Suche nach Erkenntnis versprechen die gefundenen, ermittelten Antwortversuche nicht Gewißheit, denn jede
Antwort intendiert weitere Fragen, wenn die Haltung des Fra-
genden sich das Erstaunen bewahrt. »Suchend auf dem Wege
sein« wäre demnach die der Philosophie gemäße Haltung. Ihre
Fragen wären daher »wesentlicher als ihre Antworten«.[2]

Wie kaum ein anderer Philosoph in diesem zu Ende gehenden
Jahrhundert verstand es Ernst Bloch, Fragen zu stellen. Sein
Aufzeigen von Problemen setzte sich bei ihm wohltuend ab von
dem überkommenen akademischen Ritual, einem rhetorischen
Fragen, das mehr an eitler Selbstdarstellung und vordergründi-
gem Beifallerhaschen interessiert ist als an unbequemer Wahr-
heitssuche.[3]

Staunen kennzeichnet Blochs philosophische Haltung:
»Frage ist ja der Grundtenor des Philosophierens«, erklärte er
1976 in einem Interview, »Frage nicht verstanden als ›Frage, die

1 Elias Canetti, *Die Provinz des Menschen*, Frankfurt/Main: Fischer Verlag 1976, S. 59.
2 Karl Jaspers, *Einführung in die Philosophie*, München: Piper Verlag
1989, S. 13; vgl. auch S. 16 sowie ders., *Was ist Philosophie? Ein Lesebuch*, München: Piper Verlag 1976, S. 39.
3 Hans Saner beschreibt diese Art der Darstellung treffend in einem Aphorismus: »Verlogenheit/Der Prototyp der Verlogenheit: Ein Denker, der
all seine Sätze als Teile eines Festvortrags hört.« Hans Saner, *Anarchie
der Stille*, Basel: Lenos Verlag ²1990, S. 35.

wir stellen‹, sondern als Frage, die der Gegenstand selber stellt, die mit dem Experiment etwas zu tun hat«.[4] Anders als bei Platon markiert das Staunen für Bloch mehr als nur den Anfang des Philosophierens: »Platon nannte das Staunen den Anfang der Philosophie; indes es ist nicht nur ihr Anfang, sondern ebenso ihre Mitte und ihr offenes Ende, ja es kulminiert am Ende.«[5]

Philosophie gehe von der Grundthese aus, »daß die Welt selber eine Frage ist, und daß der Affekt, den wir ihr gegenüber empfinden, sowohl philosophisch wie wissenschaftlich, der des Staunens ist«. Gefordert sei das unbefangene Staunen des Kindes, das keine falsch verstandenen Rücksichtnahmen kennt. So hat die »philosophische Grundfrage« nach Bloch »ihren Ursprung in dem kindlichen Staunen, einem Staunen, das in dem wissenschaftlichen und forschenden Staunen der Erwachsenen nicht nur in objektiv-wissenschaftlicher Naturbetrachtung und Naturerforschung, sondern auch in der aktiven Betrachtung und Mitarbeit an der Welt als einem Experiment ihrer selbst weiterblüht und sich fortsetzt«.[6]

Mit seinem Diktum »Ich bin. Aber ich habe mich nicht. Darum werden wir erst«, dem Anfang seiner *Tübinger Einleitung in die Philosophie*[7], entwirft Bloch seine philosophische Programmatik. Diese Sätze sind es, führte Bloch auf Befragen aus, »mit denen ich im allgemeinen meine Werke einzuleiten pflege«.[8] Das seinen Büchern vorangestellte Diktum variiert Bloch geringfügig. Für seine erstmalig 1930 erschienene Schrift

4 Arno Münster (Hg.), *Tagträume vom aufrechten Gang.* Sechs Interviews mit Ernst Bloch, Frankfurt am Main: Suhrkamp Verlag 1977, S. 127.

5 Ernst Bloch, *Philosophische Aufsätze zur objektiven Phantasie,* in: Gesamtausgabe, Frankfurt am Main: Suhrkamp Verlag 1977, Bd. 10, S. 149. – Vgl. zu Blochs Fragehaltung auch: Cvetka Tóth, *Thaumazein.* Ernst Blochs Überzeugungen von der Unmöglichkeit eines Endes der Philosophie, in: Bloch-Almanach (1995), 14, S. 47-67.

6 Arno Münster (Hg.), a.a.O., S. 129. Blochs Verweis auf kindliches Staunen steht in der Tradition des Neuen Testaments, der Achtung Jesu Kindern gegenüber. Vgl. u. a. Lukas 18, 2-5.

7 Ernst Bloch, *Tübinger Einleitung in die Philosophie,* in: Gesamtausgabe, Frankfurt am Main: Suhrkamp Verlag 1977, Bd. 13, S. 13.

8 Arno Münster (Hg.), a.a.O., S. 127.

Spuren wählt Bloch das Motto: »ZUVOR/Wie nun? Ich bin. Aber ich habe mich nicht. Darum werden wir erst.«[9]

Ohne die Frage übernimmt Bloch das am Prozeßhaften orientierte Menschenbild in seiner 43 Jahre später, 1973, erschienenen *Tübinger Einleitung in die Philosophie*. Diese gewichtigen Aussagen stehen zu Recht am Anfang, umfassen sie doch die ganze Philosophie Blochs: Sie markieren all das, was »jeder Mensch sein Leben, seine Hoffnung, sein Leiden, seine Einsamkeit und seine Gemeinsamkeit« nennt.[10] Das existentielle Sein – ohne den Prozeß des Werdens – stellt Bloch schon in seinem ersten veröffentlichten Buch (*Geist der Utopie*, 1918) heraus: »Ich bin. Wir sind.«[11] In *Erbschaft dieser Zeit* (1935), u. a. eine Auseinandersetzung mit dem deutschen Faschismus, geht das Ich im Wir auf: »Wir sind noch.«[12] Bei keinem anderen Buch läßt Bloch das Sein in ein Noch ausklingen: Angesichts denkbar gewordener Vernichtung des Menschen durch den Menschen und der Zerstörung der Welt durch ihn, rückt die Gefahr in greifbare Nähe, die ein Noch in ein Nicht-Mehr verwandeln würde.

Sämtliche Utopien seien sich »über das Wozu und über das Wohin« einig gewesen. Ihr Ziel war der »Sprung aus dem Reich der Notwendigkeit in das Reich der Freiheit«.[13]

9 Ernst Bloch, *Spuren*, in: Gesamtausgabe, Frankfurt am Main: Suhrkamp Verlag 1977, Bd. 1, S. 1, vor dem Titel.

10 Jürgen Moltmann, *Plötzlich, in einem Augenblick, beim Ton der letzten Posaune*, in: Karola Bloch/Adelbert Reif (Hg.), »*Denken heißt Überschreiten*«. In memoriam Ernst Bloch 1885-1977, Köln/Frankfurt am Main: Europäische Verlagsanstalt 1978, S. 70.

11 Ernst Bloch, *Geist der Utopie*, in: Gesamtausgabe, Frankfurt am Main: Suhrkamp Verlag 1977, Bd. 3, S. 11.

12 Ernst Bloch, *Erbschaft dieser Zeit*, in: Gesamtausgabe, Frankfurt am Main: Suhrkamp Verlag 1977, Bd. 4, S. 25. *Philosophische Aufsätze zur objektiven Phantasie* (a.a.O.) läßt Bloch wie Bd. 4 beginnen, allerdings ohne das bedrohliche Noch: »Wir sind. Aber wer ist es, der ist? Und wann ist er bei dem, in dem, was er lebt? Nicht oft, wenn je, sind wir dessen inne.«

13 Ernst Bloch, *Hoffnung mit Trauerflor*. Ein Gespräch mit Jürgen Rühle, 1964, in: Rainer Traub/Harald Wieser (Hg.), *Gespräche mit Ernst Bloch*, Frankfurt am Main: Suhrkamp Verlag 1975, S. 21. – Mit dem »Reich der Freiheit« ist der Begriff »Heimat« identisch. Sie hat die

Fragen sind es, die Bloch umtreiben. In *Subjekt – Objekt.*
Erläuterungen zu Hegel ist Seitenrand-Nr. 1 mit »Fragen«
überschrieben. Es heißt dort: »Auch aus nichts wird etwas.
Aber es muß in ihm zugleich angelegt sein. So läßt sich keinem
etwas geben, was er nicht vorher hat. Mindestens als Wunsch
hat, sonst wird das Gereichte nicht als Geschenk empfunden.
Gefragt muß es gewesen sein, wenn auch nur in einem dunklen
Gefühl. Nichts wirkt als Antwort, was nicht vorher gefragt gewesen ist. Daher bleibt soviel Helles ungesehen, als wäre es
nicht da.«[14] Wie in diesem Buch nimmt Bloch, einem Stafetten-
läufer gleich, Fragen eines anderen, hier die von Hegel, auf: es
gehe um »die durch Hegel und die Folgen bezeichnete Erhellung
unseres geschichtlichen Woher, Wohin, auch Wozu«.[15] Auch
sein *Prinzip Hoffnung* leitet Bloch mit Fragen ein: »Wer sind
wir? Wo kommen wir her? Wohin gehen wir? Was erwarten
wir? Was erwartet uns?«[16]

Die letzten drei Fragen intendieren Hoffnung: Hoffnung im
Sinne von Erwartung, von auf Zukunft projizierten Entwürfen.
Das sich seiner Selbst vergewissernde Individuum greift mit der
Frage nach dem Woher auf die Vergangenheit zurück und mit
der nach dem Wohin auf Künftiges voraus. Die nach Klärung
drängende Gegenwart ist für Bloch daher unerledigte Vergangenheit und zugleich vorweggenommene Zukunft. Nicht mehr
bewußte Visionen eines Besseren umschreibt die Frage »Was
erwarten wir?« Auf das Unterwegs-Sein verweist die Frage
»Was erwartet uns?«; sie ist bezogen auf das Ungewisse in der
Welt, in der Zukunft und im Tod.[17]

Identität des Menschen zum Ziel, diese soll sich in der Heimat realisieren. Die Heimat der Identität meint »die offene Möglichkeit gelungener Identität und die offene Möglichkeit vereitelter Identität zwischen
Mensch und Natur«. Jürgen Moltmann, *Theologie der Hoffnung,*
München: Chr. Kaiser Verlag [11]1980, S. 331.

14 Ernst Bloch, *Subjekt – Objekt.* Erläuterungen zu Hegel, in: Gesamtausgabe, Frankfurt am Main: Suhrkamp Verlag 1977, Bd. 8, S. 17.

15 Ernst Bloch, *Subjekt – Objekt,* a.a.O., S. 11.

16 Ernst Bloch, *Das Prinzip Hoffnung,* in: Gesamtausgabe, Frankfurt am
Main 1977, Bd. 5, S. 1.

17 Vgl. Ernst Bloch, *Das Prinzip Hoffnung,* S. 1298 f.

Durch unablässiges, nie enden wollendes In-Frage-Stellen eröffnen sich Bloch immer aufs neue ungeahnte Möglichkeiten. Im zweiten Teil von *Prinzip Hoffnung* beschreibt Bloch »Schichten der Kategorie Möglichkeit«: »Wie oft stellt sich etwas dar, daß es sein kann. Oder gar, daß es anders sein kann als bisher, weshalb etwas daran getan werden kann. Das wäre aber selber nicht möglich ohne Mögliches in ihm und vor ihm. Hier ist ein weites Feld, es muß mehr als je befragt werden. Bereits daß ein Kannsein gesagt und gedacht werden kann, ist keineswegs selbstverständlich. Da ist noch etwas offen, kann anders als bisher gemeint werden, kann in Maßen umgestellt, anders verbunden, verändert werden.«[18]

Seine nie erlahmende Kritik gibt sich mit dem Erreichten nicht zufrieden, sie strebt darüber hinaus, ohne das Wünschenswerte, das Herbeiersehnte auszumalen. In einem 1964 mit Theodor W. Adorno geführten Interview erklärt Bloch, Hoffnung sei nicht »Zuversicht«. Erläuternd fügt er hinzu: »Wenn sie nicht enttäuschbar wäre, wäre sie keine Hoffnung. Das gehört zu ihr, denn anders würde sie ›ausgepinselt‹, würde sie sich herunterhandeln lassen, würde sie kapitulieren und sagen: Das ist das, was ich erhofft habe.«[19]

Die drei Sätze, mit denen Bloch, leicht variierend, seine Bücher einleitet, lassen sich als Leitmotiv lesen: »Ich bin. Aber ich habe mich nicht. Darum werden wir erst«. Der Mensch, der sich auf den Weg zu sich selbst begibt, nimmt hier Gestalt an. Das Motiv des Unterwegs-Seins ist aufgehoben im Bild des Wanderns. Bei Bloch taucht es als »Fahrtmotiv«[20] auf. Der Wanderer erprobt Möglichkeiten der Selbstvergewisserung mit

---

18 Ernst Bloch, *Das Prinzip Hoffnung,* S. 258.
19 Ernst Bloch, *Etwas fehlt ... Über die Widersprüche der utopischen Sehnsucht,* Ein Gespräch mit Theodor W. Adorno. Gesprächsleiter: Horst Krüger, in: Rainer Traub/Harald Wieser (Hg.), *Gespräche mit Ernst Bloch,* a.a.O., S. 75. – In seinem Buch »*Atheismus im Christentum.* Zur Religion des Exodus und des Reichs« wiederholt Bloch den zweiten Satz dieser Aussage wörtlich. Er hält sie demnach für gewichtig. Vgl. Ernst Bloch, *Atheismus im Christentum,* in: Gesamtausgabe, Frankfurt am Main: Suhrkamp Verlag 1977, Bd. 14, S. 294.
20 Ernst Bloch, *Tübinger Einleitung in die Philosophie,* S. 46-89.

dem *Prinzip Hoffnung*, einer Hoffnung, die »ins Gelingen verliebt«[21] ist, gleichwohl das Scheitern nicht ausschließen
kann.[22]

Wie ernst ist der Verweis auf das Scheitern gemeint, hat er nur
eine Alibifunktion, um nicht in den Geruch von Gewißheit zu
geraten? Das Diktum wäre mißverstanden, wenn von jedem Le-
bensentwurf auf zu erwartendes Gelingen geschlossen würde.
Eine auf die Kategorie Hoffnung sich stützende Erwartung
kann sich erfüllen oder enttäuscht werden. Eine Lebensplanung
ist ebensowenig wie Hoffnung davor gefeit, in der Sackgasse
Verzweiflung zu enden.

Das Leben Franz Schuberts ist ein anschauliches Beispiel dafür, daß ein Sich-auf-den-Weg-Begeben – »wir werden erst« –
trotz eines großen Talents und immer aufs neue gehegter Hoffnungen – aus dem historischen Abstand betrachtet – keine reale
Chance hatte, sein Scheitern demnach vorhersehbar war.[23]

Sieht man Schuberts Leben im Rückblick, dann wurde er
schon recht früh zum unsteten Wanderer, der sich aufmacht,
mit sich, seiner Berufung, dem Komponieren, in Einklang zu
leben, der aber bald erkennen muß, daß diese Suche sich als
ausweglos erweisen wird. Unverständnis, mangelnde Anerkennung, ständige finanzielle Sorgen sowie soziale Ächtung durch
eine fortschreitende Syphiliserkrankung trieben Schubert in die
Einsamkeit eines von der Gesellschaft Unverstandenen. Musik
wurde mehr und mehr das ausschließliche Medium, durch das
er sich anderen mitzuteilen verstand. Hier fand sein verletztes
Selbstwertgefühl ebenso Ausdruck wie sein verzweifelter Versuch, seinem Leben noch einmal eine Wende zu geben, um dann
doch zu erkennen, daß, früher als geahnt, alles unwiederbringlich auf das Lebensende zusteuert.[24]

21 Ernst Bloch, *Das Prinzip Hoffnung*, S. 1.
22 Vgl. Ernst Bloch, *Literarische Aufsätze*, in: Gesamtausgabe, Frankfurt
am Main: Suhrkamp Verlag 1977, Bd. 9, S. 387.
23 Auffallend ist es, daß Bloch Schubert im Gegensatz zu anderen Kom-
ponisten selten und dann nur kurz erwähnt. So verweist Bloch eher
beiläufig auf den »Lindenbaum« aus der »Winterreise«. Vgl. *Geist der
Utopie*, S 126.
24 Schuberts Leben hat unterschiedliche Deutungen erfahren. Ich orien-

Der unstete Wanderer Franz Schubert findet seine Entspre-
chung in seinen Kompositionen. Auffallend häufig vertont
Schubert Gedichte mit dem Topos »Wandern«: neben den Lie-
dern »Der Wanderer« (op. 4, Nr. 1, 1816) und »Der Wanderer
an den Mond »(op. 80, Nr. 1, 1826) von Dichtern, die inzwischen vergessen sind (Georg Philipp Schmidt von Lübeck und
Johann Gabriell Seidl), stehen berühmte Verse von Goethe
(Wanderers Nachtlied I, op. 96, Nr. 3, 1823, und Wanderers
Nachtlied II, op. 4, Nr. 3, 1815).[25] Mit Gedichten Wilhelm
Müllers (1794-1827), in der Literaturgeschichte eingegangen
unter dem Beinamen Griechenmüller, fand Schubert aber erst
den Wanderer, der hoffnungsvoll aufbricht und scheiternd im
Wahn endet.[26] Der Wanderer der »Winterreise« (op. 89, Nr. 1 –
24, 1827) hat mit dem Müllerburschen »Der schönen Mülle-
rin« (op. 25, Nr. 1-20, 1823) kaum noch etwas gemeinsam.
Seine Wanderung führt ihn durch eine unheimische Winterland-
schaft. Glück ruft er sich durch Tagträume in die rauhe Wirklichkeit (»Lindenbaum«, »Auf dem Fluß«, »Frühlings-
traum«).[27] Schon die ersten beiden Zeilen des Liederzyklus'

tiere mich an Hans J. Fröhlich, *Schubert,* München/Wien: Hanser
Verlag 1978, und Peter Härtling, *Schubert,* Roman, München: Deut-
scher Taschenbuch Verlag 1995. – Zur »Winterreise« vgl. auch die
Gedichte Härtlings »Variation« und »Schubert« in: Ders., *Noten zur
Musik,* Stuttgart: Radius Verlag 1990, S. 39, 40.

25 Vgl. auch Schuberts »Wandererfantasie« in C-Dur, op. 15.

26 Das Lied »Der Hirt auf dem Felsen«, op. 129, 1828, stammt auch von
Wilhelm Müller; es geht auf sein Gedicht »Der Berghirt« zurück. Es ist
Schuberts letzte Komposition.

27 Im folgenden wird zitiert nach: Franz Schubert, Die Winterreise, in:
Ders., *Gesänge für eine Singstimme mit Klavierbegleitung.* Nach den
ersten Drucken revidiert von Max Friedlaender, Bd. I. Leipzig: C. F.
Peters o. J., S. 54-121. – Beeinflußt wurde mein Verständnis der »Winterreise« durch Interpretationen von Dietrich Fischer-Dieskau, Hans
Hotter und in neuester Zeit durch Thomas Quasthoff. Peter Härtling
hat eine Transkription dieses Zyklus für Viola und Klavier angeregt.
Erschienen ist 1990 eine Doppel-CD in zwei Fassungen (Misuko Shirai,
Sopran; Hartmut Höll, Klavier; Tabea Zimmermann, Viola und wiederum Hartmut Höll als Pianist. Härtling rezitiert Texte. (Vgl. CPR,
61 75306)).

nehmen das tragische Ende vorweg: »Fremd bin ich eingezogen, /Fremd zieh' ich wieder aus«. Noch bis zum 15. Lied (»Die Krähe«) scheint für kurze Augenblicke Hoffnung auf, dann erstirbt sie jäh und unabänderlich mit dem folgenden, »Letzte Hoffnung« überschriebenen. Zu trügerischer Hoffnung muß eine Erwartung werden, die ihre Erfüllung an das Blatt eines Baumes hängt: »Schaue nach dem Blatte, /Hänge meine Hoffnung dran; [..., FZ] Ach, und fällt das Blatt zu Boden, /Fällt mit ihm die Hoffnung ab; /Fall' ich selber mit zu Boden, /Wein' auf meiner Hoffnung Grab«.[28] Dieses Lied gehört zu wenigen des Zyklus, die in einer Dur-Tonart stehen (Originaltonart Es-Dur). Der Weg führt von da ab konsequent über Trugbilder (Lieder 18-20), den »Totenacker« (Lied 21) bis zum Wahnsinn im »Leiermann«.[29] Im vorletzten Lied, »Mut«, begehrt der Wanderer zum letzten Mal trotzig auf: »Will kein Gott auf Erden sein, /Sind wir selber Götter«.[30] Die Energien sind verbraucht, schon im Lied 10 heißt es: »Nun merk' ich erst, wie müd' ich bin, /Da ich zur Ruh' mich lege«.

Alle Fragen Blochs gelten dem Menschen und der von ihm mitzugestaltenden Welt. Es ist für ihn daher nur konsequent, die Schöpfung (Genesis) nicht als abgeschlossen zu betrachten, sondern den Menschen aufzufordern, sie im Sinne ihres Auftrags zu vollenden.

Am Ende von *Prinzip Hoffnung* führt Bloch aus: »Der Mensch lebt noch überall in der Vorgeschichte, ja alles und je-

28 Schubert hat auch die helle Seite der Hoffnung vertont: vgl. »Hoffnung«, nach einem Gedicht von Schiller.

29 Der »Leiermann« weist Parallelen zum »Doppelgänger« aus dem »Schwanengesang« von 1828 auf.

30 Diese Zeilen nehmen die bedrängenden Fragen nach Auschwitz vorweg, sei es die provokative Frage Adornos, ob noch Gedichte nach Auschwitz geschrieben werden können, oder die Frage, wo Gott angesichts des Grauens war. Vgl. *Lyrik nach Auschwitz?* Adorno und die Dichter, hg. von Petra Kiedaisch, Stuttgart: Philipp Reclam jun. 1995; Eugen Kogon/Johann Baptist Metz u. a., *Gott nach Auschwitz*, Dimensionen eines Massenmords am Jüdischen Volk, Freiburg: Herder Verlag 1979.

des steht noch vor Erschaffung der Welt, als einer rechten. *Die wirkliche Genesis ist nicht am Anfang, sondern am Ende,* und die beginnt erst anzufangen, wenn Gesellschaft und Dasein radikal werden, das heißt sich an der Wurzel fassen.«[31] Die Diskussion über die Schöpfung hat sich grundlegend verändert. Es herrschte lange ein Schöpfungsglaube mit verdächtig konservativer Tendenz vor, der durch »eine revolutionäre Utopie der neuen Schöpfung« abgelöst wurde. Eine dritte Sichtweise, die der »›Heiligung der Schöpfung‹«, die das utopische Element übernimmt, versteht sich als Kritik am Menschen, der alles für machbar hält.[32] Bloch benutzt den Genesis- und Schöpfungsbegriff, um das unbefriedigende Dasein als Kategorie des Weltprozesses beschreiben zu können: »Dieses Daß ist in jedem Augenblick als noch ungelöst; die Rätselfrage, warum überhaupt etwas ist, wird vom unmittelbaren Existieren selber als seine eigene gestellt. Ihr Ausdruck ist die in und durch jeden Augenblick erneute Schöpfung; die Welt als Prozeß ist das Experiment zur Lösung der immer und überall treibenden Ursprungsfrage.«[33] Welt als Prozeß begreift Bloch als Materie. Der Mensch fasse »als Realisierendes [..., FZ] die zentrale Potenz in der Potenz-Potentionalität der prozessualen Materie zusammen.« Der »›Naturalist‹ Averroës«[34] habe den »Begriff *natura naturans*« von Anfang an auf »*schöpferische Materie* bezogen«.[35]

Blochs Schöpfungsbegriff spannt einen Bogen vom Prozeß menschlichen Werdens bis zu einem kreativen Eingreifen, einem bewußten Mitgestalten des Menschen: »Die unfertige Welt kann [..., FZ] zum Ende gebracht, der in ihr abhängige Prozeß kann zum Resultat gebracht [..., FZ] werden. [..., FZ] Das

31 Ernst Bloch, *Das Prinzip Hoffnung,* a.a.O., S. 1628.
32 Theodor Mahlmann, *Das eschatologische Faktum der Schöpfung,* in: Hermann Deuser/Peter Steinacker (Hg.), *Ernst Blochs Vermittlungen zur Theologie,* München: Kaiser Verlag 1983, S. 144.
33 Ernst Bloch, *Das Prinzip Hoffnung,* a.a.O., S. 358.
34 Averroës (1126-1198), arabischer Philosoph, Theologe, Jurist und Mediziner, vertrat die Lehre von der Ewigkeit der Welt und der Einheit Gottes. A. schrieb Kommentare zu Aristoteles.
35 Ernst Bloch, *Das Prinzip Hoffnung,* a.a.O., S. 787.

Eigentliche oder Wesen ist dasjenige, *was noch nicht ist, was im Kern der Dinge nach sich selbst treibt, was in der Tendenz-Latenz des Prozesses seine Genesis erwartet*; es ist selber erst fundierte, objektiv-reale Hoffnung.«[36] Mit dieser Position hat Bloch sich weit von »der christlichen Tradition der Schöpfungslehre«, von der er sich bei seinem Denken anregen ließ, entfernt.[37]

Mitverantwortung wird bei Bloch nicht an eine abstrakte Autorität abgegeben, sie wird dem Menschen selbst aufgebürdet. Theologisch argumentiert, ist die Schöpfung dem Menschen anvertraut, er ist aufgefordert, sie im Sinne des ihr innewohnenden Auftrags zu vollenden. Sich auf den Weg zu machen, wäre also der dem Menschen gemäße Umgang mit der ihm anvertrauten Schöpfung.[38] Menschliche Unzulänglichkeit muß dabei trotz des Wollens das Scheitern einkalkulieren. Daß der Wunsch nach Gelingen untrennbar verwoben ist mit dem des Scheiterns, hat Bloch eindringlich in seinem Beitrag »Kann Hoffnung enttäuscht werden«? beschrieben.[39]

Über die Schöpfungslehre hinaus enthält die Bibel für Bloch »eine revolutionäre Sprengkraft, eine Sprengkraft ohnegleichen«.[40] Die subversive Energie der jüdischen und christlichen Religion will Bloch wie andere, vernachlässigte, nicht ausge-

---

36 Ernst Bloch, *Das Prinzip Hoffnung*, a.a.O., S. 1625.

37 Theodor Mahlmann, *Das eschatologische Faktum der Schöpfung*, a.a.O., S. 148 f.

38 Die beiden christlichen Kirchen haben 1985 politisch notwendige, ja überfällige Umdeutungen des Schöpfungsauftrags vorgenommen. Verantwortung für die Schöpfung, *Gemeinsame Erklärung des Rates der Evangelischen Kirche in Deutschland und der Deutschen Bischofskonferenz*, hg. vom Kirchenamt der Evangelischen Kirche in Deutschland und dem Sekretariat der Deutschen Bischofskonferenz, Gütersloh: Gütersloher Verlagshaus Gerd Mohn 1985.

39 Vgl. Ernst Bloch, *Literarische Aufsätze*, S. 385-392.

40 Ernst Bloch, »*Die Welt bis zur Kenntlichkeit verändern*«, 1974, in: Arno Münster (Hg.), *Träume vom aufrechten Gang*, a.a.O., S. 88. Das Kreuz sei, im Sinne Jürgen Moltmanns, eine Provokation. »Der Zweifel am Kreuz« sei »erst recht eine Provokation«, erklärte Bloch 1965 in einem Gespräch. Gespräch über die Kategorie Novum, in: Jürgen Moltmann, *Im Gespräch mit Ernst Bloch*, München: Chr. Kaiser Ver-

schöpfte Traditionen mit seinem Prinzip Hoffnung freilegen; Hoffnung verstanden »als ein kognitiver Akt, als ein Akt der Erkenntnis, nicht mit einem Gegensatz, sondern einem Wechselbegriff: Erinnerung an das Gewesene und Hoffnung auf das Zukünftige, auf das Kommende«.[41] Hoffnung sei in jedem Fall »revolutionär«. Man habe »niemals eine Sicherheit; aber wenn man«, erläutert Bloch in einem Gespräch, »keine Hoffnung hat, ist kein Handeln möglich«. Das Handeln bekommt also seinen Antrieb durch die Hoffnung. Was er anstrebe, sei, erklärt Bloch, »aus der Gegenwart das Mögliche, das in ihr angelegt ist, herauszulesen«.[42]

Bei der Suche nach Entlegenem stieß Bloch auch auf Georg Christoph Lichtenberg. In ihm erkannte er einen Geistesverwandten. Mit ihm beschäftigte Bloch sich in dem längeren Essay »Lichtenbergsches herauf, herab«.[43] Dessen Art zu denken faszinierte Bloch: »Gemeint ist ein Denken nebenbei, das nicht ohne ist.« Ein »gewisses Outsidertum« habe »auch seine Ehre, neben der fraglosen der Zukunft, vorab wenn sich – ein freilich seltener Fall – Lichtenbergsches und gediegener Fortgang der Sache verschränken«.[44] An einem zitierten Aphorismus Lichtenbergs spricht Bloch an, was beide Denker verbindet: »›Durch das planlose Umherstreifen, durch die planlosen Streifzüge der Phantasie wird nicht selten das Wild aufgejagt, das die planvolle Philosophie in ihrer wohlgeordneten Haushaltung gebrauchen kann.‹«[45] Bloch nahm in Lichtenberg einen Denker wahr, der sich konsequent gegen die Übernahme des

---

lag 1976, S. 56. Die ausführliche Auseinandersetzung mit der Religion hat Bloch in »*Atheismus im Christentum*« (a.a.O.) dargestellt.

41 Ernst Bloch, »*Die Welt zur Kenntlichkeit verändern*«, a.a.O., S. 72.

42 Ernst Bloch, *Die Utopie ist eine philosophische Kategorie unseres Zeitalters*, in: Arno Münster (Hg.), *Tagträume vom aufrechten Gang*, a.a.O., S. 124.

43 Ernst Bloch, *Literarische Aufsätze*, a.a.O., S. 201-208.

44 Ernst Bloch, *Literarische Aufsätze*, a.a.O., S. 201, 203.

45 Ernst Bloch, *Literarische Aufsätze, a.a.O.*, S. 207. Der Aphorismus findet sich bei Lichtenberg in Sudelbuch J. Vgl. Georg Christoph Lichtenberg, *Schriften und Briefe*, hg. von Wolfgang Promies, München: Hanser Verlag 1971, Bd. 2, S. 286, J 1550.

Vorgefundenen, des Vorgegebenen wandte. »Zweifle an allem wenigstens einmal«, empfahl Lichtenberg, »und wäre es der Satz: zweimal 2 ist 4.« [46] Nichts als wahr anzunehmen, ohne es erneut einer Überprüfung zu unterziehen, war charakteristisch für Lichtenbergs Grundhaltung: »Die Frage: *Ist dieses auch wahr?* ja bei allem zu tun, und dann die Gründe aufzusuchen, warum man Ursache habe zu glauben, daß es nicht wahr sei.« [47] Von diesem unablässigen In-Frage-Stellen nahm Lichtenberg selbst die eigene Berufsgruppe, die Hochschullehrer, nicht aus: »Die meisten Glaubens-Lehrer verteidigen ihre Sätze, nicht weil sie von der Wahrheit derselben überzeugt sind, sondern weil sie die Wahrheit derselben einmal behauptet haben.« [48]

So wie er Lichtenberg für sich zu nutzen wußte, sichtete Bloch die überlieferte, reiche Kultur nach Material für Hoffnung und für Visionen und Utopien eines Besseren. Wie ein Wünschelrutengänger machte er sich auf die Suche nach verborgenen Schätzen. Mit der Fülle verschütteter, vergessener Traditionen ging Bloch souverän um. Über den unerschöpflichen Reichtum an gehobenen Schätzen verfügte Bloch wie ein frei improvisierender Solist an einer mehrmanualigen Orgel. Ungeduld aufgrund geschichtlicher Erfahrungen, mitreißende Leidenschaft sowie zupackende Spontaneität halfen, seiner politischen Philosophie neue Wege zu eröffnen. Hörer und Hörerinnen ließen sich von Blochs Sprachgewalt in ihren Bann ziehen. Als einer der letzten universal Gebildeten – vielleicht war ihm nur noch Adorno ebenbürtig – verkörperte Bloch eine unangreifbare Autorität, der das Erscheinungsbild eines alttestamentlichen Propheten zusätzlich einen Vertrauensvorschuß gewährte.

Jeder, der sich mit Blochs Denken auseinandersetzt, der seine Stafette übernehmen und weitertragen will, erliegt anfänglich einer Faszination. Hier liegen, wie ich nach jahrzehntelanger

46 Georg Christoph Lichtenberg, *Schriften und Briefe*, Bd. 2, a.a.O., S. 453, K 303.
47 Georg Christoph Lichtenberg, *Schriften und Briefe*, Bd. 2, a.a.O., S. 255, J 1389.
48 Georg Christoph Lichtenberg, *Schriften und Briefe*, hg. von Wolfgang Promies, München: Hanser Verlag 1968, Bd. 1, S. 729, J 521.

Beschäftigung mit Bloch meine, auch Gefahren für eine kritische Aneignung des Blochschen Erbes. Unkritisch wäre nämlich eine Rezeption, die Bloch, der unablässig Fragen stellte, von Fragen ausnähme. So wäre zu klären, ob Bloch sich mit dem Aufzeigen von Fragen begnügte.[49] Hat er unmerklich Antworten gegeben, die über den eigenen Anspruch des Offenhaltens hinausreichen? Diese Forderung darf konkret-utopisches Denken nicht behindern, das für die Schaffung einer mitmenschlichen Gesellschaft den Sozialismus für geeigneter hält als die vom Kapital beherrschte.

Ein lebendiger Umgang mit der vielfältigen Gedanken- und Ideenwelt Blochs müßte bestrebt sein um ein Offenhalten von Fragen und um die Suche nach einer Vielfalt von Antworten. Mit der von Isaiah Berlin vertretenen Ideengeschichte möchte ich diese These begründen. Berlin beschreibt drei Annahmen, die der historisch überkommenen utopischen Idee zugrunde liegen:

1. »Auf alle echten Fragen kann es nur eine richtige Antwort geben, während alle anderen Antworten unrichtig sind.«

2. Die zweite Annahme besagt, »daß es eine Methode zur Aufdeckung dieser richtigen Antworten gibt«.

3. Die dritte Grundannahme besagt, »daß alle richtigen Antworten miteinander vereinbar sein müssen«.[50]

So beruhen alle bekannten Utopien »auf der Erkenntnis und Harmonie objektiv wahrer, für alle Menschen jederzeit und überall gültiger Ziele«.[51] Diesem Denken tritt Berlin mit einem sich von Johann Gottfried Herder aufgezeigten Widerspruch entgegen. Durch den Vergleich von Nationalkulturen vieler

---

49 Im letzten Teil von »*Experimentum mundi*« (in: Gesamtausgabe, Frankfurt am Main: Suhrkamp Verlag 1977, Bd. 15), fordert Bloch zwar nachdrücklich das Offenhalten, will er »wachsendes Identifizieren in der Welt als Frage« verstanden wissen. (Vgl. S. 239-264). Andererseits gibt er die Antworten vor, wo für ihn die menschlichere Gesellschaft mit dem ihm so wichtigen Reich der Freiheit nur im Sozialismus möglich erscheint.

50 Isaiah Berlin, *Das krumme Holz der Humanität*, Kapitel der Ideengeschichte, Frankfurt am Main: Fischer Verlag 1992, S. 42.

51 Isaiah Berlin, *Das krumme Holz der Humanität*, a.a.O., S. 265.

Länder und Epochen gelangte Herder zu der Auffassung, daß »jede Gesellschaft ihren eigenen Standpunkt besaß, der sich von dem anderer Gesellschaften unterschied«.[52] Trotz dieser Vielfalt sei kein Volk, keine Kultur anderen überlegen. Wertvorstellungen seien ebensowenig kommensurabel wie der Charakter.[53] Demnach beruht der »Begriff eines für die ganze Menschheit geltenden Guten, eines Allgemeinwohls« auf einem, wie Berlin versichert, »entscheidenden Irrtum«.[54]

Gesellschaften können »kaum überleben«, ohne »ein Minimum an Gemeinsamkeit«. Hierbei »nach dem Vollkommenen« zu streben, berge – wie aus der Menschheitsgeschichte ablesbar – »aber immer die Gefahr des Blutvergießens in sich«.[55]

Der »Ausgangspunkt für den modernen Angriff auf die Idee der Utopie«[56] resultiert aus dieser Einsicht, nämlich aus der Erkenntnis, daß die Weiterentwicklung der Menschheit von der Vielfalt lebt, trotz der Schaffung von Gemeinsamkeit in kleineren sinnstiftenden Einheiten.

Was setzt Berlin den kritisierten Ideen entgegen? Anzustreben sei eine Position, »der zufolge es viele verschiedene Ziele gibt, nach denen die Menschen streben und dabei doch ganz und gar rationale Menschen bleiben können, die fähig sind, einander zu verstehen, Mitleid füreinander aufzubringen und voneinander Einsicht zu gewinnen«.[57]

2. Denken

In seinem Buch *Spuren* fragt Bloch, ob dem Handeln oder dem Denken Vorrang gebührt: »Soll man tun oder denken? Man kann auch fragen, ob der Denkende überhaupt etwas tue. Er

---

52 Isaiah Berlin, *Das krumme Holz der Humanität*, a.a.O., S. 24.
53 Vgl. Isaiah Berlin, *Das krumme Holz der Humanität*, a.a.O., S. 60.
54 Isaiah Berlin, *Das krumme Holz der Humanität*, a.a.O., S. 65.
55 Isaiah Berlin, *Das krumme Holz der Humanität*, a.a.O., S. 35.
56 Isaiah Berlin, *Das krumme Holz der Humanität*, a.a.O., S. 62; vgl. auch S. 68.
57 Isaiah Berlin, *Das krumme Holz der Humanität*, a.a.O., S. 25 f.

hebt etwas ab von dem, was ist, indem er schreibt. Er sucht einige Dinge heller zu machen, indem er zeigt, wohin es mit ihnen geht.« Bloch hat wiederholt für das »offene Ende« des Philosophierens plädiert und andererseits den Anschein erweckt, er wisse, »wohin es« mit »einige[n] Dinge[n]« geht, nicht gehen könne, die er »heller zu machen« sucht.

»Das Denken schafft selbst erst die Welt, in der *verwandelt* werden kann und nicht bloß gestümpert.«[58] So falle »der Mensch, der nicht denken gelernt hat, der aus den kurzen, den üblichen Verbindungen des Vorstellens nicht herauskommt«, »ins ewig Gestrige.« »Er wiederholt, was andere wiederholt haben, er treibt im Gänsemarsch der Phrase.« Das Denken geht bei Bloch auf in ein Selbstdenken: Denken, »zum Unterschied vom ausgemachten Verlauf der Vorstellungen, beginnt«, wie Bloch schreibt, »sogleich als Selbstdenken. Es lernt, um zu wissen, wo wir uns befinden, es sammelt Wissen, um danach das Verhalten einzurichten.«[59]

Was Bloch unter Denken versteht, beschreibt er mit dem von ihm geprägten Bild des »Überschreitens«. Im Vorwort von *Prinzip Hoffnung* steht das bekannte Wort Blochs: »Denken heißt Überschreiten.« Geboten sei es, »daß Vorhandenes nicht unterschlagen, nicht überschlagen wird. Weder in seiner Not, noch gar in der Bewegung aus ihr heraus. Weder in den Ursachen der Not, noch gar im Ansatz, der darin heranreift. [..., FZ] Freilich, das Überschreiten fand bisher nicht allzu scharf sein Denken.«[60] Die Metapher vom »Überschreiten« assoziiert ein

---

58 Ernst Bloch, *Spuren*, a.a.O., S. 202. – Dem Verwandeln begegnen wir auch im literarischen Bereich: war Max Frisch derjenige, der Möglichkeiten – vor allem in seinen Romanen – ausprobierte, dann war Elias Canetti derjenige, der sich als der »*Hüter der Verwandlung*« (Beiträge zum Werk von Elias Canetti, Frankfurt am Main: Fischer Taschenbuch Verlag 1988) verstand.

59 Ernst Bloch, *Objekt – Subjekt*, a.a.O., S. 17.

60 Ernst Bloch, *Das Prinzip Hoffnung*, a.a.O., S. 2 u. 3. – Auch auf Blochs Grabstein steht der Satz »Denken heißt Überschreiten« – mit Verweis auf das »Prinzip Hoffnung«. (Vgl. Peter Zudeick, *Der Hintern des Teufels, Ernst Bloch – Leben und Werk*, Bühl-Moos: Elster Verlag 1985, S. 329.)

Überqueren, Überspringen, Überwinden. Man mag zunächst an Hindernisse, Probleme denken, die es zu überwinden gilt. Gegebenes überschreiten impliziert die Suche nach etwas Besserem als dem Gegenwärtigen. Vorausblickend etwas entwerfen, ohne es konkret in seinen einzelnen Konturen auszumalen, heißt also, Möglichkeiten prüfend für Kommendes durchzuspielen.

Vom »Überschreiten« besteht etymologisch ein Zusammenhang zur Hoffnung. Diese führt das Grimmsche Wörterbuch auf »hüpfen« zurück. Vor Freude, aber auch vor Ungeduld kann man »hüpfen«: man kann über »etwas hüpfen«, um es zu überwinden.[61] Denken, das Bloch mit »Überschreiten« kennzeichnet, meint auch ein Überwinden, ein Hinter-sich-Lassen überkommener, tradierter Denkgewohnheiten.

Bloch setzt die Metapher vom Überschreiten – wie das *Grimmsche Wörterbuch* – in Beziehung zur Hoffnung. In seiner Tübinger Eröffnungs-Vorlesung von 1961 schreibt er: »Nichts ist menschlicher als zu überschreiten, was ist. Daß Blütenträume fast selten reiften, ist lang bekannt. Die geprüfte Hoffnung weiß das besser als irgendwer; auch darin ist sie ja keine Zuversicht.«[62] Die Hervorhebung »der Hoffnung als des bevorzugten anthropologischen (und ontologischen) Prinzips schließt eine vorgängige Auffassung vom Wesen des Menschen ein, die ihn als den grundsätzlich Überschreitenden sieht«.[63] Erscheint der Mensch als der »grundsätzlich Überschreitende«, dann wird menschlicher Geist stets »über das Erreichte« hinausdrängen.[64]

Menschliche Erkenntnis bleibt aber »ihrer jeweiligen Situation verhaftet«. Helmut Peukert hat diesen Sachverhalt an pädagogischer Theoriebildung beschrieben. Blochs These vom

---

61 *Deutsches Wörterbuch* von Jacob und Wilhelm Grimm, München: Deutscher Taschenbuch Verlag 1984, Bd. 10. (Nachdruck), Sp. 1668 f.

62 Ernst Bloch, *Literarische Aufsätze*, a.a.O., S. 391.

63 Hans Heinz Holz, *Logos spermatikos*, Ernst Blochs Philosophie der unfertigen Welt, Darmstadt/Neuwied: Luchterhand Verlag 1975, S. 72.

64 Theodor W. Adorno, *Noten zur Literatur*, in: Gesammelte Schriften, Frankfurt am Main: Suhrkamp Verlag, ²1984, Bd. 11, S. 157.

Überschreiten bekräftigt Peukert – wie Holz –, wenn er fort-fährt, daß das Gefangensein in der jeweiligen gesellschaftlichen Situation nicht daran hindern muß, »die utopischen Potentiale ihres Denkens zu erheben, die über die Situation hinausweisen«.[65] Denken, das sich als ein »Überschreiten« begreift, wird über das Erreichte hinausdrängen, obwohl es ein Befangensein in dem, was es überwinden will, nicht aufheben kann.[66]

Ähnlich wie mit dem »aufrechten Gang«[67] ist Bloch mit dem »Überschreiten« eine faszinierende Metapher gelungen, wenn-gleich sie vor Mißverständnissen nicht gefeit ist. Nachdem Traditionen sich als brüchig erwiesen, hält Hannah Arendt nur noch ein »Denken ohne Geländer«[68] für möglich. Hat Bloch sich mit dem »Überschreiten« ein neues Geländer geschaffen? Menschlicher Geist drängt nach Überwindung der ihm gesetz-ten Grenzen der Erkenntnis. Bloch umschreibt dieses grenzen-sprengende Denken für die Philosophie mit »Überschreiten«, worauf in der Theologie Transzendenz bezogen ist. Das Entwer-fen von Utopien und Visionen bleibt der gesellschaftlichen Situation verhaftet, von der aus konzipiert wird, über die die Reflexion hinauszugelangen versucht. Damit ist theoretische Reflexion unaufhebbar mit dem Problem konfrontiert, daß Denken unentrinnbar gefangen bleibt in dem, was es zu über-schreiten vorgibt. Und doch bleibt ihr keine Wahl, als über das Erreichte hinauszudrängen. Für die Theologie hat Heinz Jan-sohn das methodische Problem des Blochschen Ansatzes vom

65 Helmut Peukert, *Die Erziehungswissenschaft der Moderne und die Herausforderung der Gegenwart*, in: Zeitschrift für Pädagogik, (1992), 29. Beiheft, S. 119.

66 Vgl. Alfred Schäfer, *Selbstkritik und Autonomie?* Überlegungen zu ei-nem problematisch gewordenen Selbstverständnis, in: Lutz Koch/Win-fried Marotzki/Helmut Peukert (Hg.), *Revision der Moderne?* Beiträge zu einem Gespräch zwischen Pädagogik und Philosophie, Weinheim: Deutscher Studien Verlag 1993, S. 55.

67 Ernst Bloch, *Politische Messungen*, Pestzeit, Vormärz, in: Gesamtaus-gabe, Frankfurt am Main: Suhrkamp Verlag 1977, Bd. 11, S. 13; vgl. auch ders., *Um das Recht des aufrechten Ganges*, in: Rainer Traub/Ha-rald Wieser (Hg.), *Gespräche mit Ernst Bloch*, a.a.O., S. 121-125.

68 Vgl. Melvyn A. Hill (Hg.), *Hannah Arendt*, The Recovery of the Public World, New York: St. Martin's Pr. 1979, S. 336.

»Überschreiten« nahezu klassisch formuliert: »Alle eventuellen theologischen Argumente einmal zurückgestellt, hat Blochs Konzeption gegenüber der Kantischen unstreitig den Vorteil größerer Welt- und Lebensnähe. Warum, in der Tat, sollte man darauf verzichten, das Reich Gottes, wenn es möglich wäre, *bereits in diesem Leben* zu errichten, warum, wenn es Gott nicht gäbe, auf die Chance, zu sein wie Gott?«[69]

Wahres Sein und bloßer Schein der »Zwei-Welten-Theorie« behindert nach Hannah Arendt unabhängiges Denken, wenn es nicht darüber hinausgelangt. Der Mensch, der nicht denken gelernt hat, fällt nach Bloch ins »ewig Gestrige«. Er übernimmt ungeprüft, was andere vor ihm dachten. Das bei Bloch in Handeln, Mitgestalten aufgehende Denken greift in den geschichtlichen Prozeß ein. Bloch trennt hierbei nicht – wie Hannah Arendt – zwischen Denken und Handeln. Bei ihm geht Handeln im Denken auf.

Denken und Handeln ist bei Arendt so miteinander verschränkt, daß Denken der konkreten Erfahrung des Handelns bedarf, wie Handeln seine Sinngebung verlöre ohne kritisches Denken. Arendt beschäftigt die Frage, warum Menschen in der Zeit des Nationalsozialismus sich verweigerten und nicht schuldig wurden. In entscheidenden Situationen wird, so Arendt, nach Alltagserfahrungen im Nationalsozialismus zu urteilen, weniger auf Menschen Verlaß sein, »denen Werte lieb und teuer sind und die moralische Normen und Maßstäbe festhalten; man weiß jetzt, daß sich all dies über Nacht ändern kann, und was davon übrigbleibt, ist die Gewohnheit, an irgendetwas festzuhalten.« Arendt zieht daraus den Schluß: »Viel verläßlicher werden die Zweifler und Skeptiker sein, nicht etwa weil Skeptizismus gut und Zweifel heilsam ist, sondern weil diese Menschen es gewohnt sind, Dinge zu überprüfen und sich ihre Meinung zu bilden.«[70] Diese Menschen haben sich so sehr daran gewöhnt, mit dem Gewissen in Einklang zu leben, daß sie

69 Heinz Jansohn, *Utopische Hoffnung in der Immanenz – kritische Hoffnung in der Transzendenz,* Ein Vergleich zwischen Bloch und Kant, in: Trierer Theologische Zeitschrift, 81 (1972), S. 24.
70 Hannah Arendt, *Persönliche Verantwortung in der Diktatur*, in: Dies.,

darauf nicht mehr verzichten können. »Vor seinem Gerichts-
hof«, schreibt Arendt, auf Kant verweisend, »müssen wir erscheinen und Rechenschaft über uns ablegen.«[71] Denken
verlangt Alleinsein, denn es ist »existentiell gesehen, etwas, das
man allein tut, aber nicht einsam: allein heißt, mit sich selbst
umgehen.«[72] Mary McCarthy hebt die existentielle Bedeutung
des Denkens hervor, indem sie das Nicht-Denken beleuchtet.
Gedankenlosigkeit verdiene eigentlich »Abwesenheit des Denkens« genannt zu werden, schreibt sie ihrer Freundin Hannah
Arendt in einem Brief.[73]

3. Bleibendes

Das vorgegebene Diktum »Ich bin. Aber ich habe mich nicht.
Darum werden wir erst« berührt das anthropologisch höchst
komplizierte Verhältnis des Einen zu Anderen und dieser zum
Selbst. Die Subjektphilosophie hat Blochs Thema des Subjekts
zu Anderen (und damit über diese zum Wir) neu belebt. Das
Wir ist mit Anderen nicht identisch, und doch setzt es sich aus
Anderen und dem sich auf das Wir beziehenden Subjekt zusammen.
　Die Beziehung des Ich zum Wir durchzieht die Menschheitsgeschichte. Es ist insofern ein altes Thema. Wie stellt sich die
Beziehung des Ich zum Wir dar? Geht das Ich im Wir auf oder
bringt es sich im Wir ein? Wenn es sich als Ich im Wir einbringt,
muß es sich sein Subjekthaftes oder einen Teil davon erhalten,

　Israel, Palästina und der Antisemitismus, Berlin: Wagenbach Verlag
　1991, S. 35.
71　Hannah Arendt, *Vom Leben des Geistes*, Bd. 1: Das Denken, Mün-
　chen: Piper Verlag 1979, S. 189.
72　Hannah Arendt, *Das Denken*, a.a.O., S. 184.
73　Vgl. Mary McCarthys Kritik an Arendts Begriff thinklessness, dem aus
　dem Deutschen übernommenen Wort Gedankenlosigkeit. Nein, es
　müsse, wie McCarthy einwandte, »Abwesenheit des Denkens« be-
　zeichnet werden. Hannah Arendt/Mary McCarthy, *Im Vertrauen*,
　Briefwechsel 1949-1975, hg. von Carol Brightman, München: Piper
　Verlag 1995, S. 30.

mit dem es verändernd auf das Wir einwirkt. Und wieweit reicht der Einfluß auf das Ich, wirkt es auf dessen Selbst ein?

Die anhaltende Aktualität des Blochschen Diktums skizziere ich an zwei Positionen, die, trotz vielem, was sie miteinander verbindet, zu sehr unterschiedlichen Ergebnissen gelangen: bei Martin Buber und Emmanuel Lévinas erhält der Andere unterschiedliche Qualitäten zugesprochen. Wie in 3. Mose 19, 18b (»du sollst deinen Nächsten lieben wie dich selbst«) beginnt Bubers Philosophie des dialogischen Prinzips beim Ich. Ohne zunächst beim Ich zu verweilen, hat die Rezeptionsgeschichte von 3. Mose 19, 18b ebenso wie in Anknüpfung daran in Matth. 22, 39 den Blick rasch auf den Anderen gerichtet. Die alttestamentliche Perikope fordert, was häufig übersehen wird, auch Eigenliebe des Ich, denn erst dann könne es den nächsten, den Anderen, angstfrei, ohne sich durch dessen Anderssein bedroht zu fühlen, akzeptieren. Bubers Schlüsselsatz in »Ich und Du« fügt sich in das alttestamentliche Gebot ein: »Ich werde am Du; Ich werdend spreche ich Du.«[74] Anders Lévinas, der vom Anderen her fragt. Die ethische Energie des Anderen wirke in der Weise auf das singuläre Subjekt ein, daß es dieses aus seiner Vereinsamung befreit und durch die Begegnung mit dem Anderen über sich hinausdrängt.[75] Lévinas wirft abendländischem Denken das »Enthüllen des Anderen« vor. Das »Andere, das sich als Sein manifestiert«, verliere dabei »seine Andersheit.«[76] Das Denken von Buber und Lévinas ist getragen von Achtung vor dem Anderen. Ein Insistieren auf Anerkennung des Anderen wird die bleibende Herausforderung einer philosophischen wie pädagogischen Ethik bleiben.

Die bohrenden Fragen Blochs werden die Humanwissenschaften auch künftig umtreiben. Wie Bloch überlieferte Tradi-

74 Martin Buber, in: ders., *Das dialogische Prinzip*, Heidelberg: Lambert Schneider Verlag ⁴1979, S. 15.

75 Vgl. Emmanuel Lévinas, *Eigennamen*, München/Wien: Hanser Verlag 1988, S. 7.

76 Emmanuel Lévinas, *Die Spur des Anderen*, Freiburg/München: Karl Alber Verlag 1983, S. 211; vgl. auch S. 235 sowie ders., *Die Zeit und der Andere*, Hamburg: Meiner Verlag 1984.

77 Vgl. u. a. Ernst Bloch, *Experimentum mundi*, a.a.O., S. 256.

tionen nach nicht ausgeschöpften Möglichkeiten befragte, haben seine geistigen Erben sein Werk nach »Unabgegoltenem«[77] zu prüfen.

Literaturverzeichnis

Adorno, Thedor W., *Noten zur Literatur*, in: *Gesammelte Schriften*, Frankfurt am Main: Suhrkamp Verlag ²1984, Bd. 11.

Arendt, Hannah, »Persönliche Verantwortung in der Diktatur«, in: Dies., *Israel, Palästina und der Antisemitismus*, Berlin: Wagenbach Verlag 1991.

Arendt, Hannah, *Vom Leben des Geistes*, Bd. I: *Das Denken*, München: Piper Verlag 1979.

Arendt, Hannah/Mc Carthy, Mary, *Im Vertrauen. Briefwechsel 1949 – 1975*, hg. von Carol Brightman, München: Piper Verlag 1995.

Berlin, Isaiah, *Das krumme Holz der Humanität. Kapitel der Ideengeschichte*, Frankfurt am Main: Fischer Verlag 1992.

Bloch, Ernst, *Spuren*, in: *Gesamtausgabe*, Frankfurt am Main: Suhrkamp Verlag 1977, Bd. 1.

Bloch, Ernst, *Geist der Utopie*, in: *Gesamtausgabe*, Frankfurt am Main 1977, Bd. 3.

Bloch, Ernst, *Erbschaft dieser Zeit*, in: *Gesamtausgabe*, Frankfurt am Main: Suhrkamp Verlag 1977, Bd. 4.

Bloch, Ernst, *Das Prinzip Hoffnung*, in *Gesamtausgabe*, Frankfurt am Main 1977, Bd. 5.

Bloch, Ernst, *Subjekt – Objekt. Erläuterungen zu Hegel*, in: *Gesamtausgabe*, Frankfurt am Main: Suhrkamp Verlag 1977, Bd. 8.

Bloch, Ernst, *Literarische Aufsätze*, in: *Gesamtausgabe*, Frankfurt am Main: Suhrkamp Verlag 1977, Bd. 9.

Bloch, Ernst, *Philosophische Aufsätze zur objektiven Phantasie*, in: *Gesamtausgabe*, Frankfurt am Main: Suhrkamp Verlag 1977, Bd. 10.

Bloch, Ernst, *Politische Messungen*, Pestzeit, Vormärz, in: *Gesamtausgabe*, Frankfurt am Main: Suhrkamp Verlag 1977, Bd. 11.

Bloch, Ernst, *Tübinger Einleitung in die Philosophie*, in: *Gesamtausgabe*, Frankfurt am Main: Suhrkamp Verlag 1977, Bd. 13.

Bloch, Ernst, *Atheismus im Christentum*, in: *Gesamtausgabe*, Frankfurt am Main: Suhrkamp Verlag 1977, Bd. 14.

Bloch, Ernst, *Experimentum mundi*, in: *Gesamtausgabe*, Frankfurt am Main: Suhrkamp Verlag 1977, Bd. 15.

Bloch, Ernst, »Die Utopie ist eine philosophische Kategorie unseres Zeitalters«, in: Münster, Arno (Hg.), *Träume vom aufrechten Gang, Sechs Interviews mit Ernst Bloch*, Frankfurt am Main: Suhrkamp Verlag 1977, S. 121-127.

Bloch, Ernst, »Die Welt bis zur Kenntlichkeit verändern«, 1974, in: Münster, Arno (Hg.), *Träume vom aufrechten Gang*, a.a.O., S. 20-100.

Bloch, Ernst, »Etwas fehlt ... Über die Widersprüche der utopischen Sehnsucht. Ein Gespräch mit Theodor W. Adorno«, Gesprächsleiter: Horst Krüger, in: Traub, Rainer/Wieser, Harald (Hg.), *Gespräch mit Ernst Bloch*, Frankfurt am Main: Suhrkamp Verlag 1975, S. 58-77.

Bloch, Ernst, »Hoffnung mit Trauerflor«. Ein Gespräch mit Jürgen Rühle, 1964, in: Traub Rainer/Wieser, Harald (Hg.), *Gespräche mit Ernst Bloch*, a.a.O., S. 13-27.

Bloch, Ernst, »Um das Recht des aufrechten Ganges«, in: Traub, Rainer/Wieser, Harald (Hg.), *Gespräche mit Ernst Bloch*, a.a.O., S. 121-125.

Bloch, Karola/Reif, Adelbert (Hg.), »*Denken heißt Überschreiten*«. *In memoriam Ernst Bloch 1885-1977*, Köln/Frankfurt am Main: Europäische Verlaganstalt 1978.

Buber, Martin, *Das dialogische Prinzip*, Heidelberg: Lambert Schneider Verlag [4]1979.

Canetti, Elias, *Die Provinz des Menschen*, Frankfurt am Main: Fischer Taschenbuch Verlag 1976.

Deuser, Hermann/Steinacker, Peter (Hg.), *Ernst Blochs Vermittlungen zur Theologie*, München: Kaiser Verlag 1983.

Deutsches Wörterbuch, von Jacob und Wilhelm Grimm, München: Deutscher Taschenbuch Verlag 1984.

Fröhlich, Hans J., *Schubert*, München/Wien: Hanser Verlag 1978.

Härtling, Peter, *Noten zur Musik*, Stuttgart: Radius Verlag 1990.

Härtling, Peter, *Schubert*, Roman, München: Deutscher Taschenbuch Verlag 1995.

Hill, Melvyn A. (Hg.), *Hannah Arendt. The Recovery of the Public World*, New York: St. Martin's Pr. 1979.

Holz, Hans Heinz, *Logos spermatikos*. Ernst Blochs Philosophie der unfertigen Welt, Darmstadt/Neuwied: Luchterhand Verlag 1975.

Hüter der Verwandlung, *Beiträge zum Werk Elias Canettis*, Frankfurt am Main: Fischer Taschenbuch Verlag 1988.

Jansohn, Heinz, »Utopische Hoffnung in der Immanenz – kritische Hoffnung in der Transzendenz. Ein Vergleich zwischen Bloch und Kant«, in: *Trierer Theologische Zeitschrift*, 81 (1972), S. 1-25.

Jaspers, Karl, *Einführung in die Philosophie*, München: Piper Verlag 1989.

Jaspers, Karl, *Was ist Philosophie?* Ein Lesebuch, München: Piper Verlag 1976.

Koch, Lutz/Marotzki, Winfried/Peukert, Helmut (Hg.), *Revision der Moderne?* Beiträge zu einem Gespräch zwischen Pädagogik und Philosophie, Weinheim: Deutscher Studien Verlag 1993.

Kogon, Eugen/Metz, Johann Baptist u. a., *Gott nach Auschwitz*, Dimensionen eines Massenmords am Jüdischen Volk, Freiburg: Herder Verlag 1979.

Lévinas, Emmanuel, *Eigennamen*, München/Wien: Hanser Verlag 1988.

Lévinas, Emmanuel, *Die Spur des Anderen*, Freiburg/München: Karl Alber Verlag 1983.

Lévinas, Emmanuel, *Die Zeit und der Andere*, Hamburg: Meiner Verlag 1984.

Lichtenberg, Georg Christoph, *Schriften und Briefe*. Hg. von Wolfgang Promies, München: Hanser Verlag 1968, Bd. 1, 1971, Bd. 2.

Lyrik nach Auschwitz? Adorno und die Dichter, hg. von Petra Kiedaisch, Stuttgart: Philipp Reclam jun. 1995.

Mahlmann, Theodor, »Das eschatologische Faktum der Schöpfung«, in: Deuser, Hermann/Steinacker, Peter (Hg.), *Ernst Blochs Vermittlungen zur Theologie*, S. 144-185.

Moltmann, Jürgen, *Im Gespräch mit Ernst Bloch*, München: Kaiser Verlag 1976.

Moltmann, Jürgen, »Plötzlich, in einem Augenblick, beim Ton der letzten Posaune«, in: Bloch, Karola/Reif Adelbert (Hg.), *»Denken heißt Überschreiten«*, a. a. O., S. 70-73.

Moltmann, Jürgen, *Theologie der Hoffnung*, München: Chr. Kaiser Verlag [11]1980.

Münster, Arno (Hg.), *Tagträume vom aufrechten Gang*, Sechs Interviews mit Ernst Bloch, Frankfurt am Main: Suhrkamp Verlag 1977.

Peukert, Helmut, »Die Erziehungswissenschaft der Moderne und die Herausforderung der Gegenwart«, in: *Zeitschrift für Pädagogik* (1992), 29. Beiheft, S. 113-127.

Saner, Hans, *Anarchie der Stille*, Basel: Lenos Verlag [2]1990.

Schäfer, Alfred, »Selbstkritik und Autonomie? Überlegungen zu einem problematisch gewordenen Selbstverständnis«, in: Koch, Lutz/Marotzki, Winfried/Peukert, Helmut (Hg.), *Revision der Moderne?*, Weinheim 1993, S. 41-56.

Schubert, Franz, *Gesänge für eine Singstimme mit Klavierbegleitung*. Nach den ersten Drucken revidiert von Max Friedlaender, Bd. I. Leipzig: C. F. Peters o. J.

Tóth, Cvetka, »Thaumazein, Ernst Blochs Überzeugungen von der Unmöglichkeit eines Endes der Philosophie«, in: *Bloch-Almanach* (1995), 14, S. 47-67.

Traub, Ernst/Wieser Harald (Hg.), *Gespräche mit Ernst Bloch*, Frankfurt am Main: Suhrkamp Verlag 1975.

Verantwortung für die Schöpfung, *Gemeinsame Erklärung des Rates der Evangelischen Kirche in Deutschland und der Deutschen Bischofskonferenz,* hg. vom Kirchenamt der Evangelischen Kirche in Deutschland und dem Sekretariat der Deutschen Bischofskonferenz, Gütersloher Verlagshaus Gerd Mohn 1985.

Zudeick, Peter, *Der Hintern des Teufels.* Ernst Bloch – Leben und Werk, Bühl-Moos: Elster Verlag 1985.

Matthias Könen, Göttingen und Wolfdietrich Schmied-Kowarzik, Kassel, die mir nach Durchsicht des Beitrags an einigen Stellen Änderungen empfahlen, danke ich.

Peter Zudeick

»Allein sind viele etwas irr« –
Über Clowns und andere Beziehungskisten

Fruchtbarkeits-Zeremonie bei den Hopi-Indianern. Auf dem Höhepunkt des Rituals, wenn die heiligen Kachina-Tänzer in trance-ähnlichem Zustand zum Symbol der Ahnenseelen geworden sind, bricht plötzlich Chaos aus. Grell geschminkte und mit Lehm beschmierte Figuren tauchen auf den Dächern der Hütten auf, dringen wild tanzend in die Zeremonie ein, singen schweinische Lieder, äffen die heiligen Tänzer nach und bewerfen sie mit Abfall. Aber niemand empört sich. Alles lacht und verfolgt gebannt den Fortgang der Zeremonie, die im Wechsel von heiligen und blasphemischen Handlungen zu Ende kommt, wenn alle Beteiligten Geschenke austauschen.

Chühü'wimkya heißen diese Clowns bei den Hopi, bei anderen Indianerstämmen gibt es ähnliche Traditionen. Sie bildeten den Gegenpart zu den religiösen Würdenträgern und Stammesheiligen, die naturreligiöse Ordnung erhielt ihre letzte Legitimität durch diese Regelverletzer. »Der Gegenteiler betrachtet die Welt wie aus dem Kopfstand heraus und verhält sich ihr gegenüber entsprechend, wie es alle anderen als sinnwidrig oder unzulässig ansehen. Mit Wonne und unvorstellbarer Dreistigkeit rüttelt der Gegenteiler an den Grundfesten der Stammesordnung und verweist durch seinen Unfug auf die Möglichkeit des Anders-Seins inmitten aller Regelmäßigkeit.«[1]

Im neuzeitlichen »dummen August« haben wir ein Stück Erinnerung an Clownsfiguren dieser – nicht nur indianischen – Tradition: Das chaotische, anarchische Element, das Bunte, Spielerische, Unbedarfte, Regelverletzende, nur scheinbar »Dumme« des August verweist auf ein Verständnis von Ich und Welt, das »heilige« Konventionen und subjektivistisches Chaos noch als Einheit begreift, als widersprüchliches Ganzes.

1 Annette Fried/Joachim Keller, *Faszination Clown*, Düsseldorf 1996, S. 16.

An einer zentralen Stelle in Ernst Blochs *Spuren* wird der dumme August, dieser mögliche Repräsentant eines Anders-Seins, ein Fall des »Inkognito vor sich selber«. Er verliert das Bewußtsein von sich selbst, weiß nicht mehr, wer er ist, bis er wieder »zu sich« kommt und stammelt: »Ich bin ein Clown und heiße der dumme August.« Bloch bemerkt dazu: »Ist denn das Allabendliche wirklich seine Rolle, in der er auch laut Paß, Gewerbeschein gewickelt ist, und ist es unsere Definition überhaupt, in die uns gerade auch ein seßhafter Beruf tauft, selbst ein durchaus nicht verfehlter? Hat der beruflich gut Untergekommene, sozusagen gut Benannte nicht immer noch ein Namenloses in petto, das ihm schon an der Wiege nicht gesungen wurde, geschweige von seinen späteren Lenkern zum nützlichen Mitglied?«[2] – »Ich bin, aber ich habe mich nicht.« Nicht einmal der Clown, dessen Existenz gerade nicht im Pferch gesellschaftlicher Konventionen steckt, der ein Bote sein könnte dieses Namenlosen, »hat« sich schon.

»Wir sind immer. Aber wir sehen uns nicht. Dazu stehen wir uns zu nahe.«[3] Wenn Blochs Datierung stimmt, stammt diese Notiz aus dem Jahre 1910. Wie auch diese: »Wir aber wollen uns sehen und haben. Je unmittelbarer man bleibt, desto dumpfer bleibt auch das Wie und Wo, in dem man sich befindet und nicht findet. Was wir an uns selber sind, ist dunkel, als uns zu nahe. Was wir äußerlich geworden sind, gar zu was man uns herausgemacht, hingestellt hat, ist uns so oft nicht gemäß.«[4] Bloch hat immer wieder neu angesetzt, diesen Kerngedanken seiner Philosophie – das Dunkel des gelebten Augenblicks – nicht nur »philosophisch« zu verorten und zu exemplifizieren, sondern auch in seinen Anfangs-Topoi so lakonisch wie möglich zu besetzen. »Ich bin«, »Wir sind«, »Man ist« – der Einstieg wechselt. In der zweiten Fassung von *Geist der Utopie* heißt es: »Ich bin. Wir sind. Das ist genug.«[5] Die Formel »Ich bin. Aber

---

2 Ernst Bloch, *Spuren*, Frankfurt am Main 1969, S. 120.
3 Bloch, *Philosophische Aufsätze*, Frankfurt am Main 1969, S. 13.
4 Ebd.
5 Bloch, *Geist der Utopie*, Berlin 1923, S. 3.

ich habe mich nicht. Darum werden wir erst.« taucht erstmals in der Erstausgabe der *Spuren*[6] auf, sie kehrt 40 Jahre später in der *Tübinger Einleitung in die Philosophie*[7] wieder und wird zu einer Art Leitmotiv für das Gesamtwerk.[8] Wir dürfen annehmen, daß diese Formulierung nicht zufällig diesen Stellenwert bekommen hat. Was sie von anderen unterscheidet, ist das »Darum« und der betonte Wechsel vom »Ich« zum »Wir«.

»Darum« werden wir erst: Weil ich mich nicht habe, nicht sehe, muß ich mich herausmachen: »Man macht sich heraus. Etwas weg vom Ich wird alles klarer. Das Draußen ist von uns abgehalten, kann so sachlicher gesehen werden.«[9] Das Nicht-Haben ist gleichzeitig der Antrieb zum Haben-Wollen – das ist mit »Darum« gesagt.[10]

Darum werden »wir« erst: Wer ist dieses »Wir«? Eine Gemeinschaft, mit Freunden, Kameraden; die Gesellschaft, die Masse, das klassenlose Kollektiv; die Zweisamkeit der Liebe? Zunächst ist klar: Auch Bloch versteht den Menschen zentral als gesellschaftliches Wesen. Das dunkle »Ich bin« wird zu einem »Wir«, indem es sich herausmacht, »damit es überhaupt erst etwas sehen kann«, und zwar »sich unter seinesgleichen«.[11] Der Mensch als »zoon politikon« wird als selbstverständlich

---

6 Bloch, *Spuren*, Berlin 1930, S. 13.

7 Bloch, *Tübinger Einleitung in die Philosophie*, Frankfurt am Main 1970, S. 13; vgl. Bloch, *Experimentum Mundi*, Frankfurt a. M. 1975, Vorsatzblatt: »Wie also? Ich bin. Aber ich habe mich noch nicht.«

8 Vgl. den Klappentext zur erweiterten Ausgabe der *Spuren*, Frankfurt am Main 1969: »Dieser Text steht als Motto über Blochs Gesamtwerk.«

9 Bloch, *Verfremdungen* II, Frankfurt am Main 1965, S. 8.

10 Ich halte also an der kausalen Interpretation des »darum« fest wie an der Interpretation des »erst« als »erst noch«. Lengers Vorschlag, das »darum« räumlich zu lesen und das »erst« nicht als kommendes – also »Um das Nicht-Haben herum werden wir allererst« –, führt zwar zu einem interessanten Ergebnis, der Weg dahin scheint mir allerdings mit zuviel abseitigen Spitzfindigkeiten belastet. Vgl. Hans-Joachim Lenger, »Die Schrift zustellen – Blochs Erzählung des ›Wir‹«. In: *Ernst Bloch als Schriftsteller. Bloch-Jahrbuch* 1994, Mössingen-Talheim 1995, S. 60 ff.

11 Bloch, *Tübinger Einleitung*, a.a.O., S. 13.

vorausgesetzt. »Gerade die frühesten Menschen lebten gesellig, machten eine Gruppe aus. Der einzelne war hier der Ausgestoßene, das bedeutete in den Zeiten vollkommener Wildnis: der Untergehende. Der Stamm war der Halt des Leibs, der Inhalt des schwach entwickelten Ichs. Folglich steht zwar am organischen Anfang ein auf sich bezogenes Leib-Ich, aber am geschichtlichen Anfang steht die Gemeinschaft.«[12] Darum werden wir erst. Freilich ist »Gemeinschaft« noch nicht das Losungswort, allein die Tatsache, daß man mit anderen zusammen ist, heißt noch nicht, daß wir uns »haben«. »Man ist mit sich allein. Mit den anderen zusammen sind es die meisten auch ohne sich. Aus beidem muß man heraus.«[13] Die Rede ist also von einem möglichen Zustand, in dem Ich und Wir in einer aufeinander bezogenen Bewegung »zu sich« kommen. Da Bloch seine gesellschaftlichen Kategorien in erster Linie und immer wieder aus der Auseinandersetzung mit Marx bezieht, würde das an dieser Stelle heißen: Erst in der klassenlosen Gesellschaft bekommt das Individuum den Raum seiner Selbstverwirklichung. Diese Antwort gibt Bloch zwar auch, aber viel verhaltener, als er es in anderen Bereichen tut, wenn recht formelhaft davon die Rede ist, daß das, was bürgerliche Gesellschaften vielleicht einmal angestrebt haben, im Sozialismus erst zu seiner Wahrheit komme – zum Beispiel das unter Moral, Recht, Religion etc. Gemeinte. Daß aber das Individuum im Kollektiv am wärmsten aufgehoben sei, mag Bloch so nicht formulieren, diese Frage ist ihm eine – eingestandene – Verlegenheit.[14] Nicht allein deshalb, weil der Begriff des Kollektivs militaristisch, faschistisch verderbt wurde; auch was in besonders platten Marxismus-Varianten üblicherweise unter Kollektiv und klassenloser Gesellschaft gedacht wurde, bleibt für Bloch suspekt, weil dieses Denken durchweg noch in den alten Dualismen Egoismus/Altruismus und Individuum/Kollektiv steckt. Für Bloch gilt: Niemand hört auf, ein Ich zu sein. »Der Wunsch, auf eigenen Füßen zu stehen, ist mit dem nach dem

---

12 Bloch, *Das Prinzip Hoffnung*, Frankfurt am Main 1959, S. 1129.
13 Bloch, *Spuren*, Frankfurt am Main 1969, S. 11.
14 Bloch, *Experimentum Mundi*, a.a.O., S. 194.

aufrechten Gang nahe verwandt.«[15] Und dieser Wunsch ist mit gelungenem Sozialismus, auch mit Erreichen der klassenlosen Gesellschaft keineswegs erledigt. »Um jeden Einzelmenschen ist eine bunte Wolke von Gefühlen, Hoffnungen, die er an sich selber und nur selten an anderen fühlt, obwohl diese ebenfalls davon eingeschlossen sind; und um jeden Einzelmenschen ist ein Quale, das als summiertes, in der Gruppe, nicht erhalten bleibt.«[16]

Ergo: »So bedenklich Ich und wieder nur Ich ist, so armselig oder so entsetzlich kann auch ein bloß Allgemeines sein.«[17] Eine neue soziale Allgemeinheit hätte nach Blochs Verständnis sogar die Aufgabe einer »Rettung des Individuums durch Gemeinsamkeit«: »Nachdem die Klassen verschwunden sind, finden Individuen auf ihrem Weg in einer menschenfreundlichen Gemeinschaft zum erstenmal Raum – es sind viele Wohnungen in diesem Hause.«[18] Die Kammern dieses Hauses können noch nicht tapeziert, möbliert werden, da das Haus noch nicht steht. Noch nicht einmal als Architektenzeichnung existiert. Aber als Wunschvorstellung von Menschen, die Bauherren werden möchten.

»Wir wollen immer nur bei uns sein.«[19] Und: »Sich nimmt jeder überallhin mit.«[20] So nimmt auch Ernst Bloch gerade in diese Kammern des noch nicht konstruierten Hauses besonders viel von sich selbst mit. Selbst die Einsamkeit gehört bei ihm nicht ausschließlich zu den negativen Existenzformen, er verbucht sie sogar unter den Wunschbildern, sofern Alleinsein nicht Verlassenheit, sondern Störungslosigkeit heißt: »Ländliche Abgeschiedenheit, Winter, der sie verstärkt, Ruhe des Hauses und der Nacht geben dazu einen starken Wunschtraum; der Lampenschein steht darin als förmliche Aura um das Manu-

15 Bloch, *Das Prinzip Hoffnung*, a.a.O., S. 1134.
16 Ebd., S. 1134 f.
17 Ebd., S. 1135.
18 Ebd., S. 1140.
19 Bloch, *Thomas Münzer als Theologe der Revolution*, München 1921, S. 13.
20 Bloch, *Philosophische Aufsätze*, a.a.O., S. 15.

skript.«[21] So spricht der Philosoph, der sich diese Störungslosigkeit immer wieder gesichert hat, von anderen hat sichern
lassen. »So schlägt das Schreiben, während und sofern es blüht,
nächtliche oder ländliche Stille um sich, braucht sie. Kein gutes
Gebilde entstand je anders; die Muse ist ohne Schrille und selber ländlich.«[22]

An anderer Stelle fragt Bloch, »ob der Wert der Einsamkeit
mit gelungener Kollektivierung, mit verschwundener Individu-
alwirtschaft nicht steigt.«[23] Denn: »Das Selbst meint das Ich,
aber es meint auch das Wir, und es meint mehr als beides: eben
ein menschliches Identischwerden.«[24] Dies so gemeinte »Wir«
heißt bei Bloch immer wieder Gemeinschaft: »Und zu ihr gehen
in Zeiten, wo sie bedroht ist, ebenso heiße Wünsche wie zur
Einsamkeit. Wünsche der Geborgenheit, die dann nicht einmal
im Widerspruch zur Einsamkeit zu stehen brauchen, sondern
sie einbeziehen, mindestens in den kleinen warmen Kreis von
Freundschaft.«[25] Wir wissen, wie sehr Bloch Freundschaften
gesucht, gepflegt, wie emphatisch er sie erlebt und beschrieben
hat. Die Jugendfreundschaft zu Georg Lukács erlebt Bloch als
»wahre Symbiose«; von »fast täglicher und nächtlicher Symbiose« spricht er auch bei seinem drei Monate dauernden
Kontakt zu Max Scheler 1919 in Bern; mit Walter Benjamin
verband ihn eine jahrelange enge Freundschaft, man ging zusammen auf Reisen, unter anderem nach Italien. »Danach«,
schreibt Bloch, »kam eine halbjährige wahre Symbiose in Paris
1926, ziemlich eng zusammen, täglich, vor allem nächtlich.«[26]
Die Vorstellung von Freundschaft als einer »Symbiose« – von
den Betreffenden meist etwas reservierter gesehen – spielt bei
Bloch eine große Rolle. Er hat Gemeinschaft offensichtlich
immer gesucht, auch leicht gefunden. »Wo die Gesellschaft
zweifelhaft geworden, tauchte gleichzeitig mit dem Wunsch-
bild Einsamkeit das der Freundschaft auf: nicht als Flucht, son-

21 Bloch, *Prinzip Hoffnung*, a.a.O., S. 1126.
22 Bloch, *Philosophische Aufsätze*, a.a.O., S. 19.
23 Bloch, *Experimentum Mundi*, a.a.O., S. 194.
24 Ebd., S. 195.
25 Bloch, *Das Prinzip Hoffnung*, a.a.O., S. 1129.
26 Bloch, *Über Walter Benjamin*, Frankfurt am Main 1968, S. 16.

dern als Ersatz der Gesellschaft, als ihre bessere Garten-
form.«[27]

Von Freunden und Weggefährten wissen wir, welch große
Rolle auch Geselligkeit für Bloch gespielt hat. Er war – nicht
nur in den philosophischen Salons der Heidelberger Zeit – der
clowneske Bohemien, er war ein mitreißender Erzähler, ein
Lausbube, *enfant terrible*, Opernsänger, Rezitator, »philosophischer Salonlöwe«, wie Ludwig Marcuse meint: »Bloch stand
am Gartentor meines provençalischen Häuschens, um mich
zum Spaziergang abzuholen; und schnippte mir, noch ehe ich
bei ihm war, etwas zu, was aus Hegel und Wilhelm Busch und
einem jüdischen Witz gewoben war, lachte enorm robust, auch
warf er sich ausladend in der Gegend herum, nicht ganz ohne
Fachworte auszustoßen. In seinem Mund waren sie so munter
und wohlgemut und locker wie die kleinen Spritzer in der Ba-
debucht.«[28]

Eine Szene aus den 30er Jahren: Bloch hält sich vorüberge-
hend in Mailand auf, sein Freund Joachim Schumacher ist zu
Besuch, man geht einen Regenmantel für Bloch kaufen. Der
Verkäufer versteht nicht recht und bringt einen Paletot. »Woraufhin die Szene nun buchstäblich opernhaft gerät, indem
Bloch mit seinem phantastischen Gedächtnis auch für Verdi-
Arien irgendeine Stelle mit großer, völlig unbefangener Bariton-
Stimme herausdeklamiert und schauspielerisch zu erkennen
gibt, daß er, als ein vielleicht nicht unbedeutender Anonymus
auf der Durchreise, jedenfalls unerkannt bleiben wolle.«[29] Bis
ins hohe Alter hat Bloch sich dieses Lebenselement bewahrt.
Noch die späte und kurze Freundschaft mit Rudi Dutschke[30]
war voll von dieser saftigen Individualität einerseits, von Nähe

---

27 Bloch, *Das Prinzip Hoffnung*, a.a.O., S. 1130.
28 Ludwig Marcuse, »Bewunderung und Abscheu«, *Stuttgarter Zeitung*,
   12. 3. 1960; wieder in: *Ernst Blochs Wirkung*, Frankfurt am Main
   1975, S. 74 ff., hier: S. 76 f.
29 Joachim Schumacher, »Der unbekannte Ernst Bloch«, in: *Der Monat*
   31 (1979), H. 3, S. 36.
30 Vgl. Peter Zudeick, »›Im gleichen Gang und Feldzugsplan‹. Ernst Bloch
   und Rudi Dutschke«. In: Thomas Karlauf (Hrsg.), *Deutsche Freunde*,
   Berlin 1995, S. 378 ff.

und Wärme andererseits, eine Individualität, die der Philosoph Bloch auch systematisch-philosophisch keinem – philosophischen oder politischen – System opfern, die er »retten« wollte. »Wie Einsamkeit aus der Gemeinschaft nicht ausfällt, bei Strafe der sozialen Leere, so gibt Freundschaft – letzthin ein Pendant und keine abstrakte Alternative zur Einsamkeit – dem Kollektiv seine Wärme, ja seine jeweils verdichtete und greifbare Konkretion. Sie bleibt auch in der klassenlosen Gesellschaft als Wunsch- und Lebensstand des Mit-Uns der Nähe, sie füllt die weiten, nicht mehr entäußerten intersubjektiven Beziehungen mit konkretem Wir und Gemeinsamsein.«[31]

Welch hohen Rang Freundschaft bei Bloch einnimmt, zeigt auch ihr Stellenwert im Zusammenhang von Liebe und Ehe. Freundschaft ist für ihn »zugleich das wichtigste Stück einer auf Dauer und Gewohnheit angelegten Liebe; so gehen die meisten Ehen nicht aus mangelnder Liebe, sondern aus mangelnder Freundschaft zugrunde.«[32] Das hört sich überraschend altväterlich an, überraschend deshalb, weil Bloch – in jungen wie in alten Jahren – gerade in Liebesangelegenheiten recht unkonventionell dachte und handelte. Aber schon der junge Bloch schlägt in *Geist der Utopie* in Ansehung der Frage Liebe und Ehe ungewöhnliche Töne an. »Nun aber kann sich der Mann zuweilen durch die Ehe retten, im Kleinen wenigstens ganz zu sein. Und solches nicht nur, weil die gemeine Erschlaffung, Ermattung des Mannes und die Frage, was mit den beiden Menschen nach dem Geschlechtsakt geschehen soll, durch die Ehe am vornehmsten gelöst wird – als dem beständigen Gast im Hause, als der vollen sexuellen Mitverantwortlichkeit, als dem aristokratischen Altwerden erotischer Beziehung, wieder Verlassenwerden von den Kindern, zu sich Entlassenwerden, zu dem Altersstil der Liebe. Sondern auch, weil hier der bedürftig leblose Mann gerade an der Wärme des Weibes und abendlichen Herdes, an dem Duft, der Fülle und Melodik ihres Seins grundsätzlich teilnehmen und derart von dem bürgerlichen Tod seines Wesens genesen

31 Bloch, *Das Prinzip Hoffnung*, a.a.O., S. 1133 f.
32 Ebd., S. 1130.

kann.«[33] Geschrieben ist dies unter dem Eindruck seiner großen
Liebe zu Else von Stritzky, die seine erste Frau wurde und die er
in *Geist der Utopie* so porträtiert: »Auch der weit bestimmte,
produktive Mann findet erst, wenn die Geliebte zur Gefährtin
geworden ist: die lichte, anmutige Seele, rasch und stark ent-
flammt, mit dem stillen, frommen, tiefen, vollkommen inner-
lichen Leben im stahlblauen Blick: den Eingang aus den
Abenteuern zu einem tieferen, erotischen Komplex, der Breite
und Dauer braucht, um sich aufzuschließen, und erst hinter
diesem Steg, jenseits der zerteilten Landabenteuer, schlägt die
offene Übersee, trägt ihn der ungeheure Dampfer zu jener tota-
leren Reise in den unentdeckten, sich weithin rundenden Kosmos seines Lebens.«[34] Im *Gedenkbuch* für Else, die 1921 starb,
schreibt Bloch: »Sehr selten wurde ein Mensch so geliebt wie
ich von ihr; und keiner wurde mehr, tiefer geliebt.«[35] An anderer Stelle: »Else als Schutz, mich vor der Welt abtrennend.«[36]

Diese Schutzfunktion hat später für viele Jahre Blochs dritte
Frau Karola Piotrkowska übernommen – in den Jahren des
Exils in Frankreich, der Schweiz, Österreich, der Tschechei,
schließlich in den USA war sie die Schutz-Instanz, die das tägliche Leben bewältigte und den Produktions- und Lebensraum
für den »weit bestimmten, produktiven Mann« bereitete und
sicherte. »Beisichsein, echtes Miteinandersein hat in Liebe,
Freundschaft, zuweilen noch in Familie einen Schutzpark«[37],
resümiert Bloch, wohl wissend, wie selten dieses »zuweilen«
vorkommt. »Trautes Heim, Glück allein, das ist die Gefahr,
nochmals, mit Götzen wie Fernsehen, Kühlschrank dazu, sein
Gesicht zu verringern. Kleines Glück in allen Ehren, nachdem
anderswo selten großes erblüht, aber als Ersatz vermehrt es,
indem es verkleinert, mit der Reproduktion der Arbeitskraft, zu
der es ebenfalls einzig genormt ist, nicht auch die beste Art der

33 Bloch, *Geist der Utopie,* München 1918, S. 350.
34 Ebd., S. 351.
35 Bloch, *Tendenz – Latenz – Utopie. Ergänzungsband zur Gesamtaus-
    gabe.* Frankfurt am Main 1978, S. 13.
36 Ebd., S. 14.
37 Bloch, *Verfremdungen* I. Frankfurt a. M. 1962, S. 85.

Privatheit, die des aufrechten Gangs.«[38] Auf der anderen Seite ist das Bild von der »Wärme des Weibes und abendlichen Herdes« nicht nur dem expressionistischen Überschwang von *Geist der Utopie* geschuldet. In einer verwandten Metapher kehrt dieses Bild wieder, und zwar im Zusammenhang mit dem, was Bloch »bäurisches Tao« nennt, einen Zustand des objektiven Einklangs des Menschen und seiner Verhältnisse mit der Natur und dem »Welttakt« (Tao): »das Haus gut in Gang, das Leben und sein Streben gut im Lauf, woran Segen ist, ein verborgener und doch öffentlicher Zustand, den man vom Bauerntum her sicherer versteht als aus den üblichen Vergleichungen mit entlegener Mystik.«[39] Ein wichtiges Element darin: das »Fraulich-Waltende, wie es dem altbäurischen Tao durchaus entspricht.«[40]

Der indianische Clown, der die Welt »aus dem Kopfstand heraus« betrachtet und versteht, und der Mensch im bäurischen Tao, wo alles – auf nicht spießige, nicht reaktionäre Weise – seinen guten Gang geht: Zwei sehr entfernte Weisen, seiner selbst inne zu werden, aber zwei möglicherweise zusammengehörende. Verschiedene Weisen, wie wir »werden« könnten, verschiedene, aber im Kern nicht so widersprüchliche Formen des Miteinanderseins. Die eine Seite: »Einer meinte, das Einzige, was heute noch lebt, hat man nur zu zweit, höchstens zu dritt. Er dachte an Liebe, Freundschaft, Gespräch; es war ein gütiger, verzweifelter Mann, der im Betrieb fror und nicht sah, was da allgemein herauskommen könnte. Er machte sich, bei alldem, gar nichts aus individuellen oder großkopfigen Menschen, sondern war ganz auf Seiten der Masse, freilich einer rechten, lebendigen, jetzt nicht seienden. So zog er sich, so unbürgerlich wie möglich, auf die kleine bürgerliche Seite zurück, nicht ins Haus, aber dorthin, wo noch eine Lampe auf dem Tisch stand.«[41] Was da allgemein herauskommen könnte, das

38 Ebd.
39 Ebd., S. 194.
40 Ebd.
41 Bloch, *Spuren*, a.a.O., S. 14.

könnten wir andererseits vom Prinzip des Clowns lernen, bei anderen und in uns. Diese Repräsentanten eines Chaos, das der Ruhe der Ordnung eher komplementär als gegensätzlich wäre, eines Rebellischen, das die herrschende Ordnung nicht nur nicht stört und von ihr großmütig geduldet wird, weil sie von ihr letztlich bestätigt wird – wie die höfische Ordnung durch den Hofnarren –, sondern eines Chaos, das für Gemeinschaft konstitutiv wäre, wie es die heilige Ordnung indianischer Traditionen konstituierte, einer Ordnung, die ihre völlige Legitimation erst durch die Legitimität der Clowns bezog. »Vor wichtigen Palavern mit anderen Stämmen hat der indianische Clown zur Aufgabe, alle Beteiligten ›zuerst heiter und glücklich zu machen, also daß es für die Kraft leichter ist, sie zu besuchen‹, sagt Schwarzer Hirsch.«[42] Der Clown bei uns – weniger im Zirkus als im Alltag, als Repräsentant fröhlicher Anarchie, befreiten Menschseins – könnte eine Spur, eine Ahnung dieses heiteren und glücklichen Andersseins vermitteln. Der Clown stolpert und fällt, aber nicht als Tölpel, sondern als einer, der das Stolzieren des weißgekleideten, vornehmen, besserwisserischen Harlekins nachäfft, parodiert, kritisiert. Der, über den alle lachen, trägt im Stolpern und Kugeln gerade die Chiffre des aufrechten Gangs in sich, denn er beherrscht ja das Fallen perfekt. Er bestimmt Rhythmus, Tempo, Bewegung, nicht die Bewegung ihn. Und: »In seiner Unmäßigkeit und Übermäßigkeit spiegelt der Clown das Gegenteil von Enge als psychischer Entsprechung von Angst. Angst ist ein Affekt, der das Herz verschließt und zu einem Gefängnis werden läßt für die Seele. Der Clown selber trotzt allen Widrigkeiten offenen Herzens, indem er spielend noch andere zum Lachen anstiftet.«[43] Der »dumme August«, wenn er denn auf der Höhe wäre, nicht nur sentimental, nicht nur täppisch, tölpelhaft, sondern eben anarchisch, rebellisch, verdreht, verspielt, lausbübisch, befreiend, öffnend in einem, könnte ein Bote sein jener »blühenden Zeit«, die Bloch meint: »Bisher sind weder echte Iche noch ein echtes Wir ins Leben getreten. Für beide kam noch keine blühende

42 Fried/Keller, *Faszination Clown*, a.a.O., S. 231 f.
43 Ebd., S. 231.

Zeit, und kommt sie, dann werden mit dem neuen Inhalt auch die bisherigen Formen verändert sein.«[44]

Wobei auch das eine Sprache fände, was unser Inkognito eher als »Singsang« herausläßt: »Merkwürdig, wie das manche halten, sieht sie niemand. Die einen schneiden morgens Gesichter, noch andre tanzen sich eins, die meisten summen sinnlos vor sich hin. Auch in Pausen, beim Zahlen etwa, summen manche etwas, das man nicht versteht, das sie selber nicht hören, in dem aber viel darin sein mag. Da fallen Masken ab oder ziehen neue auf, je nachdem, närrisch genug ist die Sache. Allein sind viele etwas irr, sie singen ein Stück von dem, was früher mit ihnen los war und nicht fest geworden ist. Sie sind schief und geträumte Puppen, weil man sie gezwungen hat, noch schiefer und öder erwachsen zu werden.«[45]

Gemeinsamkeit – als Freundschaft, Liebe, Vertrautheit, Geborgenheit, Offenheit – könnte ein Bewährungsfeld für den Raum werden, der sich gesellschaftlich entwickeln müßte, der gebaut, ertrotzt, durchgesetzt, erkämpft werden müßte, in den hinein wir »wir« werden könnten. Die Möglichkeit des Anders-Seins in der normierten Welt, die dieses Anders-Sein sowohl garantiert als auch durch es seine eigentliche Legitimation erfährt: Diese Botschaft der indianischen Clowns definieren wir mit Hegel, mit einem lausbübisch umgebogenen Hegel, als Liebe. »Liebe heißt überhaupt das Bewußtsein meiner Einheit mit einem anderen, so daß ich für mich nicht isoliert bin, sondern mein Selbstbewußtsein nur als Aufgebung meines Fürsichseins gewinne und durch das Mich-Wissen, als der Einheit meiner mit dem anderen und des anderen mit mir.«[46] Das ist für Hegel »Liebe« als Bestimmung der Familie, wobei »Aufgebung meines Fürsichseins« nicht heißt, daß ich dieses buchstäblich verliere, sondern »daß ich mich in einer anderen Person gewinne, daß ich in ihr gelte, was sie wiederum in mir erreicht«.[47]

44 Bloch, *Das Prinzip Hoffnung*, S. 1139.
45 Bloch, *Spuren*, a.a.O.
46 G. W. F. Hegel, *Grundlinien der Philosophie des Rechts*, Werke Bd. 7, Frankfurt am Main 1970, S. 307.
47 Ebd., S. 308.

Nehmen wir »Liebe« als Chiffre für Zuneigung oder Freundlichkeit (im Sinne Bertolt Brechts), nehmen wir »Familie« als
Chiffre für alle möglichen Formen menschlicher Gemeinsamkeit, dann hilft uns die Hegelsche Formel des Fürsichseins im
anderen möglicherweise zum Verständnis dessen, wie ich mich
»haben« kann, damit wir »werden«. Als Handwerkszeug zur
Herstellung menschlicher Beziehungen, zum Bau menschlicher
Verhältnisse, in denen wir uns und einander nicht mehr fremd
sind und die Voraussetzung wären dafür, große gesellschaftliche Befreiungsschläge zu dauerhaften zu machen. Zeiten des
tiefen politischen Biedermeier wie die unsrigen geben solchen
Überlegungen möglicherweise besonders viel Raum und Nahrung.